“新师范”学科课程与教学论系列教材

语文课程与教学论

主编 桑志军

副主编 余新明

广东高等教育出版社
Guangdong Higher Education Press
·广州·

图书在版编目（CIP）数据

语文课程与教学论/桑志军主编. —广州：广东高等教育出版社，2024.7（2024.12 重印）
（“新师范”学科课程与教学论系列教材）
ISBN 978 - 7 - 5361 - 7588 - 4

Ⅰ. ①语… Ⅱ. ①桑… Ⅲ. ①语文课—教学研究—中小学 Ⅳ. ①G633.302

中国国家版本馆 CIP 数据核字（2024）第 016261 号

出版发行	广东高等教育出版社
	地址：广州市天河区林和西横路
	邮政编码：510500　电话：（020）87553335
	http://www.gdgjs.com.cn
印　　刷	佛山市浩文彩色印刷有限公司
开　　本	787 毫米×1 092 毫米　1/16
印　　张	23.75
字　　数	390 千
版　　次	2024 年 7 月第 1 版　2024 年 12 月第 2 次印刷
定　　价	49.00 元

前 言

习近平总书记指出："高校立身之本在于立德树人。只有培养出一流人才的高校，才能够成为世界一流大学。"只有扎实推进高等教育全面深化改革，坚持以人民为中心发展教育，才能办好人民满意的高等教育。本教材的编写以习近平新时代中国特色社会主义思想为指导，遵循教育教学规律，以学生为中心，发展素质教育，旨在提升学生的综合素质。

近年来，基础教育课程改革向纵深处不断推进。语文是基础教育阶段的基础课程，近几年基础教育阶段的语文课程标准不断更新，《普通高中语文课程标准（2017 年版）》《义务教育语文课程标准（2022 年版）》陆续颁布，强化了课程育人导向，优化了课程内容结构，研制了学业质量标准，增强了指导性和学段衔接。然而，作为基础教育语文师资的重要来源，师范院校相关改革相对滞后，与基础教育语文课程改革相匹配的《语文课程与教学论》教材不能及时更新，不能做到引领基础教育改革，甚至严重滞后。语文课程与教学论是中文师范类专业学生的必修课，融合了中文专业与教育专业，也必须与时俱进，要准确渗透新课改和新课标[①]的指导思想、原则和具体内容，才能满足基础教育对语文师资的基本要求，满足中文师范生职业发展的必要需求。

---

① 若本书中无特别说明，"新课标"均指《普通高中语文课程标准（2017 年版 2020 年修订）》和《义务教育语文课程标准（2022 年版）》。

当前，在“新师范”建设的大背景下，建设具有中国特色、创新性、效能性的专业化师范教育迫在眉睫，本教材的编写就是在这一背景下尝试对现有《语文课程与教学论》教材进行更新。这一更新具有较强及时性和满足当前师范教育的迫切性。

本教材的编写和出版凝聚了高校语文课程与教学论专任教师、中小学一线教学名师的教学经验和热情，是全体编写人员钻研新课标，反思语文教育改革的心得和结晶。

本教材的编写目的主要包括：第一，提升高等师范院校语文课程与教学论这一课程的教学质量。本教材是高等师范院校教学用书，融入了新课标最新思想和实践经验，有利于高校教师展开教学工作，也有利于学生掌握语文基础教育新动向。第二，提升中小学一线教师的教育教学水平。本教材作为中小学教师自学、培训的教材，不仅体现了最新的语文教育思想，也有较多的实践课例分析。第三，提升语文课程与教学论专业研究生和语文教育研究者的理论素养。本教材从教育实际出发，反映了语文教育学科前沿，深读教材，可以帮助语文教育研究者们发现更多有价值的问题，展开深入研究，以推动语文教育发展。

本教材在编写时，以习近平新时代中国特色社会主义教育思想为指导，立足学科发展前沿，结合当前中小学语文教育教学发展实践，力求体现如下几个特色。

（1）体系完整，结构合理。本教材第一章至第六章从语文课程的性质、目标、内容、资源、教材、教师、学生等方面阐述了新课改和新课标的重要思想和内容，第七章至第十二章从识字写字、阅读、写作、课程实施和评价等方面阐述了新课改的落实与实践，体系完整、结构合理、层次清晰、重点突出、观点科学。

（2）立足实践，理论科学。本教材立足于中小学语文教育教学实践，呈现了部分教学案例，并加以分析说明《普通高中语文课程标准（2017 年版 2020 年修订）》和《义务教育语文课程标准（2022 年版）》

最前沿的教育教学思想和理念。

（3）内容实用，针对性强。本教材不仅对新课标的相关理论进行了说明，也通过大量的实例针对性地解释了理论的科学性，旨在于帮助语文教育工作者更新教育教学理念，运用于今后的教学实践，实现立德树人的根本任务。

（4）语言精练，思想性强。本教材基础性强，语言简洁精练、通俗易懂，逻辑性强，对于复杂的专业术语进行了有效解释，紧扣重难点进行讲解。在内容选择上体现时代精神，引导学生树立正确的价值取向和思想观念。

桑志军

2024 年 4 月

目录

第一章　绪　论

本章导学

本章主要对语文课程与教学论的基本概念、学科性质、学科发展历程进行了阐述，对本学科学习方法进行了介绍。第一节主要阐释语文课程与教学论的学科特点，对学科基本概念进行了辨析，对语文课程与教学论的发展历程进行了梳理，在此基础上，阐释了语文课程与教学论的性质与任务；第二节主要介绍了语文课程与教学论的理论基础与学习方法。

学习目标

识记：语文课程与教学论的基本概念。

理解：语文课程与教学论的性质；语文课程与教学论的理论基础。

运用：能运用本学科的学习方法开展相关内容的学习。

第一节　语文课程与教学论的学科特点

一、语文课程与课程论

（一）课程与课程论

课程是伴随着学校的诞生而出现的。学校以培养、教育人为目的，以什么教育内容来培养人、教育人是学校出现之初必须要考虑选择的。商代学校以祭祀、军事、舞蹈和文字为教育内容；周代学校以“礼、乐、射、御、书、数”（“六艺”）为教育内容；汉代将“五经”（《诗经》《尚书》《礼记》《周易》《春秋》）作为全国通用必读书目。《礼记·学记》中记载：“比年入学，中年考校。一年视离经辨志；三年视敬业乐群；五年视博习亲师；七年视论学取友，谓之小成。九年知类通达，强立而不反，谓之大成。”从中可以看出，《礼记·学记》中的“课程”包含了教学的内容，也有对不同教育阶段实施不同教育目标的考虑，教育的进程是考虑的因素之一。

“课程”的概念，从不同的视角，不同的学者有不同的认识。施良方对有代表性的课程定义加以归类①，分为六种类型：课程即教学科目、课程即有计划的教学活动、课程即预期的学习结果、课程即学习经验、课程即社会文化的再生产、课程即社会改造。

“课程论”不同于“课程”活动。虽然中西“课程”活动可以追溯到遥远的古代，但“课程论”的诞生却只有100年左右。通常以1918年美国学者博比特（F. Bobbitt）出版《课程》作为课程论诞生的标志，这也是教育史上第一部课程论专著。

被公认为现代课程论理论奠基者的是美国泰勒（R. W. Tyler）。他建

① 施良方．课程理论：课程的基础原理与问题［M］．北京：教育科学出版社，1996：3－6．

构了课程理论的基本构架，提出了课程论四个基本问题[①]：

（1）学校应该达到哪些教育目标？

（2）提供哪些教育经验才能实现这些目标？

（3）怎样才能有效地组织这些教育经验？

（4）我们怎样才能确定这些目标正在得到实现？

至此，课程论有了共识性的理论体系。此后，课程论大多以这四个基本问题构建理论框架。

（二）语文课程与课程论

在漫长的古代社会教育中，我国形成了丰富的语文课程思想。由于“语文”作为独立的学科形态没有形成，所以，语文课程是和其他课程交织在一起的，没有严格意义上独立形态的语文课程。

1904 年，清政府颁布了《奏定学堂章程》，这一年是癸卯年，故该“章程”也被称为“癸卯学制”。“癸卯学制”的颁布，使现代学校系统和教学制度有了制度的保障，通常认为，这是具有现代科学意义的语文真正独立成科的标志。

此后，我国的语文课程研究和教学研究，经历了风风雨雨的百年历程。但是学界一直没有很严谨地去厘清语文课程与教学论的关系，两者是交织在一起的。学者们更多的是从语文课程实践的角度去探讨语文课程问题，将语文课程的具体形态作为语文课程论的主要研究对象，缺乏系统的语文课程论理论体系建构。

在具体的课程形态研究上，尤其注重对语文教材这一层面的关注。其实质上是狭隘化地理解“语文课程”的含义。

① 泰勒．课程与教学的基本原理［M］．施良方，译．北京：人民教育出版社，1994：2.

二、语文教学与教学论

（一）教学与教学论

广义上的教学活动是伴随着人类社会而产生的。在我国，“教”“学”两字在公元前20世纪的甲骨文中就有记载。两字连在一起，最早出现在《礼记·学记》中“学然后知不足，教然后知困。知不足然后能自反，知困然后能自强也；故曰教学相长也”[①]。

当然，《礼记·学记》中的“教学”不是严格现代意义上教学的含义。虽是“教学”，但更多指的是“学”，这主要是在漫长的古代社会中，人们更为关注的是治学之道，相对而言忽视了传授之术[②]。

在清末，随着新学制的实施，教学论发展进入了成熟期。通过对传统教学思想的扬弃，吸取了西方现代教学思想，特别是对从西方借鉴引进的教学理论进行改造，开展教学实验，在此基础上，形成了各种新的教学理论，教学论因此获得了相对独立的地位。这期间出现了我国第一本教学论专著，即朱孔文编写的《教授法通论》。

（二）语文教学论

我国古代的教学论思想虽然非常丰富，但是没有分科。语文教学思想是与政治思想、哲学思想、伦理思想等杂糅在一起的，缺乏相对的独立性。真正成为一门系统学科是在教学论和语文科独立成科之后。

1913年，《高等师范学校课程标准》颁布，“教授法”作为本科各部通习科目；1912年，《学校系统令》颁布，在中等师范学校分设“普通教学法”“各科教学法”和“小学各科教材研究”，分科教学研究逐渐普及。

---

① 夏征农，陈至立．辞海：缩印本［M］．6版．上海：上海辞书出版社，2010：913.

② 王维臣．教学与课程导论［M］．上海：上海教育出版社，2000：1.

在此之后，产生了一大批语文教学论的著作。例如，黎锦熙的《新著国语教学法》、梁启超的《中学以上作文教学法》、王森然的《中学国文教学概要》、阮真的《中学国文教学法》、朱自清和叶绍钧的《国文教学》等纷纷问世，语文教学论开始真正进入一个新的时期。

三、语文课程论与教学论的关系

谈到语文课程论和语文教学论，两者的关系是不可回避的。对于两者的关系，学术界普遍有四种观点。

（一）大教学论

持这种观点的学者认为语文教学论包含了语文课程论。我国学者受苏联的影响，许多人都认为课程是教学的一个部分，长期以来只研究教学不关注课程，认为只有教学论没有课程论。

（二）大课程论

持这种观点的学者认为语文课程论包含了语文教学论，课程包含教学，教学是课程的实施途径。持这种观点的学者多在改革开放以后受西方课程观影响。

（三）相互独立论

持这种观点的学者认为语文课程论和语文教学论各有不同的研究对象，两者各自有独立的研究领域，虽有部分内容交叉，但是研究的侧重点不同，这不能成为否认两者作为独立学科存在的缘由。

（四）语文课程与教学整合论

在上述三种独立论的影响下，语文课程论与语文教学论都取得了较快的发展，同时，人们也发现，由于对语文课程与语文教学、语文课程论与语文教学论的刻意区分，实际上使得语文教育这个整体通常被人为地割裂，不利于语文教育的整体发展，于是有学者提出“课程与教学整合论”①，将两者整合起来。这一观点目前受到越来越多学者的关注。

四、语文课程与教学论的性质与任务

（一）语文课程与教学论的性质

长期以来，在语文教师中有两种观点值得我们深思。一种观点认为语文课程与教学论对于教师来说没什么用，它是纯粹的理论，远离教学实际，与教师的课堂教学相距甚远，与普通语文教师关系不大，语文课程与教学论应该是专家学者们关注的对象。还有一种相反观点。它认为语文课程与教学论所关注的问题都是一些课堂教学操作应用层面的技术程序，这些程序反而更为一线教师所熟悉，语文课程与教学论也不值得过于关注。

这两种观点都从某种程度上反映了学界对语文课程与教学论性质问题认识不清给这个学科造成的严重后果。

前一种观点其实是受苏联学者影响，将语文课程与教学论视为纯理论学科，我国的语文课程与教学论学者大多持这种看法，专注于对语文课程与教学的抽象、概况研究，注重内在逻辑的理论体系建构；后一种观点则是将语文课程与教学论视为应用性学科，主要受西方课程与教学论思想的影响，在这种思想的影响下，出现了一大批教学模式、教学方法等，用以指导语文教学实践。

应该说，这两种观点对语文课程与教学论性质的认识都有一定偏颇。定位于纯理论性学科，则注重语文教育的一般原理，有利于学科理论框架体系的建构，但是脱离了教学实践，使研究走向空洞、教条；定位于应用性学科，则注重技术性操作，对教学研究过于琐屑，使研究成果整体缺乏逻辑性和系统性，缺乏理论高度。

---

① 张华. 课程与教学整合论［J］. 教育研究，2000（2）：52－64.

我们认为，语文课程与教学论应该是一门应用性理论学科。它是属于基础理论学科和应用性学科之间的中间地带。它不同于基础理论研究只注重对事物本质和规律的揭示，不去试图解决问题，只是发现问题；也不同于应用性学科，只注重解决问题，注重用理论去解决实践中的问题，而对理论自身则不做研究。语文课程与教学论作为应用性理论学科，它不仅要关注语文教育中的基础理论，揭示语文教育的内在规律，还要将这些理论应用到语文教学实践中，用以指导语文教学活动。它既要去发现揭示规律，建构理论体系，要解决语文教育研究中“是什么”的问题，还要试图解决问题，回答语文教育研究中“怎么办”的问题。这也是语文课程与教学论作为应用性理论学科与其他基础理论或是应用性学科的不同之处。

（二）语文课程与教学论的任务

与其性质相应，语文课程与教学论根本任务是揭示语文课程与教学规律，指导语文课程与教学实践。

语文课程与教学论作为一门独立学科的时间应该说还是非常短暂的，对语文课程与教学的规律还需要不断深入探究，学科的许多基本理论问题还没有形成共识，需要我们进一步去发现、构建，理论框架体系还需要进一步的完善；同时，要将来源于实践的语文课程与教学理论运用到语文教学的实践中去，用以指导语文教学改革实践，提高语文教学实践的科学性与有效性。这样，才能体现语文课程与教学论的最终价值。

第二节　语文课程与教学论的理论基础与学习方法

一、理论基础

语文课程与教学论是跨学科的，它的学科独立性至今还有人质疑。因此，这样一个学科的理论基础也必然是复杂而多样的。

语文课程与教学论的哲学基础是马克思主义哲学。马克思主义哲学是社会主义国家一切自然科学和人文社会科学的理论基石，它为理论研究提供先进的世界观和方法论。同时，语文课程与教学论也不排斥其他西方社会思潮的合理要素，汲取其营养，为我所用。例如，当代西方思潮中的人本主义思想，对语文课程设置中如何体现生本思想，在语文教学中如何处理师生关系，教师与学生如何民主、平等相处，如何尊重学生等都很有启发；又如，近些年在国外引起人们较多关注的建构主义思潮，对如何处理好教师教和学生学的关系等领域有值得借鉴的合理成分。任何理论都有其局限的一面，不存在放之四海而皆准、能解决所有问题的理论。所以，我们如何去借鉴诸多形形色色的哲学理论，为语文课程与教学论服务则是需要多加思考和关注的。

语文课程与教学论的基础理论是教育学和心理学。不论是语文课程还是语文教学，都是属于教育范畴的，教育学的基本理论、原则、方法是其重要的理论基础，特别是课程与教学论理论是语文课程与教学论的直接理论来源。同时，语文课程与教学论的理论基础还有心理学，尤其是教育心理学和学习心理学，语文教师要熟悉了解学生的年龄心理特征，掌握学生的学习心理，运用教育心理学的理论去合理安排课程，实施教学。

语文课程与教学论的专业理论基础是语文学。“语文”的含义，历来众说纷纭，叶圣陶先生当年有过几次权威性的解释。

“‘语文’一名，始用于1949年之中小学语文课本。当时想法，口头为语，笔下为文，合成一词，就称为‘语文’。自此推想，似以语言文章为较切。文谓文字，似指一个个的字，不甚惬当。文谓文学，又不能包容文学以外之文章。”①

“什么叫语文？平时说的话叫口头语言，写到纸面上叫书面语言。把口头语言和书面语言连在一起说，就叫语文。”②

“‘语文’一名，始用于1949年华北人民政府教科书编审委员会选用中小学课本之时。前此中学称‘国文’，小学称‘国语’，至是乃统而一

---

① 叶圣陶. 答孙文才［M］//叶圣陶答教师的100封信. 北京：开明出版社，1989：9.

② 叶圣陶. 认真学习语文［N］. 文汇报，1963－10－05.

之。彼时同人之意，以为口头为‘语’，书面为‘文’，文本于语，不可偏指，故合言之。……其后有人释为‘语言’‘文字’，有人释为‘语言’‘文学’，皆非立此名之原意。第二种解释与原意为近，唯‘文’字含意较‘文学’为广，缘书面之‘文’不尽属于‘文学’也。课本中有文学作品，有非文学之各体文章，可以证之。第一种解释之‘文字’，如理解为成篇之书面语，则亦与原意合矣。”①

由上引述，我们可以对“语文”有一个较为明晰的认识，“语文”指的是口头语言和书面语言的合称。所涉及的学科包含文字学、语言学、文学、文章学、美学、写作学等诸多学科。这些都是语文课程与教学论的专业理论基础。近些年值得警惕的一种现象是，过于强调教育学、心理学理论基础，而忽视对语文学理论的研究，忽视将语文学课程化、教学化研究，简单地把课程与教学理论照搬到语文课程与教学论中，使得语文课程与教学论研究踯躅不前。

二、学习方法

语文课程与教学论是一门应用性理论学科，所以它的学习方法，既要有理论学习的缜密性、严谨性、条理性、逻辑性、系统性，又要注重应用性学科学习中调查、观察等实践性方法的运用。

（一）文献资料法

这是理论研究常用的学习方法，语文课程与教学论在学科发展进程中积累了大量的文献资料，我们要充分学习他人的研究成果，同时，区分不同时代、不同国情特点，做到开阔视野，有效借鉴，促进学科的理论发展。

① 叶圣陶. 答滕万林［M］//叶圣陶答教师的100封信. 北京：开明出版社，1989：56.

（二）观察调查法

这是应用性学科常用的学习方法，它通过对语文教育现象的观察、调查，了解、收集第一手资料，并对资料进行分析，从而揭示学科特点、规律。观察调查的方式是多种多样的，可以是对观察调查对象当面直接的，也可以是暗中间接的。用这种方法进行学习研究要注意不能以偏概全，要在充分占有材料的基础上进行分析，可以将定量和定性分析相结合，这样才有可能得出可靠的结论。

（三）实验法

这是学习语文课程与教学论非常有价值的一种方法。它通过提出假设，进行实验方案设计，控制某些条件或是变更某些条件，获得某些数据，然后对这些数据进行分析得出结论，从而发现语文课程、教学方面的规律和解决教学问题的方法。应当注意的是，教育实验的条件不像自然科学那样容易控制，它应当在保证学生、教师、教学处于正常稳定的状态中进行实验活动，同时，还要排除某些偶发因素对实验过程和结果的影响。

在语文课程与教学论的学习过程中，还要特别关注“语文”的特点。这里的语文是指我们的“母语”——汉语言。我们要认识到学习母语与学习外语方法的不同；我们学习汉语母语和英国人学他们的英语母语也不一样，这是不同语言特点所决定的。近年来我们关注西方母语的诸多教学理论，却忽视了汉语言与西方母语的不同特点，忽视我们传统语文教学的方法，这种倾向值得注意。

复习与体验

1. 谈谈你对语文课程论与语文教学论关系的理解。
2. 谈谈你对语文课程与教学论性质的理解。
3. 结合具体内容，谈谈你对语文课程与教学论学习方法的理解。

第二章　语文课程的性质与目标

本章导学

本章主要依据《普通高中语文课程标准（2017 年版 2020 年修订）》《义务教育语文课程标准（2022 年版）》相关内容，梳理、明确语文课程的基本问题。第一节重点关注语文课程的性质与理念，梳理关于语文课程性质的认识的表述，阐明课标关于语文课程的基本理念。第二节围绕“语文核心素养”这一概念，说明语文课程的总目标和各个阶段的目标。这两节的内容是语文课程的基本问题，也是语文课程的核心问题，对于明确语文的课程价值，以及恰当地进行语文课程教学，具有重要意义。

学习目标

识记：语文课程的性质；语文核心素养的四个方面。

理解：语文课程的性质、理念；语文核心素养的内涵及四个方面之关系。

评价：语文课程的目标。

我们经常用是否有“语文味”来评价一节语文课的好坏。目前，语文课堂还大量存在没有“语文味”的情况。那么，何为“语文味”？这就牵涉对语文课程的性质、理念及语文课程的核心素养和目标等问题的把握。

这些问题是语文课程的核心问题。弄懂这些问题，是我们学习语文课程与教学论的前提与基础。对于这些问题，课程标准做了明确说明。我们依据最新的《义务教育语文课程标准（2022 年版）》和《普通高中语文课程标准（2017 年版 2020 年修订）》，力求对此做出科学简明的阐释。

第一节 语文课程的性质与理念

课程性质是对课程本质属性的界定，是一门课程区别于其他课程的质的规定，是课程开发、实施、评价的逻辑起点。课程理念是课程在开发、实施、评价中所遵循的基本原则，是课程性质的必然要求和具体实现。把握语文课程的性质和理念，是语文课程和教学论的理论基础。

一、“语文”的历史及含义

“语文”一词，直到近代才出现，大约产生于 19 世纪末。但“语文”作为中国通用语言文字课程名称的时间较晚。1905 年，清朝废除科举制度，始设新式学堂。当时有“国文”一科，传授历代古文。五四运动爆发后，提倡白话文，反对文言文，国文课受到了冲击，小学于是改设“国语”，教材具有鲜明的口语特点，选用的都是白话短文或儿歌、故事等。中学仍设国文课，白话文的比重也明显增加，选用了鲁迅、叶圣陶、冰心等新文学作家的作品。20 世纪 30 年代，叶圣陶、夏丏尊联名提出了“语文”概念，并尝试编写新的语文教材。中华人民共和国成立后，叶圣陶先生再次提出将“国语”和“国文”合二为一，改称“语文”。这一建议被当时的华北人民政府教育部采纳，随后推向全国，从此，“语文”成了中小学的一门主要课程。

如第一章所述，叶圣陶先生在 20 世纪 60 年代给友人的信（《答滕古林》）中讲述了“语文”一词的由来。叶圣陶在信中对“语文”命名缘由及内涵做了详细解释，并为今日语文教育界广泛接受。虽然现在对语文的内涵仍有一些不同理解，但这些意见将促使我们不断思考，有助于加深对语文的认识。

二、语文课程的性质

语文课程标准对课程性质做了明确规定。《普通高中语文课程标准（2017 年版 2020 年修订）》指出："语文课程是一门学习祖国语言文字运用的综合性、实践性课程。工具性与人文性的统一，是语文课程的基本特点。"① 《义务教育语文课程标准（2022 年版）》的表述与之接近，指出："语文课程是一门学习国家通用语言文字运用的综合性、实践性课程。工具性与人文性的统一，是语文课程的基本特点。"② 这里所说的"国家通用语言文字"即指普通话，与"祖国语言文字"相比，指向性更明确。课程性质指出了语文课程的本体（学习国家通用语言文字运用）以及语文课程的重要属性：工具性、人文性、综合性、实践性。其中，工具性与人文性的统一，是语文课程的基本特点。

语文课程的工具性与人文性皆植根于语文课程的本体——语言文字。换言之，正是语言文字的工具性和人文性，才赋予语文课程以工具性、人文性。就工具性而言，语言文字是人类社会最重要的交际工具和信息载体，也是重要的思维工具。就人文性而言，语言文字本身承载着丰富的精神内涵和历史文化。

（一）语文课程的工具性

语言文字是人类从蒙昧进入文明的标志，通过语言这一工具，人类实现了信息的交流、情感的表达和文化的传承。没有语言文字，人类将依然生活在愚昧之中，万古如长夜。工具性意味着语文课程要培养学生语言文字运用的能力。语文教育的一个主要任务是让学生认识语言现象，掌握语言规律，学会正确、熟练地运用语言这个工具。

第一，语言文字是交流的工具。教师应当先教会学生正确读写汉字，

① 教育部．普通高中语文课程标准（2017 年版 2020 年修订）［S］．北京：人民教育出版社，2020：1．

② 教育部．义务教育语文课程标准（2022 年版）［S］．北京：北京师范大学出版社，2022：1．

理解其意义，培养学生良好的语感和读写习惯，使其具有一定的阅读和写作能力，能通过文学性阅读、实用性阅读及思辨性阅读等，去获取知识和信息，能准确、真实、生动地去描写自然、反映现实、抒发情意。

第二，语言文字是思维的工具。通过语言，我们的思维才能产生和运转。斯大林说："无论人的头脑中会产生什么样的思想以及这些思想什么时候产生，它们只有在语言材料的基础上、在语言术语和词句的基础上才能产生和存在。没有语言材料、没有语言的'自然物质'的赤裸裸的思想，是不存在的。"① 而文字会使思维明晰深入。我们都有这样的体验：当我们把想到的写下时，模糊的变得明朗了，混乱的变得清晰了。斯大林说："语言是直接与思维联系的，它把人的思维活动的结果，认识活动的成果，用词及由词组成的句子记载下来，巩固起来，这样就使人类社会中思想交流成为可能的了。"②

由于以上所述，语文就成为人类学习和工作的基础。《义务教育语文课程标准（2022 年版）》指出："语文课程致力于全体学生核心素养的形成与发展，为学生学好其他课程打下基础；……（语文课程为）促进德智体美劳全面发展及学生的终身发展打下基础。"③ 叶圣陶先生也讲："语文是工具。自然科学方面的天文、地理、生物、数、理、化，社会科学方面的文、史、哲、经，学习、表达和交流都要使用这个工具。"④ 而语言文字的运用，存在于人类社会的各个领域，因此，它也是我们日常生活和工作的工具，离开语言文字，很难想象我们能在现代文明社会中生存和发展。

（二）语文课程的人文性

人文指人类社会的各种文化现象。语言文字不仅是人类文化的重要载体，其本身也构成文化的一部分。语文课程的人文性正源于语言的这种文

---

① 斯大林．斯大林选集：下卷［M］．北京：人民出版社，1979：547.

② 米丁．马克思列宁主义哲学问题论文集［M］．君达，等译．北京：生活·读书·新知三联书店，1953：124.

③ 教育部．义务教育语文课程标准（2022 年版）［S］．北京：北京师范大学出版社，2022：1.

④ 叶圣陶．叶圣陶语文教育论集［M］．北京．教育科学出版社，1980：150.

化属性，并以显性和隐性两种方式表现出来。所谓显性方式，是指语言文字可以直接把人类的文化及人的思想情意外化为文学、历史、哲学、艺术等人文社会学科。语文教材的选文文质兼美，生动具体地表现了中华传统文化、红色革命文化、社会主义先进文化和世界优秀文化，歌颂真善美，鞭挞假丑恶，对培育学生的人格起着重要的奠基作用。而隐性方式，是指语言本身作为历史文化的产物，潜在地打上了民族文化的深深烙印。譬如汉字造字法及汉语词汇，其背后都隐藏着汉民族的思维方式、价值理念和生活方式。即使在那些相对客观理性的科学论文中，也以一种间接的方式表现了文化的属性。

语文课程的人文性，以陶冶化育为本，涵盖风俗习惯、思维方式、价值判断、思想伦理、审美意识、文明互鉴等方面。语文课程要在实施过程中，使学生去体验、欣赏和评价人类社会的各种文化现象，培养其先进的世界观、人生观、价值观，涵养其高雅的情趣、品德、人格。

汉字是语文学习的重要组成部分，也是汉语文化圈特有的审美文化元素。从汉字的书写中，学生可以体会到汉字的线条美、结构美、章法美，甚至氤氲的情感美和蓬勃的生命力。而汉字独特的造字法，也反映出汉民族具象的思维方式。“图画、象形、表意、表音，这四种‘文字发展阶段’，都智慧地凝结在‘汉字’这种独特的符号之中，并且，能够自由自在地表达，从而成为一种美学上的奇迹。”① 而汉语的词汇，总是随社会历史的变化而不断变化，先后从日本和英国、美国等国家汲取了不少词汇，反映了汉语与时俱进、兼收并蓄的品格。至于特定时期一些词汇的产生或消失，更是反映了这一时期的生产生活状况。在课程实施过程中，教师要充分利用这些文化元素，实现其育人价值。

（三）工具性与人文性的统一

语文课程的工具性与人文性是统一的，不可偏废，不可分离。语文课程是培养学生正确使用祖国语言文字的一门课程，而语言既有语言形式，

① 骆冬青，朱崇才，董春晓. 文艺美学的汉字学转向［M］. 北京：商务印书馆，2017：60.

又有语言内涵，是形式和内容的统一体。

中国的文学艺术历来有“诗以言志”“词以抒情”“文以载道”的传统，“志”“情”“道”都是对思想情感或人文内涵的要求。从先秦开始，儒家就把“文质彬彬”“尽善尽美”作为艺术作品的最高境界，对单纯显示文字技巧的作品评价不是很高。《文心雕龙·情采》言：“夫铅黛所以饰容，而盼倩生于淑姿；文采所以饰言，而辩丽本于情性。故情者，文之经；辞者，理之纬。经正而后纬成，理定而后辞畅：此立文之本源也。”① 这就明确把“情”（思想情感）放在比“采”（语言形式）更重要的位置。中国传统文化历来讲究“体用不二”“道术合一”，如果说语言文字的工具性是其“用”和“术”，那么人文性则是其“体”和“道”。

因此，语文教学必须将工具性和人文性统一起来。工具性与人文性的统一，是课程整体的统一。这种统一是就语文课程的整体设计而言的，并不是要求每一节课都要兼顾工具性和人文性。在课程实施的不同阶段，基于课程内容的特质，二者有所侧重是合理的，也是必要的。工具性与人文性的统一，是自然有机的统一。也就是说，它们的统一不应是简单拼合、互不指涉的统一，而应是水乳交融、彼此生发的统一。对此，《普通高中语文课程标准（2017 年版 2020 年修订）》在阐述核心素养四个要素关系时指出，这四个要素是一个整体，“学生的思维发展与提升、审美鉴赏与创造、文化传承与理解，都是以语言的建构与运用为基础，并在学生个体言语经验发展过程中得以实现的”。这就揭示了如何实现工具性与人文性统一的要义。

三、语文课程的理念

《义务教育语文课程标准（2022 年版）》和《普通高中语文课程标准（2017 年版 2020 年修订）》都对课程理念做了明确规定，分别提出五条和

① 刘勰. 文心雕龙译注［M］. 陆侃如，牟世金，译注. 济南：齐鲁书社，1995：402.

四条要求，虽在顺序和表述上略有差异①，但其精神实质一致。兹综合二者，以前者为纲目，略做解释说明。

《义务教育语文课程标准（2022 年版）》的课程理念由五部分构成，每部分集中一个重点，分别阐述了课程目标、课程结构、课程内容、课程实施、课程评价五个方面的整体设想，这五个方面既各有侧重，又互相联系。

（一）立足学生核心素养发展，充分发挥语文课程育人功能

《义务教育语文课程标准（2022 年版）》指出："义务教育语文课程围绕立德树人根本任务，充分发挥其独特的育人功能和奠基作用，以促进学生核心素养发展为目的，以识字与写字、阅读与鉴赏、表达与交流、梳理与探究等语文实践活动为主线，综合构建素养型课程目标体系；面向全体学生，突出基础性，使学生初步学会运用国家通用语言文字进行交流沟通，吸收古今中外优秀文化成果，提升思想文化修养，建立文化自信，德智体美劳得到全面发展。"②

这一条是关于语文课程目标的理念。

立德树人是所有课程的根本任务，但在育人的具体目标上，不同课程由于其内容等不同而有一定的差异。而语文核心素养体现了语文区别于其他课程的育人目标，为发挥语文课程育人功能和奠基作用指明了方向。可以说，核心素养概念的提出，是本次课程标准修订的一大亮点。

2001 年印发的《全日制义务教育语文课程标准（实验稿）》提出："九年义务教育阶段的语文课程，必须面向全体学生，使学生获得基本的

---

① 《普通高中语文课程标准（2017 年版 2020 年修订）》提出的四条基本理念是：坚持立德树人，增强文化自信，充分发挥语文课程的育人功能；以核心素养为本，推进语文课程深层次的改革；加强实践性，促进学生语文学习方式的转变；注重时代性，构建开放、多样、有序的语文课程。

② 教育部．义务教育语文课程标准（2022 年版）［S］．北京：北京师范大学出版社，2022：2.

语文素养。”[①]《义务教育语文课程标准（2022 年版）》则不再使用“语文素养”这个概念，而是强调“立足学生核心素养发展”。从“语文素养”到“核心素养”，体现了课程理念的深刻变化。“素养”指由训练和实践而获得的技巧或能力，它暗含着一种观念，即语文课程是立足能力本位的，而非知识本位的。当然，知识和技能是互为基础、彼此促进的。“核心”强调的是语文课程目标与内容上的集约性，它要求人们在互联网、信息化、数字化时代及知识大爆炸的背景下，如何提纲挈领地选择、组织关键的教学内容，培养关键的语文能力。从“语文素养”到“核心素养”的转变，是解决时代之需、应对世界挑战、培养有用人才的必然要求和根本保障。

要落实核心素养，必须构建与之相应的课程体系和学习方式，《义务教育语文课程标准（2022 年版）》提出要“以识字与写字、阅读与鉴赏、表达与交流、梳理与探究等语文实践活动为主线，综合构建素养型课程目标体系”[②]。这体现了语文课程的实践性，有利于培养学生解决真实情境中复杂问题的能力。

（二）构建语文学习任务群，注重课程的阶段性与发展性

《义务教育语文课程标准（2022 年版）》指出：“义务教育语文课程结构遵循学生身心发展规律和核心素养形成的内在逻辑，以生活为基础，以语文实践活动为主线，以学习主题为引领，以学习任务为载体，整合学习内容、情境、方法和资源等要素，设计语文学习任务群。学习任务群的安排注重整体规划，根据学段特征，突出不同学段学生核心素养发展的需求，体现连贯性和适应性。”[③]

这一条是关于课程结构和课程内容组织与呈现方式的理念。

《义务教育语文课程标准（2011 年版）》对课程内容的设计是和目标合在一起的，总称为“目标与内容”，总体目标与内容立足三个维度，即

---

① 教育部. 全日制义务教育语文课程标准（实验稿）［S］. 北京：北京师范大学出版社，2001：1.

②③ 教育部. 义务教育语文课程标准（2022 年版）［S］. 北京：北京师范大学出版社，2022：2.

“知识与能力”“过程与方法”“情感态度与价值观”；学段目标与内容则从“识字与写字”“阅读”“写作”“口语交际”“综合性学习”五个方面展开。

《义务教育语文课程标准（2022 年版）》则以“学习任务群”来呈现课程内容。其中，义务教育阶段规划了 6 个学习任务群，高中阶段规划了 18 个学习任务群。与传统的阅读、写作等课程内容相比，学习任务群具有情境性、实践性、综合性等鲜明的时代特征。所谓“群”，意味着任务不是单一的，“语文学习任务群由相互关联的系列学习任务组成”①。设置学习任务群犹如“大兵团作战”，较之前的单篇教学等形式，目标自然有所不同，“这些学习任务群追求语言、知识、技能和思想情感、文化修养等多方面、多层次目标发展的综合效应，而不是学科知识逐‘点’解析、学科技能逐项训练的简单线性排列和连接”②。那《普通高中语文课程标准（2017 年版 2020 年修订）》怎么来实施任务群呢？“语文学习任务群以任务群为导向，以学习项目为载体，整合学习情境、学习内容、学习方法和学习资源，引导学生在运用语言的过程中提升语文素养。”③ 需要强调的是，任务群必须通过整合才能落地生根，整合的要素包含学习情境、学习内容、学习方法、学习资源等。现在流行的大单元教学、群文阅读教学等，就是为落实任务群而出现的整合手段。学习任务群是整体设计，统筹安排，具有层次性和差异性的。义务教育语文课程按照内容整合程度不断提升，分基础型、发展型、拓展型三个层面设置学习任务群。高中语文必修课程和选修课程的学习任务群在学习内容和学习要求上也有所不同。

---

① 教育部. 义务教育语文课程标准（2022 年版）［S］. 北京：北京师范大学出版社，2022：19.

② 教育部. 普通高中语文课程标准（2017 年版 2020 年修订）［S］. 北京：人民教育出版社，2020：8－9.

③ 教育部. 普通高中语文课程标准（2017 年版 2020 年修订）［S］. 北京：人民教育出版社，2020：8.

（三）突出课程内容的时代性和典范性，加强课程内容整合

《义务教育语文课程标准（2022年版）》指出："义务教育语文课程突出内容的时代性，充分吸收语言、文学研究新成果，关注数字时代语言生活的新发展，体现学习资源的新变化。强调内容的典范性，精选文质兼美的作品，重视对学生思想情感的熏陶感染作用，重视价值取向，突出社会主义先进文化、革命文化、中华优秀传统文化。注重课程内容与生活、与其他学科的联系，注重听说读写的整合，促进知识与能力、过程与方法、情感态度与价值观的整体发展。根据'六三'学制和'五四'学制各自特点，合理组织与安排课程内容。"①

这一条是关于课程内容特点的理念。其关键词有三：时代性、典范性、课程整合。

所谓时代性，主要指关注新生活、开发新资源，这是基于数字时代语言生活新发展而提出的要求。数字时代语言生活丰富多彩、日新月异，知识迭代加剧，生产知识变得轻而易举，人们的阅读对象较之以往有很大不同。《义务教育语文课程标准（2011年版）》在7~9年级的学段目标与内容中，首次提出"阅读由多种材料组合、较为复杂的非连续性文本，能领会文本的意思，得出有意义的结论"，如今电子文本、非连续性文本、混合文本、超文本等不同形态的阅读文本占据了我们的日常生活。因此，语文课程的内容必须与时俱进。

但数字时代的知识洪流，难免泥沙俱下、鱼目混珠，因此经典阅读就显得尤为重要。经典是经过历史淘洗的最有价值的作品，具有文质兼美的特点。注重经典阅读是中国传统语文教育行之有效的办法。古代文人常读的书不过是十三经，宋代宰相赵普依靠半部《论语》治天下。但是，新媒体成为主要阅读媒介以后，娱乐化、碎片化、浅表化阅读现象逐渐增多，已经带来文化断层、精神萎靡、语言粗粝等现象，为此必须大力提倡经典阅读，为青春和生命涂上靓丽的精神底色。

---

① 教育部．义务教育语文课程标准（2022年版）［S］．北京：北京师范大学出版社，2022：2－3．

至于整合，在上文论述学习任务群时已经提及，整合包含情境、内容、资源、方法诸要素。单就内容整合而言，包括课程与生活的整合、语文课程与其他学科的整合、语文课程内部的整合等。

（四）增强课程实施的情境性和实践性，促进学习方式变革

《义务教育语文课程标准（2022 年版）》指出："义务教育语文课程实施从学生语文生活实际出发，创设丰富多样的学习情境，设计富有挑战性的学习任务，激发学生的好奇心、想象力、求知欲，促进学生自主、合作、探究学习；引导学生注重积累，勤于思考，乐于实践，勇于探索，养成良好的学习习惯；关注个体差异和不同的学习需求，鼓励自主阅读、自由表达；倡导少做题、多读书、好读书、读好书、读整本书，注重阅读引导，培养读书兴趣，提高读书品位；充分发挥现代信息技术的支持作用，拓展语文学习空间，提高语文学习能力。"①

2001 年 6 月，教育部印发《基础教育课程改革纲要（试行）》，这份文件确立了基础教育课程改革的六大目标，其中第五条目标专门就学习方式变革提出具体要求："改变课程实施过于强调接受学习、死记硬背、机械训练的现状，倡导学生主动参与、乐于探究、勤于动手，培养学生搜集和处理信息的能力、获取新知识的能力、分析和解决问题的能力，以及交流与合作的能力。"2001 年印发的《全日制义务教育语文课程标准（实验稿）》在其"课程理念"部分第三条以"积极倡导自主、合作、探究的学习方式"为题，对语文学习方式的变革提出了具体要求："语文课程必须根据学生身心发展和语文学习的特点，关注学生的个体差异和不同的学习需求，爱护学生的好奇心、求知欲，充分激发学生的主动意识和进取精神，倡导自主、合作、探究的学习方式。"《义务教育语文课程标准（2011 年版）》将"充分激发学生的主动意识和进取精神"修改为"鼓励自主阅读、自由表达，充分激发他们的问题意识和进取精神"，以此突出学习方式变革的语文属性和学科特征。

---

① 教育部．义务教育语文课程标准（2022 年版）［S］．北京：北京师范大学出版社，2022：3.

2022年的语文课程标准修订在理念上与上述内容一脉相承，在措辞、要求上则有一些变化。其关键词有二：情境性和实践性、学习方式。

语文本身就是我们日常生活的一部分，语文的外延和生活的外延相等，生活的海洋有多么广阔，语文的资源就有多么丰富。因此语文课程的实施应该贴近生活实际，创造学习情境，设计学习任务，让学生在生活中学，为生活学，用学来改变生活。PISA阅读素养测试就明确提出了“为应用而阅读”的理念，并确定了生活中的四种阅读情境：个人的、公共的、教育的、职业的。①

与此相关，学生的学习方式也必须改革。主要涵括：①促进自主、合作、探究学习。力避自主学习的“有放无收”、合作学习的“合而不作”、探究学习的“有做无学”等。②鼓励差异性和个性化学习。教师应该关注学生个体差异，鼓励自主阅读、自由表达，鼓励多元解读和个性写作。③注重阅读引导。随着数字化时代的到来，人们的阅读日益碎片化、肤浅化、娱乐化，要引导学生养成多读书、读好书、读整本书的习惯，用系统性、深刻性、经典性的阅读为学生生命奠基。④充分利用现代信息技术。要发挥信息技术的支撑作用，开发学习资源，拓展学习空间，培养适应数字阅读的方法、能力。

（五）倡导课程评价的过程性和整体性，重视评价的导向作用

《义务教育语文课程标准（2022年版）》指出：“义务教育语文课程评价要有利于促进学生学习，改进教师教学，全面落实语文课程目标。课程评价应准确反映学生的语文学习水平和学习状况，注重考察学生的语言文字运用能力、思维过程、审美情趣和价值立场，关注学生学习过程和学习进步。根据不同年龄学生的学习特点和不同学段的学习目标，选用恰当的评价方式，抓住关键，突出重点，加强语文课程评价的整体性和综合性。注重评价主体的多元与互动，以及多种评价方式的综合运用，充分利用现

① 冯善亮. 为了应用而阅读：PISA阅读素养测评框架介绍［J］. 广东教育（综合版），2014（10）：34－36.

代信息技术促进评价方式的变革。"①

本次课程标准修订以单独的条目阐述了课程评价的理念和要求，体现了对课程评价的高度关注。其要义有四：①要充分发挥课程评价的导向作用，使其有利于教师的教和学生的学，有利于全面落实语文课程目标。②要进行全面评价和全程评价。长期以来，我们的评价侧重知识和能力，而对于过程与方法、情感态度与价值观较少涉及。随着课程改革进入核心素养时代，语文课程评价也要树立全面的、发展的学业评价观，要全面考察学生的语言、思维、审美、文化诸方面；同时树立过程评价的理念，以评促学、以评促教。③树立分类评价的理念。根据不同年龄学生的学习特点和不同学段的学习目标，因地制宜、因人而异地选用恰当的评价方式。④树立多元评价和数字化评价的理念。长期以来，我们的评价主体都是学校和教师，而事实上，学生对学生的评价、家长对学生的评价在促进课程实施方面具有不可替代的作用。与此同时，数字时代的到来为多元主体评价提供了条件，为推动课程评价范式转型提供了契机。

第二节　核心素养与课程目标

重视核心素养培养是近年来课程建设的新理念，《普通高中语文课程标准（2017 年版）》首次提出了"语文学科核心素养"的概念，并把核心素养和课程目标并列，成为语文教育改革的一个重要坐标。《义务教育语文课程标准（2022 年版）》进一步确定围绕核心素养建构课程目标体系，发挥核心素养对语文课程的统领作用。语文教师要准确把握课程目标体系，必须重视核心素养的价值，把握核心素养的基本内涵及其四个方面的关系。

一、语文核心素养

学科核心素养是学科育人价值的集中体现，是学生通过学科学习而逐

---

① 教育部．义务教育语文课程标准（2022 年版）［S］．北京：北京师范大学出版社，2022：3.

步形成的正确价值观、必备品格和关键能力。语文学科核心素养是学生在积极的语言实践活动中积累与构建起来，并在真实的语言运用情境中表现出来的语言能力及其品质；是学生在语文学习中获得的语言知识与语言能力，思维方法与思维品质，情感、态度与价值观的综合体现。

高中语文课程培养的核心素养，包括“语言建构与运用”“思维发展与提升”“审美鉴赏与创造”“文化传承与理解”四个方面；义务教育语文课程培养的核心素养，包括“文化自信”“语言运用”“思维能力”“审美创造”四个方面。这两者在表述和顺序上略有不同，但在内涵上基本一致。

（一）语言建构与运用

《普通高中语文课程标准（2017 年版 2020 年修订)》指出：“语言建构与运用是指学生在丰富的语言实践中，通过主动的积累、梳理和整合，逐步掌握祖国语言文字特点及其运用规律，形成个体言语经验，发展在具体语言情境中正确有效地运用祖国语言文字进行交流沟通的能力。”①

这一表述指出了语言建构与运用的路径和目标。路径是“丰富的语言实践”及“主动的积累、梳理和整合”，这体现出语文课程的实践性特点。正如只有在游泳中才能学会游泳，只有在开车中才能学会开车一样，语言建构与运用也必须在丰富的语言实践中进行，必须处理好理论学习和语言实践的关系，尽量避免直接灌输语言知识。学生要在教师引导下，主动地进行积累、梳理和整合。语言建构与运用的目标则既包括感性的一面，即“形成个体言语经验”，也包括理性的一面，即“掌握祖国语言文字特点及其运用规律”，二者的互动融合有助于学生语言能力的不断提升。

《义务教育语文课程标准（2022 年版)》还提出要使学生“感受语言文字的丰富内涵，对国家通用语言文字具有深厚感情”②。这意味着不能将语言仅仅视为工具，它是承载着民族智慧和情感的，是有温度有灵魂

① 教育部. 普通高中语文课程标准（2017 年版 2020 年修订）[S]. 北京：人民教育出版社，2020：4.

② 教育部. 义务教育语文课程标准（2022 年版）[S]. 北京：北京师范大学出版社，2022：5.

的。让学生感受祖国语文的内涵和培养对祖国语文的情感是彼此促进、相互生发的。

（二）思维发展与提升

《普通高中语文课程标准（2017 年版 2020 年修订）》指出："思维发展与提升是指学生在语文学习过程中，通过语言运用，获得直觉思维、形象思维、逻辑思维、辩证思维和创造思维的发展，促进深刻性、敏捷性、灵活性、批判性和独创性等思维品质的提升。"①

这里的论述主要包括思维方式、思维品质两部分。

《普通高中语文课程标准（2017 年版 2020 年修订）》提出了五种思维方式：直觉思维、形象思维、逻辑思维、辩证思维和创造思维。直觉思维，是指对一个问题未经理性分析，就能迅速地做出判断、猜想、设想。直觉思维能帮助人们迅速做出优化选择及创造性预见。直觉思维虽然很难为意识所控制，其实是建立在大量经验基础上的，借助适当的方法，是可以训练提升的。形象思维是以直观形象和表象为对象的思维过程，具有形象性、想象性、联想性、非逻辑性等特点。逻辑思维是人运用概念、判断、推理等反映事物本质与规律的认识过程。辩证思维是反映客观事物辩证发展过程及其规律的思维。辩证思维既不同于那种将对象看作静止的、孤立的形而上学思维，也不同于那种把思维形式看作是既成的、确定的形式逻辑思维。创造思维是一种具有开创意义的思维活动，即开拓人类认识新领域、开创人类认识新成果的思维活动。一项创造思维成果往往要经过长期的探索、刻苦的钻研，甚至多次的挫折方能取得，而创造性思维能力也要经过长期的知识积累、素质磨砺才能具备。

思维品质是思维结果的评价依据，课程标准将其归纳为敏捷性、灵活性、深刻性、独创性和批判性五个方面。它们是相互联系、彼此促进的。教师要尽可能使学生思维品质得到全面发展，但不可能也无须追求它们的均衡发展，而是要在全面发展的前提下，允许学生有个性化的思维方式和

---

① 教育部．普通高中语文课程标准（2017 年版 2020 年修订）[S]．北京：人民教育出版社，2020：4.

思维品质。近来批判性思维受到较大关注，批判性思维是以审视的态度进行思考，强调证据和逻辑，强调独立思考，不人云亦云，是一种反思性的思维。它脱胎于苏格拉底的辩论的“助产术”，在现代的代表人物则是美国的杜威。

（三）审美鉴赏与创造

《普通高中语文课程标准（2017 年版 2020 年修订）》指出：“审美鉴赏与创造是指学生在语文学习中，通过审美体验、评价等活动形成正确的审美意识、健康向上的审美情趣与鉴赏品位，并在此过程中逐步掌握表现美、创造美的方法。”①

这里揭示了审美对象、审美路径、审美意识情趣及审美能力等。审美的对象是“语文”，亦即语言文字。审美路径是“体验、评价”，兼涉感性（体验）和理性（评价）。需要强调的是，审美是感性和理性交织的活动，但在教学中较为普遍地存在着把知识教学、理性分析等同于审美欣赏的情况，这就忽略了想象、联想和体验等感性活动，因此“先感后思”应作为审美的一个基本原则。至于审美意识和情趣品味，则要“正确”“健康向上”，要能正确分辨美丑、辨别妍媸，不能以美为丑或以丑为美。审美能力则涵盖“鉴赏”与“创造”两个方面。

（四）文化传承与理解

《普通高中语文课程标准（2017 年版 2020 年修订）》指出：“文化传承与理解是指学生在语文学习中，继承和弘扬中华优秀传统文化、革命文化、社会主义先进文化，理解和借鉴不同民族和地区的文化，拓展文化视野，增强文化自觉，提升中国特色社会主义文化自信，热爱祖国语言文字，热爱中华文化，防止文化上的民族虚无主义。”②

这里既指出在文化情感和文化认识方面，对中华文化要热爱、自信，

---

①② 教育部. 普通高中语文课程标准（2017 年版 2020 年修订）［S］. 北京：人民教育出版社，2020：5.

增强文化自觉，防止文化虚无主义，同时理解其他民族和地区的文化；也指出在文化行为上，要继承中华优秀文化，借鉴其他民族和地区的文化。文化自信主要指向三种文化（中华优秀传统文化、革命文化、社会主义先进文化），但真正的自信绝不是故步自封、夜郎自大，所以我们对世界上优秀的文化要学习和借鉴。文化交融、文明互鉴，既是时代的要求，更是中华民族伟大复兴的需要。

（五）核心素养四方面的关系

如何理解核心素养四个方面的关系，是一个重要的问题。对此，《普通高中语文课程标准（2017 年版 2020 年修订）》有一段简明的概括："语文学科核心素养的四个方面是一个整体。语言是重要的交际工具，也是重要的思维工具；语言的发展与思维的发展相互依存，相辅相成。语言文字是文化的载体，又是文化的重要组成部分；学习语言文字的过程也是文化获得的过程。语言文字作品是人类重要的审美对象，语文学习也是学生审美能力和审美品质发展的重要途径。语言建构与运用是语文学科核心素养的基础，在语文课程中，学生的思维发展与提升、审美鉴赏与创造、文化传承与理解，都是以语言的建构与运用为基础，并在学生个体言语经验发展过程中得以实现的。"①

这就是说，核心素养的四个方面是一个有机整体，是交融互渗的，分解开来阐述只是为了便于理解，在语文实践中几乎不存在所谓单一的某项素养，因此教师在统筹课程内容时要避免机械割裂。但这样一个整体是对整个课程而言的，四个方面在具体的教学环节中又应该是有所侧重的。要根据课程内容合理确定教学重点。在每堂课上都刻意追求体现四个方面，实际上是一种形而上学的表现。

在四个方面中，语言是最基本的，思维、审美和文化都以其为基础，这体现了语文的课程性质，是语文和其他课程区别开来的根本所在。这就要求我们在课程实施中，必须仅仅抓住语言这个核心，而不是脱离语言另

① 教育部. 普通高中语文课程标准（2017 年版 2020 年修订）[S]. 北京：人民教育出版社，2020：5.

搞一套。要让其他素养的发展在语言的建构与运用中自然而然得到提升，这样的课才是有“语文味”的。

二、语文课程目标

围绕核心素养，课标设计了课程目标。《义务教育语文课程标准（2022年版）》设计了9条总目标，又依据学段设计了学段目标①。9条总目标如下：

1. 在语文学习过程中，培养爱国主义、集体主义、社会主义思想道德，逐步形成正确的世界观、人生观、价值观。

2. 热爱国家通用语言文字，感受语言文字及作品的独特价值，认识中华文化的丰厚博大，汲取智慧，弘扬社会主义先进文化、革命文化、中华优秀传统文化，建立文化自信。

3. 关心社会文化生活，积极参与和组织校园、社区等文化活动，发展交流、合作、探究等实践能力，增强社会责任意识。感受多样文化，吸收人类优秀文化的精华。

4. 认识和书写常用汉字，学会汉语拼音，能说普通话。主动积累、梳理基本的语言材料和语言经验，逐步形成良好的语感，初步领悟语言文字运用规律。学会使用常用的语文工具书，运用多种媒介学习语文，初步掌握基本的语文学习方法，养成良好的学习习惯。

5. 学会运用多种阅读方法，具有独立阅读能力。能阅读日常的书报杂志，初步鉴赏文学作品，能借助工具书阅读浅易文言文。学会倾听与表达，初步学会用口头语言文明地进行人际沟通和社会交往。能根据需要，用书面语言具体明确、文从字顺地表达自己的见闻、体验和想法。

6. 积极观察、感知生活，发展联想和想象，激发创造潜能，

① 教育部．义务教育语文课程标准（2022年版）[S]．北京：北京师范大学出版社，2022：6－7.

丰富语言经验，培养语言直觉，提高语言表现力和创造力，提高形象思维能力。

7. 乐于探索，勤于思考，初步掌握比较、分析、概括、推理等思维方法，辩证地思考问题，有理有据、负责任地表达自己的观点，养成实事求是、崇尚真知的态度。

8. 感受语言文字的美，感悟作品的思想内涵和艺术价值，能结合自己的经验，理解、欣赏和初步评价语言文字作品，丰富自己的情感体验和精神世界。

9. 能借助不同媒介表达自己的见闻和感受，学习发现美、表现美和创造美，形成健康的审美情趣。

其中，第 1 条属于思想道德方面，是课程育人价值的重要体现，2～3 条属于“文化自信”，4～5 条属于“语言运用”，6～7 条属于“思维能力”，8～9 条属于“审美创造”。

义务教育语文分为四个学段（第一学段 1～2 年级，第二学段 3～4 年级，第三学段 5～6 年级，第四学段 7～9 年级），每个学段都从“识字与写字”“阅读与鉴赏”“表达与交流”“梳理与探究”四个方面设计了学段目标。这些目标既前后贯通，又有所侧重，体现了螺旋式上升的特点。此外，在六个学习任务群部分，也都提出了具体的学习内容和要求。

《普通高中语文课程标准（2017 年版 2020 年修订）》围绕核心素养确立了 12 条总目标①，如下：

1. 语言积累与建构。积累较为丰富的语言材料和言语活动经验，形成良好的语感；在已经积累的语言材料间建立起有机的联系，在探究中理解、掌握祖国语言文字运用的基本规律。

2. 语言表达与交流。能凭借语感和对语言运用规律的把握，根据具体的语言情境和不同的对象，运用口头和书面语言文明得体地进行表达与交流；能将具体的语言文字作品置于特定的交际

① 教育部. 普通高中语文课程标准（2017 年版 2020 年修订）[S]. 北京：人民教育出版社，2020：5－7.

情境和历史文化情境中理解、分析和评价。

3. 语言梳理与整合。通过梳理和整合，将积累的语言材料和学习的语文知识结构化，将言语活动经验逐渐转化为具体的学习方法和策略，并能在语言实践中自觉地运用。

4. 增强形象思维能力。获得对语言和文学形象的直觉体验；在阅读与鉴赏、表达与交流、梳理与探究活动中运用联想和想象，丰富自己对现实生活和文学形象的感受与理解，丰富自己的经验与语言表达。

5. 发展逻辑思维。能够辨识、分析、比较、归纳和概括基本的语言现象和文学现象，并能有理有据地表达自己的观点和阐述自己的发现；运用基本的语言规律和逻辑规则，判别语言运用的正误，准确、生动、有逻辑地表达自己的认识；运用批判性思维审视语言文字作品，探究和发现语言现象和文学现象，形成自己对语言和文学的认识。

6. 提升思维品质。自觉分析和反思自己的语文实践活动经验，提高语言运用的能力，增强思维的深刻性、敏捷性、灵活性、批判性和独创性。

7. 增进对祖国语言文字的美感体验。感受祖国语言文字独特的美，增强热爱祖国语言文字的感情。

8. 鉴赏文学作品。感受和体验文学作品的语言、形象和情感之美，能欣赏、鉴别和评价不同时代、不同风格的作品，具有正确的价值观、高尚的审美情趣和审美品位。

9. 美的表达与创造。能运用祖国语言文字表达自己的审美体验，表达自己的情感、态度和观念，表现和创造自己心中的美好形象；讲究语言文字表达的效果及美感，具有创新意识。

10. 传承中华文化。通过学习运用祖国语言文字，体会中华文化的博大精深、源远流长，体会中华文化的核心思想理念和人文精神，增强文化自信，理解、认同、热爱中华文化，继承、弘扬中华优秀传统文化和革命文化。

11. 理解多样文化。通过学习语言文字作品，懂得尊重和包容，初步理解和借鉴不同民族、不同区域、不同国家的优秀文化，吸收人类文化的精华。

12. 关注、参与当代文化。关注并积极参与当代文化传播与交流，在运用祖国语言文字的过程中，坚持文化自信，提高社会责任感，增强为中华民族伟大复兴而奋斗的使命感。

其中，1 ~3 条属于“语言建构与运用”，4 ~6 条属于“思维发展与提升”，7 ~9 条属于“审美鉴赏与创造”，10 ~12 条属于“文化传承与理解”。此外，在 18 个学习任务群部分，也都提出了各自的学习目标与内容。

复习与体验

1. 简述对“语文”一词的理解及语文课程的性质。
2. 请结合实例说明语文课程的基本理念。
3. 请结合教学实例，说明在语文教学中如何落实学科核心素养。
4. 请阐释学科核心素养四方面之间的关系。
5. 请结合实例，说说如何在语文教学中把工具性和人文性统一起来。

第三章 语文课程内容与组织形式

本章导学

本章主要依据《普通高中语文课程标准（2017 年版 2020 年修订)》《义务教育语文课程标准（2022 年版)》介绍义务教育和高中阶段语文课程的内容及其组织与呈现方式。第一节重点关注语文课程内容，明确义务教育和高中阶段语文课程内容及其确定的依据和特点。第二节主要介绍语文课程内容的组织与呈现方式，说明义务教育和高中阶段语文课程内容以学习任务群的方式组织与呈现，阐明学习任务群的内涵、内容、特点和教学策略。这两节内容是新课标相较于以往课程标准的变化与发展，是语文课程改革的新要求，正确理解和把握本章内容对发展中小学生的核心素养，优化一线语文教师的教学，规范新教材编写，深化语文教育理论等具有重要价值和意义。

学习目标

识记：义务教育不同学段和高中阶段语文课程内容。

理解：义务教育和高中阶段语文学习任务群的内涵、内容、特点和组织实施策略。

评价：能够理解义务教育和高中阶段语文课程内容组织与呈现的方式。

新课标语文课程内容的设置围绕立德树人的根本任务，致力于发展全体学生的核心素养，力图打破碎片化、片面性、低效性的课程内容设置方式，突出强调语文课程内容的育人性、情境性、实践性和综合性等特征，根据不同学段特点，以学习任务群的方式组织与呈现课程内容。义务教育语文课程内容提出了三层六个学习任务群，早在《普通高中语文课程标准（2017 年版 2020 年修订）》课程结构中就规定了高中语文必修、选择性必修、选修三类课程分别安排 7～9 个学习任务群，这些学习任务群如何理解，如何落实到一线教学中提升学生的语文核心素养是语文教育的重点和难点问题。

第一节　语文课程内容

“课程内容既要体现课程性质、呼应课程目标，又要助力教材内容编制、教学内容转化，还要引领课程评价变革。”① 可见，语文课程内容是语文教育发展的重要基础和核心环节之一，不仅指明了中小学生语文学习的方向和目标，也为学生核心素养的发展、教师教学设计的革新提供了依据，随着语文课程内容的不断变化与发展，《普通高中语文课程标准（2017 年版 2020 年修订）》和《义务教育语文课程标准（2022 年版）》相继革新了语文课程内容，如何理解、实践、完成语文课程内容成为学生、教师、专家、学者们共同关注的研究课题。

一、语文课程内容的变化与发展

读史使人明智，梳理语文课程内容发展史，有利于更好地理解语文课程内容变革的规律和发展趋势。随着社会发展，语文课程内容从古到今呈现如下三个阶段的变化趋势。

第一，古代语文教育阶段。在中国古代社会教育中，因为“语文”作

① 徐鹏．义务教育语文课程内容：修订理路与核心要义［J］．中学语文教学，2022（5）：13－17.

为独立的学科形态没有形成，所以语文课程是和其他类别的课程交织在一起的，没有严格意义上的语文课程含义，却形成了丰富的语文课程思想。中国奴隶社会的学校教育内容以“六艺”为主，即“礼、乐、射、御、书、数”，其中“礼、乐、书”涉及较多的语文教育内容；秦汉时期以“经典蒙学读物”为主，涉及识字写字等语文教育内容；汉代以后以“五经”为主，即《诗经》《尚书》《礼记》《周易》《春秋》，涉及较多的识字、阅读、写作、书法等语文教育内容；宋代以后以“四书”为主，即《论语》《孟子》《中庸》《大学》，涉及较多文选、写作等语文教育内容；到明清时期，以“四书”“五经”为基本教材，重视八股文写作。古代语文教育阶段积累了丰富的识字写字、阅读教学、写作教学等经验，如韵语识字、熟读精考、博览评注、吟诗作对等，为语文教育提供了大量的素材和经验，但古代语文教育主要以道德教育、人才选拔为目的，教学内容以“四书”“五经”为主，脱离了生活实际，束缚了学生思想，不利于学生的全面发展。

第二，近现代语文教育阶段。1904 年清政府颁布了《奏定学堂章程》，这一年是癸卯年，故该章程也被称为“癸卯学制”。“癸卯学制”的颁布，使现代学校系统和教学制度有了制度的保障，通常认为，这是具有现代科学意义的语文真正独立成科的标志。[①]“癸卯学制”中的“初等小学堂规划”为强迫教育阶段 5 年，属于普及教育性质，课程有“修身、读经讲经、中国文字、算术、历史、地理、格致、体操”等，“高等小学堂”为 4 年，课程有“修身、读经讲经、中国文字、算术、中国历史、地理、格致、图画、体操”等，语文成为一门独立的课程，但这一时期的“语文”还不叫“语文”，称为“国语”或“国文”，主要教学内容还是识字写字与读写古文。五四运动以后，白话文逐渐进入语文课程，语文课程内容开始关注语言实际，此后，1923 年的《国语课程纲要》、1929 年的《国文课程标准》、1936 年的《中学国文课程标准》相继发布[②]，语文教育目的涵盖了发展读写、智力、品德、心理等，课程内容以阅读与写作为

---

① 黄淑琴，桑志军. 语文课程与教学论［M］. 广州：广东高等教育出版社，2013：3.

② 王文彦，蔡明. 语文课程与教学论［M］. 2 版. 北京：高等教育出版社，2006：86.

主，如记叙文、说明文、抒情文、议论文，还包括识字、会话、文选阅读、文体学习等，开始关注人的全面发展，这一时期也积累了较多的文章内容和技巧讲解、精读泛读结合、指导自学等语文教学经验，语文教育取得了较大发展，但语文课程内容缺乏整合性和联系性，呈现碎片化、割裂化等特点，还有待优化。

第三，当代语文教育阶段。1949 年教育部取消“国语”“国文”，统称“语文”，此后随着对语文教育的认识加深，语文课程大纲和标准也在不断发展。1949 年的《中学语文科课程标准》重视通过语言文字的学习，培养学生的情操和意志，以听、说、读、写为主要教学内容；1956 年汉语、文学分科，颁布《初级中学文学教学大纲（草案)》《高级中学文学教学大纲（草案)》《初级中学汉语教学大纲（草案)》，分别以汉语（语音、词汇、语法、修辞、文字等）和文学（文学作品、文学史、文学理论）作为课程的主要内容；1963 年的《全日制中学语文教学大纲（草案)》结束了汉语和文学分科的局面，语文课程以识字、写字、读写为主要内容；1978 年颁布《全日制十年制学校中学语文教学大纲（试行草案)》，1980 年做了修订，1986 年颁布《全日制中学语文教学大纲》，1990 年颁布了修订本，1992 年的《九年义务教育全日制初级中学语文教学大纲（试行)》，1996 年的《全日制普通高级中学语文教学大纲（供试验用)》以提高学生语文能力为目的，以听说读写语文基本能力和语文基础知识为主要课程内容；到 21 世纪初，2001 年的《全日制义务教育语文课程标准（实验稿)》和 2003 年的《普通高中语文课程标准（实验)》提出了语文课程的知识与能力、过程与方法、情感态度与价值观三维目标，以识字与写字、阅读、写作、口语交际、综合性学习为主要教学内容；《义务教育语文课程标准（2011 年版)》提出“语文课程致力于培养学生的语言文字运用能力，提升学生的综合素养，为学好其他课程打下基础；为学生形成正确的世界观、人生观、价值观，形成良好个性和健全人格打下基础；为学生的全面发展和终身发展打下基础”，其中规定课程内容主要包括识字与写字、阅读、写作、口语交际和综合性学习；《普通高中语文课程标准（2017 年版)》及《普通高中语文课程标准（2017 年版 2020 年修订)》提出“全面贯彻党的教育方针，落实立德树人根本任务，发展素质教育，推进教育公平，培养德智体美全面发展的社会主义建设者和接班人”，并在课程内容方面，首次提出“普通高中语文课程由必修、选择性必修、选修三类课程构成。三类课程分别安排 7～9 个学习任务群”①。《义务教育语文课程标准（2022 年版）》总结了经验和教训，以立德树人为根本任务，也提出“义务教育阶段语文课程内容以中华优秀传统文化、革命文化和社会主义先进文化、世界文明优秀成果、科技进步、日常生活等为主要学习主题，根据不同学段的特点，统筹安排各类主题的相关学习内容。语文课程内容主要以学习任务群组织与呈现。语文课程按照内容整合程度不断提升，分三个层面设置学习任务群”②。学习任务群的提出增强了课程内容的情境性、综合性、实践性和育人性，以学生的语文实践为主线，设计语文学习任务群有利于提升学生的核心素养，促进学生全面发展。

综上所述，语文课程内容随着时代的发展而不断在更新，以往主要从外在的学习方式、各项能力或知识来确定课程内容，如以学科知识、文本类型、能力训练等确立课程内容，这些方式在语文教育改革的特定历史时期发挥过积极作用。而当前“语文学习任务群”的提出主要从内在的生活实际和学生需求出发来确定课程内容，是语文教育发展的产物，是历史的选择，是人的全面发展的需要。本章主要介绍《普通高中语文课程标准（2017 年版 2020 年修订）》和《义务教育语文课程标准（2022 年版）》所提出的语文课程内容及其组织形式，分析当前语文教育发展规律，理解最新课标教育理念，响应时代发展需求，促进学生全面发展。

二、新课标语文课程内容及其确立依据

（一）义务教育阶段语文课程内容

《义务教育语文课程标准（2022 年版）》立足学生核心素养发展，充

---

① 教育部. 普通高中语文课程标准（2017 年版 2020 年修订）[S]. 北京：人民教育出版社，2020：9.

② 教育部. 义务教育语文课程标准（2022 年版）[S]. 北京：北京师范大学出版社，2022：19－20.

分发挥语文课程育人功能，以立德树人为根本任务，提出义务教育阶段语文课程内容以中华优秀传统文化、革命文化和社会主义先进文化为内容主题，同时，还应选择反映世界文明优秀成果、科技进步、日常生活特别是儿童生活等方面的主题。根据不同学段的特点，统筹安排各类主题的相关学习内容。以下是课程内容的主题与载体形式。

1. 中华优秀传统文化

围绕创造性转化和创新性发展要求，确定中华优秀传统文化内容主题，注重弘扬讲仁爱、重民本、守诚信、崇正义、尚和合、求大同等核心思想理念，弘扬有利于促进社会和谐、鼓励人们向上从善的中华人文精神；弘扬自强不息、敬业乐群、扶危济困、见义勇为、孝老爱亲等中华传统美德。

主要载体为汉字、书法，成语、格言警句，神话传说、寓言故事、历史故事、民间故事、中华民族团结一家亲的故事，古代诗词、古代散文、古典小说，古代文化常识、传统节日、风俗习惯，等等。

2. 革命文化

围绕伟大建党精神，确定革命文化内容主题，注重反映理想信念、爱国情怀、艰苦奋斗、无私奉献、顽强斗争和英勇无畏等革命传统。

主要载体为老一辈无产阶级革命家和革命英雄人物的代表性作品及反映他们生平事迹的传记、故事等作品，反映党领导人民革命的伟大历程和重要事件的作品，有关革命传统人物、事件、节日、纪念日活动等方面的作品，阐发革命精神的作品，革命圣地、革命旧址和革命文物等。

3. 社会主义先进文化

围绕社会主义核心价值观，确定社会主义先进文化内容主题，突出爱党、爱国、爱社会主义相统一。主要载体为反映社会主义建设事业中取得的重大成就、涌现出来的模范人物与先进事迹的作品；反映当代中国从站起来、富起来到强起来的奋斗历程和重大事件，以及体现中国式现代化新道路和人类文明新形态的相关作品；反映和谐互助、共同富裕、改革创新、劳动创造美好生活等方面的作品。

在突出上述主题的同时，还应选择反映世界文明优秀成果、科技进步、日常生活特别是儿童生活等方面的主题。主要载体为外国文学名著、科普科幻作品、实用性文章、中外优秀儿童文学作品等。

各类主题的主要载体还应包括口头和书面交流与沟通、跨媒介阅读与表达等语文实践活动。

根据不同学段特点，统筹安排各类主题的相关学习内容。体现中华优秀传统文化、革命文化、社会主义先进文化的作品，应占60%～70%；反映科技、自然、生活等方面的应用、说明、记叙类作品，及外国优秀文化作品，占30%～40%。①

义务教育语文课程内容主要以学习任务群组织与呈现。语文课程按照内容整合程度不断提升，分三个层面设置六个学习任务群，根据学段特点，学习任务群安排有所侧重。学习任务群的提出增强了课程内容的情境性、综合性、实践性和育人性，以学生的语文实践为主线，设计语文学习任务群有利于提升学生的核心素养，促进学生全面发展，本章第二节将详细介绍语文学习任务群。

（二）高中阶段语文课程内容

《普通高中语文课程标准（2017年版2020年修订）》提出“全面贯彻党的教育方针，落实立德树人根本任务，发展素质教育，推进教育公平，以社会主义核心价值观统领课程改革，着力提升课程思想性、科学性、时代性、系统性、指导性，推动人才培养模式的改革创新，培养德智体美劳全面发展的社会主义建设者和接班人”“学生通过阅读与鉴赏、表达与交流、梳理与探究等语文学习活动，在语言建构与运用、思维发展与提升、审美鉴赏与创造、文化传承与理解几个方面都获得进一步的发展；坚定文化自信，自觉弘扬社会主义核心价值观，树立积极向上的人生理想，为全面发展和终身发展奠定基础”。②在课程内容方面，首次提出“普通高中语文课程由必修、选择性必修、选修三类课程构成。三类课程分别安排7～9个学习任务群。中华优秀传统文化、革命文化和社会主义先进文化方面的

---

① 教育部．义务教育语文课程标准（2022年版）［S］．北京：北京师范大学出版社，2022：18－19.

② 教育部．普通高中语文课程标准（2017年版2020年修订）［S］．北京：人民教育出版社，2020：2，5.

内容始终贯穿必修、选择性必修、选修”①。其中必修课程 7 个学习任务群：“整本书阅读与研讨”“当代文化参与”“跨媒介阅读与交流”“语言积累、梳理与探究”“文学阅读与写作”“思辨性阅读与表达”“实用性阅读与交流”。选择性必修课程 9 个学习任务群：“整本书阅读与研讨”“当代文化参与”“跨媒介阅读与交流”“语言积累、梳理与探究”“中华传统文化经典研习”“中国革命传统作品研习”“中国现当代作家作品研习”“外国作家作品研习”“科学与文化论著研习”。选修课程 9 个学习任务群：“整本书阅读与研讨”“当代文化参与”“跨媒介阅读与交流”“汉字汉语专题研讨”“中华传统文化专题研讨”“中国革命传统作品专题研讨”“中国现当代作家作品专题研讨”“跨文化专题研讨”“学术论著专题研讨”。②

（三）新课标语文课程内容确立的依据

《普通高中语文课程标准（2017 年版）》提出“学习任务群”后，语文教育的育人功能得到较好的发挥，学生的语文核心素养得到较大的提升，因此，《义务教育语文课程标准（2022 年版）》也更新了课程内容，提出以学习任务群的方式组织与呈现课程内容，可以说实现了小学、初中、高中语文教育的较好衔接，促进了学生的全面、全过程发展。以上《普通高中语文课程标准（2017 年版 2020 年修订）》和《义务教育语文课程标准（2022 年版）》确立的课程内容是为了改变语文教育实践中存在的唯分数、唯理论、唯讲解等弊端，实现课程内容的整合，与学生实际生活相结合，培养学生的综合素质，促进学生全面发展。因此，课程内容的确立必须与教育目的、课程理念、课程目标、课程实施、课程存在的问题以及课程评价等相一致，具体有以下几点确立依据。

第一，从教育目的来看，语文课程内容应体现国家意志，以立德树人为根本任务，发展素质教育。课程内容必须坚持马克思主义的指导地位，

① 教育部. 普通高中语文课程标准（2017 年版 2020 年修订）[S]. 北京：人民教育出版社，2020：9.

② 教育部. 普通高中语文课程标准（2017 年版 2020 年修订）[S]. 北京：人民教育出版社，2020：9.

以习近平新时代中国特色社会主义思想为指导，体现党和国家对教育的基本要求，体现国家和民族基本价值观，体现中华民族的风格，体现人类文化知识积累和创新成果，培养学生的文化自信。

第二，从语文课程理念来看，语文课程内容应立足学生核心素养发展，充分发挥语文课程育人功能，注重课程的阶段性与发展性，坚持课程内容的时代性、典范性和整合性。语文课程内容的学习致力于全体学生核心素养的形成与发展，为学生学好其他课程打下基础；为学生形成正确的世界观、人生观、价值观，形成良好个性和健全人格打下基础；为培养学生求真创新的精神、实践能力和合作交流能力，促进德智体美劳全面发展及学生的终身发展打下基础。

第三，从课程目标看来，语文课程内容应致力于提升学生的核心素养，通过语文课程内容的学习逐步形成正确的价值观、必备品格和关键能力。语文课程内容需要学生在识字与写字、阅读与鉴赏、表达与交流、梳理与探究等语文实践活动中，在真实的语言应用情境中，提升中小学生的语文核心素养，到了高中核心素养内涵更加深刻，培养高中生的“语言建构与运用、思维发展与提升、审美鉴赏与创造、文化传承与理解”核心素养，自觉弘扬社会主义核心价值观，树立积极向上的人生理想，为全面发展和终身发展奠定良好基础。

第四，从课程实施中存在的问题来看，语文课程内容的实施要求增强情境性和实践性，促进学习方式变革。以往语文课程内容主要以单一课型和单篇教学为主，缺乏整合性和综合性，教学方式上以教师讲授和教师引导为主，学生的主体性没有较好地发挥出来，学生的学习脱离了生活实际，难以满足学生生活和发展需求，新课标以学习任务群呈现课程内容有利于从学生语文生活实际出发，创设丰富多样的学习情境，设计富有挑战性的学习任务，激发学生学习兴趣，促进学生自主、合作、探究学习，提高语文学习能力，满足学生内在需求，促进学生全面发展。

总之，语文课程内容的设置是从生活实际出发，根据国家教育目的、语文课程理念、语文课程目标而确定的，是为了满足学生发展需求，解决语文教育存在的问题而确定的，能够为学生的语文学习提供明确的方向和评价标准，是变化发展的。

三、语文课程内容的特点

语文课程内容以中华优秀传统文化、革命文化和社会主义先进文化等为内容主题，根据不同学段的特点，统筹安排各类主题的相关学习内容，并以学习任务群的方式组织与呈现，具有以下 7 个特点。

第一，育人性。语文课程内容以中华优秀传统文化、革命文化和社会主义先进文化等为内容主题，而这些主题内容都有助于引导学生树立正确的世界观、人生观和价值观，爱国爱党爱人民，做优秀的社会主义建设者和接班人，因此语文课程内容无不体现素质教育，具有育人性。

第二，工具性和人文性相结合。义务教育阶段和高中阶段均重视语言文字的积累与运用、阅读与交流、思维与创造，突出了课程内容的工具性。同时，都重视文化自信、人文精神、思想价值和人格品质，突出了课程内容的人文性，工具性和人文性始终贯穿语文课程的全部内容。

第三，基础性和选择性相结合。义务教育阶段语文课程内容重在教育学生初步学会运用祖国的语言文字进行思考、交流，吸收古今中外优秀文化成果，提升自己的核心素养和全面发展。到了高中阶段，语文课程内容既保证基础性又增加了选择性，如增加了选修课程，以满足不同学生发展的需要。

第四，时代性和典范性相结合。语文课程内容充分吸收了语言、文学研究的最新成果，关注数字时代语言生活的新发展，体现学习资源的新变化，结合时代热点问题，具有时代性。同时，也强调内容的典范性，课程内容以社会主义先进文化、革命文化、中华优秀传统文化为核心主题，选取大量优秀的文本作品，培养学生的价值观和核心素养，具有典范性。

第五，实践性。语文课程内容所选主题包括中华优秀传统文化、革命文化和社会主义先进文化，也包括世界文明优秀成果、科技进步、日常生活特别是儿童生活等方面的主题，将中华优秀传统文化运用于实际生活中，将日常生活与语文学习联系起来，提高学生解决问题的能力，提升学生的素质，具有实践性。

第六，综合性。语文课程内容打破原来的单项知识和单一能力为主的结构，而是根据不同学段的特点，统筹安排各类主题的相关学习内容，并以学习任务群的方式组织与呈现，将听、说、读、写等融入课程实践活动，将不同学科与语文学习活动结合，将生活实践与语文相联系，整合课程内容，体现了语文课程内容的综合性。

第七，阶段性。不同学段的语文课程内容并不是一成不变的，而是循序渐进的，呈现出阶段性。如小学 1 ~2 年级、3 ~4 年级、5 ~6 年级、7 ~9年级和高中阶段的语言文字学习内容、阅读学习内容、整本书阅读学习要求和写作学习要求都不同，随着年级的增长，后一学段的学习内容以前一学段的为基础，学习内容更深刻、复杂，学习要求更高。

四、语文课程内容的实施建议

前人关于语文课程内容的实施和编排提出了较多创见，如钟美满以统编版小学语文教材为例，提出了《义务教育语文课程标准（2022 年版）》背景下小学语文课程内容的实施与编排解读，主要包括精选优质课程，育人为本，丰富课程类型，立德树人，共享课程资源，以文化人，优化语文课程，夯实基础。[①] 总的来说，语文课程内容实施建议包括以下几点。

第一，坚持立德树人根本任务。语文教育内容的实施应重视发挥课程的育人功能，而不是简单地让学生学习语文知识，发展思维能力。立德树人应该放在课程任务首位，并将这一任务融入学生文化自信、语言运用、思维能力和审美创造的培养过程中。

第二，注重整合落实课程内容。将语文课程内容真正践行到活动、课堂、课外、任务、主题、生活之中，突出语文课程的育人性、整合性、情境性、实践性、生成性、自主性和综合性等特征。重知识、能力、方法学习的同时，更需要做到更好地发挥育人功能；重单篇教学的同时更需要做到整合学习任务，展开教学；重教师指导的同时，更需要让学生从生活情境体验中自主完成任务或活动。

第三，建立语文课程任务体系。教师应认真研究学习任务群和教材、学生之间的关系，探究每一个学习任务群和教材上哪些自然单元之间联系

---

① 钟美满.《课标》背景下小学语文课程内容的实施与编排解读：以统编版小学语文教材为例［J］. 语文教学通讯 · D 刊（学术刊），2022（12）：39 -41.

紧密，可以通过单元教学任务的完成循序渐进实现学习任务群的要求，单元任务之间的关系也要梳理清楚，结合学生情况，制定学生学案，引导学生完成学习任务，避免重复耗时。此外，单元任务与单篇课文任务，生活实践任务之间的关系也要安排得当，为学生完成学习任务群而服务。

第四，科学运用情境教学方法。教师在实物法、图片法、朗读法、小组讨论法等常用教学方法之外，应该更加注重情境体验的方法，这里强调的情境法不仅仅是教师在导入时利用情境导入，更提倡学生在学习新知时沉浸在教师创设的课堂情境，文本创造的文化情境，自己创设的学习情境，以及自身经历的生活情境中，在情境中内化完成课时任务、单元任务和学习任务群。用好情境教学法也要注意教师的引导，教师要帮助学生自主进入情境，引导他们科学、有效地创设情境，防止盲目创设情境。

第五，引导学生自主探究学习。教师在学习中应尊重学生的主体性和创造性，学生提出的问题不轻易忽略，学生分享的观点不轻易否定，比如，阅读鉴赏和评价因人而异，没有所谓的标准答案，教师应该鼓励学生发散思维，引导学生结合自身经验、阅历和阅读体验，在实践中生成自己独特的见解，敢于上升到理论高度，践行理论来源于实践，并接受实践检验的真理。

第六，践行“教—学—评”一致性。语文课程内容能否为学生所得，还必须重视教学评价。教师、学生、家长和社会应该改变过去以成绩作为评价标准的错误观念，也应改变简单地从知识、能力、方法等显性标准去评价语文教学的习惯，而应从学习任务群的要求和是否真正提升了学生核心素养出发，客观、科学评价学生学和教师教的过程，考试作为评价学生的方式之一，其内容和形式也应该跟教学内容、教学理念相一致，真正达到“教—学—评”相统一。

语文课程内容从生活实际出发，关注各类主题的相关学习内容，以提升学生的综合素质，但课程内容的实施需要进一步细化，《普通高中语文课程标准（2017 年版）》直接以学习任务群作为课程内容，《义务教育语文课程标准（2022 年版）》提出以学习任务群的方式组织与呈现课程内容，本章第二节将详细介绍语文课程内容的组织与呈现方式——语文学习任务群。

第二节 语文学习任务群

语文课程内容具有育人性、实践性、综合性、情境性、阶段性等特征，将工具性和人文性相结合，基础性和选择性相结合，以中华优秀传统文化、革命文化、社会主义先进文化为核心主题，同时兼顾世界文明成果、科技进步、日常生活等主题。根据不同学段特点，以生活为基础，以学习主题为引领，统筹安排各类主题的相关学习内容，整合学习内容、情境、方法和资源等要素，以学习任务群的方式组织与呈现这些课程内容，设计语文学习任务，确定具有内在逻辑关联的语文实践活动，如识字与写字、阅读与鉴赏、表达与交流、梳理与探究等活动。语文学习任务群由相互关联的系列学习任务组成，共同指向学生的核心素养发展。通过学习任务群来进行语文教学，也是语文课程改革的新方向。

一、语文学习任务群的来源追溯和内涵理解

（一）语文课程内容的一般组织模式和语文学习任务群的提出

语文课程内容的组织模式是变化发展的，主要有以下几种。

第一，按照知识领域或知识类型组织课程内容。例如，1936 年的《高级中学国文课程标准》按照记叙文、说明文、议论文等文体知识组织课程内容，1956 年的《初级中学汉语教学大纲》、初高中《文学教学大纲》则分别以汉语的“语音、词汇、语法、修辞、文字”等语言知识和文学作品、文学史、文学理论等文学知识组织课程内容，这种方式学习内容具体，方便教师教学和教材编写，但不利于学生能力的提升和综合素质发展。

第二，按照学习活动或语文能力组织课程内容。例如，1929 年《小学课程暂行标准小学国语》以说话、读书、作文、写字等组织课程内容，《义务教育语文课程标准（2011 年版）》以识字与写字、阅读、写作、口

语交际、综合性学习等语文活动组织课程内容，这种组织方式注重学生听、说、读、写能力的培养，但各种活动之间缺乏整体联系，不利于学生综合能力和核心素养的发展。

第三，按照社会生活主题组织课程内容。例如，1941 年的《小学国语科课程标准》以个人生活、学校生活、家庭生活、乡土生活主题来组织课程内容。

第四，按照模块组织课程内容。例如，2003 年的《普通高中语文课程标准（实验）》以五个必修模块和五个选修系列组织课程内容。

可见，《普通高中语文课程标准（2017 年版 2020 年修订）》和《义务教育语文课程标准（2022 年版）》主张以“学习任务群”的方式组织与呈现课程内容，吸收了以往经验，既从生活实际出发，以各种主题为纲，也综合了语文知识、能力、活动等，还注重将基础性和选择性相结合，充分考虑了学生的需求和综合素质发展。

（二）语文学习任务群的内涵

首先，对于“任务”的理解。郑桂华提出：“围绕一个相对独立目标而组织起来的要素和活动，便属于一个任务。几个独立的语文学习任务若是指向一个共同目标，它们便可称为一个任务群。”郑桂华老师对“任务”和“任务群”的理解非常准确。[①] 在语文学习活动中，学习任务有大有小，所用时间有长有短，复杂程度有简有繁，如学习鲁迅的一篇文章《从百草园到三味书屋》是一项任务，所用时间相对较短，相对简单，但在这篇文章的基础上，学习鲁迅的作品《朝花夕拾》也是一项任务，所用时间较长，相对复杂。所以新课标提出“学习任务群”的“任务”不应该从任务大小、时间长短和复杂程度上去理解，而应该从学习目标上来理解，即以学生的生活实际为基础，围绕一个相对的独立的学习目标，将学习内容、情境、方法和资源等要素加以整合，通过一系列学习活动来达到这个学习目标。

---

① 郑桂华. 义务教育语文学习任务群的价值、结构与实施［J］. 课程·教材·教法，2022（8）：25－32.

其次，对于“群”的理解。三个学习任务可以组成一个“群”，三十个学习任务也可以组成一个“群”，因此，“群”的范围也难以界定，我们也可以从学习目标上来理解，几个独立的语文学习任务可以共同完成一个学习目标，这几个学习任务就构成了一个任务群。

最后，对于“学习任务群”的理解。通过系列“学习活动”达到的学习目标称之为一个“学习任务”，通过系列“学习任务”达到的更高层次的学习目标构成一个“学习任务群”，语文课程内容便是以若干任务群来组织和呈现的，义务教育阶段课程内容分三个层面设置六个学习任务群，根据学段特点，学习任务群安排有所侧重，高中阶段语文课程由必修、选择性必修、选修三类课程构成，三类课程分别安排 7 ~ 9 个学习任务群。语文学习任务群由相互关联的系列学习任务组成，共同指向学生核心素养的发展，下一层学习任务群可以看作上一层学习任务群中的一个相对复杂的学习任务，这些任务群是立体的、整合的、循序渐进且螺旋上升的。

二、基于新课标的语文学习任务群的目标与内容

（一）义务教育阶段语文学习任务群的目标与内容

《义务教育语文课程标准（2022 年版）》提到：“义务教育语文课程内容主要以学习任务群组织与呈现。设计语文学习任务，要围绕特定学习主题，确定具有内在逻辑关联的语文实践活动。语文学习任务群由相互关联的系列学习任务组成，共同指向学生的核心素养发展，具有情境性、实践性、综合性。”义务教育语文课程按照内容整合程度不断提升，分三个层面设置学习任务群，其中第一层设“语言文字积累与梳理”1 个基础型学习任务群，第二层设“实用性阅读与交流”“文学阅读与创意表达”“思辨性阅读与表达”3 个发展型学习任务群，第三层设“整本书阅读”“跨学科学习”2 个拓展型学习任务群。根据学段特点，学习任务群安排可有所侧重。① ［本

① 教育部. 义务教育语文课程标准（2022 年版）［S］. 北京：北京师范大学出版社，2022：19 – 20.

部分的教学提示，详见《义务教育语文课程标准（2022 年版）》］

1．基础型学习任务群——语言文字积累与梳理

语言文字积累与梳理任务群的目标：引导学生在语文实践活动中，积累语言材料和语言经验，形成良好语感，通过观察、分析、整理，发现汉字的构字组词特点，掌握语言文字运用规范，感受汉字的文化内涵，奠定语文基础。

语言文字积累与梳理任务群的学习内容：分学段认识、书写、运用常用字、词，学会汉语拼音，积累各种语言材料，梳理常用汉字形、音、义之间的联系，欣赏语言文字的美，提升文化修养。

2．发展型学习任务群——实用性阅读与交流

实用性阅读与交流任务群的目标：引导学生在语文实践活动中，通过倾听、阅读、观察，获取、整合有价值的信息，根据具体交际情境和交流对象，清楚得体表达，有效传递信息，满足家庭生活、学校生活、社会生活交流沟通需要。

实用性阅读与交流任务群的学习内容：分学段阅读家庭生活、学校生活、社会生活相关的实用文本、文字，学以致用，通过各种口头表达或书面表达形式记录、分享、交流自己的所见所闻、所思所感。

3．发展型学习任务群——文学阅读与创意表达

文学阅读与创意表达任务群的目标：引导学生在语文实践活动中，通过整体感知、联想想象，感受文学语言和形象的独特魅力，获得个性化的审美体验；了解文学作品的基本特点，欣赏和评价语言文字作品，提高审美品位；观察、感受自然与社会，表达自己独特的体验与思考，尝试创作文学作品。

文学阅读与创意表达任务群的学习内容：分学段阅读寓言、童话、诗歌、散文、小说、戏剧等文学作品，品味鉴赏文学作品的语言、形象、思想、情感等，尝试富有创意地表达、交流自己的阅读审美感受，尝试进行创作。

4．发展型学习任务群——思辨性阅读与表达

思辨性阅读与表达任务群的目标：引导学生在语文实践活动中，通过阅读、比较、推断、质疑、讨论等方式，梳理观点、事实与材料及其关系；辨析态度与立场，辨别是非、善恶、美丑，保持好奇心和求知欲，养

成勤学好问的习惯，负责任、有中心、有条理、重证据地表达，培养理性思维和理性精神。

思辨性阅读与表达任务群的学习内容：分学段阅读科学短文、解决生活问题的哲人故事、寓言故事、成语故事等思辨性文本，感受其中的智慧，学习其中的思维方法用以解决生活问题，科学表达自己的观点和方法。

5. 拓展型学习任务群——整本书阅读

整本书阅读任务群的目标：引导学生在语文实践活动中，根据阅读目的和兴趣选择合适的图书，制订阅读计划，综合运用多种方法阅读整本书；借助多种方式分享阅读心得，交流研讨阅读中的问题，积累整本书阅读经验，养成良好阅读习惯，提高整体认知能力，丰富精神世界。

整本书阅读任务群的学习内容：分学段整本书阅读中外优秀作品，感受读书带来的快乐，分享阅读整本书获得的启示、读书方法、经验等，开展多样的读书活动，学会鉴赏、推荐自己喜欢的名著。

6. 拓展型学习任务群——跨学科学习

跨学科学习任务群的目标：引导学生在语文实践活动中，联结课堂内外、学校内外，拓宽语文学习和运用领域；围绕学科学习、社会生活中有意义的话题，开展阅读、梳理、探究、交流等活动，在综合运用多学科知识发现问题、分析问题、解决问题的过程中，提高语言文字运用能力。

跨学科学习任务群的学习内容：分学段融入跨学科内容，综合运用语文、数学、科学、艺术、信息技术、历史、道德与法治、劳动、物理、化学、生物等多方面的知识和技能，创造性开展语文活动，解决问题。

义务教育阶段的每一个语文学习任务群随着学段的增加，目标越来越高，内容整合程度也不断提升，学习目标和内容呈现出循序渐进的特点，在教学中也应根据学段特点循序渐进地展开教学，注重每个学习任务群在不同学段的差异性和衔接性，学会相应学段的内容，达到相应学段的目标，进而达到总目标，提升学生的语文核心素养。

（二）高中阶段语文学习任务群的目标与内容

《普通高中语文课程标准（2017 年版 2020 年修订）》提出，高中阶段为“落实立德树人根本任务，遵循教育规律，着力发展学生的核心素养，促进学生全面而有个性地发展”“以语文学科核心素养为纲，以学生的语文实践为主线，设计‘语文学习任务群’。‘语文学习任务群’以任务为导向，以学习项目为载体，整合学习情境、学习内容、学习方法和学习资源，引导学生在运用语言的过程中提升语文素养。若干学习项目组成学习任务群。学习任务所涉及的语言学习素材与运用范例、语文实践的话题与情境、语体与文体等，覆盖历来语文课程所包含的古今‘实用类’‘文学类’‘论述类’等基本语篇类型。学习任务群的设计着眼于培养语言文字运用基础能力，充分顾及问题导向、跨文化、自主合作、个性化、创造性等因素，并关注语言文字运用的新现象和跨媒介运用的新特点”，设计基础性与选择性相结合的课程内容和任务群。必修、选择性必修、选修“三类课程分别安排7～9个学习任务群。中华优秀传统文化、革命文化和社会主义先进文化方面的内容始终贯串必修、选择性必修、选修”。[①] 其中必修课程设有7个学习任务群，选择性必修课程设有9个学习任务群，选修课程设有9个学习任务群。［本部分的教学提示，详见《普通高中语文课程标准（2017年版2020年修订）》］

1. 整本书阅读与研讨任务群

整本书阅读与研讨任务群的学习贯串必修、选择性必修和选修三个阶段，目的在于引导学生通过阅读整本书，拓展阅读视野，建构阅读整本书的经验，形成适合自己的读书方法，提升阅读鉴赏能力，养成良好的阅读习惯，促进学生对中华优秀传统文化、革命文化、社会主义先进文化的深入学习和思考，形成正确的世界观、人生观和价值观。

整本书阅读与研讨任务群的学习内容：在指定范围内阅读一部长篇小说、一部学术著作，运用多种读书方法深入理解作品，积累自己的读书经验，从作品中汲取营养，丰富自己的精神世界，逐步形成正确的世界观、人生观和价值观。用自己的语言撰写全书梗概或提要、读书笔记与作品评介，通过口头、书面形式或其他媒介与他人分享。

---

① 教育部．普通高中语文课程标准（2017年版2020年修订）［S］．北京：人民教育出版社，2020：8－9．

2. 当代文化参与任务群

当代文化参与任务群的学习贯串必修、选择性必修和选修三个阶段，目的在于引导学生关注和参与当代文化生活，学习剖析、评价文化现象，积极参与中国特色社会主义先进文化的传播和交流，增强文化自信。

当代文化参与任务群的学习内容：关注当代文化现象和生活，参与、调查、研讨、传播、弘扬、建设当代社会主义先进文化，提高对各种文化现象的认识能力和阐释自己见解的能力。丰富语文学习的方式，积极参与当代文化生活。

3. 跨媒介阅读与交流任务群

跨媒介阅读与交流任务群的学习贯串必修、选择性必修和选修三个阶段，目的在于引导学生学习跨媒介的信息获取、呈现与表达，观察、思考不同媒介语言文字运用的现象，梳理、探究其特点和规律，提高跨媒介分享与交流的能力，提高理解、辨析、评判媒介传播内容的水平，以正确的价值观审视信息的思想内涵，培养求真求实的态度。

跨媒介阅读与交流任务群的学习内容：了解、运用常见媒介与语言辅助工具，学习运用多种媒介展开有效的表达和交流。正确辨识媒体立场，多角度分析问题，形成独立判断。坚持正确的价值导向，辩证分析网络对语言、文学的影响，提高语言、文学的鉴赏能力，建设跨媒介学习共同体，丰富语文学习的手段。

4. 语言积累、梳理与探究任务群

语言积累、梳理与探究任务群的学习贯串必修、选择性必修两个阶段，目的在于培养学生丰富语言积累、梳理语言现象的习惯，在观察、探索语言文字现象，发现语言文字运用问题的过程中，自主积累语文知识，探究语言文字运用规律，增强语言文字运用的敏感性，提高探究、发现的能力，感受祖国语言文字的独特魅力，增强热爱祖国语言文字的感情。

语言积累、梳理与探究任务群的学习内容：加深对文言和现代汉语的文字、词汇、语法、语境、修辞、语用等语言文字的理性认识、理解和运用，体会汉字、汉语与中华优秀传统文化的关系及汉语的民族特性，增强热爱祖国语言文字的感情。

5. 文学阅读与写作任务群

文学阅读与写作任务群的目标：引导学生阅读古今中外诗歌、散文、小说、剧本等不同体裁的优秀文学作品，使学生在感受形象、品味语言、体验情感的过程中提升文学欣赏能力，并尝试文学写作，撰写文学评论，借以提高审美鉴赏能力和表达交流能力。课内阅读篇目中中国古代优秀作品应占1/2。

文学阅读与写作任务群的学习内容：精读、鉴赏古今中外诗歌、散文、小说、戏剧等优秀文学作品，结合自身经验，感受作品中的艺术形象，理解欣赏作品的语言表达，把握作品的内涵，理解创作意图、情感、艺术价值等，用自己喜欢的文体样式和表达方式记读书笔记、写作，与同学交流写作体会。

6. 思辨性阅读与表达任务群

思辨性阅读与表达任务群的目标：引导学生学习思辨性阅读和表达，发展实证、推理、批判与发现的能力，增强思维的逻辑性和深刻性，认清事物的本质，辨别是非、善恶、美丑，提高理性思维水平。课内阅读篇目中中国古代优秀作品不少于1/2。

思辨性阅读与表达任务群的学习内容：阅读古今中外论说名篇，把握作者的观点、态度和语言特点，理解作者阐述观点的方法和逻辑。阅读近期重要的时事评论，学习作者评说国内外大事或社会热点问题的立场、观点、方法。在阅读各类文本时，分析质疑，多元解读，培养思辨能力。学习多角度思考问题，学会辩论、反驳，有理有据地表达和阐发自己的观点，立论正确，论据恰当，讲究逻辑。

7. 实用性阅读与交流任务群

实用性阅读与交流任务群的目标：引导学生学习当代社会生活中的实用性语文，包括实用性文本的独立阅读与理解，日常社会生活需要的口头与书面的表达交流。通过本任务群的学习，丰富学生的生活经历和情感体验，提高阅读与表达交流的水平，增强适应社会、服务社会的能力。

实用性阅读与交流任务群的学习内容：学习多角度观察社会生活，掌握当代社会常用的实用文本，具体学习内容，可选择社会交往类的，如会谈、谈判、讨论及其纪要，活动策划书、计划、制度等常见文书，应聘面试的演说，面向大众的演讲、陈述和致辞；也可选择新闻传媒类的，如新闻、通讯、调查、访谈、述评，主持、电视演讲与讨论，网络新文体（包括比较复杂的非连续性文本）；还可选择知识性读物类的，如复杂的说明文、科普读物、社会科学类通俗读物等。善于学习并运用新的表达方式。

8. 中华优秀传统文化经典研习任务群

中华优秀传统文化经典研习任务群的目标：引导学生通过阅读中华优秀传统文化经典作品，积累文言阅读经验，培养民族审美趣味，增进对中华优秀传统文化的理解，提升对中华民族文化的认同感、自豪感，增强文化自信，更好地继承和弘扬中华优秀传统文化。

中华优秀传统文化经典研习任务群的学习内容：精读、研习中国文化史上不同时期、不同类型的一些代表性作品，梳理其文言知识和文化常识，体会其精神内涵、审美追求和文化价值，认识作品对中国文化发展的贡献，书写阅读感受和评论，学习传统文化经典作品的表达艺术，提高自己的写作水平。

9. 中国革命传统作品研习任务群

中国革命传统作品研习任务群的学习内容贯串必修、选择性必修和选修三个阶段，目的在于阅读和研讨语言典范、论辩深刻、时代精神突出的革命传统作品，深入体会革命志士以及广大群众为民族解放事业英勇奋斗、百折不挠的革命精神和革命人格；学习在社会主义革命、建设、改革过程中涌现的英雄模范事迹，感受其无私无畏的爱国精神，体会其为社会主义建设无私奉献、辛勤劳动、不断创造的高尚品质；进一步发展语言运用能力、思维能力和审美鉴赏能力；陶冶性情，坚定志向，形成正确的世界观、人生观和价值观。

中国革命传统作品研习任务群的学习内容：诵读革命先辈的名篇诗作，精读反映革命传统的优秀文学作品，阅读阐发革命精神的优秀论文与杂文及关于革命传统的新闻、通讯、报告、演讲、访谈、述评等实用性文体的优秀作品，特别注意选择反映党领导人民进行革命、建设、改革伟大历程的作品，感受作品中革命志士、英雄人物和劳动模范的艺术形象，弄清作品的时代背景，把握作品的内涵，理解作者的创作意图和逻辑思维，获得审美体验。结合自己的生活经验和阅读写作经历，加深对作品的理解，学习其写作手法，力求有自己的独到认识。

10. 中国现当代作家作品研习任务群

中国现当代作家作品研习任务群的目标：大体了解现当代作家作品概貌，培养阅读现当代文学作品的兴趣，以正确的价值观鉴赏文学作品，进一步提高文学阅读和写作能力，把握中国现当代文学作品思想性、艺术性、观赏性有机统一的价值取向。

中国现当代作家作品研习任务群的学习内容：研习中国现当代代表性作家作品，包括反映改革开放以来的社会主义先进文化的作品，把握其精神内涵与艺术价值。至少选读10位现当代代表性作家的诗歌、散文、小说、戏剧方面的作品，大体了解现当代文学的发展概貌，关注当代文学创作动态，选读新近发表的有影响的作品及相关评论，撰写读书笔记和评论，练习创作短篇作品。

11. 外国作家作品研习任务群

外国作家作品研习任务群的目标：引导学生研习外国文学名著名篇，了解若干国家和民族不同时期的社会文化面貌，感受人类精神世界的丰富，培养阅读外国经典作品的兴趣和开放的文化心态。

外国作家作品研习任务群的学习内容：阅读外国文学经典作品，认识所读作品的地位和价值，撰写读书笔记、评论。尝试探讨不同民族文学之间的共同话题和文化差异，尊重文化多样性，提升文化鉴别力。

12. 科学与文化论著研习任务群

科学与文化论著研习任务群的目标：引导学生体会和把握科学与文化论著表达的特点，提高阅读、理解科学与文化论著的能力，开阔视野，培养求真求实的科学态度和勇于探索创新的精神。

科学与文化论著研习任务群的学习内容：研习简明易懂的自然科学和社会科学论文、著作，领会不同领域科学与文化论著的内容，培养科学态度和创新精神。撰写内容提要和读书笔记，学习体验概括、归纳、推理、实证等科学思维方法，把握科学与文化论著观点明确、逻辑严密、语言准确精练等特点。

13. 汉字汉语专题研讨任务群

汉字汉语专题研讨任务群是在必修和选择性必修“语言积累、梳理与探究”的基础上，就汉字或汉语的某一问题，加以归纳、梳理，训练学生从应用中观察语言文字现象的能力和总结规律的综合、分析能力，旨在加深学生对汉字、汉语的理性认识。

汉字汉语专题研讨任务群的学习内容：有意识地在义务教育和高中必修阶段积累的基础上，发现与汉字、汉语有关的某些问题，结合汉字、汉语普及读物的阅读，进行归纳梳理，验证汉字、汉语的理论规律，例如汉字的表意性质、汉语的韵律特点、词汇意义的系统性、文学语言的灵活性、口语与书面语的不同特点等，提高对语言现象的理性认识。针对语言生活中的现实问题，展开研究讨论，用正确的观点与方法分析问题，得出结论，在实际语言运用中努力促进祖国语言文字健康发展。学生以撰写读书报告、语言专题调查报告、小论文等形式呈现学习成果，并在专题讨论会上发表自己的成果。

14. 中华传统文化专题研讨任务群

中华传统文化专题研讨任务群是在“中华优秀传统文化经典研习”的基础上，选择中华优秀传统文化的内容组成专题进行深入研讨，旨在加深对传统文化的认识和理解，增强传承、弘扬中华优秀传统文化的自信心、责任感。

中华优秀传统文化专题研讨任务群的学习内容：选读体现传统文化思想精华的代表作品，注意提高文言文阅读能力，参阅相关的研究论著，确定专题，进行研讨。加强理性思考，增进对中华文化核心思想理念和中华人文精神的认识和理解，体会中华文化创造性转化和创新性发展的趋势。阅读应做读书笔记。围绕中心论题进行有准备的研讨，围绕专题选择合适的方式展示探究的成果。

15. 中国革命传统作品专题研讨任务群

中国革命传统作品专题研讨任务群在“中国革命传统作品研习”的基础上，选择反映中国革命传统的代表性作品，设置相关研究专题进行深入学习，旨在进一步认识中国革命、建设和改革的历程，加深对中国革命传统的认识和理解，激发热爱中国共产党、热爱社会主义祖国的情感，进一步提升思想认识水平和研究性学习的能力。

中国革命传统作品专题研讨任务群的学习内容：精读一部老一辈无产

阶级革命家的诗文专集，一部反映党领导人民进行革命、建设、改革伟大历程的长篇文学作品，参阅传记和相关研究文献，围绕作品的思想内涵、语言风格、艺术特色等确定具体的研究专题；记录读书笔记，开展合作学习，撰写专题研究报告，组织专题报告会，深入理解老一辈无产阶级革命家的革命精神和人格品质，感受思想和语言的力量。

16. 中国现当代作家作品专题研讨任务群

中国现当代作家作品专题研讨任务群是在“中国现当代作家作品研习”的基础上，就我国现当代作家作品的若干专题深入研讨，进一步培养理性思维与探究能力，提高学生对现当代文学的理解和认识，提升鉴赏品位，把握时代精神和时代走向。

中国现当代作家作品专题研讨任务群的学习内容：梳理影响中国现当代文学发展的重要作家作品，发现、记录有价值的文学现象与问题，从中选择自己感兴趣的专题进行研讨。阅读新近发表的有影响的文学作品，尝试参与文学评论。关注近期文学热点问题，了解不同观点，深入思考研讨，提高探究能力，围绕专题选择合适的方式展示探究的成果。

17. 跨文化专题研讨任务群

跨文化专题研讨任务群是在“外国作家作品研习”的基础上，深入研讨外国文学名著和文化经典的若干专题，旨在引导学生思考丰富多样的人类文化，汲取人类思想精华，培养开放的文化心态，发展批判性思维，增强文化理解力。

跨文化专题研讨任务群的学习内容：研讨不同时期、不同国家与民族的文学、文化经典作品，增进对文化多样性的理解。选读一本外国文学理论名著，了解世界文学批评中某一流派的基本主张和文学解读方法，或者选读一本研究中外文学或文化比较的著作，尝试运用其中的观点研读以前读过的作品。选择合适的内容进行跨文化专题研究，在中外文化的比较中，深化对中华优秀传统文化的理解，增强对中国特色社会主义文化的自信。

18. 学术论著专题研讨任务群

学术论著专题研讨任务群的目标：引导有这方面追求的学生阅读学术论著，体验学者发现问题、探索解决问题的路径，以及陈述学术见解的思维过程和表述方式，尝试写作小论文。

学术论著专题研讨任务群的学习内容：根据个人的阅读兴趣和平时积累、思维特点以及未来发展方向，选择适宜的学术著作深入研讨，撰写研讨笔记。将研读学术著作过程中生成的关注点、问题点、质疑点等进行梳理概括，形成专题，深入研讨；或围绕相关学术话题，组织研讨活动。整理提炼专著研读或专题研讨的成果，借鉴专业学术论文的形式写成学术性小论文，相互交流。

义务教育阶段语文学习任务群本身兼顾了基础性、发展性和拓展性，每个学习任务群的内容和要求随着学段的升级而更加深刻、复杂，呈现螺旋上升的趋势。高中阶段的学习任务群注重与义务教育阶段的衔接，依然重视“语言文字积累与梳理、实用性阅读与交流、文学阅读与写作、思辨性阅读与表达、整本书阅读”任务群，但不是简单重复以往的学习内容，在以往学习要求的基础上提出了更高的学习要求，同时，为了满足学生的不同需求，高中阶段在注重基础的同时，尊重学生的选择和发展需要，提出了较多可选择的学习任务群，如“汉字汉语专题研讨”“中华传统文化专题研讨”“中国革命传统作品专题研讨”“中国现当代作家作品专题研讨”“跨文化专题研讨”“学术论著专题研讨”，旨在于满足学生的生活需要和发展方向，这些专题的研究也注重将必修和选修内容进行由浅入深的衔接，如汉字汉语专题研讨任务群是在必修和选择性必修“语言积累、梳理与探究”的基础上展开的，中华传统文化专题研讨任务群是在“中华优秀传统文化经典研习”的基础上展开的，中国现当代作家作品专题研讨任务群是在“中国现当代作家作品研习”的基础上展开的，跨文化专题研讨任务群是在“外国作家作品研习”的基础上展开的，专题研究的提出可以较好地培养学生的语言运用能力、逻辑思维能力、审美创造能力和学术研究能力，增强学生的文化自信。

总之，义务教育阶段和高中阶段语文学习任务群的学习不是一蹴而就的，而是贯穿于学生语文学习的始终，学习任务群的学习必须注重学段差异性和连续性，不能违反学生身心发展规律，也不能中断，需循序渐进地展开，促进学生语文核心素养的发展。

三、语文学习任务群的三大显著特点

语文学习任务群特点的研究是语文教育学的热点问题，如吴欣歆提出“单个学习任务群在内容领域上也体现出典型性、综合性和多元性的特征”①，耿红卫、温昕提出“义务教育阶段语文课程学习任务群具有层次性、情境性、实践性、综合性、时代性等特点”②。语文课程内容以学习任务群的方式组织与呈现，设计实施语文学习任务时，要围绕特定学习主题，以生活实际创设情境，整合学习情境、学习内容、学习方法和学习资源，确定具有内在逻辑关联的语文实践活动，培养学生的核心素养，呈现“主题—情境—任务—活动”的逻辑顺序。具体来说，语文学习任务群的设计实施具有情境性、实践性、综合性的特点。

首先，情境性。一方面，教师在设计学习任务时应该从生活情境出发，引导学生通过一系列学习活动来完成任务，而不是随意设计学习任务；另一方面，教师在教学中除了用实物法、图片法、朗读法、小组讨论法等教学方法之外，应该更加注重情境体验的方法，这里强调的情境法不仅仅是教师在导入时利用情境导入，更提倡学生在学习新知时沉浸在教师创设的课堂情境、文本创造的文化情境、自己创设的学习情境，以及自身经历的生活情境中，在情境中内化完成课时任务、单元任务和学习任务群，这种沉浸式体验学习无疑比教师讲授或机械学习更高效、更有趣。用好情境教学法也要注意教师的引导，教师要帮助学生自主进入情境，引导他们科学、有效地创设情境，防止盲目创设情境。只有在情境中才能实现学习任务群的要求。

其次，实践性。一方面，语文学习任务群的设计实施应该与学生的生活实际密切联系，从学生的生活实际出发，注重任务本身的实践性；另一方面，教师在学习中应尊重学生的主体性和创造性，学生提出的问题不轻

---

① 吴欣歆. 学习任务群：高中语文课程内容的重构 [J]. 教育科学研究，2018（11）：76－81.

② 耿红卫，温昕. 以学习任务群统整语文课程内容：解析《义务教育语文课程标准（2022年版）》的新变化 [J]. 信阳师范学院学报（哲学社会科学版），2022（4）：49－54.

易忽略，学生分享的观点不轻易否定，比如，阅读鉴赏和评价因人而异，没有所谓的标准答案，教师应该鼓励学生发散思维，引导学生结合自身经验、阅历和阅读体验，在实践中生成自己独特的见解，敢于上升到理论高度，践行理论来源于实践，并接受实践检验的真理。这种从实践中生成的知识、能力、方法或观念是语文课程中隐性的成果，对培养学生的核心素养至关重要。只有通过实践才能实现学习任务群的要求。

最后，综合性。一方面，语文学习任务群不是单一地教授学生语文知识，培养学生的智力，而是将文化、语言、思维、能力、方法、习惯、审美、创造等方面的要求综合起来，强调培养学生的语文综合素质，这就对学生的学习提出了更高的要求；另一方面，语文学习任务群的设计实施必须将课内和课外、语文学科和其他学科、知识能力和情感价值、听说读写、课程与生活等综合起来，将识字与写字、阅读与鉴赏、表达与交流、梳理与探究等语文实践活动综合起来，而不是让语文任务群成为孤立、僵化的任务群。

四、语文学习任务群的设计实施要点

情境性、实践性、综合性不仅是语文学习任务群的显著特点，也是语文学习任务群的设计实施原则。语文课程内容以学习任务群的方式组织与呈现，前人针对学习任务群的实施进行了深入研究，如郑桂华提出：“高中语文教师要适应学习任务群的要求需做好三方面准备：一要有‘任务’意识，善于将学习内容变成学习任务；二要增强‘整体’意识，用任务群的整体目标统摄不同的学习内容和学习活动；三是提高‘统筹’能力，恰当处理不同任务群之间的关系，使其互相渗透、互相支撑，共同指向学生核心素养的培养。”①徐鹏提出：“语文学习任务群的实施应建构真实、富有意义的学习情境，设计典型、具体的实践活动，提升学生运用语言文字解决现实问题的能力，形成系统、完整的评价机制，记录学生完成学习任务群的过程性表现。”②设计实施语文学习任务时，要围绕特定学习主题，

---

① 郑桂华．高中语文学习任务群的教学建议［J］．中学语文教学，2017（3）：9－12.

② 徐鹏．语文学习任务群的实施路径［J］．语文建设，2018（25）：13－15，33.

以生活实际创设情境，整合学习情境、学习内容、学习方法和学习资源，确定具有内在逻辑关联的识字与写字、阅读与鉴赏、表达与交流、梳理与探究等语文实践活动，培养学生的文化自信、语言运用、思维能力、审美创造等核心素养，呈现“主题—情境—任务—活动”的逻辑顺序，语文学习任务群的设计实施还需要注意如下八个要点。

第一，语文学习任务群的设计实施必须聚焦育人性。语文学习任务群的设计实施需要体现中华优秀传统文化、革命文化、社会主义先进文化及外国优秀文化，学生潜移默化吸收这些文化精髓可以达到“以文化人”的效果，有利于将学生培养为德智体美劳全面发展的人，也有利于提升学生的综合素质。

第二，语文学习任务群的设计实施必须重视实践性。语文学习任务群以主题为纲，这些主题主要是来源于生活实践和学生实际发展需要，而不是空穴来风，也不是教条主义和经验主义的牺牲品，在完成语文学习任务群的内容时，也是以真实生活情境和真实的识字与写字、阅读与鉴赏、表达与交流、梳理与探究等学习活动来实践的，遵循实践性原则。

第三，语文学习任务群的设计实施必须重视基础性。义务教育阶段和高中阶段的课程标准都强调语言文字的学习积累与运用，阅读交流、整本书阅读等基础任务群，说明不管是小学、初中，还是高中都注重学生语文基础知识的学习和语文基础能力的培养以及语文基本素养的形成，语文学习任务群的设计实施遵循基础性原则，但是在注重基础性的同时，也关注学生不同的需求和发展，注重拓展性和选择性。

第四，语文学习任务群的设计实施必须实现发展性。义务教育阶段和高中阶段的语文学习任务群都重视学生知识、能力、思维、价值、观念、心理等综合发展，学习任务群的形式也是为了更好地发展学生的语文核心素养，进而培养学生综合素质，为学生全面发展奠定良好的基础，因此，语文学习任务群的设计实施遵循发展学生的原则。

第五，语文学习任务群的设计实施必须重视层次性。义务教育阶段和高中阶段的每一个学习任务群在不同学段不同年级都有不同的目标要求，后一阶段在前一阶段的基础上往前发展，学习内容在范围、难度、强度和程度上不是重复乏味的，而是整合提升的，呈现循序渐进的特点，因此，语文学习任务群的设计实施必须遵循层次性原则。

第六，语文学习任务群的设计实施必须重视整体性。语文学习任务群虽然呈现明显的层次性，在不同学段有所侧重，但是每一个学习任务群在各个学段都从来没有中断过，如“语言文字积累与梳理”任务群，从小学一年级到高中三年级一直都是语文课程必须学习的基础内容，在不断的学习中发展、提升。同时，各个学习任务群相互联系共同作用，才能形成整体语文核心素养。因此，语文学习任务群的设计实施必须连贯，具有整体性。

第七，语文学习任务群的设计实施必须注意交叉性。义务教育阶段和高中阶段的各个任务群虽名称不同，但在内容上相互联系相互促进，一个任务群与另一个任务群之间存在交叉重合现象。例如整本书阅读任务群与文学阅读与创意表达任务群有着天然的联系和共通之处，而是几乎所有的任务群都建立在语言文字积累与梳理任务群的基础上，都与之交叉融合，因此可以说各个任务群既相互独立又相互交叉。因此，语文学习任务群的设计实施必须处理好各个学习任务群之间的关系。

第八，语文学习任务群的设计实施必须重视整合性。义务教育阶段和高中阶段的各个任务群都不可能通过一堂课就可以实现，它们是上位概念，是语文学习内容的整合，它们以生活为基础，以实践为线索，以任务为载体，开展高质量语文教学活动。每一个学习任务群的实现都需要整合学习情境、学习内容、学习方法和学习资源，引导学生在运用语言的过程中提升语文素养，因此，语文学习任务群的设计实施必须遵循整合性原则。

五、语文学习任务群的价值和意义

第一，从教育目的来看，以语文学习任务群组织和呈现课程内容突破了学科知识逐“点”解析、学科技能逐项训练的简单线性排列和连接的难题，有利于学生语文文化自信、语言运用、思维能力、审美创造核心素养的形成，有利于学生语言、知识、技能、思想情感、文化修养等多方面、多层次综合发展，有利于培养有理想、有本领、有担当的社会主义建设者和接班人，实现教育的目的。

第二，对学生学习来说，促进学生语文核心素养发展。义务教育阶段学生的语文学习，根据语文学习任务群可以帮助学生整合学习内容、情境、方法和资源，从学生的语文实际出发，创设情境激发学生语文学习兴趣。设计层次性、挑战性任务，促进学生自主、合作、探究学习方式的变革，促进学生文化自信、语言运用、思维能力、审美创造语文核心素养的发展，助力学生全面发展。

第三，对教师教学来说，帮助教师科学开展学习任务。一线教师突破以教材单篇课文为课程内容，以单个独立知识点为语文知识，把单项能力点作为语文能力，可以科学设计“语文学习任务群”，注重对单元内容进行有效整合，设计以语文核心素养为核心的大任务、大主题、大单元，将语文教学与生活实践和其他学科相融合，实现语文课程的综合性、实践性和情境性。

第四，对教材编写来说，合理编排教科书内容。教材编写应该与课程标准相互照应，语文学习任务群以大单元主题来设计整合性任务，教材编写者可以根据语文学习任务群理念，结合学生生活实际，编排单元主题，明确单元任务，精选文本内容，帮助学生发展。

第五，对国家人才培养来说，培养高素质语文人才。语文学习任务群确立以识字与写字、阅读与鉴赏、表达与交流、梳理与探究等语文实践活动来指导学生自主、合作、探究完成大任务，促进学生发展，提高学生语文能力，培养学生审美创造能力，提升学生文化自信，培养适应社会的语文人才。

复习与体验

1. 根据新课标，谈谈你对语文课程内容的理解与认识。

2. 结合具体课例，谈一谈你对义务教育和高中阶段语文学习任务群的理解。

3. 根据新课标规定的语文学习任务群的目标和内容，谈一谈语文学习任务群的特点和组织实施策略。

4. 根据语文学习任务群的理念，自选感兴趣的主题和内容，尝试进行教学设计。

第四章 语文课程资源与语文教材

本章导学

本章主要依据《普通高中语文课程标准（2017 年版 2020 年修订）》《义务教育语文课程标准（2022 年版）》相关内容，梳理、明确语文课程资源与语文教材的基本问题。第一节是关于语文课程资源的知识，主要涉及语文课程资源的内涵、分类与性质，新课标关于语文课程资源的新理念，语文课程资源有效开发与利用。通过学习语文课程资源的理论知识，树立良好的课程资源意识，掌握语文课程资源开发与使用策略。第二节是关于语文教材的知识，主要介绍语文教材的内涵与功能、语文教材内容系统和结构类型、语文教材的发展历史、语文教材编写理念与改革思考、语文教材的使用共五方面内容。通过学习语文教材的相关知识，了解语文教材的发展历史，理解新课标关于语文教材编写的新理念，并学会有效地使用语文教材，实现新课标倡导的从“教教材”到“用教材教”转变。

学习目标

识记：语文课程资源与语文教材的内涵。

理解：语文课程资源的理念，语文教材的编写理念。

掌握：语文课程资源的开发与利用，语文教材的使用策略。

语文课程是一门学习国家通用语言文字运用的综合性、实践性课程，具有特殊、深刻的教育特性，绝不同于一般的语言文字的学习。“国语教学不只是简单的文字或字母用法和段落或句读的问题，除此之外，更重要的是内容问题。国语不是训诂之学，而是活思想问题，是川流不息的生命。”① 由于语文课程与教材内容包罗万象，与人类历史文化、与当代社会生活、与学生自身经验有着天然的联系，学生是在真实的社会环境中学习与使用母语，这些因素注定了语文课程资源是丰富多样的，语文教师应该学会去有效开发与利用课程资源，发挥语文教材对学生培根铸魂、启智增慧、全面提升核心素养的重要作用。

第一节　语文课程资源

美国教育家华特 B. 科勒涅斯指出，“语文学习的外延与社会生活的外延相等”。语文课程的教与学有其得天独厚的资源优势：既有无与伦比的社会语言环境，又有丰厚殷实的历史文化等方面资源。因此，语文教师如何更新课程观念，树立自觉而强烈的课程资源意识，学会开发与利用语文学科作为母语教育课程所具有的资源优势，尤其突出社会主义先进文化、革命文化和中华优秀传统文化的资源，这成为当前深化新基础教育语文课程改革的重要研究课题。

一、语文课程资源的内涵、分类与性质

（一）课程资源内涵的界定

对于“资源”一词的解释，《辞海》中的“资”指资财、供给、资助；“源”指水流所从出，引申为事物的来源。《现代汉语词典》将“资源”解释为“指生产资料和生活资料的自然来源”。《世界图书词典》

① 小原国芳. 小原国芳教育论著选：下卷［M］. 由其民，等译. 北京：人民教育出版社，1993：109.

(*The World Book Dictionary*)中,“来源”(Source)是指“事物所从来,或所从获得的地方”“提供信息的人、书本、文件、资料等”;“资源”(Resource)是指“供满足需要的”东西,或“储藏以备需要时提取”。从词典的解释和汉语的语言习惯看,“资源”都包含有两个方面的意义:第一个方面是指事物所从出,即事物的来源;第二个方面是指某种事物对另一些事物是不可缺少的,是满足别的事物的需要的条件。诸如粮食资源、人力资源等概念中的“资源”就是从这种意义上讲的。我们平时所说的“教育资源”这个概念中的“资源”,它实质上是从上述两方面的意义上使用的:一方面是指构成教育活动所需要的各种事物,包括人、财、物、知识、经验等;另一方面指教育满足一个国家或地区的经济与社会发展的状况,即教育本身的状况。

对于课程资源内涵的解释,教育界还没有形成统一的认识,一般认为“课程资源”的定义有广义与狭义之分。广义的课程资源指的是供给课程活动,满足课程活动需要的一切,包括构成课程目标、内容的来源和保障课程活动进行的设备和材料;狭义的课程资源仅指形成课程教学内容的直接因素来源。“综合两种观点,可以将课程资源视为课程设计、实施和评价等整个课程教学过程中可以利用的一切人力、物力以及自然资源的总和,包括教材、教师、学生、家长以及学校、家庭和社区中所有利于实现课程目标,促进教师专业成长和学生有个性的全面发展的各种资源。”①可以说,在教育教学活动中可以开发与利用的资源多种多样,但需要明确的是,并不是所有的资源都是课程资源,只有那些进入学校教育情境中,与师生教学活动联系起来的资源,才是现实的课程资源。

(二)语文课程资源的内涵

从上述对课程资源内涵的分析中,我们也可以把语文课程资源的内涵解释为:能够满足语文课程与教学活动需要的各种要素和来源,它既可以是语文课程与教学实施的内容,也可以是语文课程与教学发生的条件。换

① 教育部基础教育司,教育部师范教育司.课程资源的开发与利用[M].北京:高等教育出版社,2004:4.

句话说，语文课程资源既指向语文课程活动本身，也指向构成语文课程活动所需要的一切素材和条件。一方面，作为指向语文课程活动本身，语文课程资源主要表现为语文课程与教学实施的内容，既包括语文教科书、教学参考书、教学挂图、音像教材等外在的显性资源，也包括主观地、内在地存在于课程与教学过程中的师生的见识、感受和智慧等隐性资源。另一方面，作为指向构成课程活动所需要的一切素材和条件，语文课程资源主要是客观地、外在地存在于课程以外的社会生活、学生日常活动、学生已有的知识经验之中的各种素材和条件。

（三）语文课程资源的分类

自 2001 年我国第八轮基础教育课程改革以来，不同时期语文课程标准对“语文课程资源”的内容都做出了明确的表述，这有助于增强人们的课程资源意识，促进人们课程资源观念的更新。最新颁布的《义务教育语文课程标准（2022 年版）》对语文课程资源内容表述为：

> 语文课程资源既包括纸质资源，也包括数字资源；既包括日常生活资源，也包括地域特色文化资源；既包括语文学习过程中生成的重要问题、学业成果等显性资源，也包括师生在语文学习方面的兴趣、爱好和特长等隐性资源。①

最新《普通高中语文课程标准（2017 年版 2020 年修订）》中也提到：

> 语文课程资源形式多种多样，可以是纸质文本，也可以是多媒体资源、网络资源。各地区都蕴藏着自然、社会、人文等方面的语文课程资源，应积极利用和开发。自然风光、文物古迹、革命传统、风俗民情、国内外的重要事件、学生的家庭生活，以及

① 教育部. 义务教育语文课程标准（2022 年版）［S］. 北京：北京师范大学出版社，2022：54.

日常生活话题等，都可以成为语文课程的资源。①

从上述义务教育和普通高中语文课标对语文课程资源的相关表述看，语文课程资源内容丰富，分布广泛。为了更好地认识语文课程资源的外延特点，我们可以从功能特点、空间分布和存在方式的三个维度对它们进行分类：

（1）根据课程资源的功能特点不同，可以把语文课程资源划分为素材性资源和条件性资源。素材性资源指的是课程的素材或直接来源，它们可以直接进入课程，成为学生学习和掌握的对象。如相关的知识、技能、经验、感受、创意、问题、困难、活动方式方法、情感态度和价值观及培养目标等。条件性资源指间接作用于课程的那些对象，不是形成课程本身的直接来源，但却决定着学生学习和掌握的水平、课程实施的广度和效益，如人力、物力、财力、时间、场地、设备、环境等。

（2）根据课程资源的空间分布不同，可将语文课程资源划分为校内语文课程资源和校外语文课程资源。校内语文课程资源包括校内的各种场所和设施，如图书馆、实验室、信息中心等硬件设施；也包括教师群体、师生关系、班级组织、学生团体、校风校纪、校容校貌等人文资源；还包括与教育教学活动密切相关的各种活动，如实验、实习、座谈讨论、文艺演出、典礼仪式等。校外语文课程资源包括学生的家庭、社区乃至整个社会中各种可以利用于教育教学活动的设施、条件以及丰富的自然资源，如社区图书馆、科技馆、博物馆等。它们在课程资源开发与利用过程中是校内课程资源的有益辅助和补充。

（3）根据存在方式的差异，还可以将语文课程资源划分为显性语文课程资源和隐性语文课程资源。显性语文课程资源是看得见摸得着的，是可以直接运用的课程资源，如语文教科书、教学挂图、工具书、其他图书、报刊、电影等资源。隐性语文课程资源是以潜在的方式对教育教学活动产生影响的因素，诸如师生关系、班级文化、班风校风等，它们对语文课程教学也会产生潜移默化的影响。

---

① 教育部. 普通高中语文课程标准（2017年版2020年修订）[S]. 北京：人民教育出版社，2020：51.

（四）语文课程资源的性质

对于语文课程资源的性质问题，目前教育界还没有形成统一的认识。综合相关研究成果的观点，我们把它概括为六个方面[①]。

（1）客观性。语文课程资源虽然类型多样、姿态各异，存在方式千差万别，但却并非人们主观臆造的，而是客观存在的各种事物。诸如语文教科书、教学参考书等语文课程最基本的资源，或者是图书馆、实验室、纪念馆、展览馆以及大自然的名山大川、各地的风俗民情等相关的课程资源，它们都具有客观性，是课程开发与利用的对象。

（2）潜在性。尽管语文课程资源"无时不有，无处不在"，但并非所有的资源都成为课程资源，只有那些因课程与教学需要而被选择的资源才能转化为课程资源。究竟哪些资源是具有开发和利用价值的课程资源，"从课程理论上讲，至少要经过三个筛子的过滤筛选才能确定课程资源的开发价值。一是教育哲学，即课程资源的开发利用要有利于实现教育目标，体现社会发展需要。就语文学科而言，就是培养学生适应现代社会的良好的人文素养和科学素养，培养阅读理解与表达交流等基本能力，以及运用现代技术搜集和处理信息的能力。二是学习理论，即课程资源要与学生学习的内容条件相一致，符合学生身心发展的特点，满足学生的兴趣爱好和发展需求。三是教学理论，即课程资源要与教师教育教学修养的现实水平相适应。"[②] 可见，课程资源的潜在性要求教师慧眼识珠，善于挖掘课程资源的潜在价值，并且用适当的"课程筛子"把它们筛选出来。

（3）多样性。语文课程资源绝不仅仅是教科书或教学参考书，也绝不仅限于学校内部，相反，弥散遍布在校外的课程资源，其存在形式是多种多样的，诸如雄伟秀丽的自然风光、丰富多彩的社会生活、各具特色的风俗民情等资源，是语文课程教学源源不断的"活水"，是校内语文课程资

---

① 韩雪屏，王相文，王松泉．语文课程教学资源［M］．北京：高等教育出版社，2007：203－205.

② 吴刚平．课程资源的理论构想［J］，教育研究，2001（9）：58－63，71.

源开发和利用的有益辅助与补充。

（4）具体性。语文课程资源虽然呈现多样性，但就不同的地域、文化传统、学校以及师生而言，课程资源又呈现具体性的特点。例如，不同文化背景下人们的价值观念、道德标准、风俗习惯、宗教信仰等具有其特殊性，与之相应的课程资源也存在差异性。这就要求课程资源开发要根据具体情况有针对性地进行。

（5）多质性。同一种课程资源对于不同的课程有不同的价值和用途，从不同角度着眼于同一种课程资源所达到的目的和结果是千差万别的，因而课程资源具有多质性。针对课程资源的这种特性，语文教师要不断提高自身素质，应学会挖掘和利用同一课程资源的多重教学价值，实现课程资源的最大价值。

（6）间接性。课程资源具有转化为学校课程或支持课程实施的可能性，但还不是现实的学校课程或课程实施的现实条件。例如，知识、技能、经验、活动方式与方法、情感态度和价值观及培养目标等资源，它们若要成为课程内容，首先需要经过筛选以确定其教育教学价值，然后要经过教育学和心理学的加工与整合，才能成为现实的学校课程。从这种意义上讲，课程资源具有间接性特点。语文教师要善于将课程资源转化为课程内容，扩充课程教学容量。

二、语文新课标关于课程资源的崭新理念

传统语文教学中，教师课程资源意识十分淡薄，他们往往将语文教科书和教学参考书视为唯一的课程资源，依赖教科书及参考书进行“照本宣科”，课堂教学缺乏灵活性和创造性。针对传统教学的弊端，新课程改革要求语文教师更新课程教学观念，增强课程资源意识，自觉树立科学的课程资源新理念。

（一）教科书是最重要的课程资源，但不是唯一的课程资源

《义务教育语文课程标准（2022 年版）》指出，语文课程资源既包括纸质资源，也包括数字资源；既包括日常生活资源，也包括地域特色文化

资源；既包括语文学习过程中生成的重要问题、学业成果等显性资源，也包括师生在语文学习方面的兴趣、爱好和特长等隐性资源。然而，在众多语文课程资源中，教科书无疑是最重要的课程资源，它不仅本身是课程资源，而且在课程资源开发与利用中往往起到主导作用。与此同时，我们也需要清醒地认识到，教科书不再是唯一的课程资源，随着时代的发展，它的作用越发显得有限。这次语文课程改革，就要合理构建语文课程资源结构，以适应社会发展的多样化的需求。教师要依据新课标编写的新教材，充分考虑到语文课程特点，最大限度地引导师生关注课外生活，拓宽语文学习的途径，拓展语文学习的时空。

（二）教学过程中蕴含丰富的课程资源

新课程改革强调课程是由教学材料、教师与学生、教学情景、教学环境构成的一种生态环境，认为教学过程蕴含着、生成着丰富的课程资源。《普通高中语文课程标准（2017 年版 2020 年修订）》指出，“课程资源建设和学生学习活动关联密切，既是师生动态运用资源的过程，也是不断生成资源的过程”“语文学习过程中随时生成的各种话题、问题、拓展材料以及学生成果等，也是非常有意义的课程资源”。[①] 课堂教学不再是一成不变的、预设的“授受”过程，而是充满着变化与生成的过程。教师与学生不同的生活经历、兴趣特长以及教学过程中动态生成的知识与技能、策略与方法、经验与感受、理解与困惑、情感态度与价值观等，都可以转化为语文课堂教学的资源。

（三）家庭和社会是课程资源的巨大宝藏

家庭和社会语文教育是“大语文”教育系统的重要组成部分。新课标提出“自然风光、文物古迹、革命传统、风俗民情、国内外的重要事件、学生的家庭生活，以及日常生活话题等也都可以成为语文课程的资源”。

① 教育部. 普通高中语文课程标准（2017 年版 2020 年修订）[S]. 北京：人民教育出版社，2020：51.

从家庭的资源看，学生家庭所在的社区环境、家庭的文化素质、家庭的生活质量和氛围、家长对教育的期待与支持度等，都是属于语文课程的隐性资源，对学生的语文学习影响很大。同样地，社会不仅能够为学校教育和课程建设提供源源不绝的人力、财力和物力的支撑，还可以拓宽学生语文学习的空间，增加学生语文实践的机会，提高学生综合学习和应用知识的能力，促进学生特长和个性的健康发展。

三、语文课程资源的有效开发与利用

语文课程资源开发与利用的重要目标，就是要改变过于注重教科书、机械训练的倾向，加强语文课程与现代社会、科技发展和学生生活的联系，开发利用校内外一切课程资源，为语文课程实施提供全新的实践环境，满足学生开展多种形式的语文学习活动，通过多种途径提高学生的语文素养。

（一）语文课程资源开发与利用的要求

最新颁布的《义务教育语文课程标准（2022 年版）》在第六部分“课程实施”中，专门对“课程资源开发与利用”做出了以下四点明确要求①。

1. 坚持目标导向，精选优质课程资源

课程资源的开发与利用应坚持正确的政治导向，把贯彻落实社会主义核心价值观、促进学生身心健康发展作为首要原则；要从核心素养形成和发展的内在规律出发，紧密结合语文教材内容，选择有利于组织和实施综合性语文实践活动的优质资源，构建开放多元的教学资源体系；要立足学生实际，注重遴选典范的现代白话文和古代文言经典作品，以文质兼美为选择标准，体现课程资源在文化传承方面的作用，充分发挥其促进学生发展的价值。

---

① 教育部. 义务教育语文课程标准（2022 年版）［S］. 北京：北京师范大学出版社，2022：53 – 55.

2. 调动多元主体，丰富课程资源类型

语文课程资源既包括纸质资源，也包括数字资源；既包括日常生活资源，也包括地域特色文化资源；既包括语文学习过程中生成的重要问题、学业成果等显性资源，也包括师生在语文学习方面的兴趣、爱好和特长等隐性资源。教师要充分发挥自身优势与潜力，积极利用和开发各类课程资源，不断增强课程资源意识。学校应积极争取社会各方面的支持，拓展资源领域、丰富资源类型；应重视信息化环境下的资源建设，关注语文学习过程中生成性资源的整理和加工，运用课程资源促进学习方式的转变。

3. 建立合作开发机制，实现课程资源的共建和共享

各地区、各学校应增强课程资源共建共享的意识，树立动态发展的资源观念，有计划地建设课程资源开发系统；应重视利用现代信息技术推进资源建设，通过开发阅读资源库、跨媒介阅读平台等数字资源，逐步建立地区、学校之间资源互补、共建与共享的机制；还可创造条件，建立中小学、高等院校和研究机构的资源建设共同体，建设、整理、优化课程资源库，持续更新课程资源，通过资源开发促进教师的专业发展。

4. 充分发挥课程资源的育人功能，优化教与学活动

课程资源的使用要以促进学生核心素养发展为目的，多角度挖掘其育人价值，与课程内容形成有机联系，促进课程目标全面达成。教师要多角度分析、使用课程资源，善于筛选、组合课程资源，利用课程资源创设学习情境，优化教与学活动，提高教学效益；学校要整合区域和地方特色资源，设计具有学校特色、区域特色的语文实践活动，落实学习任务群的目标要求，增强语文课程内容的丰富性和课程实施的开放性。

（二）语文课程资源开发与利用原则

基于语文课程资源的基本特点和多种类型，遵循语文新课标的要求，教师在开发和利用语文课程资源时，要注意遵循以下四个原则。

1. 目的性原则

由于不同的课程目标需要开发与利用不同的课程资源，同一课程资源

又可服务于不同的课程目标，因此，课程资源的开发与利用必须在明确课程目标的前提下，认真分析与课程目标相关的课程资源，加强针对性和有效性。在实际开发中，教师首先要重视研究教学目标，依据教学目标来选择、组织相应的课程资源；其次要重视审查学生的情况，了解他们已经具备或尚需哪些知识、技能及素质，以确定课程开发的重点和主导方向；再次要重视了解当地社区课程资源的条件与分布状况，如自然环境、名胜古迹、经济文化状况、文化名人（物）、民俗风情、节日文化等，以备有选择地开发利用。

2. 优先性原则

语文课程资源具有多样性和多质性特征，而学校语文教学的空间和时间又相对有限，如何使学生在有限的学习时间内学到尽可能多的内容，这就需要教师善于从丰富的语文课程资源中，选择优质的资源进行教学。从语文教学实际看，语文教材尽管不是唯一的课程资源，但无疑是最重要的课程资源。它本身是比较成熟、规范的课程资源，在课程资源开发和利用中能够起到主导作用。因此，教师在开展语文教学时，应立足教材，深入挖掘，优先利用教材本身所蕴含的课程资源。

3. 适应性原则

《普通高中语文课程标准（2017 年版 2020 年修订）》指出“各地区、各学校的课程资源是有差别的，应该认真分析本地和本校的资源特点，充分利用已有资源，积极开发潜在的资源”①。从课程资源开发与利用看，课程资源的差别主要表现在地区差别、城乡差别、校际差别和师生差别等方面。比如在城乡课程资源差异上，城市在图书资料、仪器设备、信息技术等方面资源比较丰富，而农村在自然风光、风俗民情、文化遗迹等方面比较丰富。考虑课程资源存在的客观差异性，教师在开发和利用课程资源时，要结合学生已有的生活经验、知识技能，以及学生的兴趣、习惯、情感态度和价值观等方面，依据教学目标和学生学习需要灵活开发不同的课程资源。

---

① 教育部. 普通高中语文课程标准（2017 年版 2020 年修订）［S］. 北京：人民教育出版社，2020：52.

4. 生成性原则

语文课堂教学过程是师生“对话”的过程，是充满变化和不断生成的。这就意味着语文课程资源也处于不断变化和生成的过程中。例如，有位教师在讲授课文《晋祠》时，先请每位学生口述一处祖国的名胜古迹，学生从上海豫园讲到云南西双版纳，从杭州西湖讲到长白山天池，思想集中，兴致很浓。接着教师出示《中国名胜词典》，让学生听写有关“晋祠”的条目。最后在教学过程中教师还展示了“晋祠”的相关图片，进一步激发学生的学习兴趣，使学生在整个课堂教学过程中始终保持高昂的学习热情。可见，教师在利用多种课程资源的同时，要注意资源之间的优化配置、合理组合、取长补短，切实做到以教学为本，以适应学生学习为本，最大限度地发挥课程资源的作用。

（三）开发与利用语文课程资源的策略

语文课程资源有多种类型，不同类型的课程资源对语文课程教学有不同的价值和意义。教师应根据具体的课程教学目标和需要，运用不同的策略，对不同类型的语文课程资源加以开发和利用。

1. 自觉整合、利用校内相关学科资源

学校语文课堂是学生语文学习的重要阵地，同时，语文学科内容与历史、政治、地理、数学等学科知识有密切的联系。新课标“提倡跨学科的学习”“提倡跨领域学习，与其他课程相结合”，这就要求教师注意站在语文学科的立场和角度，打破传统教学学科之间森严的壁垒，建立起语文与其他学科之间的沟通与衔接，实现学科之间知识的贯通与融合。这样既可以帮助学生学习其他学科的知识，又可使学生了解语文在其他学科中的应用，使学生真切感受到语文的价值，从而激发学生学习语文的积极性。

2. 充分利用多媒体网络资源

现代多媒体信息技术和网络的迅速发展为语文课程教学提供了前所未有的崭新平台。充分利用多媒体网络信息资源，有助于丰富语文课程内容，培养学生语文学习兴趣，提高学生信息意识和信息能力。《义务教育语文课程标准（2022 年版）》要求“应重视信息化环境下的资源建设”，教师可以利用网络资源进行课件开发，创设语文教学活动的情境，探讨网络语文教学新模式，建设语文网络资源库等。

3. 积极组织开展形式多样的言语实践活动

新课标明确指出，语文是实践性很强的课程，应着重培养学生的语文实践能力，而培养这种能力的主要途径也应是语文实践。同时，语文又是母语教育课程，学习资源和实践机会无处不在，无时不有。应该让学生更多地直接接触语文材料，在大量的语文实践中体会、掌握运用语文的规律，而不宜刻意追求语文知识的系统和完整。从语文实践上看，一方面，教师在课堂教学和校内活动中可以组织诸如小品表演、诗歌朗诵、讲故事、游戏、演讲赛、辩论赛等活动；另一方面，教师也可以有意识地把课内学习延伸到课外，充分利用社区、社会上的各种资源，增加学生学语文、用语文的机会。例如，可以组织学生到工厂或农村开展参观、访问、调查等各种校外言语实践活动，增强学生应用语文来应对社会生活的意识与能力。

4. 利用当地资源适当开发语文校本课程

《普通高中语文课程标准（2017 年版 2020 年修订）》指出“各地区、各学校的课程资源是有差别的，各学校应该认真分析本地和本校的资源特点，充分利用已有资源，积极开发潜在的资源”①。因此，教师不能满足于教材知识的传授，还要学会因地制宜开发校本课程。例如，教师可以引导学生调查了解家乡特有的节庆、传统习俗和传统文化艺术及渊源；引导学生广泛阅读有关家乡的文选典籍，并初步了解家乡饮食文化、节令文化等传统文化形式。

（四）开发与利用语文课程资源应处理好几对关系

1. 处理好课内资源与课外资源的关系

开发利用语文课程资源，要搞好课内课外结合，使语文课内课程资源

① 教育部. 普通高中语文课程标准（2017 年版 2020 年修订）[S]. 北京：人民教育出版社，2020：52.

得以增值，使课外学习资源的教育功能得到充分发挥，要使二者互补共效，相得益彰。新课标和新教材关注并重视课外语文学习资源的开发与利用，并非由此而轻视课堂教学资源特别是教材的教育价值。校内外课程资源对于课程实施都是非常重要的，但它们在性质上是有所区别的。就义务教育阶段来说，校内课程资源的开发和利用应该占据主导地位，校外课程资源在大多数情况下起到一种辅助作用。课堂教学作为提高学生语文素质主阵地的地位不能动摇，只是以往我们忽视了对于校外课程资源的开发利用，现在应该加以足够的重视，但绝不意味着在整个基础教育范围内从根本上改变了校内为主、校外为辅的课程资源开发与利用的基本策略。

2. 处理好直接经验与间接经验的关系

在开发与利用语文课程资源中，学生将会更多地直接接触实际生活，获得大量的感性知识和直接经验，教师要注意引导学生对这些感性知识、直接经验加以总结、归纳和提升：在关注学生参与实践、开展活动的过程中，应注重间接经验的指导作用和引领价值。掌握了经过反复检验的间接经验，就可以避免直接经验的盲目性和随意性，大大简化“尝试错误”的过程。就学生学习而言，主要是学习间接经验，不能因重视课外学习或在实践中学习而轻视书本知识的学习和课堂教学。

3. 处理好知识、智力、能力培养与兴趣、习惯、情感态度、价值观养成的关系

充分利用课外资源学语文，特别是引导学生在活动中学语文，在生活中学语文，这种学习方式本身就具有综合性，其学习内容亦具有多元性和多层性，我们从上述“综合性学习”单元中不难发现，几乎每个综合性学习课题，都不再局限于某一个方面，而是关涉智力因素和非智力因素两个方面。所以，教师在引导学生利用课本中的学习资源或开发课外学习资源时，应该时时关注两者统一，努力做到求知、启智、练能的过程，也即学习习惯、兴趣、情感态度、价值观的培养过程，反之亦然。

总之，语文课程资源是丰富多样的。随着课程改革的深入发展，我们将会迎来更多的富有挑战性的课程资源开发与利用的问题或课题，不断研究和解决这些问题或课题，就能把语文教育改革不断推向崭新的天地和更高的境界。

第二节 语文教材

语文教材是语文教育内容的载体，是借以实现语文教学目标，发挥语文教育功能的物质基础。在众多语文课程资源中，语文教材无疑是最为重要的课程资源，对学生的健康成长具有极其重要的作用，“它可能是一个人一生中所接触的最重要的读物，它的力量可能影响受教育者的一生的思想和行动”①。因此，在新课程改革背景下正确认识和使用语文教材，树立清醒的语文教材理念，对实现语文教学目标，提高教学质量，促进学生健康成长有深远的意义。

一、语文教材的内涵与功能

（一）语文教材的内涵

语文教材的内涵有广义与狭义之分。广义的语文教材是泛指一切可以用于语文教和学的言语材料。除了语文教科书、教学讲义、讲授提纲以外，还包括语文教学指导书、参考书、练习册、习题集、课程辅导资料、课外阅读文选、幻灯片、投影片、声像磁带、教学挂图、表格、卡片等，也包括语文教学大纲或课程标准。狭义的语文教材专指语文教科书（语文课本）。从语文教学实际看，学生接受语文知识、训练语文能力、积淀语文素养，其主要凭借语文教科书，即中小学师生所熟悉的语文课本。

（二）语文教材的功能

语文教材的功能是多方面的，就其主要方面而言，包括下列四项功能。

---

① 朱绍禹．中学语文教材概观［M］．北京：人民教育出版社，1997：1.

1. 凭借功能

语文教学重要的任务就是培养学生正确理解和运用祖国的语言文字。语文教材注重“文质兼美”的选文原则，所选择的课文一般是典范的作品，是作家运用语言表情、达意、载道的结果。学生要了解、掌握运用语言的法则和规律，就必须认真阅读、品味这些作品，研究它们是怎样表情、达意、载道的。语文教学要加强基础，传递文化，培养能力，养成习惯，进行思想教育和情感陶冶等都离不开语文教材这一凭借物。特别是语文学科属于侧重于技能、技巧培养的应用型学科，只有通过有计划的训练才能达到教育目标。所以，凭借教材学，凭借教材练，对语文学科尤其重要。

2. 示范功能

语文教学挑选典型规范的作品作为教材主体，意在通过定向的、规范的语文训练，使学生集中地、高效地学习语文知识，培养语文能力。语文教材除了课文内容和语言形式的示范功能外，还包括训练的难易深浅在内的示范功能。中小学语文教学着重于培养基础的、规范的语文能力。语文教材就必须是基本的、规范的。总之，语文教材应该是表达思想的范例、运用语言的范例、语文训练的范例。

3. 教育功能

语文是表情、达意、载道的工具，这就决定了学生在学习语文教材的过程中，离不开情、意、道的内容。《义务教育语文课程标准（2022年版）》在课程总目标中强调，要“热爱国家通用语言文字，感受语言文字及作品的独特价值，认识中华文化的丰厚博大，汲取智慧，弘扬社会主义先进文化、革命文化、中华优秀传统文化，建立文化自信”。教学具有教育性，语文教学中的教育功能主要是凭借教材实现的。依据新课标编写的语文教材注重融入社会主义先进文化、革命文化、中华优秀传统文化，蕴含极其丰富的对学生进行思想情感、道德意志教育和精神陶冶的内容。教学中，我们应该紧扣这些教学内容，根据语文的特点和学生实际，充分发挥语文教材的教育功能。

4. 发展功能

现代教学论认为，教学与发展是互相联系的。语文教材为学生语言的发展选择提供了充足的材料，使学生的语言不断从贫乏走向丰富，由幼稚走向成熟，由呆板走向生动。语文教材作为民族文化和民族精神的载体，它对学生的政治品质、思想品质、道德品质以及情感、意志、性格等个性心理品质的发展有着熏陶渐染、潜移默化的作用。同时，语言和思维密不可分。语文教材的优秀作品都是运用语言的典范，是作家智力活动的结晶，因而也是开启学生思维大门的一把钥匙。

二、语文教材内容系统和结构类型

语文教材已经形成了较为完整的系统。同时，在教材编排上，也总结出较为成熟的经验，形成了不同类型的教材编排体例。

（一）语文教材的内容系统

语文教材内容系统包括课文系统、助读系统、作业系统和知识系统四大方面。

1．课文系统

课文系统指的是根据课程标准或教学大纲规定的选文标准或选文原则所选编的课文系列。它是语文课堂教学的主要内容，是教师对学生传授知识、训练语文能力、进行思想教育、培养审美情趣的凭借。作为一个系统，课文系统必须依据学生的身心发展和中小学语文教学的要求确定自己适当的范围，既不能过宽，也不能过窄。一般而言，课文系统的范围包括体裁、题材、语体、作者、国别范围等方面。

2．助读系统

助读系统指的是教材为帮助学生阅读课文，培养和提高学生自读能力而提供的一系列材料，包括：学习目标，学习重点、难点，课文提示、注释，解题、作者介绍等。这些材料中也会包含一些知识内容，但它们的作用主要不是在“授知”，而是在“助读”和“导学”，在引导学生更好地学习新知识，训练新能力。

3．作业系统

作业系统是教材为帮助学生复习巩固语文知识、培养语文能力而有计划提供的各种思考与练习，分为口头练习和书面练习两种形式。作业系统在语文教材中的配置要注意三“性”：一是题型的多样性，作业题的题型应当力求新颖、多样，并且尽可能贴近生活中语言运用的实际；二是要求的递进性，无论是消化基础知识，还是培养技能技巧，总得由简到繁，由易到难，由简单到复杂，循序渐进，体现出作业内容和要求的递进性；三是配置的灵活性，针对学生的实际和教学要求不同，课内与课外作业的安排要注意灵活性，避免整齐划一的“一刀切”，加重学生的作业负担。

4. 知识系统

知识系统指的是语文教材所提供的语文基础知识系统，主要包括汉语知识、文体知识、文学知识、听说读写知识、文学史知识、文学鉴赏知识、文化知识、逻辑知识等。在语文教学中，学习语文基础知识的根本目的不在“知”，而在“行”，不在了解知识本身，而在掌握这些知识去指导实践，有效提高语文听说读写能力。

（二）语文教材的结构类型

纵观近现代语文教材的编制，其基本结构大致有分编型和合编型两种类型。分编型和合编型教材在编排和使用上各自有鲜明的特点，也存在各自的缺陷。在语文教材发展历史上，人们在语文教材编排分、合问题上进行着多向的探索。

1. 分编型语文教材

分编型教材指的是按语文内容的不同种类而分编成自成体系的多种并行教材，供教学时配套使用。分编型语文教材由于按独立的语文内容自成体系，呈纵向结构，因此头绪简明，线索清楚，有利于安排由浅入深、由简而繁的序列，无论是知识教学还是能力训练以及系统性、计划性都很强，对于学生单项语文能力的培养能做到有“序”有“格”，容易收到好的教学效果。但是，如果分编教材不能互相配合，缺乏协调，便容易出现单科独进的毛病，造成顾此失彼的局面，对学生整体语文能力的培养产生消极的影响。

2. 合编型语文教材

合编型教材指的是将语文教学多方面内容综合编排在一起的教材。从编排方法上看，合编型的语文教材主要有范文选编法、主次配合法和综合组元法。合编型语文教材的优点是可以兼顾语文知识和语文能力训练的各个方面，有利于学生听说读写的相互促进，全面提高学生的语文能力。但是，从负面影响看，综合型语文教材头绪复杂，序列不清，各种单项能力训练的内容难以真正兼顾，教学中“厚此薄彼”的现象在所难免，尤其是表达与阅读训练很难做到齐头并进，由此也导致语文教学“跛脚”现象仍然很严重，语文教学质量没有得到较好提高。

上述分编型与合编型语文教材从一个侧面反映了语文学科建设的纵向发展和横向发展。这两种编排方式也只是一种相对的区分。近现代语文教科书历史表明，语文教材编制法绝不是静止的、凝固的，而是在实践中不断变化、创造和发展着的。随着新课程改革不断推进，在新的教育理论指导下，无论是分编型还是合编型语文教材，它们都将会有更高层次上的飞跃。

三、语文教材的发展历史

我国古代的语文教育是与经学、史学、哲学、伦理学以及社会的、自然的百科教育融合在一起的，语文教材主要是以蒙学识字教材、文选教材和经学教材为主。尤其是以“五经”“四书”为主体的经学教材构成了我国古代学校教育的一套较完整的课程、教材体系，一直被沿用到清朝末年。

清朝末年，以外国传教士为媒介，“教科书”或“课本”的名称开始在中国出现（始见于1871年），后来，随着西方课程理论不断被介绍到中国，国内有人尝试编写蒙学语文教材。中国最早自编的蒙学语文教材是光绪二十三年（1897年）由陈懋治、杜嗣程、沈叔逵等编写，南洋公学出版的《蒙学课本》，它是我国早期语文教科书的雏形。1904年，清政府颁布了《奏定学堂章程》，全面引进西方的学校学科教学体系。语文开始得以独立设科，中国近现代语文教育迈出了艰难的第一步，语文教材亦掀开了近现代篇章。

清末时期的语文教材建设处于现代语文教材发展的初始阶段。中国第一套小学语文教材是商务印书馆出版的《最新国文教科书》，包括初小10

册，高小8册。这套教科书在当时产生了广泛的影响，“凡各书局所编之教科书及学部国定之教科书，大率皆模仿此书之体裁”，以致“盛行十余年，行销至数百万册”[①]。除了这套国文教科书外，小学国文教材还有文明书局出版的顾倬编的《高等小学国文读本》、中国图书公司出版的朱树人编的《初小国文读本》等。由清政府学部筹办编写的《初等小学　国文教科书》《高等小学　国文教科书》《女子初等小学堂用　最新国文教科书》等[②]虽然是中国第一套国定小学国文教科书，它们面世不久，即随辛亥革命推翻清王朝而告终。

清末时期中学国文教科书是在癸卯学制颁行稍后两年才出现的，代表性的教科书主要有刘师培编写的《中国文学教科书》（1906年），吴曾祺编写的《中学堂国文教科书》(1908年)，林纾编写的《中学国文读本》(1909年)。这三套教科书各有特色，其中刘师培所编的教科书比较重视分析语言文字的“小学”，并讲授句法、章法、篇法，总论古今文体，配以选文。这种以语言文字知识为纲的编法，打破了文学读本历来是纯粹选文荟萃的成规。吴曾祺、林纾各自所编的教科书具有的共同点是，选文不按传统的文选型教材由古而今顺次编排，而是采取先今后古逆向编排方式，有助于学生先学习思想、生活与现实较为贴近的文章，激发学习语文的兴趣。这两套模样近似的教科书，开创了20世纪语文教科书编制体例之先河。

辛亥革命推翻了清王朝的封建专制统治，语文教科书也随之出现新面貌。民国初年的小学国文教材主要有中华书局出版、陆费逵等编写的《新中华新制初小国文教科书》（12册），商务印书馆出版、庄俞等编写的《共和国教科书　新国文》和上海文明书局出版、张景良编写的《高等小学教科书　中华民国新国文》（1~6册）[③]。其中以《共和国教科书　新国文》最著名，这套教科书使用期限长达12年，各地再版重印达当时创

---

① 陈学恂. 中国近代教育史教学参考资料：上册［M］. 北京：人民教育出版社，1986：647－652.

② 洪宗礼，柳士镇，倪文锦. 母语教材研究（3）　中国百年语文教材评介［M］. 南京：江苏教育出版社，2007：82－84.

③ 洪宗礼，柳士镇，倪文锦. 母语教材研究（3）　中国百年语文教材评介［M］. 南京：江苏教育出版社，2007：100.

纪录的2 218次。它的优点在于文字浅显，所选教材不出儿童所见事物之外，颇合小学程度。中学国文新编教材中以1915年商务印书馆出版、谢无量编写的《新制国文教本评注》影响最大，9年再版19次。这套教材突破了旧式文选教材的体例，兼顾时代先后和文字深浅两方面，并尝试按文体分编的新体例，体现了我国语文教材史上最先出现的以单元组合课文的新的编辑思想。

五四新文化运动期间，白话文及文学作品进入了中小学的语文教材，并居于重要地位；教材的编写注意各阶段之衔接，教材知识有反复性和连贯性；教材注意与儿童生活相适应，包括教材的编写能够激发儿童的学习兴趣，内容及其编排同儿童的心理相一致，内容重视实用性，等等。随着白话文教科书被确定为中小学的法定教材，传统的文言文教科书渐渐被淘汰。“白话文教材的诞生使‘言’‘文’长期分离的语文教学进入了言文合流统一的新时代，这一方面显示出语文教材语言与学生口语接近，易为学生所接受，另一方面也反映了教材编写与时代发展、社会需求之间的紧密联系。”① 洪北平编的《中等学校用白话文范》首开用现代语体文编写中学国语教材的记录。由此，语文教材一改文言文一统天下的局面，形成以白话、文言分编或混编的格局。

进入20世纪三四十年代，语文教材不仅种类增多，在编写体例上也有很大变化。夏丏尊、叶绍钧②编著的中国文科教学自修用《国文百八课》影响最大，成为20世纪30年代单元型语文教材的典范之作。这套教材共6册，每册18课，合计“百八课”。其主要特色是：一是文言、语体混合编辑，而以语体文为主。在语体文中，除了选编五四运动以来的新文学创作中的佳作外，还收录了一些国外名著的优秀译作。二是打破了历来课本选文各不相关、毫无系统可寻的传统编辑模式，而创作了一种尽可能体现语文教学科学程序的编辑体例。编者把初中阶段的教学内容归纳成108“课”（单元），每“课”有明确的教学目的；根据教学目的写一段“文话”，置于每“课”之首，然后选编两篇课文做示例；选文后面安排

① 陈黎明，林化君. 二十世纪中国语文教学［M］. 青岛：青岛海洋大学出版社，2002：98.

② 叶圣陶先生原名。

“文法或修辞”，从选文中取例，同时保持着知识本身的系统性；最后有“习问”，就本“课”涉及的知识提出值得思考或应该复习的问题。“文话”“选文”“文法或修辞”“习问”这四项，都服从于本“课”的教学目的。这种“综合组元”的格局，是20世纪30年代中学的国语国文教材编写在变化更新中求发展的一个重要成果。

中华人民共和国成立初期，我国对旧教育进行了一系列根本性改造，中小学语文教学随之发生了变化，其中在课程名称上将原先的“国文”“国语”统一确定为“语文”，语文教材也在老解放区课本的基础上进行改编和修订。1950年9月教育部确定了教材必须全国统一供应的方针。此后全国中小学陆续统一使用由人民教育出版社出版修订的小学“二四”制《语文课本》，和由宋云彬、朱文叔、蒋仲仁等编辑，人民教育出版社出版的《初级中学语文课本》，以及由周祖谟、游国恩等编辑，人民教育出版社出版的《高级中学语文课本》。从1956年至1958年，全国实行汉语、文学分科教学的改革实验，诞生并试用了新的小学、初中、高中三种语文教材，这是中华人民共和国成立后出版的第二套全国通用教材。1958年3月，教育部下达取消汉语、文学分科教学，停用分科教材的决定，这套教材只使用了一年半左右的时间。

“大跃进”期间，语文被视为“反映社会现实，进行阶级斗争、生产斗争的工具”，在阅读教学和写作教学中只强调政治性、思想性、战斗性，而忽视语文知识的系统传授与能力的训练。中小学语文教材内容政治化色彩非常浓厚。1958年秋，人民教育出版社出版的一套中学语文教材，初中6册总共79课，高中6册总共77课，报刊上的时文被大量选入教材，初中无文言，高中仅有文言16课，练习题多偏重于政治思想教育方面。

进入20世纪80年代以来，特别是自从1986年实行“一纲多本”的教材政策后，我国语文教材改革力度比较大，语文教材发生了非常明显的变化，语文教材建设呈现出“百家争鸣、百花齐放”的局面。具体表现为：一是语文教材摆脱选文体系，突出能力训练。二是进行教材合编和分编实验，完善语文能力培养体系。三是在教材中落实语文自学能力、应用能力培养及智力开发的内容。四是语文教材编排的多样化。语文教材改变传统的“记叙—说明—议论”三段论的编排形式，注重教材的灵活性与实用性。五是语文教材的基本内容有了很大的变化。包括完善了教材的单元结构，力求单元编排类型多样、内容均衡、结构规范、便于教学；增大课文分量，注重选文与现代生活的联系，突出人文性和审美性；增加练习题的内容，使练习覆盖语文知识学习、语文能力训练和智力开发等方面。

21 世纪以来，随着我国第八轮基础教育课程改革的实施，语文教材改革发展进入新的发展阶段。依据 2001 年教育部颁布的《义务教育语文课程标准（实验稿）》，人民教育出版社、语文出版社、江苏教育出版社等出版了不同版本的初中语文教材，这些基于新课标的语文教材总体上呈现五方面的特点[①]：①各版本教材努力追求自身特色，教材多样化的局面正在形成；②按主题组织单元成为主流，教材价值取向和编写指导思想有较大的改变；③古诗文的比重有所增加，注重传承中华民族的传统文化和继承汉语言教学的传统经验；④淡化知识倾向明显，谨守课程标准提出的"不宜刻意追求语文知识的系统和完整"的原则；⑤阅读课文的核心地位依然牢固，强化表达与交流的努力效果不彰。

2012 年以后，围绕立德树人的教育根本任务，发展学生核心素养，由教育部组织编写的统编版语文教材又有了新的变化，教材的总体特点是：①整体规划，有机渗透核心价值观；②接地气，满足一线教学需要，对教学弊病起纠偏作用；③教材编写更加科学；④贴近当代学生生活，体现时代性。统编版初中教材在设计上有所创新，表现为：①"人文主题 + 语文要素"双线组织单元，创建灵活的单元结构体例；②由"教读"到"自读"到"课外阅读"三位一体，课外阅读成为课程的有效组成部分，沟通课内外阅读，强调单篇阅读与整本书阅读的结合；③选文注重经典性，多样性，文质兼美，尤其重视中华优秀传统文化的理解和传承；④多层次构建自主学习的助学系统，便于学生使用；⑤读写结合，强化指导，力求"一课一得"；⑥强调活动、体验，重视在语文综合实践中获得语文能力；⑦合理安排各种语文知识，随文学习，学以致用。

随着 2022 年 4 月教育部颁布核心素养导向的《义务教育语文课程标准（2022 年版）》，2024 年教育部组织编写并发行了义务教育 1 ~ 9 年级语

---

① 广东省教育研究院，中小学语文课程教材改革与发展研究课题组．中小学语文课程教材改革与发展研究［M］．广州：广东高等教育出版社，2016：156 - 157.

文新教材。[①] 与此前的统编版语文教材比较，新教材表现出四个鲜明特点：①强调学科的核心素养，关注学生在学科领域内所应具备的必备知识、关键能力、学科素养和核心价值等方面的综合素养，进一步提升学生的学科能力和综合素质；②突出实践性和探究性，注重学生的实践操作和问题解决能力，通过调查实验、项目探究、案例展示等学习活动，让学生在实践中学习和探索，培养创新精神和实践能力；③强化跨学科学习，新教材通过整合不同学科的知识和技能，培养学生的综合思维和跨界能力，使学生更好地适应未来社会的多元化和复杂化；④融合数字化技术，新教材将更加注重信息技术的融合，数字化的教学方式和学习方式，更加精准地提升教学效果和学习效率。

统编版高中语文教材分必修和选择性必修两类。整套教材以“人文主题”和“学习任务群”两条线索组织单元，“人文主题”的设计充分考虑新时代高中生人格和精神成长的需要，涉及面宽，但聚焦在“理想信念”“文化自信”和“责任担当”三方面。每个单元的“人文主题”都会突出其中某一方面；“学习任务群”是单元组织的另一条线索，每个单元都设计有若干指向“语文核心素养”的学习任务，保证语文工具性的落实。必修教材每册 8 个单元，共 16 个单元，覆盖 7 个“学习任务群”。选择性必修每册 4 个单元，共 12 个单元，覆盖 9 个“学习任务群”。单元的组织形式有两类：一类以课文或整本书的阅读为基础，读写结合；另一类不设传统意义上的课文，以专题性的语文活动为主，带动相关资源的学习，如“当代文化参与”“跨媒介阅读与交流”“语言积累、梳理与探究”等。统编版语文教材的出版与使用表明语文教材建设进入了新的发展阶段。

四、语文教材编写理念与改革思考

新课改对语文教材建设提出了新的理念。语文教科书不是“供学生欣赏的知识花卉，也不是展示范文、注释、插图、练习等的展览厅”，而是

① 2024 年 7 月，教育部发布了《2024 年义务教育国家课程教学用书目录（根据 2022 年版课程标准修订）》。根据《义务教育语文课程标准（2022 年版）》修订的教材将于 2024 年秋季学期陆续投入使用。

“引导学生进行探究性学习的‘路标’，是促进学生自主发展、自我构建的‘催化剂’”①。特别是随着新课标的颁布与实施，要求语文教材编写必须有新的探索与改革。

（一）新课标关于语文教材编写的建议

最新颁布的《义务教育语文课程标准（2022年版）》在“教材编写建议”部分提出了以下10条指导性建议②：

1. 教材编写要以马克思主义为指导，坚持立德树人，体现社会主义核心价值观；坚持面向现代化、面向世界、面向未来；贯彻国家课程改革的精神，全面落实义务教育语文课程标准要求。

2. 教材编写要高度重视继承和弘扬中华优秀传统文化、革命文化、社会主义先进文化，赓续红色血脉，自觉维护国家统一和民族团结，理解和尊重多样文化；要有助于学生铸牢中华民族共同体意识，增强中华民族自尊心、爱国情感、集体意识和文化自信，形成正确的世界观、人生观、价值观。

3. 教材要体现时代特点和现代意识，要适应学生的认知特点和身心发展水平，密切联系学生的经验世界和想象世界；要有助于激发学生学习兴趣，培养创新精神，发展实践能力，形成健全人格。

4. 教材编写要充分体现义务教育语文学习的基础性、阶段性特征，做好各学段之间的衔接。要落实学习任务群要求，致力于学生核心素养的整体提升，以学生生活为基础，以语文实践活动为主线，创设丰富多样的学习情境，设计有意义的学习任务，引导学生自主学习、主动积累和积极探究。

---

① 洪宗礼．构建面向21世纪中国语文教材创新体系的尝试（续）［J］．中学语文教学参考，2002（3）：17－19.

② 教育部．义务教育语文课程标准（2022年版）［S］．北京：北京师范大学出版社，2022：52－53.

5. 教材编写要系统规划和整体安排。要通过学习任务的综合性、挑战性以及学习过程的探究性，体现同一个学习任务群在不同学段的纵向发展过程与进阶。要根据六个学习任务群的特点，通过目标取向、文本选择、学习实践活动方式等体现不同学习任务群的特色；也可设置关联性的学习内容，实现同一学段不同学习任务群内容的整合。

6. 教材选文要体现正确的政治导向和价值取向，文质兼美，具有典范性，富有文化内涵和时代气息。题材、体裁、风格要丰富多样，各种类别配合适当，难易适度，适合学生学习。

7. 要把整本书阅读作为教材的重要有机组成部分，精选兼具思想性、艺术性和学段适应性的典范作品，以整本书阅读兴趣、阅读习惯的培养为基础，让学生逐渐建构不同类型整本书阅读经验；教材要组织和选取原著部分文本和辅助性阅读材料，创设综合型、阶梯式的学习问题和交流活动，提高学生理解和评价能力。其他学习任务群阅读材料的选择也要适当兼顾整本书。

8. 教材编写体例和呈现方式，要围绕学生生活实际和认知需求创设学习情境，以问题探究为导向，有机组合选文及辅助性学习资源，循序渐进地设计支架式的学习任务和活动，体现过程性评价，以促进学生自主、合作、探究学习。

9. 教材应具有开放性和选择性。在合理安排基本课程内容的基础上，关注不同区域教育实际，给地方、学校和教师留有调整、开发的空间，也给学生留出选择和拓展的空间，满足不同学生学习和发展的需要。教材编写分为“六三”学制和“五四”学制两种版本。“五四”学制6年级教材体例、要求等应符合初中学生学习、生活特点。

10. 教材编写要有利于师生运用多种媒介和信息技术呈现学习内容，积极探索信息化环境下的教学变革，发挥传统纸质教材和线上学习资源各自的优势；创设线上与线下学习相结合的机会，引导教师积极调动各种资源创造性地开展教学活动。

上述10条指导性建议为教师编写与使用语文教材提供了科学的参考。

（二）语文教材改革的思考

从近现代语文教材改革历史看，要改革语文教材，特别要注意正确认识和处理好语文教材的科学性、民族性、实用性和时代性这四方面问题。

第一，建设具有科学性的语文教材体系。科学的东西必须有完整的系统性、恰当的阶段性、清晰的层次性、高度的一致性和明确的内部分工。从这点认识去反思语文教材，可知“语文教材的科学性和系统性，是多年没有解决的问题”[①]。长期以来，语文教材都是选文章、组单元、做注释、编练习，再配上若干语文知识。课文单元的组成，有的按文体，有的按内容，也有的按作者或时代，没有一定的严格的规范，谈不上科学系统。我们认为，科学的语文教材体系，既要求以科学的语文教育观和教学目标观为前提，又要求其以科学的教材理论做基础；既要求根据语文教育心理需要，将各门类的语文知识、材料加以精选，使之成为对学生有用的、可接受的、便于学习的内容，又要求科学地编织各构成要素，使其组合成有内在联系的整体。

第二，语文教材的民族性问题。申小龙教授认为，语言是一个民族看待世界的样式，是一个民族具有根本意义的价值系统和意义系统。“语言在民族发展的过程中深深地打上了民族的烙印，是民族文化最典型的表征，语言浸染了民族文化的精神，……历史悠久的语言都凝聚着使用该语言的民族的思想认识、民族文化和民族情感，学习一种民族语言的过程，也就是掌握、继承和交流一种民族文化的过程。”[②] 因此，汉语言的这种特性，决定语文教材具有鲜明的民族性色彩，主要体现在三个方面：一是语文教材要在弘扬民族精神、提高全民族的思想道德素质方面发挥作用，能够培养符合我国国情的、社会主义建设需要的一代新人。二是注重反映中华民族历史悠久、丰富多彩且光辉灿烂的文化。语文教材中的文学、科技、风俗、人情、名胜、建筑等都是民族文化的内容，体现民族智慧和风采。它们从不同角度反映出我们民族的心态和情趣、精神和气质，是哺育

---

① 黄光硕. 语文教材论［M］. 北京：人民教育出版社，1996：6.

② 申小龙. 中国文化语言学［M］. 吉林：吉林教育出版社，1990：36－37.

我国新一代青少年不可缺少的养料。三是语文教材的内容和体系应该鲜明体现汉语的特殊规律。例如，从汉语与民族思维的关系看，汉语在思维方式上具有整体思维、辩证思维和具象思维的特性，这就使得汉语从本质上不是西方语言那样执着于知性、理性的分析，而是充满感受和体验的意味。因此，语文教材应该努力反映出汉语特殊规律，符合学生汉语学习的心理认知特点。

第三，语文教材实用性问题。要提高语文教学的效率，语文教材必须切合实际需要，便于语文教学。当前语文教材在实用性问题上已经取得了一定的成绩与经验。例如，从培养社会主义现代化建设人才需要的角度看，语文教材普遍增加了听话训练和说话训练的内容，建立了口语交际训练的体系，真正体现语文听说读写并重的教育思想；初步构建了科学而有序的阅读训练、写作训练的系列，重视学生读、写基本方法的训练，重视语文学习方法的传授；增加现代科技说明文和应用文的读写训练，培养学生运用语文应对实际社会生活的能力。从语文教材便于教学的角度看，目前的语文教材在教材内容、编排方法、版式等方面均做了精心设计。语文教材普遍增加了单元提示、学习指导等辅助自学的项目，提供有关知识、作家作品和时代背景，依据课文的重点难点设计相应的课后练习，等等。这些设计有助于培养学生自主学习的习惯与能力。

第四，语文教材的时代性问题。俗语云“生活之树常青，而理论往往是灰色的”。语文教材内容往往滞后日新月异的社会变化，这已是不争的事实。此前人们对于语文教材“基本篇目”的批评与质疑，实际上也反映了语文教材存在缺乏时代性的弊端。我们认为，出于教学的需要和学生共同文化基础知识的培育，语文教材是需要保留适当的“基本篇目”（经典）的。朱自清先生认为，“在中等以上的教育里，经典训练应该是一个必要的项目。经典训练的价值不在实用，而在文化”[①]。从这个意义上讲，语文教材保留“基本篇目”为的是让学生接受共同的文化训练。然而，语文教材如果把眼光死盯在篇幅有限的“基本篇目”上，恐怕很难培养学生良好的语文素养。语文教材应该允许广大教师有自由选择和适当补充教材

---

① 中央教育科学研究所. 朱自清论语文教育［M］. 郑州：河南教育出版社，1985：8.

的“自主权”，增选优秀“时文”，注入与时代合拍的新思想和新生活内容，激发学生语文学习兴趣，开拓学生生活视野，增强学生的现代意识。

五、语文教材的使用

张志公先生曾经指出：“教科书是教材编辑工作者编写出来的，但是一旦编出来，印成了书，就成了一个客观存在的物。和音像设备一样的置于教师支配应用之下的物了。到了这时候，教师有了双重性：既被教材所制约，又反过来制约教材。教材终于产生什么样的效果，在相当程度上取决于教师怎样使用它。”① 因此，语文教师在语文教材上应该做到审慎地选择、认真地研究和合理而灵活地使用，树立语文课程资源的意识，真正做到新课标强调的“用教材教”。

（一）围绕教学目标处理教材

“教材无非是例子”，教材内容并不等同于课程内容或教学内容，教师要对教材进行加工、提炼，明确选文的语文教学价值以及在语文教学中所处的地位。语文课程目标的最终达成，有赖于课程内容、教材内容和教学内容的解决，理想的状况是语文课程目标内容化、语文课程内容教材化、语文教材内容教学化。

语文教学既有宏观目标也有微观目标。教师应当遵循语文各学段课程标准所涉及的总体目标与阶段目标，按照教材要求，设计科学适度的单元目标和课节目标。教材的编写不是无序、杂乱的，它是严格按照语文教学的目标任务和语文学习规律进行的。一篇文章，其文本价值是丰富的，可一旦作为教材篇目出现，教师就不能把它所有的价值都陈列出来，更不能依从个人好恶，过分挖掘自己喜欢的东西。从教材编写来说，编者用意非常清楚：选文服务于教学。同一篇课文，你重点品味语言，我埋头分析人物，他全力挖掘主题，侧重点不同，教学任务各异，

① 张志公. 张志公文集（5）：外语教学及其他［M］. 广州：广东教育出版社，1991：51.

貌似百花齐放，异彩纷呈，实际上并不可取。

（二）针对语文特点用活教材

语文教育是母语教育，语文课程具有丰富的人文内涵，语文教材中的选文，多数带有强烈的个人情感和主观色彩，由于个人的知识背景、思想修养、生活经验、观察视角的差异，面对同样的选文，会有不同的理解和感受，因此语文教学就特别关注学生的个性化情感体验和独特的理解感受。语文教育具有很强的实践性，语文课程的目标指向学生的语文实践能力，即听说读写能力，而这些能力的获取，非在母语环境中历练实践而不可得。这也正所谓“语文学习的外延等于生活的外延”。鉴于此，语文教学中，能否对构成语文教材的主体——选文进行活用，就决定了语文教学的有效与否。语文教材的活用不是简单地把教材内容改一改，顺序调一调，而是要贴近生活进行语言训练，将语文课堂与生活实践的联系打通，是要关注每个学生语文学习的体验与积累，使每个学生在共同的语文课堂上，感受属于自己的语文教材，积淀终身受用的语文素养。

（三）厚积薄发吃透教材

语文教师要用好教材，还需要不断地加强知识积累，提高语文素养。例如，语文教师的“背功”是积累知识的有效方法，对学生也起到示范和引领作用，它会使学生激发学习语文的兴趣，领略语文教师和语文教学的神采与魅力。这种背功作为语文教师的看家本领，应当大力提倡。现在，一提教学，不少人感兴趣的是教育智慧、教学情境、师生互动、课堂建构等。谁要是强调注重教学基本功，认真钻研教材，就显得土气，就算抱残守缺，就是不与时俱进。当前，课堂教学华而不实、流于形式的东西太多，让人感觉到课上得不实在、不厚重。只有吃透语文教材，对教材内容了然于心，教学设计的方向、梯度、有效度才有保证。基于此，再去琢磨教学艺术才有意义。没有对教材的深入钻研，也根本设计不出恰当的教学方法和教学环节，更谈不上真正去“用教材教”了。

（四）把语文教材优化成学材

语文教材不仅是语文教学之本，更应该是帮助学生自主学习、引导学生学会学习、促进学生创造性学习的助手。语文教师应该“把教师对教材的理解教给学生”转移到“把教师理解教材的方式教给学生”。如果学生也能经历教师备课时所经历的那番发现、受阻、突破、洞悉，也就能够享受阅读中陷入困惑以及疑惑得解、云开雾散的精神愉悦了。教育部统编版语文教材以语文学习任务群呈现学习的内容，强调学科实践，注重创设以学习者为中心的学习环境，凸显学生的学习地位，引导“做中学、用中学、创中学”，经历发现问题、解决问题、建构知识、运用知识的过程等，这些会带给我们把语文教材优化为学材一定的启发。

总之，语文教材是教学之本，是语文教学最重要的课程资源，语文教师要善于开发和利用好语文教材这一最重要的课程资源，学会“用教材教”，发挥语文教材对学生培根铸魂、启智增慧的作用，不断促进语文教学健康发展。

复习与体验

1. 新课标要求教师树立怎样的课程资源理念？
2. 如何理解语文课程资源开发与利用应遵循的原则？
3. 新课程改革语文教师怎样有效地开发与利用课程资源？
4. 教师如何才能正确使用语文教材开展教学活动？
5. 教师如何结合统编版语文教材语文任务群设计教学？

第五章 语文教师

本章导学

《中华人民共和国教育法》规定："教师是履行教育教学职责的专业人员"，可以这样说："语文教师是从事语文教育的专业人员"。在学生的成长中，教师起着关键作用。作为从事语文教育教学的专业人员，语文教师承担着立德树人、发展学生语文课程核心素养的专业职责。语文教师应不断加强自身修养，从专业情意、专业知识和专业能力等方面不断提高专业水平，通过读书、实践、反思、研究和写作等途径实现自身专业发展。

学习目标

识记：教师职责、教师修养、教师技能、教师专业发展等概念。

理解：

1. 理解和掌握语文教师的专业职责以及修养要求；
2. 了解语文教师技能构成要素，掌握发展语文教师各种技能的方法；
3. 理解语文教师专业发展本质和意义，了解语文教师专业发展的途径。

评价：

1. 能够对教师专业职责和修养做出评析；
2. 能够发展语文教师各种技能，在具体教学情境中运用相关技能；
3. 能够写作教育叙事、教研论文以及进行学习自我反思。

教师职责是教师作为“履行教育教学职责的专业人员”从事某些活动、完成某些任务以及承担相应后果的法律的和道德的要求。教师修养，指的是教师在职业道德、教育理念、专业知识、教学能力等方面体现出来的综合素质，以及在这些方面不断地自我完善和学习实践。对于语文教师应承担哪些职责，具备何种修养，既决定于国家和社会怎样定位“教师”的身份和地位，也决定于语文学科性质。本章主要从古往今来教师隐喻的视角、我国法律赋予教师的权利和义务的角度，以及语文学科的性质特点、目标任务来讨论语文教师的职责和修养。

教师技能是教师从事教育教学的基础性条件。教师应具有“传道、授业、解惑”所必需的知识结构、技能和方法。语文教师要具备语文学科相应的学科技能、教学技能、教研技能。语文教师专业发展是指语文教师内在专业结构不断更新、演进与丰富，成为成熟专业人员的过程。专业成长的过程主要指专业知识与技能技巧的丰富及娴熟，专业信念与理想的坚持及追求，专业情感与态度的深厚及积极，教学风格与品质的独特及卓越。语文教师专业发展存在着不同的阶段，每个阶段呈现出各自的特点，有着内在的逻辑路径。

第一节　语文教师的职责和修养

一、语文教师的职责

（一）隐喻中的教师职责

古往今来，对教师有着无数的隐喻，透过这些隐喻，可以发现社会在某个阶段对教师角色和身份的认识，以及赋予教师职责的期待。

1. “教师是蜡烛”

“教师是蜡烛，燃烧了自己，照亮了别人”的隐喻，体现了教师行业的无私奉献和给予精神，反映了一种重要的师生关系，即生重于师。“教师是蜡烛”的隐喻形象地说明了教师应该承担起为学生竭力奉献的职责。

2. “教师是工程师”

“教师是人类灵魂的工作师”的隐喻，表明教师从事的是崇高的事业，目的是塑造学生的灵魂。因为只有人才有灵魂，因此教师的职责是育“人”，注重学生的心灵发展，而不仅是向学生灌输知识和能力。

3. “教师是园丁”

“教师是园丁”的隐喻认为学生像种子，有自己发展的胚胎和自然生长的可能性，但需要教师来培土、浇水。它重视学生的生长性，既考虑了学生发展的共同规律，又照顾了学生个体发展的差异性，还考虑到了教育的过程性，而不仅是结果。隐喻表明了教师对学生的培育职责。

4. “教师要有一桶水”

“教师要给学生一碗水，自己要有一桶水”的隐喻强调教师知识和能力的必要储备，对教师的职业能力提出了很高的要求。这说明教师承担着发展自己知识与能力的职责。尽管“闻道有先后”，但教师在知识与能力上应先于和优于学生。

（二）法律角度的教师职责

我国的一系列法律规定了教师的权利和义务，教师法律上的义务就是教师法律上的职责，它是指依照法律规定教师从事教育教学工作必须履行的责任，表现为必须做出或不做出一定行为。《中华人民共和国教师法》指出，教师是履行教育教学职责的专业人员，承担教书育人，培养社会主义事业建设者和接班人、提高民族素质的使命。教师应当忠诚于人民的教育事业。因此，教师的职责就是教育教学，任务就是教书育人。《中华人民共和国教师法》第二章第八条专门对教师义务做了具体规定：

（一）遵守宪法、法律和职业道德，为人师表；

（二）贯彻国家的教育方针，遵守规章制度，执行学校的教学计划，履行教师聘约，完成教育教学工作任务；

（三）对学生进行宪法所确定的基本原则的教育和爱国主义、

民族团结的教育，法制教育以及思想品德、文化、科学技术教育，组织、带领学生开展有益的社会活动；

（四）关心、爱护全体学生，尊重学生人格，促进学生在品德、智力、体质等方面全面发展；

（五）制止有害于学生的行为或者其他侵犯学生合法权益的行为，批评和抵制有害于学生健康成长的现象；

（六）不断提高思想政治觉悟和教育教学业务水平。

（三）语文学科角度的教师职责

语文教师应承担法律所规定的公民、教师应该承担的职责。语文教师的专业领域是语文课程教学，任何课程都有自己的性质特点和目标。因此，语文教师还必须在语文课程领域内完成自己的职责和任务。依据语文课程性质和目标，可用一句话来概括语文教师的职责和任务：通过教学语文课程“致力于全体学生核心素养的形成与发展”，实现立德树人。

《义务教育语文课程标准（2022 年版）》[①] 在“课程性质”中指出，语文课程应引导学生热爱国家通用语言文字，在真实的语言运用情境中，通过积极的语言实践，积累语言经验，体会语言文字的特点和运用规律，培养语言文字运用能力；同时，发展思维能力，提升思维品质，形成自觉的审美意识，培养高雅的审美情趣，积淀丰厚的文化底蕴，继承和弘扬中华优秀传统文化、革命文化、社会主义先进文化，增强对习近平新时代中国特色社会主义思想的理解和认识，全面提升核心素养。[②]

《义务教育语文课程标准（2022 年版）》第一条，“课程理念”中指出，语文课程“立足学生核心素养发展，充分发挥语文课程育人功能”[③]。

---

① 教育部．义务教育语文课程标准（2022 年版）［S］．北京：北京师范大学出版社，2022：3

② 教育部．义务教育语文课程标准（2022 年版）［S］．北京：北京师范大学出版社，2022：1.

③ 教育部．义务教育语文课程标准（2022 年版）［S］．北京：北京师范大学出版社，2022：2.

义务教育语文课程围绕立德树人根本任务，充分发挥其独特的育人功能和奠基作用，以促进学生核心素养发展为目的。语文教师发展学生的核心素养，具体表现为以下四点。

1. 培养学生的文化自信

文化自信是指学生认同中华文化，对中华文化的生命力有坚定信心。通过语文学习，热爱国家通用语言文字，热爱中华文化，继承和弘扬中华优秀传统文化、革命文化、社会主义先进文化，关注和参与当代文化生活，初步了解和借鉴人类文明优秀成果，具有比较开阔的文化视野和一定的文化底蕴。

2. 提升学生语言运用能力

语言运用是指学生在丰富的语言实践中，通过主动地积累、梳理和整合，初步具有良好语感；了解国家通用语言文字的特点和运用规律，形成个体语言经验；具有正确、规范运用语言文字的意识和能力，能在具体语言情境中有效交流沟通；感受语言文字的丰富内涵，对国家通用语言文字具有深厚感情。

3. 发展学生思维能力

思维能力是指学生在语文学习过程中的联想想象、分析比较、归纳判断等认知表现，主要包括直觉思维、形象思维、逻辑思维、辩证思维和创造性思维。思维具有一定的敏捷性、灵活性、深刻性、独创性、批判性。有好奇心、求知欲，崇尚真知，勇于探索创新，养成积极思考的习惯。

4. 培育审美创造能力

审美创造是指学生通过感受、理解、欣赏、评价语言文字及作品，获得较为丰富的审美经验，具有初步的感受美、发现美和运用语言文字表现美、创造美的能力；涵养高雅情趣，具备健康的审美意识和正确的审美观念。

二、语文教师的修养

（一）良好的品行修养

教师品性行为修养是从教师的个性品质、人格特质以及心理健康等个人修养的角度对语文教师所应该具备的专业理念和师德进行的规定。

1. 富有“四心”

“四心”即爱心、责任心、耐心和细心。爱心是一种属于教育工作者的天性，是合格教师的必要条件。耐心表现为一种怀着期望的等待和引导、遗忘和谅解，一种诚恳的帮助。细心，就是教师能够捕捉学生心理的细微变化，善于观察他们各种表情、动作，以判断其内心活动，发现学生心理的每一次激发出来的火花，使每个学生都能进步。穆特修斯将细心强调为“是否适宜从事教师专业的基本条件”①。责任心实质是指教师应为学生、为一个人的发展负责。教师的“四心”构成了引导和规约教师行为的力量，使教师能够真正尽职尽责，从事专业化的教育实践。

2. 乐观向上、热情开朗

教师是学生生活中最重要的人物。学生每天生活的主要部分，是同教师在一起或在教师的影响、支配下度过的。乌申斯基说：教师的人格对于年轻的心灵来说是任何东西都不能代替的有益于发展的阳光，教育工作者的人格是教育事业的一切。只有人格才能影响人格的发展和形成，只有性格才能影响性格。如果希望青少年乐观向上、热情开朗，就要让他们与乐观向上、热情开朗的人在一起。一个内心充实、积极向上、活力四射的教师带给学生的将是温暖、刚强和对生命的热爱与渴望。因此，乐观向上、热情开朗、有亲和力就成为教师必须具备的人格修养。

3. 情绪可控，心态平和

情绪，是对一系列主观认知经验的通称，是多种感觉、思想和行为综合产生的心理和生理状态。情绪有正面（积极）和负面（消极）之分，无论正面还是负面的情绪，都会引发人们行动的动机。教师工作是一种情绪性劳动，教师情绪是教师心理健康的重要标准之一，是教师专业化内容的重要组成部分。作为教师，要做情绪的主人而不是奴隶。要管理好情绪，做一个拥有积极心态的人，在教育活动和日常生活中应均能真实地感受情绪并恰如其分地控制情绪，保持平和的心态，这样才能为人师表，成

① 凯兴斯泰纳. 凯兴斯泰纳教育论著选［M］. 郑惠卿，译. 北京：人民教育出版社，1993：150.

为一个好教师。

4．举止文明，形象端庄

教师的外在形象是教师内在素质、个人修养和审美情趣的体现，内外兼修应是教师修养发展的内容和要求。教师的仪容仪表，应干净整洁、美观大方、有时代感，符合教师身份。教师着装应该力求整洁、文雅、端庄、大方，符合职业规范。教师语言要求具有纯洁性、准确性、激励性和启发性，符合学生的认识水平，精准清晰，合乎逻辑，具有专业性和学术性。教态是教师举止的集中体现。课堂上教师姿态要充满活力、自然适度、与教学环境和内容相符。在与学生和他人交往过程中要稳重大方、热情文雅、有礼有节。

（二）丰富的文化修养

《义务教育语文课程标准（2022 年版）》指出，语文教师要“不断丰富语言学、文学、教育学、心理学等方面的知识，注重中华优秀传统文化积累，提升自身文化修养”。

1．通识知识

语文学科的综合性决定了语文教学内容的丰富性。语文学科教学内容所涉及的知识，大至宏观宇宙，小至微观世界，古今中外，包罗万象，无所不有。这就要求语文教师必须具有广博的通识性知识。语文教师通识性知识包括：了解中外历史上的重大事件；了解中外科技发展史上的代表人物及其主要成就；了解一定的科学常识，熟悉常见的科普读物，具有一定的科学素养；了解重要的中国传统文化知识；了解中外文学史上重要的作家作品；了解一定的艺术鉴赏知识；了解艺术鉴赏的一般规律，并能有效地运用于教育教学活动；了解中国教育基本情况；具有相应的艺术欣赏与表现知识；具有适应教育内容、教学手段和方法现代化的信息技术知识。

2．学科知识

学科知识是关于教师所教学科的知识，是教师成为该专业教师的本体性知识。学科知识关系到教师“教什么”，学生“学什么”。语文教师必须精通语文知识，否则，就不能承担该学科的教学。一般来说，学科知识包括：内容知识、章法知识、有关学科信念、有关学科的发展前沿。[①] 语言学、文学、文章学和心理学是支撑语文学科的四根支柱，是语文学科的基础知识。语文教师应具备汉语言学和普通语言学知识、文章学和文艺学知识，口语学、阅读学、写作学知识，语言思维学知识，语文学习学知识。

3．教育知识

教育知识是指教师在从事教育教学过程中所具有的教育学知识和心理学知识，这是教师知识构成的重要部分，是开展教育教学活动的基础和前提。这部分知识被称为教师的“条件性知识”。语文教师应该具备以下教育知识：中小学教育基础知识和基本原理、关于中小学课程的知识、中小学教学的知识、中小学生学习心理知识、中小学生发展心理知识、中小学生心理辅导知识、中小学德育知识、中小学班级管理与教师心理知识。

4．语文教学知识

学科教学知识是教师在面对特定的学科主题或问题时，如何针对学生的不同兴趣与能力，将学科知识组织、调整与呈现，形成有效教学的知识。学科教学知识融合了学科内容知识、课程知识、教学法知识、学生知识、情境知识和其他相关知识，以将该特定学科内容予以组织及调整，并通过解释、示范、比喻、举例等教学策略来呈现和转化给学生学习。它是教师知识的核心，也是教师从事教育教学活动的知识基础。具体来说，语文教师应具备以下学科教学知识：语文课程知识、语文教材内容和教学内容知识、语文教学情境知识、语文教学策略知识等。[②]

（三）精湛的业务修养

听说读写，既是学生基本的语文能力，也是语文教学的基本任务，又是语文课程学习的内容。[③] 语文课还是培养人的思维能力的一门课程，因

① REYNOLDS M C. Knowledge base for the beginning teacher [M]. New York: Pergamon Press, 1989.

② 李丽华. 语文教师学科教学知识结构及建构 [J]. 宁夏大学学报（人文社会科学版），2010 (4)：189－192.

③ 朱安义. 语文教师听说读写能力浅说 [J]. 师资培训研究，2004 (3)：51－53.

此，作为专门从事语文教育的教师，应该具备高超娴熟的“听说读写思”能力修养。

1．语文教师要能说

说，即是教师要掌握教学语言，指的是语文教师在教学中运用口头语言连贯地、有条理地传导教学信息，启发学生积极思维的能力。教师的语文表达能力，直接决定着课堂教学的效果，并密切关系着学生的感知、注意、记忆、想象、思维、情感和兴趣等一系列心智能力发展的程度。不善于说，即口头表达能力不强，就是满腹经纶也未必教得好书。在语文教学中，学生不仅要从教师的说话中了解他所讲述的内容，而且要向教师学习说话。教师的语言对教学效果起着直接作用。

2．语文教师要善写

写，包含书写和作文。语文教师要写好钢笔字、毛笔字、粉笔字，最起码的要求是写得规范、写得工整，最好还要学会写几种美术字、简笔画。文章写作的能力是语文教师业务修养的重点内容之一。叶圣陶先生认为：“唯有教师善读善写，乃能引导学生渐进于善读善写。”[①] “教师要指导写作，不能空讲些作法，一定要有写作的切实经验，才能随机应变，给学生真正的有益的帮助。”[②] 语文教师写的能力除文字书写能力、文章写作能力之外，还包括教学应用写作能力、指导学生作文的能力等。

3．语文教师要善听

听，指的是语文教师在教学的过程中接受口头语言信息并经过思维活动加以分辨、理解和评判的能力。要教育学生就必须了解学生，而了解学生的途径之一就是听。语文教师的听包括教学听话能力、听学评学能力、听教评教能力、指导学生听话的能力等。听力对于各科教师来说都是应当具备的，而语文教师更要敏锐地、准确地听出学生语言表达中的问题，有针对性地加以纠正。教师听的能力由有意注意能力、辨音识义的能力、理解语义的能力、辨析评品的能力几方面构成。

---

① 叶圣陶．答梁伯行（1962 年 7 月 23 日）［M］//叶圣陶教育文集：第三卷．北京：人民教育出版社，1994：490．

② 叶圣陶．关于《一篇宣言》及其他（致李保光）［J］．语文学习，1988（7）：2．

4. 语文教师要会读

读，即阅读，指的是语文教师从文本中搜集处理信息、认识世界的能力。阅读是教师熟悉、掌握教学内容、了解学生情况、获取教学信息的主要方式，也可以说是教师不断充实提高自己的主要途径。通过读，可以学习别人怎样观察、分析、立意、选材、构思、表达等，把别人文章中的长处吸收过来，积累起来，逐步做到为我所用，同时获得审美体验。教师读的能力包括教学认读、理解、鉴赏的能力，掌握阅读方式的能力，教学阅读的记忆能力，分析概括的能力，阅读古代诗文的能力，指导学生课内阅读和课外阅读的能力等。

5. 语文教师要会思

思，就是思维。语文课程是学习语言文字的运用。叶圣陶先生曾说："锻炼思维至关重要。思维要锻炼得经常有条有理，一步一步地想丝毫不乱，而且没有不相干的东西掺杂在里边，说出来的语言才是正确的有效的语言。"[①] 语言的背后是思维，思维的深度决定了语言的深刻，思维的缜密决定了语言的精确，思维的变通决定了语言的灵活。因此，具备敏捷和深刻的思维品质，是每一位语文教师必备修养。

第二节　语文教师技能

一、语文学科技能

学科基本功涵盖学科知识和学科技能两方面。教师要能胜任所教学科，理解相关的学科知识，把握学科教学内容，合理运用该学科的特色语言、特定方法进行教学。语文教师需要有优于其他学科的"听说读写"水平。

---

① 刘国正. 叶圣陶教育文集：2 卷［M］. 北京：人民教育出版社，1994：551.

（一）听话技能

听话技能主要是指对接收到的某种信息的理解和领会的能力。听话技能的内容包括对语音的辨识、对语义的理解、对话语的品评的能力。

1. 听话技能训练的要求

（1）养成耐心倾听别人发言的习惯。

（2）听懂别人的问话，并能做出应答。

（3）听别人的发言，能够抓住要点。

（4）听别人辩论或参加讨论，能归纳各方面的意见，分辨事实和观点。

（5）听别人说话，尤其是听学生说话，对语音、语调、用词、造句和内容的正确与否能够迅速做出判断，并能纠正其错误。

（6）听别人的词语描述能产生形象化的想象。

2. 听话技能训练内容及方法

听话技能训练应遵循由易到难循序渐进的原则，包括记忆性听话训练、理解性听话训练、辨析性听话训练。

（1）记忆性听话训练。

记忆性听话训练是培养听话时能听清、能记住的能力，主要采用听词语、句子、段落和整个情节后再述的方法，也可以是先听多个数据再复述。

①听写训练。

听写训练是把听读的材料逐字逐句记录下来的听话能力的训练法。方法是以句为单位，听一句或几句关机一次，写下这一句或几句，再如此进行下去。若有空缺，借助追忆一一补上，若已遗忘，可再通听一遍补上。

②听记训练。

听记训练是边听边想边记录要点的训练法。这种方法只记录重要之点和对自己有用的信息。记录时应注意纲目清楚，条理分明，分类编号，前后统一，听记语言要简洁，也可使用符号替代。

③听后复述训练。

听后复述训练是听一篇材料后复述其基本内容的训练。听后复述可以是详述或简述。详述需按原材料顺序做清楚连贯的复述；简述则需抓住其逻辑层次和重点词句，将原材料基本内容复述出来。

（2）理解性听话训练。

理解性听话训练是培养训练在听清记住的基础上理解话语的能力，理解是听话技能训练的核心。

①听后感训练。

听后感训练是听了一段话后，及时发表自己对这段话的感想的训练。这种训练的前提是对所听话语的准确理解及对所听话语抱有思考探求的态度，它要求边听边思考：讲的是什么、为什么、结果怎样，这样才能理解把握话语，引申出个人的感想。

②听后联想推测训练。

听后联想推测训练是听后对话语的某些内容的联想和推测训练。方法是听完故事以后展开联想，扩展故事内容，或根据诗情文意描绘出图画意境，或者不听完话语，而由前面的话来推测后面大致要说的内容，或由前面的原因、条件，推测后面可能出现的结果。

（3）辨析性听话训练。

辨析性听话训练即辨析出所听话语中措辞择句得当否，语音、内容的正误，表达技巧的优劣，情趣格调的雅俗，等等。

①辨优劣训练。

辨优劣训练指对话语形式的优劣、雅俗、得当否进行分析品评。汉语词汇丰富，句式繁杂，表述方式多样，加上说话人的文化修养、风格各异，听话后可对此辨析。

②辨正误训练。

辨正误训练指能找出听话材料中的正确与谬误之处，重在找出谬误。

③辨异同训练。

辨异同训练指找出听话材料中的相同点、相异点。例如，同一题材的数篇文章，听后找出它们的异与同。又如辩论赛、讨论会上的若干人发言，听后找出他们的共同点与分歧点，等等。①②

---

① 王崇举，等. 教师职业技能达标训练［M］. 成都：西南交通大学出版社，1994：31－66.

② 王崇举，等. 教师职业技能达标训练［M］. 成都：西南交通大学出版社，1994：80－96.

（二）口语表达技能

口语，即口头语言。语文教师应在自己理解的基础上，能运用最佳的语言组合、最通俗易懂的语言形式、最丰沛的情感渗透，影响学生在课堂上的语言掌握程度。[①]

1. 口语表达技能训练要求

（1）组织内部言语的能力。

组织内部言语的训练，实质上是思维能力的训练，包括思维的敏捷性、思维的广度与深度。

（2）快速的语言编码能力。

说话时将内部言语转换为外部言语，就是迅速将“意思”扩展开来，编码成为按一定语法规则组成的词汇系列。要将内部言语顺利而迅速地转化为外部言语，说话者要有较为丰富的词汇储备并且谙熟语法规则。

（3）运用语音表情达意的能力。

说话者首先要咬字发音准确、真切，其次要懂得运用气息、共鸣的原理，掌握重音、停顿、语调、语速、语流等语音表现方式和调控技巧，并且提高语音的控制能力。[②]

2. 口语表达技能训练内容及方法

（1）掌握基本的口语表达技能。

①复述。复述就是把读过或听过的内容重新叙述出来，基本要求是：准确表达原材料的内容，中心突出，条理清楚，表达生动自然。

②描述。描述就是用生动形象的语言，把人或事物的特征、形态具体描绘给别人听，基本要求是做到真实准确，生动形象。

③评述。评述就是表述自己的见解和感受，基本要求是实事求是，立论公允；观点鲜明，论据充分；语言准确，严谨有力。

④解说。解说就是说明事物，解释事理，基本要求是：真实准确，条

---

① 薛永娟. 名师专业基本功之特征与强化［J］. 教学与管理，2020（34）：21－23.

② 王世堪. 培养听话与说话能力：语文教育的一个跨世纪课题［J］. 广西教育学院学报，1998（2）：1－15.

理清楚，语言简洁，通俗易懂。

（2）掌握口语交际的基本类型。

①朗读。朗读要用普通话读准字音，注意理解、把握朗读作品的内容，注意语调各要素的运用，还要注意不同体裁作品的朗读，要求做到语音标准，语意清晰，语气、语调恰当，语速适宜，节奏和谐，感情丰富。

②演讲。演讲前要注意选好讲题，精心安排结构，认真推敲语言，还要注意临场发挥。

③论辩。论辩要求做到观点鲜明正确，论据真实充分，论证科学严密，反驳能抓住本质，驳斥有力。

④交谈。交谈要做到注意分析交谈对象，讲究交谈方式；注意交谈时机和交谈地点的选择；善于提出、控制、转换话题；善于听取和回应对方的话语。

（3）掌握基本的态势语。

①整体态势语。

行姿要求步履稳健而轻捷，步幅、步速适中；站姿要求肩平、腰直、身正、立稳；庄重场合的坐姿要求上身挺直，两手平放膝上或手按着手，双脚并拢或略微分开；服饰穿着要做到整洁大方，协调自然，得体入时；交际时注意与交际对象的空间距离。

②局部态势语。

了解常用的首语、手势语、神情语、目光语的含义，根据场合选择恰当的态势语。[①]

（三）文本解读技能

文本解读的意义在于帮助教师发现、挖掘、甄别、定夺课文的教学点。只有确定了教什么，才能进而确定怎么教和评价教得怎么样，正确、精准、灵活的备课式文本解读是教师择准教学点、进行创造性教学设计、引领学生展开与文本深入对话的前提。

---

① 钟志平. 中学语文教师口语表达能力的培养［J］. 江西教育科研，2006（12）：65－66.

1．文本解读技能训练要求

（1）读通文字。

读通文字，就是认字、解词、揣摩文句。

（2）理解文意。

对文章的理解，包括对文章外在结构形式和内在逻辑关系、主旨，都要全部理解。一篇文章段与段之间有什么关系，按照什么思路展开，全篇涉及哪些内容，其基本精神是什么，其写作特点是什么，这些都是文章本身存在的东西，要深入理解，体会作者的用心。

（3）吸取精华。

吸取精华要求在理解文意的基础上，鉴别其精华、糟粕，然后根据自己的需要，有选择地吸取。

2．文本解读技能训练内容及方法

（1）根据阅读能力的基本结构，全面培养阅读能力。

①从文字的音、形、义入手，有效地培养认读能力。

认读是接触文章的第一件事，首要任务是扫清文中的字、词障碍，读通文句。这就需要阅读者具备使用常用工具书的能力，勤查字典、词典，认识字的音、形、义。

②运用有关知识，理解阅读材料。

首先要善于把所学习的有关词、句、篇、章、修辞、逻辑的知识运用于理解过程之中。要读懂词语，阅读中的解词一定要根据语境，联系上下文以及作者的意图准确地理解词语的含义。

其次要读懂句段。读懂句子，要学会分析句子的方法，注意根据句中词的构成来理解句子。段由句构成，理解段意的关键是抓住这一段的主句，若段无主句，则概括其主要意思。抓住主句与主要意思的办法甚多，如通过意群间的并列、总分、因果、递进、正反、时空等关系来理解，包括对以上诸种关系的交叉、重复、包孕使用的分析等。

最后要对整篇文章理解。对整篇文章的理解要抓住中心思想或基本意思。我们可以从文章的标题、开头、层次、段落、组织结构、结尾几项内容来讨论。依据标题可以窥测文章的大致意向。好的文章，开头部分往往要起点题的作用，然后梳理段落层次、组织结构，把文章的每个部分有机结合起来。不仅要理解层段的意思，也要理解层段之间的关系。对于文章的结尾，要从语言的精练程度，从对文章开头的照应形式，从含蓄、意味深长的妙语等方面去理解。

③鉴赏、吸收能力的训练。

阅读中的鉴赏能力主要指对阅读材料的思想内容、表现形式、风格特点进行鉴别和评价的能力。它是在理解文字材料的基础上进行的，读者已有的知识、经验、思想、情感在鉴赏过程中起着重要的作用。

（2）根据阅读的不同形式，全面训练各种阅读方法。

阅读的方式有粗读、略读、精读、细读、泛读、参读、跳读、诵读、默读等。在阅读时，要根据不同的目的，灵活变换这些阅读方式。通常先进行粗读、略读，目的是初步了解大致内容，然后决定是否精读。精读时必须逐字逐句读，看注释，查工具书、参考书，弄懂字句。再通篇复读，明了全文大意，然后深入细读，抓住文章的重点、特点进行深入的探讨。①

（四）书面表达技能

书面表达技能的内容不仅包括标点符号的用法，行文行款的格式，而且还有不同文体的行文要求。书面表达技能是教师必须掌握的一项基本功。

1. 书面表达技能训练要求②③

（1）准确使用和书写标点符号。

（2）行文行款格式正确。

（3）行文内容符合相应文体要求。

（4）掌握不同文体的语体风格。

2. 书面表达技能训练内容及方法

（1）有目的、有重点地把某些教案中的课时计划改写成生动、形象、

---

① 王崇举. 教师职业技能达标训练［M］. 成都：西南交通大学出版社，1994：75－76.

② 王崇举. 教师职业技能达标训练［M］. 成都：西南交通大学出版社，1994：31－66.

③ 王崇举. 教师职业技能达标训练［M］. 成都：西南交通大学出版社，1994：80－96.

富于文采、有感染力的讲稿。

（2）坚持写“教学后记”。每教完一篇课文，便及时把教学中的经验体会写出来。思考对某课的设计，经实践检验后，哪些巧妙精彩，哪些恰到好处，哪些不够恰当，从学生的课堂反应中看出了什么问题，以及从思索中引起了什么联想。

（3）结合在教学实践中所撞击出的稍细即逝的思想火花，写关于教学研究的短文，给语文教学刊物或报纸撰稿寄文。

（4）结合命题作文，教师自己示范“下水”指导。写同题作文，写后与学生交流，介绍自己的行文过程，现身说法地进行点拨。

（5）写好作文评语。

（6）和学生一起办墙报、黑板报、手抄报、办文学社，在指导学生练笔的同时自己也大胆撰文练笔。

（7）利用给往届学生回信的机会，把信当成文章来写。讲究章法，注重文采，谈论学业，探讨问题，这既与学生交流了思想，同时也达到了自己练笔的目的。

（8）给不同形式的小型会议做见习秘书，参与整个小型会议文件的起草，从会议程序安排到每位代表的发言、讲话，都亲自动手、精心措辞、系统筹划，这样一步步地练，将会大大提高语文教师的书面表达能力。[①]

二、语文教学技能

教学技能是教师最基本、最重要的专业能力。[②] 结合我国教育主流对教学技能的分类整理，可将教学技能分成五类：①教学设计技能；②使用教学媒体技能；③课堂教学技能；④组织和指导课外活动技能；⑤教学研究技能。[③]

---

① 曹希柱. 中学语文教师的知识结构与书面表达能力 DE 培养［J］. 黑河教育，1998（5）：7－9.

② 黄厚江. 新课程背景下教学能力发展的重点［J］. 中学语文教学，2022（3）：4－9.

③ 王君，黄丽燕，张丽花. 小学语文骨干教师教学技能现状的调查与分析：以海南省市县级地区为例［J］. 教育教学论坛，2013（5）：34－36.

（一）教学设计技能

教师教学设计技能是决定教学质量和水平的关键因素，其核心是教师对教学要素进行系统思考与建构的教学流程。语文教师的教学设计是为了优化语文教学过程，促进学习者学习。具体来说，就是系统地安排语文学习的过程和资源，重点在于创设系统的教与学。具体包括对教学目标的设计与实施、教学方法的选择与运用及教学过程的设计与指导。

1. 教学目标的设计与实施

教学目标设计是语文教学的首要环节，目标在语文教学中起到导向、激励、调节等重要作用。新课标提出要“构建素养型课程目标”，即在语文课程与教学的过程中，学生获得个人终身发展和社会性发展的正确价值观念、必备品格和关键能力。语文学科核心素养，从四个方面来建构学生素养体系：一是语言素养，侧重点是学生对于语文基本知识的掌握、语感的培养以及对语言规律的理解与运用；二是思维素养，通过语言运用，学生发展不同类型的思维方式和思维品质，不断培养其思维能力和终身学习的能力；三是审美素养，学生从学习中深入感悟语文的魅力，领悟正确的审美意识和审美观念；四是文化传承与理解，学生拓展文化视野，体会、尊重世界各国文化的多样性，也掌握、传承、发展中华优秀传统文化，进而更深入领略本国文化的魅力，增强文化认同和文化自信。① 为此，教师应围绕核心素养的主线、立德树人的根本任务和关注学生发展的教学落脚点，结合课文的特点，选择合宜的核心素养设计教学目标。②

2. 教学方法的选择与运用

教师选择教学方法时，首先要考虑更好地达到教学目标，完成教学任务。教学方法就是实现教学目的和完成教学任务的手段，不同的教学目的和任务需要运用不同的教学方法来实现。其次是依照教学内容的性质特

---

① 邱硕，杨吉琳. 浅谈高中语文教学中教学目标内容的确立［J］. 新课程研究，2023（3）：41－43.

② 马志傲，刘晓惠. 语文教学目标设计的问题及策略研究［J］. 赤峰学院学报（汉文哲学社会科学版），2023（2）：72－76.

点，运用不同的教学方法来完成。最后根据学生的知识储备和认知特点等情况，运用合适的教学方法。

3. 教学过程的设计与指导

教师在教学过程中进行设计和指导，需要关注以下几点：一是明确教师的角色责任，做好过程的设计与指导。二是引导学生正确使用互联网，借助信息技术，获取有益的信息。三是引导学生学会合作，学会借鉴学习，在合作中丰富自身的知识。四是学会建立良好的师生关系，加强与他人之间的交流与沟通，实现有效的合作。五是借助语文学科的人文性特点，促进学生世界观、人生观、价值观的形成。①

（二）课堂教学技能

课堂是教师传授知识的重要场所，也是学生获得知识的重要空间。教师的课堂教学承载着教学信息的传递，良好的课堂教学能让学生更容易理解、学习知识。教师作为课堂教学的主导者，其课堂教学能力直接影响着教学能否顺利开展、是否能达到预期的教学效果。

1. 根据“学情”准备教学

面对认知能力差异的“学情”，教师需要承认、尊重学生差别，按学习规律办事。转化，是课堂教学的一条根本规律。转化是指把语文知识、语文能力与语文相关的人文素养等转化为学生自己的语文素养。

教学推进着眼于“转化”的“学情”，就需要教师思考课堂如何组织学生交流，以什么样的方式交流；需要思考以什么方式、在什么节点“介入”；需要思考选择怎样的点拨性语言，拨开学生头脑中的迷雾，给学生一个“梯子”，让学生自己摘到更多的“果子”等问题。②

2. 在预设、观察中把握教学

教学要走在发展的前面，教师要对学生的学习有预见性，根据学生的

---

① 王海燕．中学语文教师专业技能的构成要素及分析［J］．河南教育（基础教育版），2018（Z1）：51－52.

② 尤立增．语文课堂教学要根植“学情”［J］．中学语文教学，2020（10）：27－32.

已有知识储备和可能出现的反应先进行课堂情形预设。真正的课堂教学需要教师的灵活和机动，每个问题学生会怎么回答、每个环节学生会有什么反应，都需要教师提前在脑海中预设，为教学过程在真正实施时留有变动的空间。

在进入课堂时，教师要敏锐地感受课堂氛围，从学生细微的表情中了解学生的内心变化、对所讲知识的接受情况、当下的心理状态和思想动向等，以此来推测学生在课堂中的学习状态，以便教师恰如其分地把控课堂节奏。

（三）教学媒体技能

在语文教学中应用现代信息技术可以大大缩短教师授课时间，提高教学效率。教师要科学合理地运用现代信息技术为学生构建一种主动参与的教育环境，让学生在丰富的知识海洋中自主探究。①

1. 巧用信息技术优化教学

现代信息技术融图文声像于一体，将其充分运用到学校教育教学中，可以改善传统语文课堂单调刻板的一面，让语文课堂重焕生机和活力，课堂气氛也能变得欢快愉悦，激发学生内在的学习动机。在课堂中，教师可以巧妙运用现代技术的图文效果和动态展示功能，向学生展示课文中的情境，让学生们更接近真实的所见所闻所感。在信息时代的发展中，现代化的教育信息技术和教学技术手段已成为教学中必不可少的因素。

2. 线上线下混合教学模式

线上线下混合教学模式重构了教学过程，“先教后学”变为“先学后教”，师生的教学互动行为贯穿课前、课中、课后。教师开展线上线下混合教学模式，通过广阔的线上语文教学平台、丰富的语文数字教学资源、多元的线上主体交互的手段，开阔学生语文学习视野，激发学生语文学习兴趣，发展学生的问题意识、探究能力以及创新能力。教师的角色不再是

① 胡国萍. 浅谈中学语文教师应具备的专业技能［J］. 教育探索，2011（8）：109－110.

单纯的知识讲授者，而是网络空间的学习者以及线上线下教学活动的设计者、线下教学实践过程的组织者、学生自主探究问题的导引者。[①]

（四）课外活动技能

在新课程改革背景下，高质量的语文教育不仅要重视对课堂教学活动和形式的有效创新，同时教师也要关注对学生课外活动的指导，以课外活动为基础，让学生能够灵活运用语文知识真正解决实际问题，为培养学生的知识应用能力提供保障。

1. 拓展课外活动空间，提升语文实效策略

一是要设置明确清晰的课外活动主题。教师应结合语文教学的基本要求，对学生进行科学的教育指导，让每位学生都能够在学习语文知识的过程中有效参与课外活动，且基于课外活动深入探索语文知识，以此提高学生学习能力。二是设置多种形式的课外活动任务。教师应通过多种形式的课外活动，让学生全面系统地掌握语文知识，确保学生能够始终保持对学习的高度热情。三是基于课外活动过程表现实施科学评价，科学的评价机制能够帮助学生正确认知自我，真正促进学生学习能力的发展与进步。[②]

2. 开拓课外活动空间实现课程育人

教师要在语文教学中充分落实学生多方面能力的培养，尽可能地让学生积极参与课外活动和学习，培养学生学习兴趣，提高学生的学科核心素养，同时提升其精神境界。一是运用合作学习方法，激发学生参与课外活动的兴趣。二是设置丰富的竞赛活动，提升学生的竞争认知。三是开展课外阅读活动，提高学生的阅读能力。四是实现课内外活动结合，提升学生的实践能力。充分发挥现代教学方式的优势，对学生的综合素质进行培养。[③]

---

① 苏敏，董小玉. 复学背景下小学语文线上线下混合教学模式探索［J］. 语文建设，2020（10）：4－8.

② 赵牛忠. 拓展小学语文课外活动空间提升小学语文教学实效［J］. 课外语文，2021，20（34）：47－49.

③ 潘红娟. 开拓小学语文课外活动空间　提升小学语文教学有效性［J］. 名师在线（中英文），2022（32）：38－40.

（五）考试、考核、教学评价和教学研究的技能

教学评价对教学有着重要的导向和激励作用，不仅影响着教学活动的进行，确保教学预期目标的实现，还是诊断学生的学习成果和核心素养形成的重要标准。同时教学评价将在诊断过程中获得的信息反馈于教学，为教学的优化提供了依据。

1. 教师在语文核心素养评价体系的实践向度

一是改进结果评价，评价目标由“高分定位”转向“个人发展”。改进结果评价指教师改进单维度的学科知识评价的标准，实现多维度的综合素质的评价。教学中尊重学生的个体差异，鼓励学生选择适合自己的学习方式，将语文核心素养的培养嵌入教学的每一个环节。

二是强化过程性评价，评价手段由“个人经验”转向“科学有序”。教师应关注学生个体的差异，树立科学的评价理念，促进学生的学习和身心的发展。

三是探索增值评价，评价标准由“当下模式”转向“赋能模式”。增值评价，不以成绩作为评价标准，而是以学生的进步程度和教师的努力程度来实现赋能。

四是健全综合性评价，评价方式由“一枝独秀”转向“百花齐放”。教师可注重采用教师评价、同学互评和学生自评等多种方式。

2. 核心素养下的调整与优化

一是考核评价目标多维化。核心素养的评价目标要实现多维化，教师就应关注学生的学习过程，从指导单一的知识技能转向关注学生的综合素养发展，从而矫正以往重智轻德，忽略情感态度价值观的偏失。评价过程中也不能孤立各学科的测试结果，而应该以学科整合的视角对学生的综合素质进行客观有效的评估。

二是考核评价方式多样化。教师在教学过程中应注意收集、积累能够反映学生语文学习与发展的资料，采用各种方式记录学生成长的过程，坚持定性评价和定量评价相结合，全面反映学生语文学习的状态及水平。这样才能准确充分地对学生进行考核，并促成学生核心素养的形成。

三是评价主体的多元化。核心素养的复杂性决定了多元评价的必要性，要将教师的评价、学生的自我评价和学生之间的相互评价结合在一起。充分重视教师在评价中的主导作用，实现“从评中学，从学中评”。

四是课程评价的多功能化。教师应让语文教学发挥课程评价的多种功能，尤其要突出评价的发展性功能和激励性功能，重视对学生学习潜能的评价，以促进学生的学习和发展，为打造适合学生的教育创造有利的支撑环境。①

三、语文教研技能

“教师即研究者”已成为教育界的共识，教研能力是教师专业化发展的重要组成部分。《义务教育语文课程标准（2022 年版）》指出：语文教师要勇于面对课程实施过程中遇到的新问题和新挑战，紧紧围绕课程标准实施和教材使用过程中出现的突出问题，立足学情，因地制宜，以研究的态度探索问题的解决办法，提高教学研究水平。

（一）选题能力

选题是教学研究活动的开端，决定着研究的意义和价值。选题的来源聚焦课堂、教学、学生等与课堂教学相关的领域，找准突破口，探索其中的语文教学规律。选题要体现问题意识，有确定的研究视角和立意，能够用精练的语言表述。

1. 树立问题意识，把握问题来源

问题意识表现为人对问题的关注及敏锐度，对问题的关注表现在能够意识到问题存在的可能性，以及能带着某个问题去看待相关的事件。要解决问题，首先是要发现问题，教师在日常生活和教学实践中要时刻保持问题意识，提高对问题的敏感度。

① 胡莉莉. 浅谈核心素养下的语文考核机制与课程评价［J］. 小学教学参考，2017（9）：1－2.

2. 以兴趣为导向

教师可以根据自己的兴趣确定选题，有的教师比较关注文学方面，有的教师比较关注教育现象和教育热点，因为有兴趣，平时才会去关注相关的问题，根据自己的兴趣去确定选题往往会达到事半功倍的效果。

3. 紧跟教育热点

教师的选题要走在语文教育的前沿，符合时代特点，从当前问题入手，海量选取文章，形成自己的见解。例如，随着课程改革的进行，新的教学思想和理念不断地涌现，如学习任务群、高阶思维、深度学习、核心素养等，教师应尝试将它们运用于教学实践，做到知行合一。

4. 总结教学经验，形成书面成果

每一位教师都是新课标、新教材的实施者，在将这些理论运用于实践的过程中，在教育教学实践中，总会产出一些令自己较为满意的教学案例成果，教师可以将这些教学实践活动，进行反思整理，上升到一个理论的高度。例如，教师在参加完教学课的评比后，可以将自己的教学设计意图和反思进行整理，选择其中的可取之处，丰富自己的理论。①

（二）资料收集能力

教研能力的一个重要组成部分是科研能力，教师在进行科研实践时，资料收集能力是很重要的，掌握最新的、较为全面的资料，是完成科研课题的一个前提。在撰写过程中，收集资料所花费的时间和精力不亚于执笔写作。

首先是文献资料的收集，通过收集这些文献资料，可以对所选课题的研究现状有一定的把握，了解目前该研究的成果以及空白之处。② 根据收集的资料，我们还可以梳理出新的研究思路，总结出新的做法。其次是第一手资料的收集，比如通过观察、访谈、调查等收集事实材料。

---

① 鲁新民. 笔尖上的思如泉涌：与青年教师谈教研论文的撰写［J］. 中学政治教学参考，2013（8）：71－72.

② 罗丽娜. 浅谈文献资料收集与研究选题的关系［J］. 北方音乐，2017（10）：235－236.

（三）论文撰写能力

语文教研论文是语文教学实践的另一种形成的成果呈现，是对教学行为的修正，是教师专业发展的重要途径。撰写论文时应注意几个问题。

首先，论文要有完整的并且有自己特色的结构。论文结构可分为形式结构和实质结构。形式结构是一般学术论文的结构，包括题目、摘要、关键词、参考文献等，实质结构是由研究问题、新颖观点、分析论证等构成。[①] 教学论文一般采用三段式的框架，即提出一个明确的论题，对所提出的问题进行分析，最后是提出解决问题的途径。

其次，论文表述要规范。论文表述规范有利于进一步的调整和修改全文内容，能够使论文整体有逻辑、有层次、有结构。一篇规范的论文，能够清晰地表达研究问题、过程、研究的方法和结论。[②] 如果论文语句不通顺、逻辑混乱，会阻碍作者观点和思想的传达。

最后，论证要严谨，以事实为依据。论文的论证逻辑要有层次感、科学性、严谨性，行文内容要围绕核心问题展开。文章要有一定的深度，切忌一味求全，但解读得不够深入。

第三节 语文教师的专业发展

一、语文教师专业发展的含义

一般认为教师的专业发展，是指教师作为专业人员，在职业道德、专业思想、专业知识、专业能力、专业品质等方面由不成熟到成熟的发展过程，即由一名专业新手发展成为专家型教师或教育家型教师的发展过程。取得教师资格证书并不代表已成为合格教师，当了一辈子教师也不一定其

① 李润洲. 教师论文写作的结构解读［J］. 当代教育科学，2017（1）：92－96.

② 刘莉莉. 形式规范：中小学教师论文写作的专业表达［J］. 教育科学论坛，2020（26）：53－56.

专业性都得到了充分的发展。教师的专业发展固然与时间有关，但又不仅仅是时间的累积，更是教师专业素养的不断提高，专业理想的逐渐明晰，专业自我的逐步形成，直至成为教育世界的创造者。

从本质上说，所谓教师专业发展就是教师个体专业不断发展的历程，是教师不断接受新知识，增长专业技能的过程，是一个教师的职业理想、职业道德、职业情感、社会责任感不断成熟、不断提升、不断创新的过程。教师要成为一个成熟的专业人员，需要通过不断的学习和探究历程来拓展其专业内涵，提高专业水平，从而达到专业成熟的境界。在当代教育与课程改革的背景里，教师专业发展直接指向于胜任教师的新角色。

教师专业发展的具体内容从中小学教师的工作职责与发展成长的具体实际来看，体现在教师的专业素养，也即专业情意、专业素养、专业能力等方面，这三个方面又包含着具体的内容和要求。专业精神是教师专业发展的动力，专业知识是教师专业发展的基础，专业技能是教师专业发展的保障。

二、语文教师专业发展的意义

（一）语文教师专业发展是职业特性对教师的必然要求

语文教师的专业发展是一个持续性社会化和个性化的过程，具有多阶段的特征。师范教育对专业的发展作用不可忽视，但教师的优秀品质和能力主要是在实践中逐步积累和发展起来的。取得大学学历和教师资格证书并不表明就成了一名合格的教师，教育教学工作所需要的专业能力更多的还是通过职后教育和自我学习而取得的。专业能力的发展提高也并不是单纯从教时间的累积，而更是需要教师勤于学习，勇于实践，潜心揣摩，不断总结，善于反思。因此，专业发展既是职业对教师所提出的要求，也是教师自身成长所必需的生命要素。

（二）语文教师专业发展能够激发和坚定教师的职业道德和专业精神

苏霍姆林斯基认为："在劳动过程中进行创造性思考乃是能热爱劳动的源泉之一。"创造性研究的意义不仅在于教师发现并研究了教育过程中到目前为止尚未被人注意的某个方面，而且在于这种研究能从根本上改变教师对自己劳动的看法。创造性研究能使教师不再把教育工作看作是同一些事情的单调乏味的重复，看作每天在各个班级里千篇一律地讲课和复习，而是看作永远常新的，独一无二的创造活动。"毫无疑问，这些发现和创造精神的发扬，犹如星星之火，能驱散教师当中对工作的冷漠态度和惰性，点燃创造精神的火花。"① 而且，当教师感到自己是教育现象的创造者，这种情感就成为他追求发展的取之不竭的源泉。

（三）语文教师专业发展有助于实现教师的生命价值

人的价值包含人生价值和人格价值两方面。教师的人生价值是指教师对他人和社会的价值，强调的是教师如何使自己的一生有益于他人和社会；教师的人格价值是指教师行为对维持其需要、尊严，自我价值的实现等的价值。教师专业发展实现教师的人生价值，是教师专业发展的事实特性或工具价值，即指教师寻求知识更新，提高教育技能，把自己培养成喜欢教师职业又有教育技能的教师，这是教师专业发展的事实要求，也是最基本的要求。教师专业发展实现教师的人格价值，是教师专业发展的价值特性或本体价值，是指教师把教育活动作为一种境界加以追求。在这样的价值观引导下，教师关注生命，关注现实社会，目的是使教师的专业发展能够超越世俗功利，成为个体生命完善的中介。②

---

① 苏霍姆林斯基．和青年校长的谈话［J］．外国教育资料，1982（2）：49－65．

② 宋广文，魏淑华．论教师专业发展［J］．教育研究，2005（7）：71－74．

三、语文教师专业发展的阶段

语文教师专业生涯是指从预备任教之日起直到退休离开教学岗位这一段时间内，语文教师投身教育教学工作的过程。这一过程可以根据教师对教育教学的态度、认识，以及教师对教育教学工作的实际行为划分为若干阶段。国内外对教师专业发展阶段的研究成果丰富。

（一）富勒的教师关注理论

20 世纪 60 年代末 70 年代初，美国学者富勒通过编制“教师关注问卷”，从教师在不同发展阶段的关注内容出发，阐述了职前教师所经历的几个发展阶段。

1. 任教前关注阶段

职前阶段的大学生只是想象中的教师，还沉浸在学生的角色中。他们仅关注自己，对他们所观察到的班级，经常持批判的甚至是敌视的态度。

2. 早期求生阶段

教师主要关注的是自我胜任能力以及作为一名教师如何“生存”下来，关注班级的教学与管理、对教学内容的掌握和学校领导的评价、学生与同事的肯定、接纳等，这个阶段的压力很大。

3. 关注教学情境阶段

教师既关注生存，又关心在目前教学情境对教学方法和材料等的限制下，如何顺利地完成教学任务，以及如何正确地掌握相应的教学技能。

4. 关注学生阶段

教师开始把学生作为关注的核心，关注他们的学习、生活和情感需要，以及如何通过教学更好地影响他们的成绩和表现。但是他们通常要在学会应付自己的生存需要后才能对学生的需要做出反应。

（二）伯顿的教师发展阶段论

20 世纪 70 年代末 80 年代初，美国学者伯顿提出教师发展的三阶段论。

1. 存活期

该阶段的教师从事教学才 1 年时间，他们关注的是班级控制、学科的教学、教学接纳感的提高和教学内容方面的适当性。

2. 调整期

在进入教学第 2 至第 4 年的时期，教师已经具有了一些经验，对教学相对来说也有所熟悉和了解，此时他们开始了解学生的复杂性并寻找新的教学技术以满足更广泛的需要。教师与学生的相处更加开放和真诚，并感觉到比以前更能满足学生的需要。

3. 成熟期

在进入第 5 年或 5 年以上的教学时间后，教师们经验更加丰富，对教学活动驾轻就熟，并且对教学环境已有充分的了解和熟悉。他们关注学生需要的满足，重视与学生的关系。

（三）休伯曼的教师职业周期模式

休伯曼等人对教师职业周期的研究非常具体和细致，真实地反映了教师的实际发展路线。

1. 入职期

时间是入职的第 1 至第 3 年，是“求生和发现期”。在这一时期，教师表现出对新职业的复杂感情，一方面是初为人师的积极热情，另一方面是面对新工作的无所适从，却又想尽快步入正轨而急切地希望获得教学的知识和技能。

2. 稳定期

时间是工作后的第 4 至第 6 年。这一时期教师逐渐适应了自己的工作，并且能够比较自如地驾驭课堂教学，初步形成了自己的教学风格，入职时的压力和不适已经消失，教师已经能够比较轻松、自信地面对自己的工作，同时要求自己在教学技能等方面进行不断的改进与提高。

3．实验和转变期

时间是工作后的第 7 至第 25 年，是教师职业生涯道路上的转变期。教师的转变有两个方向：一方面，随着知识和阅历的增加，教师开始对自己及学校的各项工作大胆地进行求新和力求改革，在教学材料、评价方法等方面进行教改实验，关注学校发展，对学校组织和管理中的漏洞做出批评和指正，不断地对职业和自我进行挑战；另一方面，单调乏味的教学工作使教师对自己的职业产生了倦怠感，对是否要继续执教产生动摇，因此开始对目前从事的工作进行新的评估。

4．平静和保守期

时间在从教的第 26 至第 33 年。经过对教学和学校的激烈改造或是对教师职业的反思和重估，教师的工作进入了稳定发展阶段。此时他们已经拥有丰富的经验和技巧来应对教师工作，但同时也失去了专业发展的热情和动力，因此教师的志向水平开始下降，教师的工作也变得较为保守。

5．退出教职期

时间是教师工作的第 34 年以后，教师的职业生涯到了逐步终结的阶段。

（四）钟祖荣的教师阶段理论

北京教育学院钟祖荣等人从最能反映教师成长变化的两个指标（教师的素质和工作成绩）这一基点出发，认为教师的成长大致要经过准备期、适应期、发展期、创造期四个阶段，而每个阶段结束时的教师可以分别称为新任教师、合格教师、骨干教师、专家教师（学科带头人、特级教师等）。

1．准备期

这指教师从事教育工作以前的阶段，是接受教育和学习的阶段。

2. 适应期

教师走上工作岗位，由没有实践体验到初步适应教育教学工作，具备最基本、最起码的教育教学能力和其他素质的阶段。其周期大体上为1～3年。

3. 发展期

这是教师在初步适应教育教学工作后，继续在教育教学实践中锻炼自己的教育教学能力和素质，使之达到熟练程度的时期。教师在这一时期的素质特点是：教学工作日趋熟练，素质发展日趋全面，教育工作重心由“自己做好”转向关心学生。教师度过这一阶段的时间差别较大，成长速度较快的需要3～7年，也就是工作以后的4～10年。有些教师则一生都在这个阶段中度过。

4. 创造期

这是教师开始由固定的常规的自动化的工作，进入开始探索和创新的时期，是教师形成自己的独到见解和教学风格的时期。具有强烈的创新意识、科研能力明显提高、理论水平大幅度提高等，是这一阶段的显著特点。

四、语文教师专业发展的途径

语文教师专业发展最基本的、主要的途径就是自觉地躬身于读书、实践、反思、研究、写作，舍此无任何终南捷径。这几个环节周而循环，其间每一步骤都可能是一个新的起点，但始终无终点。

（一）读书：成就语文教师的支撑点

读书是自我的充实，是与他人的专业对话，是为了有更好的理论指导实践。在教育教学中，语文教师面临着自己在教育观念、知识结构、教学方法等方面和学习型社会的教育不相适应的问题。因此，语文教师必须以主动获取新知识的学习热情，不断进行知识更新，坚持终身学习。读书是语文教师学习最有效、最简捷的方式。苏霍姆林斯基曾指出：“读书，读书，再读书——教师的教育素养的这个方面正是取决于此。要把读书当作第一精神需要，当作饥饿者的食物。”① 基础教育“新教育实验”的发起者和主持者朱永新教授说：“教师的读书不仅是学生读书的前提，而且是整个教育的前提。”② 读书与语文教师成长之间有着一种天然的联系，具有相当重要的专业价值。通过读书，语文教师完善专业知识、生成专业智慧、构建专业精神、改善专业结构。

一项关于特级教师和普通教师阅读状况的调查印证了读书对于教师专业发展的作用。这项调查发现特级教师的藏书平均数为 641 本，藏书量明显多于普通教师，约为普通教师的两倍；特级教师的读书取向比普通教师更集中，基本集中在“专业领域”“文史哲”“教育理论”三类，特级教师比普通教师更关注专业、更关注教育理论的阅读；对报刊和网络的阅读和使用，特级教师明显比普通教师优秀。③ 许多教育家、特级教师都从自身专业发展的体会中认识到了读书对于教师成长的重要性。苏霍姆林斯基指出：“一些优秀教师的教育技巧的提高，正是由于他们持之以恒地读书，不断地补充他们的知识的大海。”④ 于漪老师忠告：“我们教师很忙，没有大块空余时间，但我们每天要挤出时间来读书。”

教师应该主动阅读，既博览群书，又立足于专业性的阅读，明确应该读什么书，掌握阅读的方法与策略，追求高质量的“素质型、岗位型读书”，及时进行知识的更新，从而得到黄金搭档的营养套餐，促进自身专业的发展。

（二）反思性教学实践：语文教师发展的根本途径

“教育在本质上是实践的”⑤，实践于教学，是教师工作的根本，是教师工作的出发处和归宿，更是教师专业认同和实现的基础。教育部《教师

---

① 苏霍姆林斯基. 给教师的建议［M］. 杜殿坤，编译. 北京：教育科学出版社，1984：416.

② 朱永新. 新教育实验与教师专业发展［J］. 教育科学研究，2009（5）：1.

③ 李斌辉. 中小学教师 PCK 发展策略［J］. 教育发展研究，2011（6）：47－52.

④ 苏霍姆林斯基. 给教师的建议［M］杜殿坤，编译. 北京：教育科学出版社，1984：416.

⑤ 宁虹. 教师教育：教师专业意识品质的养成——教师发展学校的理论建设［J］. 教育研究，2009（7）：74－80.

教育与课程标准（试行）》指出：教师是反思性实践者，在研究自身经验和改进教育教学行为的过程中实现专业发展。

国内外学者的研究表明，在教师获取学科教学知识的过程中，最重要和比较重要的途径是教师的教学经验和反思、同事间日常的交流以及有组织的专业活动等。[①] 这说明教师知识的发展主要由教师在教学实践中自主建构，而非主要来自于外烁式的灌输教育。基于此，教师应该树立良好的专业发展愿景，增强对教师专业的认同感，热爱教师专业，热爱学生，热爱教学，充分发挥主体作用，主动积极投身于教育教学改革实践，在课堂教学中去实践、去磨砺。

教师专业发展还必须要反思。舍恩（Donald Schon）认为反思是专业生活的一部分。波斯纳（G. J. Posner）认为，没有反思的经验是狭隘的经验，至多只能成为肤浅的知识。如果教师仅仅满足于获得经验而不对经验进行深入的思考，那么其教学水平的发展将大受限制，甚至会有所滑坡。为此，他提出了一个教师成长的公式：成长 = 经验 + 反思。反思，一般是指行为主体立足于自我以外批判地考察自己的行为及其情境的能力。教师的反思是指教师在教育教学实践中，以自我行为表现及其行为之依据的“异位”解析和修正，进而不断提高自身教育教学效能和素养的过程。教师经验反思具有实践性、针对性、反省性、时效性和过程性特点。教师应该在充分认识教学反思对自身专业发展重要价值的基础上，掌握科学的反思技巧和策略，使反思成为自身日常教学中的一部分，在教育教学过程中自觉、主动地实践，发现自身存在的问题和不足，明晰未来的发展方向，优化教学过程和教学效果，提升教育教学能力。

（三）教育教学研究：语文教师专业发展的保证

研究是教师是对教育教学，对自己生存、发展意义的不断的探寻、叩问和求证。研究表明教师要实现专业化，除掌握必要的学科内容和教学技能之外，还必须有一种扩展的专业性，这种扩展的专业特性是指教师要通

① 范良火．教师教学知识发展研究［M］．上海：华东师范大学出版社，2003：210.

过系统的自我研究，通过研究别的教师和课堂，研究和检验有关理论，实现专业上的自我发展，简单地说，即教师必须成为研究者。①

语文教师应该具有研究教育实践的经历与体验。在日常学习和实践过程中积累所学所思所想，形成问题意识和一定的解决问题的能力。了解研究教育实践的一般方法，经历和体验制订计划、开展活动、完成报告、分享结果的过程。参与各种类型的科研活动，获得科学地研究学生和教学的经历与体验。语文教育教学研究活动主要包括教育反思、教育叙事、教育案例、教育调查、行动研究等，其中最主要的是行动研究。

行动研究就是语文教师为了改进工作质量，将研究者和实践者、研究过程与实践过程结合起来，在现实情境中通过自主的反思性探索，解决实际问题的一种研究活动。语文教师行动研究就是在教育教学工作中开展的应用研究，它强调以教师为研究的主体，针对教师自己在学科教学和班级管理中所遇到的问题，在校外和校内人员的合作下进行诊断和分析，找出问题产生的原因，制订解决问题的具体计划和方案并付诸实施，观察和评估结果并进行反思。行动研究有利于解决教育教学实际问题，提高教育教学的质量；有利于促进教育研究模式的变革，推动教育科学的发展；有利于提高教师的专业素质，促进教师专业的发展；有利于提高教师自我意识，增强教师职业的乐趣与尊严。

（四）教学写作：语文教师专业发展的必由之路

写作是教师默会知识向明言知识转化，是提炼总结研究成果，是理性概括梳理思想。教师写作是对教育行为的深度审视，是对教育经验的理性反思，是对前沿信息的有效植入，是对零散的教学知识的专题整合……在审视、反思、植入与整合的过程中，甄别教育现象，发现教育问题，探寻解决策略，形成新的教育观念与行为，进而生长出新的教育智慧，这就是教师写作的巨大功能。

加拿大学者马克斯·范梅南在《生活体验研究——人文科学视野中的

---

① 陈向明. 行动研究：教师成为研究者的必然途径［J］. 河南教育，2004（9）：1.

教育学》中写道："写作，其实就是对教育现象的一种解释，当这种解释上升到反思阶段，形成具有一般性指导作用的价值取向并指导教师的行动时，变成了实践性知识。"写作有助于教师在日常教育生活实践中以一种自觉的、超越的、批判的方式，以敏锐的洞察力和高度的思辨力对教育生活和教育经验进行再叙述，从而改进自己的教育行为，提高教育的效率和品质。基于教师写作对与教师专业发展的作用，有教师就将波斯纳提出的教师的成长公式：成长 = 经验 + 反思，改造为：成长 = 经验 + 反思 + 写作。

教师写作的类型，大致可以分为教育备忘、教育杂感、教育故事、教育案例、教学实录、教育论文、教育书信、教育文学等八种类型。在写作的过程之中，需要把握以下四个原则。

一是强调理解与反思。教师写作应该对教育教学现象，比如发生在课堂里的故事、发生在班级里的故事、教师自身的遭遇等进行分析，这种分析是经过教师自身的观察和思考，运用教育学、心理学以及学科理论进行的反思研究。因此，调动专业积累、理解教育教学现象非常重要。阅读是写作的前提，大量阅读以后的写作才会有深度、有高度。

二是强调与实践相关联。教师写作建立在教育实践的基础之上，教育实践决定着教师写作的内容和水平。教师写作离不开对日常教育教学的观察、记录与反思，同时要服务教育实践、改进教育实践，写作与实践始终编织在一起，彼此促进，一起向前。

三是强调真实而个性化的呈现。教师写作要恢复最纯真的目的和最本真的样貌。教师写作需要注重学理、事实和逻辑，应避免千人一面，注重"个性化"。教师写作注重内容的科学性、客观性和逻辑性，表达的真实性、简洁性和思考性，尽可能客观呈现，不必过分依赖文学性的语言修辞技巧。

四是强调教育教学案例研究。教师在教育过程中会遭遇层出不穷的教育问题，这些问题有很大的相似性，在一间教室里发生过的事情，在其他教室里往往也发生过，甚至在同一间教室里还会继续发生。教育实践的问题很多都是普遍性问题，问题的类型也是有限的，比如早恋问题、作弊问题、上课开小差问题、教育惩罚问题、学生竞争问题等。如果对典型问题进行集中的案例研究，可以为所有教师处理教育问题提供可供参照的珍贵资源。

复习与体验

1. 你是怎样理解教师职责的，你认为语文教师需要承担起哪些职责？

2. 观看语文名师王崧舟老师课例《枫桥夜泊》，联系本章内容，体会语文教师修养和教师技能在教学中的作用。

3. 你认为人工智能时代的语文教师的教学技能应包括哪些？语文教师该如何去发展这些技能？

4. 请课后阅读陈亦冰《名家本色是师者——透视特级教师于漪的成长之路》（《未来教育家》2013 年第 1 期），搜索观看视频资料《于漪：学做人师》，依据本章内容对于漪教师的专业发展历程进行评析，并形成文字材料。

5. 请课后回忆自己以往语文学习经历中的关键人物、重要事件，以及对自己语文学习的影响，把回忆写成一个叙事文本。

第六章 语文学习

本章导学

本章主要依据《普通高中语文课程标准（2017 年版 2020 年修订）》《义务教育语文课程标准（2022 年版）》相关内容，梳理、明确语文学习的基本问题。第一节重点关注学生语文学习的情境性、实践性和整合性特点，第二节围绕语言建构与运用、思维发展与提升、审美鉴赏与创造、文化传承与理解，分析学生语文学习的主要内容，第三节围绕识字与写字、阅读与鉴赏、表达与交流、梳理与探究，分析学生语文学习的基本活动。这三节文字对于落实语文课程标准创新性提出的语文核心素养具有创新价值与实践意义。

学习目标

识记：核心素养视角下学生语文学习的特点。

理解：

1. 语文学习的内容；
2. 语文学习活动的类型。

评价：语文学习内容及其活动的有效性。

核心素养视角下学生语文学习的特点、内容及活动具体包括什么？其特点包括情境性、实践性和整合性。其内容："语言建构与运用"包括语言积累与建构、语言表达与交流、语言梳理与整合等；"思维发展与提升"包括增强形象思维能力、发展逻辑思维和提升思维品质；"审美鉴赏与创造"包括审美体验与感悟、审美欣赏与评价和美的表达与创造；"文化传承与理解"包括传承中华文化、理解多样文化和关注、参与当代文化。识字与写字活动，以及由阅读、品味与赏析、思考与领悟、研讨与练习构成的"阅读与鉴赏"活动，由复述与转述、解释与说明、倾听与沟通、习作与写作构成的"表达与交流"活动，由归类、统计、列表、分析构成的"梳理与探究"活动，勾勒了语文学习活动的概貌。

第一节　学生语文学习的特点

学生语文学习的质量和特点与社会发展的精神风貌息息相关。考察学生语文学习特点方面的研究文献，研究者主要是围绕小学生、初学生、高中学生和职业教育学生四个维度分析学生语文学习的特点。一是小学生维度，申玉堂结合小学生心理发展特点，分析了培养小学生语文学习兴趣的方法。[①] 姜小青从记忆、思维、社会性发展和心理卫生等方面分析了三年级学生的语文学习心理特点。[②] 李文超利用小学生强烈的好奇心、旺盛的求知欲、悬念、学习动机、学习氛围、师生感情和阅读习惯，激发其语文学习兴趣。[③] 二是初中生维度，周庆元从语文学习活动的泛化、学科学习兴趣分化和抽象思维训练强化三方面分析了中学生语文学习的特点。[④] 曹华清从性别、年级、成绩水平和学校差异等方面分析了初中生语文学习策

---

① 申玉堂. 论小学生心理发展特点与语文学习兴趣的培养［J］. 社会科学家，1991（5）：85－88.

② 姜小青. 三年级学生语文学习心理特点浅析［J］. 课外语文（初中），2012（12）：125.

③ 李文超. 利用学生心理特点 培养语文学习兴趣［J］. 学苑教育，2013（12）：84.

④ 周庆元. 中学语文教育心理研究［M］. 长沙：湖南师范大学出版社，1999：26－28.

略的特点。[1] 曹会芹从自主学习、兴趣学习和社会学三方面探索了农村初中生语文学习特点。[2] 何鸿、唐燕探索了初中生语文学习习惯的长期性、综合性、自主性和生活性特点。[3] 三是高中生维度，佟士凡首先从“具有基础工具性”“具有思想教育性”“具有广泛的综合性”“方块字的表义性和汉语的人文性”等方面分析了语文学科的特点，然后从以语文知识为基础、侧重语文能力的培养，语文学习不能速成、必须持之以恒、下功夫学，课内学习和课外学习紧密结合、打下广博的知识基础，注重整体、探究意蕴四方面分析了语文学习的特点和要求。[4] 陈乐华结合高中生语文学习的随意性与自主性、逻辑思维取代少年时期的形象思维等心理特点展开教学，培养学生的语文学习能力。[5] 童春香基于学生不轻易动口、喜欢沉默、不轻易说出自己看法等语文学习现状的特点，主张积极发挥其乐于动口、动手、动脑等积极性，激活语文课堂。[6] 此外，也有同时研究小初高学生语文学习特点的，如王和芬认为民间文学作品的学习具有阶段性、地域性特点，指出“在语文民间文学作品教学中，小学阶段学生宜由浅到深地选取民间故事，如神话、传说、生活故事、寓言、童话、笑话作为学习文本，而初中阶段学生宜选取民间诗歌，如民歌、民谣、谚语、民间长诗、绕口令、谜语等作为学习文本，高中阶段学生宜选取民间曲艺和民间戏曲，如民间小戏、评书、鼓词、弹词、快板、相声、快书等作为学习文本”。[7] 崔绍怀结合学生身心发展水平，围绕自主性、内控力、动力、兴趣、言语个性化、创造性活动和学习方式等方面，分别分析了小初高学生

---

① 曹华清．初中生语文学习策略的应用特点及影响策略择用的主要心理因素研究［D］．重庆：西南师范大学，2003.

② 曹会芹．农村初中学生语文学习特点探析［J］．成才之路，2011（24）：29.

③ 何鸿，唐燕．初中生语文学习习惯的特点探寻［J］．新课程（中），2018（8）：2.

④ 佟士凡．语文学习论［M］．南宁：广西教育出版社，1996：21－26.

⑤ 陈乐华．掌握高中生心理特点 培养语文学习能力［J］．现代语文（教学研究版），2008（6）：60－61.

⑥ 童春香．抓住学生学习特点　激活语文课堂［J］．现代中小学教育，2009（6）：23－24.

⑦ 王和芬．语文民间文学作品教学特点及学生学习心理特点［J］．新课程（中旬），2012（8）：23.

语文学习的不同特点。[①] 四是职教学生维度，王岩认为："语文学习的心理特点是什么？在教学实践中我们认识到，语文学习的过程是一个特殊的认识过程。其间，既包含着学生感知、理解、巩固、应用语文知识的认知活动，也包含着情感、意志、性格等意向的心理活动，两者有机结合，自然统一，构成了完整的语文学习的过程。"[②] 赵越从"强化实例效应，激发学生的学习兴趣""施行直观教学，提高学生的学习兴趣""挖掘教材的思想美、语言美，培养学生高尚的情操""重视课外活动，开阔学生视野"四方面出发，提高学生语文学习兴趣。[③] 这些成果为研究学生语文学习的特点奠定了很好的基础。而结合《普通高中语文课程标准（2017 年版 2020 年修订）》《义务教育语文课程标准（2022 年版）》强调的核心素养理念，系统分析核心素养视角下学生语文学习的情境性、实践性和整合性等特点，则是一个全新的论述，具有鲜明的探索价值。

一、学生语文学习的情境性

学习的情境性，即所学的知识要用在哪里，那么就在"哪里"学习知识。所学与所用要紧密结合起来，即学用一致，知行一体。学习拼音，至少要有学习的意愿、拼音课本和三线格练习本等；学习识字，要有识字课本、黑板、识字动画、田字格练习本，理解语文学习的载体等；学习读写，则需要有一定量读物的图书角或图书馆、读书笔记本、摘抄本、作文本、读写过程、读后感、习作等，理解读写学习的本质等；落实学习任务群，至少要准备课本、任务专题、专题内容、学习评价和相应的课时等，包括学习动机、学习本质、学习内容、学习过程和学习评价等。或者使用相关的替代品，完成上述任务，并无不可。

---

① 黄淑琴，桑志军．语文课程与教学论［M］．广州：广东高等教育出版社，2013：105－106.

② 王岩．谈高职院校中语文学习的心理特点［J］．克山师专学报，2003（4）：107－108.

③ 赵越．紧扣职教特点，提高学生语文学习兴趣［J］．中国校外教育，2009（6）：127.

（一）为解决实际问题而开展情境学习

将语文课堂与现实生活联系起来，尤其是联系当下生活，联系人文与科技等领域出现的新生事物以及这些新生事物带来的新问题，用恰当的表达化解这些问题，用有效的沟通方式解决矛盾等，都能让学生清醒地认识到语文学习的现实价值，增进学生语文学习的兴趣。为解决实际问题而开展的情境学习，主要涉及三方面：一是学习新知识。学生正处于语文学习的问题或专题情境中，通过不断地变化情境而影响其言行、思维和审美情感等，带来认知的突破。二是提升解决问题的能力。教师将语文课堂学习中的某一个大问题分解成若干个小问题，呈现在黑板上，或呈现在课件中。面对这些小问题，师生通力合作，共同探索每一个小问题的答案。在逐一解决了每一个小问题后，大问题自然迎刃而解。这时，学生获得了新知识，其分析与判断的能力自然得到了提升。三是获得发展。学生在解决一个又一个问题的过程中，随之而来的是一个又一个新的学习情境。学生在与新情境之间的频繁互动中，不断地产生新的疑惑。有疑惑，则有新思考。也就是说，新的情境促进学生产生新的思考，获得新的能力和新的发展。

（二）体验解决问题的行动、过程与生活

师生需要在相应的情境中开展语文学习。这样的语文学习才是一种真正的学习，才具有实际意义。也就是说，脱离具体情境的语文学习是一种抽象的语文学习，不具有实践意义。学生在具体的情境中开展语文学习，借助已有知识与情境发生联系，自觉、主动地解决情境中出现的各种问题，体验知识的习得过程。语文知识来源于生活，是社会生产实践的产物，以生活实践为基础，所以，用语文课堂学习到的知识与能力可向内探求个体心理世界，以明辨是非，可向外探索生活世界，以解决现实生活中的一部分问题；将语文课堂学习情境完全等同于现实社会生活情境的做法，显然是行不通的。而真正意义上的语文学习，是结合学生实际情况，以问题为导向，从解决实际问题中获得知识或能力。因为这些旨在解决问题的学习，其实是一种促进社会发展的学习，反映了学习的本质。

（三）抓住富有特征的学习内容

富有特征的学习内容，主要包括五个方面。一是内容的情境性。语文学习内容不是孤立的，总是存在于一定的情境中，是情境的有机组成部分，是学生与情境之间的桥梁。通过教师介绍小说理论知识、组织小说文本的教学以及学生个性化地阅读小说等途径，学生学习了小说文本中的人物形象的分析方法、环境的特点、情节和主题等具体内容。二是内容的交互性。教材中小说人物形象与教材外相关小说人物形象整合的新的学习任务就存在互动关系。由于学生与文本、学生与文体、学生与情境、学生与作者、学生与编者、学生与“人物”、学生与学生之间的互动，就逐一落实了交织在一起的学习内容。三是内容的工具性。掌握了语音、语义、偏旁、部首、文字、词汇、词性、短语、成语、俗语、句子、段落、篇章、结构、修辞、艺术手法等知识内容，或者理解了一段开场白、一个导入语、一分钟讲话、一篇演讲稿、一篇作文等的组织方法，都要使用富于语文学习特点的语言工具予以表现。四是内容的分散性。语文知识或语文内容并不是集中在某一个人的身上，而是分布在不同的群体、不同的认知中。就同一个学生而言，在小学、初中、高中、大学及毕业后等不同的人生阶段，需要掌握不同的学习内容。就不同的学生而言，因生存环境各异，哪怕是面对同一个知识点或内容，对其内涵、本质、特点和意义等都有并不完全相同的认知。面对浩瀚无边的知识，没人敢说自己掌握了全部的知识或内容。五是内容的共享性。教材中富于语文特色的共性信息，被群体认同的个性信息以及教学中富于语文色彩的可共同使用的课程资源，被群体使用的个性资源等，都体现了语文学习内容的共享性。

（四）在语文学习任务群中学习语文

在语文学习任务群中学习语文，其本质是学生与内容之间的交流、互动和实践。其实践方法有助于学生学习能力的发展。首先要理解《普通高中语文课程标准（2017 年版 2020 年修订）》和《义务教育语文课程标准（2022 年版）》中关于语文学习任务群的内涵。“义务教育语文课程结构遵循学生身心发展规律和核心素养形成的内在逻辑，以生活为基础，以语文实践活动为主线，以学习主题为引领，以学习任务为载体，整合学习内容、情境、方法和资源等要素，设计语文学习任务群。”① “‘语文学习任务群’以任务为导向，以学习项目为载体，整合学习情境、学习内容、学习方法和学习资源，引导学生在运用语言的过程中提升语文素养。若干学习项目组成学习任务群。”② 其次是了解语文学习任务群的相关要求：一是尊重学生，发挥学生的积极性与主动性，二是充分运用学生已有的知识与经验，三是实现学生与学生之间的有效互动，四是师生之间平等对话。

（五）情境性评价与终结性评价相结合

对学生语文学习效果的评价，一是立足问题情境，关注解决问题的质量；二是结合语文学习任务的具体过程，评价学生对学习任务的认识、理解、分析、应用、举例及反思等；三是有其他同伴参与评价；四是既要关注学生自身发展，也要关注其学习效果对周围学生产生的影响；五是要有终结性评价，而且情境性评价、过程性评价与终结性评价在语文学习评价中要各占一定比例。

二、学生语文学习的实践性

学生语文学习的实践性，是指学生在语文学习过程中，通过自身实践，进而掌握相关知识和能力。其实践性，在落实语文核心素养理念中受到重视。学生通过实践实现各方面能力与素养的提升。“义务教育语文课程实施从学生语文生活实际出发……倡导少做题、多读书、好读书、读好书、读整本书，注重阅读引导，培养读书兴趣，提高读书品位；充分发挥现代信息技术的支持作用，拓展语文学习空间，提高语文学习能力”③，扎实推进校内外语文实践。

---

① 教育部. 义务教育语文课程标准（2022 年版）[S]. 北京：北京师范大学出版社，2022：2.

② 教育部. 普通高中语文课程标准（2017 年版 2020 年修订）[S]. 北京：人民教育出版社，2020：8.

③ 教育部. 义务教育语文课程标准（2022 年版）[S]. 北京：北京师范大学出版社，2022：3.

（一）校内实践

在义务教育阶段，学生的语文学习是“以识字与写字、阅读与鉴赏、表达与交流、梳理与探究等语文实践活动为主线”①，践行语文核心素养理念的。

1. 识字与写字实践

识字与写字是语文学习实践得以开展的重要前提与条件，是小学阶段的一个重要任务，贯穿第一到第四学段。有一定的识字量则可以进行字与字之间的组合与搭配，即组词。在此基础上，学习词、短语或句子知识，把辨析词语、指出短语类型、造句等运用于表达实践中。这些都是积累语言材料的实践，即语言建构与运用的实践。《义务教育语文课程标准(2022年版)》中的“语言文字积累与梳理”任务群是基础性的任务群，处于三个层级学习任务群中的第一层，这足见识字与写字的基础性价值。

2. 阅读与鉴赏实践

没有阅读实践的语文学习，是没有灵魂的语文学习。阅读实践不仅是语文教师的学习任务，更是学生的语文学习的重要任务。既要开展学习任务群、群文阅读、单元、整本书阅读与鉴赏的实践，也要重视单篇课文解读实践。因为单篇课文是“群”的基础单位，所以，落实了单篇课文的学习任务，“群”的任务就容易完成，否则容易架空任务群，同时还要“组织多样的语文实践活动，如师生共读、同伴共读，朗诵会、故事会、戏剧节，建立读书共同体，交流读书心得，分享阅读经验”②。

3. 表达与交流实践

包括说普通话、叙述、讲述、复述、转述、倾听、写话、开展阅读说话课、使用标点符号、即兴发言、积累写作素材、列纲起草、修改加工、分享写作心得等实践，也包括“口头和书面交流与沟通、跨媒介阅读与表

① 教育部. 义务教育语文课程标准（2022年版）［S］. 北京：北京师范大学出版社，2022：3.

② 教育部. 义务教育语文课程标准（2022年版）［S］. 北京：北京师范大学出版社，2022：33.

达等语文实践活动”①。

4. 梳理与探究实践

“以学生生活为基础，以语文实践活动为主线，创设丰富多样的学习情境，设计有意义的学习任务，引导学生自主学习、主动积累和积极探究。”② 如对汉字与生活的联系的梳理，师生可利用图表、图像、图画、分类、计划、整理、反思等方式呈现。在此过程中，通过发现问题、提出问题、分析问题、解决问题，学生可以策划活动，辨别真伪，撰写简单的研究报告等。在一系列实践活动中，梳理与探究实践得到了落实。

（二）校外实践

校外语文实践主要包括家庭语文学习实践、社会语文学习实践和互联网语文学习实践。

1. 家庭语文学习实践

一是建构健康的家庭语文学习环境。毕竟书籍是常见的文化产品，随手可得，所以，家长购置相关的图书带头阅读，可起到榜样、示范和陶冶的作用。以“身教”影响孩子，令孩子信服，比空洞无物的说教效果好。在口语表达方面，家长在沟通、交流时说普通话，语音清晰、准确，或朗读水平高；在书写表达方面，工整美观地写规范字，文从字顺地写各种文案等，都会对学生产生潜移默化的影响。当然，这也是家庭生活、家庭教育的有机组成部分。二是自觉完成家庭作业。《学记》中说的“退息必有居学”③，意思是学生在回家之后需要安排自学的时间，自主完成教师布置的课外作业。课外作业是课内学习的必要延伸，是巩固课堂学习的实践措施，是培养学生语文学习能力的自主调适方式，是提高其素养的有效途径。三是主动阅读，完成义务教育阶段不少于 405 万字的课外阅读量。如七年级上册第六单元的综合性学习（即“文学部落”）、名著导读（即“《西游记》精读和跳读”）、

① 教育部. 义务教育语文课程标准（2022 年版）[S]. 北京：北京师范大学出版社，2022：19.

② 教育部. 义务教育语文课程标准（2022 年版）[S]. 北京：北京师范大学出版社，2022：52.

③ 傅任敢.《学记》译述 [M]. 上海：上海教育出版社，1982：11.

课外古诗词诵读［即《秋词（其一）》《夜雨寄北》《十一月四日风雨大作（其二）》《潼关》］等，拓展了学生课外阅读的实践空间。

2．社会语文学习实践

一是接受书香社会熏陶，在情境中学语文。随着“世界图书与版权日”、世界图书日的设立及其活动的广泛开展，我们国家“倡导全民阅读，建设书香社会”的理念日益深入人心，受到广大读者的欢迎。遍布全国各地的图书馆、图书室、图书批发市场、书店、书亭、书摊、图书角等，无形中增加了书香气息，渲染了书香社会的氛围，学生徜徉其中，不自觉地就受到了熏陶感染。二是向社会大课堂学习。首先是观察社会生活，如七年级下册语文教材中的综合性学习“我的语文生活”指出：“社会生活给我们的语文学习提供了丰富的资源，如各种书籍报刊、街上的招牌广告、门口的对联、广播电视节目、电影、网络等。”① 其次是学会倾听，尤其是在社会交往、社会活动中，针对社会热点而引发的有理有据的论争，能充分体现个人修养。最后是学会积累，将阅读中遇到的好词好句、经典语录、精彩段落、优美篇章等或按主题或按时间顺序分门别类汇集。三是积极参加校外语文活动。学生在参加全国新概念作文大赛、叶圣陶杯全国中学生新作文大赛、北大培文杯全国青少年创意写作大赛、语文报杯作文大赛等活动中，得到的奖项是一种收获，而且准备的过程真实地反映了校外语文实践的经历。

3．互联网语文学习实践

互联网是学生在语文学习中无法回避的话题，是语文学习的一个组成部分。如八年级上册语文教材中的综合性学习“我们的互联网时代”，分析了“用互联网学语文”的有效策略，总结了“网络搜索技巧”。此外，对感兴趣的学习主题，学生也可利用网络进行搜索。这对丰富语文学习生活、扩大语文知识面、拓展语文实践视野大有好处。

三、学生语文学习的整合性

学生语文学习的整合性主要包括学习情境整合、学习内容整合、学习方式整合与学习资源整合。学习情境的整合，旨在建构促进学生个人语言、思

① 教育部．义务教育教科书　语文　七年级　下册［M］．北京：人民教育出版社，2016：159．

维、审美能力与社会、学科专业有机融合的学习环境，打造和拓展学生解决实际问题的能力空间。学习内容的整合既关注学习内容自身的整合，也注意学习内容与其他学科的整合，还重视学习内容与生活的整合。学习方式的整合即传统的语文学习方式与现代的语文学习方式的整合，既包括听说读写思的一体化发展，也包括语文学习活动与信息技术的整合等。学习资源的整合即在学习过程中满足利益攸关方的各种资源的调适与重组，既包括区域资源的整合，也包括课程资源的整合，还包括教研资源的整合。

（一）学习情境整合

语文实践活动情境主要包括个人体验情境、社会生活情境和学科认知情境[①]三方面。个人体验情境，是指学生个体在语文学习过程中遇到各种问题、及时调动已有知识、尝试使用可能的方法、分析问题、解决问题时，内心体会到的情感、态度与价值观等转换与变化的情景和境况。社会生活情境，是指学生在现实的或潜在的社会时空中开展语文学习的情景和境况，可分为真实的社会生活情境、想象的社会生活情境与隐含的社会生活情境三种类型。真实的社会生活情境，是指学生在身处的社会时空开展语文学习，直接与周围的人、事、景、物互动过程中形成的情景和境况。想象的社会生活情境，是指学生在语文学习中借助某种媒介，与意识中的人、事、景、物互动而建构的虚拟的情景和境况。隐含的社会生活情境，是指学生在语文学习中与隐性存在的人、事、景、物相互作用，形成具有象征意义的情景和境况。而学科认知情境是指学生在探究语文学科问题、发展语文学科认知能力过程中形成的情景和境况。

高中语文教材中要求学生独立完成的任务、结合实际生活场景的学习提示和反映语文本质的学习任务，整合了个人体验、社会生活和学科认知三种情境。如在学习高中语文必修下册第二单元的《窦娥冤（节选）》《雷雨（节选）》《哈姆莱特（节选）》时，戏剧主角的矛盾心理引起学生个体的纠结心理，及其对现实社会生活中类似现象的思考等，主要是通过

---

① 教育部．普通高中语文课程标准（2017 年版 2020 年修订）［S］．北京：人民教育出版社，2020：48．

戏剧角色与自己内心、与他人、与环境之间的矛盾冲突等的作用而实现的，这印证了“对他人的不幸抱有同情”“通过剧中人物的悲情遭遇”①等单元提示语隐含的语境。个人体验情境含有社会生活情境和学科认知情境，社会生活情境通过个人体验情境和学科认知情境予以表现，学科认知情境与个人体验情境、社会生活情境密切相连，这三种情境是无法割裂的，是整合于一体的，这样的深度学习促进了学生的能力发展。

（二）学习内容整合

学习内容的整合，主要包括学习内容自身的整合、学习内容与其他学科的整合、学习内容与生活的整合。

1. 学习内容自身的整合

主要涉及三方面，一是知识点整合，即把语文教材、试卷和课外读物中的同一个知识点和难解易错的知识点分类汇编。二是单元整合，即以某一个或几个语文核心素养学习目标为依据，整合两个或两个以上单元内容，落实具体的学习目标。或以单元学习任务为依据，整合相关联的单元内容，完成学习任务。三是任务群整合，即把各册语文教材中主题密切相关的任务群整合在一起，互相参照，开展任务学习。如“中华传统文化经典研习”和“中华传统文化专题研讨”的整合，“中国革命传统作品研习”和“中国革命传统作品专题研讨”的整合，“中国现当代作家作品研习”和“中国现当代作家作品专题研讨”的整合，“科学与文化论著研习”和“学术论著专题研讨”的整合，等等。

2. 学习内容与其他学科的整合

通过研读语文教材，可知语文学习内容与其他学科之间是紧密相连的。如《毛泽东的少年时代》《出师表》《过秦论》涉及语文、政治和历史知识的整合，《史记》《三国演义》《水浒传》涉及语文与历史知识的整合，《三峡》《望庐山瀑布》涉及语文与地理知识的整合，《统筹方法》《数

---

① 教育部. 普通高中教科书 语文必修 下册［M］. 北京：人民教育出版社，2021：21.

学文化》涉及语文与数学知识的整合，《邓稼先》《美丽的颜色》涉及语文、物理和化学知识的整合，《走一步，再走一步》《梅兰芳蓄须》《美丽的小兴安岭》《四季之美》涉及语文与体育、音乐和美术知识的整合，等等。当然，学习这样的课文要突出语文的特性，以防止语文性质的褪色或消失。

3. 学习内容与生活的整合

一是寻找语文学习与现实生活的整合点。学生受学习内容启发，以身边富有生活气息的相关现象作为切入点，进入新课学习。在学习过程中，学生可以使用耳熟能详的人、事、景、物阐释学习内容。二是在语文学习中树立正确的人生观。语文教材中的一篇篇经典作品蕴藏着丰富的情感内涵，具有强烈的感染性和良好的陶冶功能。三是设计生活化作业。除校园的学习生活外，还有家庭生活和社会生活。父母的言行、朋友的时间观念和行人的交通规则意识等，都可以成为家庭作业素材。语文学习是服务于社会生活的，社会生活又为语文学习提供了鲜活的支撑材料，设计富于生活色彩的作业，有助于发展学生的思维能力。如七年级上册第一单元的写作任务，是“热爱生活，热爱写作”，在该写作任务给出的六个“场景或细节”中，有一个是“爸爸每天到家后第一件事做什么?”。这不仅可以考察学生的观察能力，引发学生对父亲行为的关注，引导学生做生活的有心人，而且能增强学生细致入微的分析能力，提升学生的思维品质。

（三）学习方式整合

接受式学习一直被长期使用。由于学生的家庭因素、社区环境及学生个体的差异，接受式学习的学习效果不一。因此，与接受式学习相异的发现式学习便受到关注。这种发现式学习以学生为主体，充分发挥学生的积极性、独立性、自觉性、主动性、能动性，探索未知世界，发现语文学习的乐趣。

从具体学情出发，教师将接受式学习方式与发现式学习方式进行整合，灵活运用于教学环节中。一节语文课的教学环节一般分为导入环节、讲授环节、练习环节和总结环节。根据各个教学环节的特点，教师按需整合接受式学习与发现式学习各自不同的长处，应用到学生的语文学习中。一是听、说、读、写、思等学习方法的整合。听：是否愿意听课、是否会倾听他人说话、能否听得进去、能否入耳入心入脑，表明了有没有学习效果。能否听懂，表明了是否理解。说：听了之后说出的话是否妥当、是否符合交谈语境、对方是否明白、是否愿意接受，表明了口语交流是否顺畅。读：学生在学习过程中，是否读进去了、是否设置了自由读、个人读、齐读和分角色读等阅读活动、是否遵循了课文解读的程序，表明了教学设计的合理与否。写：写出来的习作，是有很多问题还是问题较少、是否文从字顺、是否段落分明、是否结构清晰、有没有主题、是否中心明确、是否能较好地表情达意，表明了书面交流是否顺畅。思：在读写过程中，是否有思考、思考得是否深入、是否有从形象思维到抽象思维的转变，表明了思维方面有无收获、有无发展。可见，听、读、思是输入，说和写是输出。输入与输出紧密关联，有输入才可能有输出，没有输入就很难有输出。在每一节课中，听、说、读、写、思虽各有侧重，但常常互相联动，相互作用。二是活动方式的整合。在不同的学习任务中，识字与写字、阅读与鉴赏、表达与交流、梳理与探究四种活动虽各有分工，但它们互为一体，共同提升学生的语文核心素养。仅就识字而言，需要发声、拼读、回答、辨别及练习等，就整合了四种活动。三是信息技术的整合。既要掌握信息技术使用方法，合理使用多媒体技术，探索多媒体与课程之间的结合点，展示课程的学习内容，促进学生学习能力的发展，提升学习效率，也要积极探索线上与线下混合式学习方式，取长补短，充分发挥线上自主学习优势。

（四）学习资源整合

能促进语文学习发展的资源，都可称为语文学习资源。大而言之，包括自然界、人类社会中各种各样的资源；小而言之，包括课程方案、语文课程标准、语文教材、语文教学参考书、各种纸质版和电子版的语文学习辅助资料、语文学习环境、语文学习活动等资源。

将各种学习资源整合起来，使其从不同角度发挥作用，能有效地激发学生的语文学习兴趣。一是整合区域资源。语文教材中的人、事、景、物等都处于特定的时空中，都有自己存在的地理方位，也可能就存在于学生所处的社区或地区。区域内的历史名人、地方志记载的事件、风景名胜、博物馆的文物、文物遗址等，不仅是活生生的育人教材，而且在某种程度上间接地解释了语文教材中的相关学习内容。从区域资源与语文教材之间的共同点出发，学生可以发现区域资源的学习点、价值点。这一“点”，是与语文教材之间建立学习联系的纽结。二是整合课程资源。课程资源存在于自然与社会中。如果符合语文学习需求，便可将大自然中的春夏秋冬、风霜雨雪、地形地貌、动植物、细菌、病毒等知识以及社会生活中的人文风景、人伦关系、人情世故、文化风貌、法律法规、交往规则、价值取向、民族禁忌等知识引入语文课堂中，以促进学生语言能力的发展和思维品质的提升。三是整合教研资源。在推进《普通高中语文课程标准(2017 年版 2020 年修订)》《义务教育语文课程标准（2022 年版)》的落实过程中，及时将新出现的教学研究成果引入学习中，供学生参考、借鉴和使用。四是整合同学资源。用同学的语言影响同学，用同学的思维影响同学，用同学的审美观念影响同学，用同学的文化取向影响同学，用同学的学习方式影响同学，用同学的学习行为影响同学，有影响力的同学发挥了自身优势，被影响的同学易于理解和接受，促进了语文学习能力的发展。

综上所述，核心素养视角下学生语文的学习特点主要包括学生语文学习的情境性、学生语文学习的实践性和学生语文学习的整合性等三个特点。这三个特点契合语文核心素养理念，有效地调动了学生语文学习的积极性和主动性，对于提升学生整体素养和促进语文学科发展具有创新意义。

第二节　语文学习内容

语文学习内容明确与否，直接影响语文学习过程的充实与否及语文学习质量的高低。梳理相关文献，主要观点有：一是学习环境与信息技术说。刘常伦等提出，“适应小学生心理特点需要，创设一种‘语文即生活，社会即课堂’的学习环境”。[①] 孙宏宝指出：“信息技术不仅仅作为一种辅助工具来取得有效的教学手段，更是作为资源环境支撑起高中语文的学习

---

① 刘常伦，张德兰．让学生在广阔空间里学语文：拓宽语文学习内容的尝试［J］．湖北教育（政务宣传），2001（9）：21－23.

内容。”[①] 二是内生与本体说。有从创生与开发角度分析的，如：陈隆升认为：“学生学的内容就是我们所指的语文学习内容，它是立足学生立场来看语文课堂而获得的一个视角。”[②] 有从本体角度分析的，如庄镇胜围绕阅读、写字和听说训练分析了语文学习内容[③]，李涛认为新课标提出的“学习任务群”恰是语文学习内容与学习方式的“统一体”[④]。三是反思说。韩吉旺从“受课文内容的影响，学习内容不明朗”“受教师经验的影响，学习内容不科学”“受语文考试的影响，学习内容不系统”“受教研评价的影响，学习内容不受重视”[⑤] 分析了中学语文学习内容混杂的原因。这些直接讨论语文学习内容的研究具有启发性。有的论述是从语文学习活动介入语文核心素养，分析语文学习内容的，显然未能理解“内容”的含义，未能从“语言建构与运用”“思维发展与提升”“审美鉴赏与创造”“文化传承与理解”方面揭示核心素养视角下中小学生语文学习的内容。因此有必要系统探索核心素养视角下中小学生语文学习的内容。

一、“语言建构与运用”中的语文学习内容

语言文字是师生表情达意的桥梁，是重要的语文学习内容。通过语言建构与运用，发展学生“在具体语言情境中正确有效地运用祖国语言文字进行交流沟通的能力”[⑥]。

“语言积累与建构”即“积累较为丰富的语言材料和言语活动经验，形成良好的语感；在已经积累的语言材料间建立起有机的联系，在探究中

---

① 孙宏宝．浅谈信息技术对高中语文学习内容的支撑［J］．教师，2010（7）：44.

② 陈隆升．语文学习内容的多元创生［J］．中学语文教学，2007（8）：32－33.

③ 庄镇胜．语文学习内容与方法探究［J］．科技创新导报，2010（9）：151－152.

④ 李涛．在真实情境下解决问题：2022 年福建省中考语文命题新变化及其对优化语文学习内容与方式的启示［J］．福建教育，2022（32）：31－34.

⑤ 韩吉旺．中学语文学习内容混杂的原因［J］．教育文汇，2014（5）：38－39.

⑥ 教育部．普通高中语文课程标准（2017 年版 2020 年修订）［S］．北京：人民教育出版社，2020：4.

理解、掌握祖国语言文字运用的基本规律”①。语言积累是学生在课上有意识地积累语言。一是要听懂教师的授课语言，跟得上教学思路。笔记快速地用关键词记难解难分处。教给学生背诵的方法，及时检查背诵的情况，严格要求背诵的准确性。二是鼓励学生课下自觉积累语言。既要给学生读书的自由，也要创造读书的环境，还要教给学生课外阅读的方法，从“语言积累、梳理与探究”学习任务群设置的专题内容便可窥斑见豹。

“语言表达与交流”即“凭借语感和对语言运用规律的把握……能将具体的语言文字作品置于特定的交际情境和历史文化情境中理解、分析和评价”②。“跨媒介阅读与交流”学习任务群包含了解新媒体的种类特点、理解不同媒介的同题表达、辨别媒体的立场态度、学习跨媒介技术传播资讯、创建跨媒介学习共同体五方面学习内容，都要求师生在具体的情境中进行表达和交流。具体的学习情境，意味着学生需要使用现场语言做出应答。能结合具体任务做出及时回应，这表明学生的语言和思维同时作用于面临的问题或任务。

“语言梳理与整合”即“通过梳理和整合，将积累的语言材料和学习的语文知识结构化，将言语活动经验逐渐转化为具体的学习方法和策略，并能在语言实践中自觉地运用”③。梳理是对积累的语言文字归纳整理，使之形成系统化知识，便于语言整合。如魏书生引导学生梳理的语文知识树，可以有针对性地开展“汉字汉语专题研讨”。在教师的引导下，学生自觉梳理学习任务的脉络与单元间有内在联系的语言材料，积极探索各篇课文中富有启示性的字词句段等。语言整合，一是结合学生学情，围绕相关的语文学习内容，设置真实可感并融字词句篇、语修逻文、听说读写思于一体的课堂学习情境，变教学语言为生动形象的话语，引发学生对语言的好奇心。二是以人文主题和任务群为双线方式呈现的语文学习内容，突出语文知识的纵横联系，单元式安排主题式学习

① 教育部．普通高中语文课程标准（2017 年版 2020 年修订）[S]．北京：人民教育出版社，2020：5 - 6.

② 教育部．普通高中语文课程标准（2017 年版 2020 年修订）[S]．北京：人民教育出版社，2020：6.

③ 教育部．普通高中语文课程标准（2017 年版 2020 年修订）[S]．北京：人民教育出版社，2020：6.

内容，注重语文知识的整合性、逻辑性和拓展性。特别是从学情出发，精选各学习任务群或各单元中语言、思维、审美和文化方面的材料，突出学生语文核心素养的培养。三是“过程性评价应有助于教与学的及时改进”[①]。四是结合语文学习内容，首先要考虑学生的兴趣点，从学生的生活中寻找课程资源。

语言运用的学习内容。能说会写，能通过语言文字解决在生活、工作和学习中遇到的各种实际问题，就是语言运用。“实用性阅读与交流”学习任务群，意在“引导学生学习当代社会生活中的实用性语文……提高阅读与表达交流的水平，增强适应社会、服务社会的能力”[②]。例如，吉林省长春市东北师范大学附属中学语文特级教师陈凌云首创的“一分钟讲话”训练，广东省惠州市博罗县博罗中学钟舜斌老师首创的“阅读说话课”，等等，都是语言运用的优秀案例。“阅读说话课是广东省博罗中学语文组在阅读教学实践中总结的以培养学生语文核心素养为宗旨，以学生为主体，以教师为主导，以方法为引领，以学生阅读、写作为主要教学内容，以自主合作探究、交流分享为路径，从课内向课外延伸，以听读写说等为教学环节，以‘以读导写，以读达写，以写达说’为目标的有效的新型的阅读教学模式”。[③]

二、“思维发展与提升”中的语文学习内容

（一）在联想和想象中“增强形象思维能力”学习内容

“增强形象思维能力”的内涵，即“获得对语言和文学形象的直觉体验；在阅读与鉴赏、表达与交流、梳理与探究活动中运用联想和想象，丰

---

① 教育部. 义务教育语文课程标准（2022 年版）[S]. 北京：北京师范大学出版社，2022：47.

② 教育部. 普通高中语文课程标准（2017 年版 2020 年修订）[S]. 北京：人民教育出版社，2020：20.

③ 崔绍怀. U－G－S 教师教育模式下中学语文教学研究：以广东省惠州市博罗中学语文阅读说话课为例 [J]. 嘉应学院学报，2021（5）：89－93.

富自己对现实生活和文学形象的感受与理解，丰富自己的经验与语言表达”①。

联想学习内容就是分析、整合学习内容。在发展形象思维能力时，联想式学习是建构分析与综合学习任务的关键途径。对学习任务的具体分析，实质上是通过联想的方式对学习任务及其任务群体系综合把握的过程。将“科学与文化论著研习”整个学习任务群分解为生态因果链、潘多拉魔盒、天道近物理、罗格斯密码、科学的圣殿、遇见在巅峰六个学习专题，并分别对应、细化为生态与环境类文本研习、生物与基因类文本研习、天文与物理类文本研习、数学与逻辑类文本研习、科学与哲学类文本研习、科学与人文类文本研习六方面的学习内容，让学生从心理方面真切地感受到了科学与文化的具体表现，对科学文化的认识也增强了形象认知，从而打消了科学文化高不可攀的抽象认知。这是在联想中“增强形象思维能力”学习内容的表现之一。统编版普通高中教科书语文必修下册第七单元是《红楼梦》整本书阅读，它的前两个学习任务为“任务1：把握《红楼梦》中的人物关系”“任务2：体会人物性格的多样性和复杂性”。②仅对林黛玉、贾宝玉形象的认识，一千个读者就有一千个宝黛的形象，这就是每个读者的联想不同所致。

想象学习内容就是创造新形象的学习内容。想象指向未来，指向重塑或创造，是重塑或创造过程中必不可少的关键环节或重要条件。想象是经由联想方式，将所研究的不同任务的各自特征捏合在一起，从而创造出的新形象。结合语文学习任务，语言文字、语言文章、语言文学、语言文艺、语言文化是学习内容的载体。可将想象分为两种：一种是再造性想象，即通过识字与写字、阅读与鉴赏等，由语言文字、语言文章等相关信息为触媒，激发学生个体经验对相关信息的特征进行整合，重新塑造的形象。另一种是创造性想象，即在某种目的驱使下，通过阅读与鉴赏、表达与交流、梳理与探究等，由语言文学、语言文艺、语言文化等相关信息为触媒，所创造出独一无二的新的形象。能创造出新形象的想象，就是在想

① 教育部. 普通高中语文课程标准（2017年版2020年修订）[S]. 北京：人民教育出版社，2020：6.

② 教育部. 普通高中教科书 语文必修 下册 [M]. 北京：人民教育出版社，2021：139－141.

象中“增强形象思维能力”学习内容的重要表现。在统编版普通高中教科书语文必修下册第八单元“如何论证”的写作学习中，细化论点的位置、论点的提出方式、论据的类型、理论论据的出处、事实论据的出处、理论论据和事实论据之间的异同点、论证的方式、结论的内容及写法等，都是形象思维训练必不可少的内容，都可以作为此次写作的学习内容。

（二）在归纳和概括中“发展逻辑思维”学习内容

“发展逻辑思维”，即“能够辨识、分析、比较、归纳和概括基本的语言现象和文学现象，并能有理有据地表达自己的观点和阐述自己的发现；运用基本的语言规律和逻辑规则，判别语言运用的正误，准确、生动、有逻辑地表达自己的认识；运用批判性思维审视语言文字作品，探究和发现语言现象和文学现象，形成自己对语言和文学的认识”①。这里主要涉及归纳推理和演绎推理。即结合语文学习内容，通过对语言现象或文字表面意思的推理和判断，总结一般规律，揭示语言文字的普遍本质。或者从抽象的思维出发，分析具体的语言文字现象，落实到学习任务中，检验语言文字的效用及严谨，得出独特的认知。“思辨性阅读与表达”学习任务群设置的谬误与审辩、经典的回响、公民的情怀、别样的声音、价值的困境五个专题，分别对应了解思辨的误区和审慎地说理、研读经典的论述文本、关注并评论公共事件、研读争鸣和答辩类文本、理解人性和人生的多元性五方面学习内容。

思维的发展，是语文学习内容中的最重要的组成部分之一，涉及三个层级。一是思维的理解。能明白教师说的话，听懂教学要求，听懂了学习内容。能跟上教师的教学步骤，对模棱两可的问题提出质疑。二是思维的整合。统编版普通高中教科书语文必修下册第八单元的写作学习任务是如何论证，提出“根据文章的具体情况，可以采用不同的论证方法，如类比、对比、演绎、归纳、因果分析等；无论采用哪种方法，都要注意论证

---

① 教育部．普通高中语文课程标准（2017 年版 2020 年修订）［S］．北京：人民教育出版社，2020：6.

逻辑的严密”[1] 的要求，表面看来是在使用不同的论证方法，学习陈述性知识、程序性知识和策略性知识等不同的内容，实际是思维的整合。三是思维的创造。不同思维在整合过程中相互碰撞，自然会激发出异质思维，或曰新的思维，或曰求异思维。统编版普通高中教科书语文必修下册第七单元的写作学习任务是学写综述[2]。就某一研究主题而言，研究综述，是在梳理与该主题相关的研究著述。以分门别类的归类的方式，对同一类别中的各篇或部著述进行高度概括，概述这一类别的主要内容。有多少个类别，就概括出多少个与“类别”相关的研究内容。在此基础上，提出与“相关的研究著述”完全不同的思考或观点，进行分析、论证，这就是研究内容的创新或思维的创新。

（三）在独创性思维中“提升思维品质”学习内容

“提升思维品质”的内涵，即“自觉分析和反思自己的语文实践活动经验，提高语言运用的能力，增强思维的深刻性、敏捷性、灵活性、批判性和独创性”[3]。“自觉分析和反思”是个体主动提高的思维表现，个体思维的独创性以“深刻性、敏捷性、灵活性、批判性”为基础，这些基础为形成独创性的思维创造了必要条件，思维品质在更大程度上也因此得以提升。“思辨性阅读与表达”学习任务群阐释文、立论文与驳论文的阅读与写作三方面的学习内容，有助于独创性思维的形成，并促进思维品质的提升。

独创性思维是区别于他人思维本质的、独具特色的思维，需要个体结合已有经验总结看法。在研读的哲学、经济、文化、论说等文献中，在开阔视野的同时，思维的广阔性、发散性、聚合性、“深刻性、敏捷性、灵活性、批判性和独创性”得到了发展提升。在阐释文、立论文和驳论文等

---

① 教育部．普通高中教科书　语文　必修　下册［M］．北京：人民教育出版社，2021：154.

② 教育部．普通高中教科书　语文　必修　下册［M］．北京：人民教育出版社，2021：141.

③ 教育部．普通高中语文课程标准（2017 年版 2020 年修订）［S］．北京：人民教育出版社，2020：6.

需要论点、论据和论证的写作学习过程中，思维的独创性呈现了个体独有的思考，这与个体经常关注的问题紧密相连。对不同问题的不同认知，既表明了问题的独特之处，也体现了个体的独立思维能力。

三、“审美鉴赏与创造”中的语文学习内容

（一）审美体验与感悟的学习内容

审美体验与感悟的内涵，即“增进对祖国语言文字的美感体验。感受祖国语言文字独特的美，增强热爱祖国语言文字的感情”①。“文学阅读与写作”学习任务群包括了解诗歌的陌生化技巧、散文的知性与感性、小说的想象与虚构、戏剧的冲突与巧合四方面学习内容。学习后总结出来的艺术认知，就是审美体验。审美感受，经由认知、理解、分析、选择、体验、鉴赏、评价、再现等一系列环节，并借助语言、文字、画面、情感表达等途径，才可能进入审美创造的境界。

审美体验与感悟的具体内容。一是语言美。语言是阅读与鉴赏、表达与交流的载体。如语文教材中的“词语积累与词语解释”，其学习资源都是体验语言美、感悟语言美的好材料。二是文字美。细读文本分析重点文字在具体语境中的含义，细心琢磨规律，赏析话外音，可体悟到汉字的博大精深与精美。三是画面美。由语言文字构成的文本，都塑造了具体可感的形象。四是情感美。很多课文的主题需要分析探究才能总结出来。在阅读与鉴赏中，学生自主探究主题，或由教师引领来探索主题，可逐渐了解作者的情感倾向，思考作者的写作意图，分析作者使用的艺术手法，体悟到情感美。

（二）审美欣赏与评价的学习内容

审美欣赏与评价的内涵，即“感受和体验文学作品的语言、形象和情感之美，能欣赏、鉴别和评价不同时代、不同风格的作品，具有正确的价

---

① 教育部．普通高中语文课程标准（2017 年版 2020 年修订）［S］．北京：人民教育出版社，2020：6.

值观、高尚的审美情趣和审美品位”[①]。“整本书阅读与研讨”学习任务群涵盖整本书的阅读方法与策略，各类型的阅读等九方面的学习内容。欣赏和评价这些学习内容，可以提升自己的审美品质。

审美欣赏与评价的具体内容。一是打好审美主体的美学基础。教师很有必要了解学生的文化基础，及时列出书目，引导基础薄弱者阅读相关美学图书。审美主体的文化基础厚薄和知识结构完整与否，将直接影响其审美赏析质量高低。二是提倡个性化鉴赏。学生自主选择审美角度，赏析感兴趣的学习内容，并独立表明阅读态度。三是鼓励多元化评价。既重视学习过程的审美评价，也重视终结性评价。

（三）“美的表达与创造”的学习内容

“美的表达与创造”的内涵，即“运用祖国语言文字表达自己的审美体验，表达自己的情感、态度和观念，表现和创造自己心中的美好形象；讲究语言文字表达的效果及美感，具有创新意识”[②]。“文学阅读与写作”学习任务群蕴含成长、爱情、战争、自然、故乡五大母题的阅读与写作，以及创作与鉴赏的理论研习的学习内容。这些学习内容中的写作，含有书面表达、创作的意思。富于艺术特色的表达与创造，就是美的表达与创造。而创造能力的培养与形成，是学生发展的根本目标。

“美的表达与创造”的具体内容，是以表达促创造，以创造促表达，表达与创造共同推进语文学习任务的完成。在语文写作学习内容中，写作过程是最重要的环节，主要指学生构思并成文的过程，包括写作的准备阶段、构思阶段、表达阶段和修改、完善阶段。作为审美个体的学生，是完成写作过程的最重要的角色，通过语言、思维、形象、艺术手法等，反映自己的审美情感。以创造促表达，意在表达的美感，力图提升艺术表现力。表达是在阅读基础上的表达，创造是在阅读与表达基础上的创造。审美个体在创造性的表达中流露自己的思考，在表达的创造性过程中形成三观。

---

① 教育部. 普通高中语文课程标准（2017 年版 2020 年修订）[S]. 北京：人民教育出版社，2020：6.

② 教育部. 普通高中语文课程标准（2017 年版 2020 年修订）[S]. 北京：人民教育出版社，2020：6－7.

四、“文化传承与理解”中的语文学习内容

（一）“传承中华文化”的学习内容

“传承中华文化”即“通过学习运用祖国语言文字……理解、认同、热爱中华文化，继承、弘扬中华优秀传统文化和革命文化”[①]。“中国革命传统作品研习”学习任务群包括红色作品文学性研读、红色作品思辨性研读、红色作品实用性研读三方面学习内容。落实这些学习内容，对传承中华文化大有裨益。

“传承中华文化”的具体内容。一方面是中华优秀传统文化。“注重弘扬讲仁爱……核心思想理念……人文精神……中华传统美德。”[②] 另一方面是革命文化。“围绕伟大建党精神，确定革命文化内容主题，注重反映理想信念、爱国情怀、艰苦奋斗、无私奉献、顽强斗争和英勇无畏等革命传统”。[③]

（二）“理解多样文化”的学习内容

“理解多样文化”的内涵，即“理解和借鉴不同民族、不同区域、不同国家的优秀文化，吸收人类文化的精华”[④]。“外国作家作品研习”学习任务群涵盖外国文学、外国文艺复兴文学、外国近代文学、外国现代主义文学、美国文学、东方近现代文学作品研习六方面学习内容，有助于学生“理解多样文化”的内涵、特点与种类。

“理解多样文化”的具体内容。多样文化指“反映世界文明优秀成

① 教育部. 普通高中语文课程标准（2017 年版 2020 年修订）[S]. 北京：人民教育出版社，2020：7.

② 教育部. 义务教育语文课程标准（2022 年版）[S]. 北京：北京师范大学出版社，2022：18.

③ 教育部. 义务教育语文课程标准（2022 年版）[S]. 北京：北京师范大学出版社，2022：18.

④ 教育部. 普通高中语文课程标准（2017 年版 2020 年修订）[S]. 北京：人民教育出版社，2020：7.

果、科技进步、日常生活特别是儿童生活等方面的主题”①。教材中外国文学作品选文，可供学生了解世界文学概貌。多样文化的学习内容，包括作品的创作背景、分析语言、梳理结构、归纳主题、审美取向、总结写法、明确地位及影响等。

（三）“关注、参与当代文化”的学习内容

“关注、参与当代文化”的内涵，即“关注并积极参与当代文化传播与交流，在运用祖国语言文字的过程中，坚持文化自信”②。“当代文化参与”学习任务群的学习内容包括：关注并调查社会文化热点、策划参与当代文化活动、探索评价当代文化现象、养成尊重多元文化的意识、策划民俗文化的当代传承五方面。

“关注、参与当代文化”的具体内容为当代文化和社会主义先进文化。社会主义先进文化“围绕社会主义核心价值观，确定社会主义先进文化内容主题，突出爱党、爱国、爱社会主义相统一”，其“主要载体为反映社会主义建设事业中取得的重大成就、涌现出来的模范人物与先进事迹的作品”。③如语文教材中的《青蒿素：人类征服疾病的一小步》④ 等课文，都印证了当下先进的医疗技术、医疗文化在应对疾病、疫情方面做出的突出贡献。

综上所述，基于核心素养的语文学习内容的四个维度并不是割裂的，“语文学科核心素养的四个方面是一个整体。”⑤ 从核心素养整体、全局的角度出发，有助于观照学生素养的方方面面。学生的整体素养因此而得以提升，这对于促进校内师生之间关系、校外人与人之间关系、不同民族之间的关系及社会和谐发展等具有极强的实践意义。

---

①③ 教育部．义务教育语文课程标准（2022 年版）［S］．北京：北京师范大学出版社，2022：19.

② 教育部．普通高中语文课程标准（2017 年版 2020 年修订）［S］．北京：人民教育出版社，2020：7.

④ 教育部．普通高中教科书 语文 必修 下册［M］．北京：人民教育出版社，2021：46－49.

⑤ 教育部．普通高中语文课程标准（2017 年版 2020 年修订）［S］．北京：人民教育出版社，2020：5.

第三节　语文学习活动

学习活动，是学生获得知识的关键行为，是知识内化于己的必备行动。《义务教育语文课程标准（2022 年版）》“课程目标”的四个学段均要求落实“识字与写字”“阅读与鉴赏”“表达与交流”和“梳理与探究”语文学习活动。《普通高中语文课程标准（2017 年版 2020 年修订）》指出：“学生通过阅读与鉴赏、表达与交流、梳理与探究等语文学习活动，在语言建构与运用、思维发展与提升、审美鉴赏与创造、文化传承与理解几个方面都获得进一步的发展。”① 特别是这两部课程标准创新性地提出的核心素养理念，对于探索核心素养视角下中小学生语文学习活动、发展学生整体素养、提升学生语文学科素养、改善学生精神面貌和促进社会发展具有创新意义与重要的实践意义。

一、“识字与写字”中的语文学习活动

识字是语文学习的基础，是阅读与鉴赏、表达与交流、梳理与探究的载体。学好了汉语拼音，则可以开始由易到难地识字。识字活动主要通过语文教材的识字单元、语文园地中的识字加油站和随文识字完成。同时，鼓励语文教材之外的自主识字。课程标准规定义务教育阶段的识字量为一至二年级认识常用汉字 1 600 个左右，三至四年级累计认识常用汉字 2 500 个左右。

写字活动首先要激发兴趣。使用契合儿童心理的小动物、图画或故事激趣，引发同理心，使学生不自觉地喜欢上汉字。其次多鼓励，抓住写字的亮点，引发展示“亮点”的好奇心。接着需要养成良好的写字习惯，更要提升教师书写水平，指导学生写规范字。最后是“会写”的数量：《义务教育语文课程标准（2022 年版）》规定，义务教育阶段一至二年级 800 个左右，三至四年级 1 600 个左右，五至六年级 2 500 个左右。

---

① 教育部．普通高中语文课程标准（2017 年版 2020 年修订）［S］．北京：人民教育出版社，2020：5．

二、“阅读与鉴赏”中的语文学习活动

（一）阅读活动

开卷有益。阅读是品鉴的开始，是鉴赏的基础，是赏析的前提。要想赏析得好，就离不开师生多读书。但现实问题是师生普遍读书少，课堂读书时间更少，而以教师讲授为主。解决问题的方法就是学校明文规定：每一堂课教师讲课的时间和学生课堂自学的时间，语文课堂必须预留一定的读书时间。因为学生的语文基础各不相同，所以沉浸式阅读活动可以促发学生在原有基础上获得不同程度的长足发展。此时的阅读活动，是学生与作者、编者、阅读内容的互动，引发了学生思维的内生力量，所以其学习效果要远比教师讲、教师的单向输出好得多。

阅读活动的类型。一种是课上阅读，即在课堂预留时间内的阅读，可以默读，可以出声自由读，可以有表情地朗读，可以背诵，可以积累新词新句，可以写读后感，可以演讲，可以开展读书分享会。另一种是课下阅读，即在上课之外的时间的阅读，如课文朗读竞赛、小组读书交流会、读书笔记展览、抄写整篇经典作品、整本书阅读、手抄报、读写速度竞赛、同题书评展览、主题征文竞赛、红色经典作品展、红色主题图书征集活动、红色作品知识大赛、红色主题阅读评比活动等。

（二）“品味与赏析”活动

品味，即品尝、体味。在学生的语文学习中，品味多指品尝、讨论、分析和体味语言的具体内涵。品味语言，首先要理解字词句段篇的意思。熟悉了语言文字所表达的真实意图，再把语言文字所蕴含的思想情感转化为个体的接受和认同，从而改善精神状态，涵养精神意蕴。其次是语言的特点。语言的婉转或直白，朴实或华丽，都能品出作者及其作品语言的个性。再次是语言的表现形式。可以从表达方式、表现手法、修辞手法、标点符号等角度分析。最后是语言的作用。一是记载和传承人类文明的信息，如语文核心素养中的文化的传承与理解。二是认知自然、社会与世

界，调适心理与行动，如语文核心素养中的思维发展与提升和审美鉴赏与创造。三是增进交流、沟通与互动关系，如语文核心素养中的语言建构与运用。

赏析课文的语言、内容或写法，探索作者的思想情感，形成与众不同的审美体验，收获教益。一方面，从接触的文本中学习了新知识，训练了能力，总结了学习方法，提升了思维品质。另一方面，赏析过程可引领学生从语言、写法及作家表达的思想中品味作品蕴含的感性或理性的美，培养其审美能力，提升其审美境界。

（三）“思考与领悟”活动

在“思考与领悟”过程中，学生需要建构一系列支架式的语文学习活动。一方面是思考活动。思考活动包括：一是观察。在阅读活动中，既要宏观把握文本的架构，更要关注文本隐含的信息，尤其是在疑惑处，多向老师请教，或多向自己追问，找到突破口。二是理解。在阅读过程中遇到不理解的文字，勾画出来，继续读下去。从整体上读几遍，如果仍然不解，或请教周围人，或查阅相关资料，直至理解为止。三是分析。整体把握是分析文本的常用方式，所以有必要分析文本的结构。紧扣作者的创作意图及表达的思想情感，则能整体分析文本，而不至于“支离破碎”。四是总结。阅读时应及时概括，思考得失及启示等。五是拓展视野。生动、有趣的语言的积累，需要多读，多记笔记，多思考，多交流，以实现扩大知识面的目标。六是探索和实践。思是基础，行是目标。在思考的前提下，开展阅读与赏析活动，就是在阅读实践中经历和体验“思考”活动，在阅读中寻找赏析的感觉，有助于提升阅读学习的效果，发展发散思维能力。

另一方面是领悟活动。领悟是指个体在阅读和赏析文本时，对文本世界的理解、领会和感悟。领悟包括理解活动、领会和感悟。在阅读赏析的“思考与领悟”中，“理解”是发生在阅读赏析的认识、认知和转变的过程；领会是领悟阅读赏析中包含的道理，且有切实的体会。感悟是指个体对阅读赏析所产生的感受与体悟。

（四）“研讨与练习”活动

“阅读与鉴赏”活动需要通过“研讨与练习”活动而得以落实。在《普通高中语文课程标准（2017 年版 2020 年修订）》规定的 18 个学习任务群中，“汉字汉语专题研讨”“学术论著专题研讨”“整本书阅读与研讨”“中国现当代作家作品专题研讨”“中华传统文化研讨”“中国革命传统作品专题研讨”“跨文化专题研讨”7 个学习任务群均包含研讨活动。无论语文教材各单元的学习、古诗词阅读、名著阅读、整本书阅读，还是任务群的学习，“研讨与练习”活动常伴随学习的始终。有结合文本语言、素材、形象、思想情感、写作主旨、艺术方法及审美要素等展开的研讨和练习的，有依据任务主题、群文阅读、阅读体验、赏析角度、学习方式、过程留痕、现实生活、思维发展、文化特性、文化融合等进行研讨和练习的。

统编版普通高中教科书语文必修上册第二单元的单元导语提出的“通过专题研讨等活动”，在“单元学习任务”“劳动推动着社会的发展、时代的进步，也塑造着人的思想品格”中得到了落实。

三、“表达与交流”中的语文学习活动

（一）“复述与转述”活动

“复述与转述”是表达与交流的基础。《现代汉语词典（第 6 版）》将“复述”解释为：①把别人说过的话或自己说过的话重说一遍。②语文教学上指学生把读物的内容用自己的话说出来，是教学方法之一。将“转述”解释为：把别人的话说给另外的人。“表达与交流”活动中的“复述”，就是用自己的话准确地加工整合读物的基本信息，不改变原意。要在保持原信息的基础上，进行加工整合再创造。《义务教育语文课程标准（2022 年版）》要求小学一、二年级的学生“听故事、看影视作品，能复述大意和自己感兴

趣的情节。能较完整地讲述小故事，能简要讲述自己感兴趣的见闻”[①]。简洁地说，“转述”即转话、捎话或传话。转述的要求是保持内容原貌，转换人称，话语简洁，思路清晰。《义务教育语文课程标准（2022 年版）》要求小学三、四年级的学生“能用普通话交谈，学会认真倾听，听人说话时能把握主要内容，并能简要转述”[②]；要求小学五、六年级的学生“听人说话认真、耐心，能抓住要点，并能简要转述”[③]。复述和转述都要求信息完整、准确，抓住中心。信息完整，可以避免断章取义，力求原意。信息准确，可避免添枝加叶，力求保真。抓住中心，可避免信息跑偏，力求紧扣重点。

八年级上册第五单元中的“口语交际”就是“复述与转述”活动。“一分钟讲话”训练的首创者陈凌云老师曾开展过“听说练习的一个小尝试”[④]，是复述与转述的很好的尝试。

（二）解释与说明活动

解释与说明是针对复述与转述或学习过程中出现的疑惑而设置的学习活动。《现代汉语词典（第 6 版）》将“解释”定义为：①分析阐明。②说明含义、原因、理由等。将说明定义为：①解释明白。②解释意义的话。③证明。在语文学习中，师生结合上下文，共同解释难字难词难句，解读人物的个性化的言行，解释和他人不一样的思考的依据，解释鲜为人知的地方文化现象，解释论点与论据之间的联系、解释交流过程中的疑惑，解释针对思路不清晰的问题该如何应对，解释人物之间的关系，解释人物性格复杂性的可能原因，解释问答之间随机生成的新问题，解读课文的写作背景，解读学习任务群内在的关联点，等等。解释的作用在于教

① 教育部. 义务教育语文课程标准（2022 年版）[S]. 北京：北京师范大学出版社，2022：8.

② 教育部. 义务教育语文课程标准（2022 年版）[S]. 北京：北京师范大学出版社，2022：10.

③ 教育部. 义务教育语文课程标准（2022 年版）[S]. 北京：北京师范大学出版社，2022：12.

④ 崔绍怀，等. 教师身上无小事：语文特级教师陈凌云教育教学论集及其研究[M]. 广州：广东人民出版社，2022：4.

育、引导和化解难题，说明的作用在于预测和操控现象，这是二者之间的不同。

教师在课堂上的引领、讲解、解读活动，具有引导和教育作用。选入教材里的每一篇课文都具有鲜明的育人功能。

（三）倾听与沟通活动

倾听与沟通是对复述与转述、解释与说明做出的及时回应。《现代汉语词典（第 6 版）》将“倾听”定义为：细心地听取（多用于上对下）。将“沟通”定义为：使两方能通连。《辞海·1999 年版缩印本（音序）》将“倾听”定义为：侧耳而听。后引申为用心细听。将“沟通”定义为：开沟使两水相通。后泛指使彼此相通。其实，倾听就是侧耳细听，沟通就是彼此相通。可见，《辞海·1999 年版缩印本（音序）》的引申义或泛指义具有学习实践价值。

在语文学习中，倾听既讲究规则，也讲究修养。具体规则：一是学会倾听，二是抓住要点，三是理解对方的观点和意图，四是获取、整合有价值的信息，五是复述、转述完整准确，六是质疑问难，七是客观回应，八是尊重对方。其修养：一是文明得体，二是认真倾听，三是耐心专注，四是心态坦诚，五是敏捷应对，六是平和交流，七是微笑合作。

有效的沟通可以减少矛盾。高中语文“阅读说话课”创始人钟舜斌认为，通过“说”而展开的良好的沟通，首先可以拉近师生之间的距离。学生喜欢在课堂上说出自己的读后感受，且能听得进同学的读后感受，再加上教师根据自己的人生经历进行中肯的点评，师生在课堂上敞开心扉，无形中拉近了师生间距离。其次可以融洽同学之间的关系。在“阅读说话课”课堂上，学生依次“说”读后感受，其他同学倾听，尤其是在小组推荐代表出来“说”的情况下，小组同学之间不合作，是很难使自己的小组脱颖而出的。因此，同学们在合作过程中就容易理解其他同学，融洽同学关系。

从媒介形式看，有口头语言沟通，有书面语言沟通，有电子媒介沟通。形式主要包括文件、报告、信件、书面合同等。

（四）习作与写作活动

从普遍意义方面说，学习语文是为学习其他学科知识打基础。从未来发展方面说，学习语文要实现能说会写的目标。而且，学生能不能写出一篇好作文，常常是衡量语文学习会不会实践的重要标准。由此可见，语文教材中设置的写作学习任务至关重要。

习作前的准备活动。除识字、写字、看图说话、阅读绘本和读书外，义务教育阶段一、二年级的语文教材，共有 32 个单元，每个单元设置一个“语文园地”，共计有 32 个“语文园地”。除一年级下册“语文园地三”和二年级上册“语文园地二”没有“字词句运用”外，30 个“语文园地”均设置了“字词句运用”栏目。而且，二年级下册“语文园地六”“语文园地七”的“字词句运用”栏目的后面增加了“写话”栏目。“字词句运用”栏目和“写话”栏目，就为进入三到六年级的“习作”奠定了很好的基础。

从作文结构的完整程度与否，笔者提出写作的类型可以分为篇性类写作和非篇性类写作。篇性类写作，是中心明确、材料与中心紧密结合、结构完整的一篇文章，其“篇”的属性、特征十分明显。非篇性类写作，即由几个词或短语，或一句话，或几句话，或一段话构成的文字，明显不具备“篇”的属性特征。篇性类写作活动类型，文章学上可分为记叙文、说明文、描写文、抒情文和议论文等，文学上可分为诗歌、散文、散文诗、杂文、小说、报告文学、影视文学和戏剧文学等，从实用文角度可分为书信、日记、新闻、通知等。当然，考场作文属于篇性类写作。非篇性类写作活动类型，可分为字词句运用、词句段运用、微信、微博、一个表情包、只言片语的网络评论等。

四、“梳理与探究”中的语文学习活动

《现代汉语词典（第 6 版）》将“梳理”定义为：①用梳子整理（须、发等）。②比喻对事物进行归类、分析，使有条理。《辞海 · 1999 年版缩印本（音序）》将“探究”定义为：深入探讨；反复研究。“什么叫‘梳

理’呢？……就是要运用‘分类’‘统计’‘排序’或‘列表’等方法去进行‘爬梳整理’。”① “在‘梳理与探究’学习活动中，学生往往会对信息进行整合、筛选、提炼、归整、分类、质疑、分析等，这是对信息解码和编码的过程。”② 综合上述分析，较为实用的梳理活动，即归类、统计、列表、分析。《现代汉语词典（第6版）》将“归类”定义为：把性质或特征相同、相似的事物归并到一个类别中。将“统计”定义为：①总括地计算。②指对某一现象有关的数据的搜集、整理、计算和分析等。将“分析”定义为：把一件事物、一种现象、一个概念分成较简单的组成部分，找出这些部分的本质属性和彼此之间的关系（跟“综合”相对）。在讲《鸿门宴》过程中，语文教师通常用表格的形式梳理文中的实词、虚词、通假字等。这时便可用归类、统计、列表和分析等学习活动。

可见，梳理就是用一条线索或几条线索串联起所学的零零散散的知识的过程。学生在梳理过程中，即便收获的是散碎的知识，但可以体验到自主、合作与探究的乐趣，可以发现新天地，甚至发展规律性的认识，或形成系统化的认识。

探究，是在梳理基础上展开的探索、研究，主要涉及两方面活动。一是获取新知的活动。在探究过程中，会遇到各种难题，容易激起探索的乐趣；或是与同伴不断讨论问题，得到启发或教益；或通过请教他人而拓宽眼界，增长见识。二是创造活动。在梳理过程中，可能会产生解决问题的灵感，这种灵感是前所未有的，但此时突然间就诞生了，这就是一种创造。

综上所述，识字与写字、阅读与鉴赏、表达与交流、梳理与探究四种学习活动互为一体，不能割裂地理解为各自独立，也不仅仅具有承接关系。首先，识字与写字是起点与基础，后三种学习活动反过来也有助于理解汉字文化。其次，识字与写字、阅读与鉴赏是输入式的学习活动，而表达与交流是输出式的学习活动，因此输入是前提，输出是结果。但无论是输入还是输出，时刻都伴随着梳理与探究活动，梳理与探究促进了前三种

---

① 吴泓．一种被长期忽视的重要的语文学习活动：对“梳理与探究”的回顾、思考与实践［J］．语文教学通讯，2019（10）：24－28．

② 刘云，唐旭．高中语文“梳理与探究”的三种形态：学习方法、学习活动与学习能力［J］．中小学教材教学，2021（10）：34－39．

学习活动的系统化和条理化。最后，识字与写字、阅读与鉴赏、表达与交流是语文学习活动的“内容”部分，而梳理与探究是语文学习活动的方式部分，“内容”需由“方式”来呈现，“方式”是为了更好地服务于“内容”而存在的。所以说，这四种学习活动是一个有机的整体，密切关联，相互作用。

在培养语文核心素养过程中，特别是在落实学习任务群时，梳理与探究活动是常用的一种学习活动。梳理活动包括哪些便于执行的学习活动？梳理活动该怎样操作？师范生和语文教师该如何开展梳理活动？中小学生该如何认知、学习和运用梳理活动？这些问题都需要逐一解决。在理论书籍中，虽然梳理的方式有很多，但归类、统计、列表和分析是便于操作的梳理活动方式。结合统编版高中语文必修下册《鸿门宴》一课的学习和分析，对文中部分重要的实词、虚词、通假字、词类活用和特殊句式等相关的知识点进行归类或分类，对文中的名词动用、使动用法等词类活用数量的统计，将文中判断句、被动句、省略句等特殊句式列表等，都十分清晰地梳理了该课的重要的文言现象。学生系统学习文言现象就变得相对容易和简便易行了。经过梳理，这些文言现象可以通过制定①《鸿门宴》中的实词、虚词和通假字表格，②《鸿门宴》中的词类活用表格，③《鸿门宴》中的特殊句式表格予以表现。这里要明确制定的三个表格看似简单，但很好地诠释了梳理活动，清晰地梳理了《鸿门宴》中的归类、统计、列表、分析等文言现象。

复习与体验

1. 谈谈你对语文学习特点的理解与认识。

2. 说说核心素养视角下语文学习内容与传统语文学习内容的异同。

3. 结合核心素养学习课例，说说语文学习活动的类型。

4. 简述识字与写字、阅读与鉴赏、表达与交流、梳理与探究四种语文学习活动之间的关系。

第七章　识字写字教学

本章导学

本章主要依据《普通高中语文课程标准（2017年版2020年修订）》《义务教育语文课程标准（2022年版）》的相关内容，梳理、明确识字写字教学的相关核心问题，并将识字教学与写字教学分开进行阐述。第一节聚焦识字教学，系统阐述识字教学的意义、目标、内容、教学策略与方法、学习评价等方面的内容。第二节聚焦写字教学，详细阐述了写字教学的意义、目标与内容、策略与方法、学习评价等方面的内容。这两节的内容是识字写字教学的基本问题，也是核心问题，对于准确理解识字写字教学的内涵与价值，有效开展识字写字的教学实践，具有重要意义。

学习目标

识记：

1. 识字教学、写字教学的内涵；
2. 识字教学、写字教学的目标和主要内容。

理解：

1. 识字教学、写字教学的重要意义；
2. 识字教学、写字教学的策略和方法。

评价：

1. 能合理评价学生识字、写字的水平和质量，并给出针对性建议；
2. 能对识字写字教学课例，做出专业性的教学评价；
3. 能独立完成识字教学、写字教学的设计与教学实践。

识字写字教学是教师指导学生学习和书写汉字的教学实践活动。《义务教育语文课程标准（2022年版）》对识字写字教学的目标、内容、实施建议、学业质量等方面均做出系统的要求。因此，充分理解、梳理、贯彻落实这些要求是开展识字写字教学的必要之举。在新课标的视野下，识字写字教学应立足当前的教学实际，充分理解识字写字教学的意义，厘清识字写字教学的目标与内容，综合运用丰富多样的教学策略和方法，有效开展识字写字教学的学习评价。

第一节　识字教学

《义务教育语文课程标准（2022年版）》指出，“义务教育语文课程是一门学习国家通用语言文字运用①的综合性、实践性课程”②。义务教育语文课程以核心素养为学理依据，明确了“语文课程培养的核心素养，是学生在积极的语文实践活动中积累、建构并在真实的语言运用情境中表现的”③，

---

① 国家通用语言文字指的是普通话和规范汉字。2000年通过的《中华人民共和国国家通用语言文字法》为普通话和规范汉字确立其法律地位，指出“学校及其他教育机构通过汉语文课程教授普通话和规范汉字”。此外，需要指出的是《义务教育语文课程标准（2022年版）》表述的“国家通用语言文字”和《普通高中语文课程标准（2017年版2020年修订）》中的“祖国语言文字”存在差异。“祖国语言文字”这一表述不仅包含了“国家通用语言文字”，也包含了汉语方言和少数民族语言等在内的祖国语言。“祖国语言文字”和“国家通用语言文字”是包含和被包含的关系，要注意厘清“国家通用语言文字”和“祖国语言文字”这两个概念。

② 教育部. 义务教育语文课程标准（2022年版）[S]. 北京：北京师范大学出版社，2022：1.

③ 教育部. 义务教育语文课程标准（2022年版）[S]. 北京：北京师范大学出版社，2022：4.

其中的语文实践活动主要包括“识字与写字、阅读与鉴赏、表达与交流、梳理与探究”① 这几种主要类型。可知，“识字”是一种主要的语文实践活动类型，在层级上与“写字”并列。识字教学是指导学生学习汉字的“形”“音”“义”及三者之间的关系的语文教学实践活动。识字教学包括了汉字的读音即现代汉语拼音的教学，因为识字包括学习字“音”，而现代汉语拼音系统是现代汉语普通话的记音符号系统。

识字教学除了要回答“是什么”之外，还要回答“为什么教”“教什么”“怎样教”以及“教成怎样”这四个问题，这些都是识字教学的核心问题。因此，本节的内容主要由四个部分组成：（1）识字教学的意义；（2）识字教学的目标与内容；（3）识字教学的策略与方法；（4）识字教学的学习评价。

一、识字教学的意义

（一）识字教学是落实立德树人根本任务的必然要求

习近平总书记在党的二十大报告中强调，“教育是国之大计、党之大计。培养什么人、怎样培养人、为谁培养人是教育的根本问题。育人的根本在于立德。全面贯彻党的教育方针，落实立德树人根本任务，培养德智体美劳全面发展的社会主义建设者和接班人”②。“立德树人揭示了道德发展与人的全面发展的辩证关系”③，识字教学是落实立德树人根本任务的必然要求。一方面，识字教学是“立德”的必然要求。学生在学习“人”“正”“国”等文字时，能习得顶天立地、堂堂正正等为人处世方面的精

① 教育部．义务教育语文课程标准（2022 年版）［S］．北京：北京师范大学出版社，2022：2.

② 习近平．高举中国特色社会主义伟大旗帜 为全面建设社会主义现代化国家而团结奋斗：在中国共产党第二十次全国代表大会上的报告［N］．人民日报，2022-10-26（1）.

③ 张剑．认真落实立德树人根本任务［J］．教育研究，2017，38（11）：10-12.

神品质和受到汉字中的中华优秀传统文化熏陶，在潜移默化中形成正确的价值观和必备的品格。另一方面，识字教学是培养“全面发展”的人的必然要求。任何人要学习任何以汉字为载体呈现的知识和智慧，如科学文化、身体健康、艺术审美、劳动生产的知识和智慧，都绕不开识字这一过程。

（二）识字教学是培养和发展学生语文核心素养的重要基础

《义务教育语文课程标准（2022 年版）》指出，“义务教育语文课程培养的核心素养，是学生在积极的语文实践活动中积累、建构并在真实的语言运用情境中表现出来的，是文化自信和语言运用、思维能力、审美创造的综合体现。”① “在语文课程中，学生的思维能力、审美创造、文化自信都以语言运用为基础，并在学生个体语言经验发展过程中得以实现。”②而学生的语言运用，学生的个体语言经验发展，都必须以识字为基础。识字不仅是一个“输入”的实践过程，更是语文学习实践这个“输入”过程的基础，因为汉字是信息传递的核心载体，不识字，对汉字的形、音、义都没有足够的认识，就谈不上阅读与鉴赏等“输入”实践，更谈不上表达与交流等“输出”实践。

（三）“识字”本身就是语文课程内容中的基础组成部分

《义务教育语文课程标准（2022 年版）》将义务教育语文课程的内容以学习任务群的形式进行组织与呈现，按照内容整合程度的不断提升，分三个层面设置学习任务群，其中，第一层设“语言文字积累与梳理”1 个基础型学习任务群，第二层设“实用性阅读与交流”“文学阅读与创意表达”“思辨性阅读与表达”3 个发展型学习任务群，第三层设“整本书阅读”“跨学科学习”2 个拓展型学习任务群。这 6 个学习任务群并非割裂，

---

① 教育部. 义务教育语文课程标准（2022 年版）［S］. 北京：北京师范大学出版社，2022：4.

② 教育部. 义务教育语文课程标准（2022 年版）［S］. 北京：北京师范大学出版社，2022：5.

而是相互有着密切的联系，基础型学习任务群“语言文字积累与梳理”是另外5个学习任务群的基础和起点。显而易见，关于识字的内容，主要集中在“语言文字积累与梳理”这个基础型学习任务群中。对于基础型的学习任务群，怎么强调其重要性都不为过。

二、识字教学的目标与内容

（一）识字教学的目标

在总目标的基础之上，《义务教育语文课程标准（2022年版）》提出了识字在四个学段的目标要求，可归纳如下（详见表7－1）。

表7－1 义务教育阶段各学段的识字教学目标①

学段	学习目标
第一学段（1～2年级）	1. 喜欢学习汉字，有主动识字的意愿。认识常用汉字1 600个左右。 2. 学会汉语拼音。能读准声母、韵母、声调和整体认读音节，能准确地拼读音节。认识大写字母，熟记《汉语拼音字母表》。 3. 掌握汉字的基本笔画和常用的偏旁部首。 4. 学习独立识字。能借助汉语拼音认读汉字，学会用音序检字法和部首检字法查字典
第二学段（3～4年级）	1. 对汉字有浓厚的兴趣，养成主动识字的习惯。累计认识常用汉字2 500个左右。有初步的独立识字能力。能用音序检字法和部首检字法查字典、词典。 2. 能感知常用汉字形、音、义之间的联系，初步建立汉字与生活中事物、行为的联系，初步感受汉字的文化内涵

① 该表根据《义务教育语文课程标准（2022年版）》整理而成，内容根据表达需要略有调整。参见：教育部. 义务教育语文课程标准（2022年版）［S］. 北京：北京师范大学出版社，2022：7－14.

续上表

学段	学习目标
第三学段（5~6年级）	有较强的独立识字能力。累计认识常用汉字3 000个左右。感受汉字的构字组词特点，体会汉字蕴含的智慧
第四学段（7~9年级）	能熟练地使用字典、词典独立识字，会用多种检字方法。累计认识常用汉字3 500个左右

综上，《义务教育语文课程标准（2022年版）》对识字的数量、方法、态度等层面均设置了学段要求，具有系统性和梯度性。识字的数量、笔画和偏旁部首等是每个学段的知识目标，具有递增性。识字的方法如“用音序检字法和部首检字法查字典”对应的是识字的能力目标，学生在不同学段应该学会对应的识字方法。此外，识字的态度也是学段目标中的重要构成要素，其中涉及了学生识字的兴趣和意愿、独立识字的态度。

《普通高中语文课程标准（2017年版2020年修订）》的学习目标主要集中蕴含在第4个学习任务群“语言积累、梳理与探究”和第13个学习任务群“汉字汉语专题研讨”中，分别表述为：

> “在语文活动中，积累有关汉字、汉语的现象和理性认识，了解汉字在汉语发展和应用中的重要作用，巩固和加深义务教育阶段所学的汉字知识；体会汉字、汉语与中华传统文化的关系及汉语的民族特性，增强热爱祖国语言文字的感情。”①
>
> “有意识地在义务教育和高中必修阶段积累的基础上，发现与汉字、汉语有关的某些问题，结合汉字、汉语普及读物的阅读，进行归纳梳理，验证汉字、汉语的理论规律，例如汉字的表意性质、汉语的韵律特点、词汇意义的系统性、文学语言的灵活性、口语与书面语的不同特点等，提高对语言现象的理性认识。”②

① 教育部．普通高中语文课程标准（2017年版2020年修订）[S]．北京：人民教育出版社，2017：16.

② 教育部．普通高中语文课程标准（2017年版2020年修订）[S]．北京：人民教育出版社，2020：26.

可知，高中阶段的识字目标更多侧重于识字的学理性上以及人文性上。

（二）识字教学的内容

《义务教育语文课程标准（2022 年版）》将义务教育语文课程内容以学习任务群的形式进行组织与呈现，关于识字的内容，主要集中蕴含在“语言文字积累与梳理”这个基础型学习任务群中（详见表 7－2）。此任务群旨在“引导学生在语文实践活动中，积累语言材料和语言经验，形成良好语感；通过观察、分析、整理，发现汉字的构字组词特点，掌握语言文字运用规范，感受汉字的文化内涵，奠定语文基础”①。

表 7－2　“语言文字积累与梳理”基础型学习任务群中有关识字的内容②

学段	学习内容
第一学段 （1～2 年级）	1. 认识有关人的身体与行为、天地四方、自然万物等方面的常用字；认识家庭生活、学校生活、社会生活中的常用字；初步体会汉字结构的主要特点。 2. 先认基本字，尝试发现汉字的一些规律，初步学习分类整理课内外认识的字；在生活中主动识字，发展独立识字能力。 3. 认读拼音字母，拼读音节，认识声调，借助汉语拼音认读汉字，学会音序检字法；在日常交际情境中学习汉语拼音和普通话
第二学段 （3～4 年级）	1. 在真实的语言文字运用情境中独立识字，初步梳理常用汉字形、音、义之间的联系。 2. 关注校园内外汉字的正确使用情况，整理自己的发现并和同学交流，互相正字正音

① 教育部. 义务教育语文课程标准（2022 年版）［S］. 北京：北京师范大学出版社，2022：20.

② 该表根据《义务教育语文课程标准（2022 年版）》整理而成。参见：教育部. 义务教育语文课程标准（2022 年版）［S］. 北京：北京师范大学出版社，2022：20－23.

续上表

学段	学习内容
第三学段（5～6年级）	主动通过多种方式独立识字，按照汉字字形结构等规律梳理写过的汉字。丰富自己的词语积累，注意词语的感情色彩
第四学段（7～9年级）	初步探究语言文字的运用规律。学习按照词类梳理字词

根据表7－2的梳理可知，《义务教育语文课程标准（2022年版）》对识字的类别、识字能力、识字态度等均做出了要求，并且在难度上呈现了梯度性。例如，第一学段要学习“有关人的身体与行为、天地四方、自然万物”等类别的汉字，也要达到“借助汉语拼音认读汉字，学会音序检字法”等的识字能力，还要形成“在生活中主动识字”的识字态度等。并且，“识字”实践与“梳理与探究”实践紧密结合，充分体现了学习任务群的综合性、实践性特点。

此外，《普通高中语文课程标准（2017年版2020年修订）》以18个学习任务群的形式组织与呈现学习目标和学习内容，识字教学的内容主要蕴含在第4个学习任务群“语言积累、梳理与探究”和第13个学习任务群“汉字汉语专题研讨”中，强调了识字的学理性和人文性。

三、识字教学的策略与方法

识字教学首先应参考《义务教育语文课程标准（2022年版）》的教学提示来开展教学。“语言文字积累与梳理”基础性学习任务群中关于“识字”的教学提示有如下四点①。

（1）根据学生的年龄特点和认知规律，紧密联系学生的生活实际，结合识字内容，选择适宜的学习主题，创设学习情境；激

① 这四点教学提示主要根据《义务教育语文课程标准（2022年版）》整理而成，内容根据表达需要略有调整。参见：教育部. 义务教育语文课程标准（2022年版）[S]. 北京：北京师范大学出版社，2022：22－23.

发学生识字的兴趣，引导学生在识字中感受中华文化的魅力，激发热爱中华文化的情感。

（2）识字是阅读和写作的基础，是第一学段的教学重点，也是贯穿整个义务教育阶段的重要教学内容。识字应结合学生的生活经验，采用形象直观的教学手段，创设丰富多彩的学习情境，综合运用随文识字、集中识字、注音识字、字理识字等多种识字方法，逐步发展学生的识字能力。第一学段应该多认少写，要求学生会认的字不一定同时要求会写，合理安排识字的量。一年级第一、第二学期会认的字大致安排250个和350个。应先认《识字、写字教学基本字表》中的字，充分发挥这些字构形简单、重现率高、组字构词能力强的特点，打好基础，举一反三。

（3）语音、文字等方面的知识，要避免围绕相关知识的概念、脱离实际运用进行机械训练。在教学中应根据语言文字运用的实际需要，从遇到的具体语言实例出发进行指导。

（4）识字评价要考察学生认清字形、读准字音、掌握汉字基本意义的情况，在具体语言环境中运用汉字的能力，借助字典、词典等工具书检查字词的能力。第一、第二学段应多关注学生主动识字的兴趣，第三、第四学段要重视考察学生独立识字的能力。

结合新课标中课程实施的教学建议，识字教学的策略和方法可以从以下五个角度来展开。

（一）立足语文核心素养，制定素养型识字教学目标

不管是《义务教育语文课程标准（2022年版）》还是《普通高中语文课程标准（2017年版2020年修订）》，都以语文核心素养为课程目标，核心素养包括语言、思维、审美和文化四个方面，这四个方面也相互联系。一般来说，教育目标分为多个层级，从大到小分别是教育目标、课程目标、学段教学目标、单元教学目标、单篇课文教学目标、一节课的教学目标等。每个小一级的目标一般都不与上一级目标相违背。因此，教师在上

某一节课时，所制定的识字教学目标也要指向语文核心素养，也就是要凸显素养型的识字教学目标。当然，以语文核心素养为指向制定识字教学目标不是简单地将教学目标进行四个方面的划分，而是在深刻理解语文核心素养的内涵基础上，结合教材中识字的编排特点、学生识字的学情等方面的因素，综合制定素养型的识字教学目标。制定的识字教学目标可以包含以下几个层面的内容。一是认清字形、读准字音、掌握汉字基本意义等知识性目标。二是借助字典、词典等工具书识字的能力目标。三是对识字感兴趣、喜欢识字等情感目标。四是感悟汉字背后的传统文化价值等人文性目标。

（二）结合语文学习任务群的特点，合理规划识字教学内容

《义务教育语文课程标准（2022 年版）》以学习任务群为课程内容的组织和呈现形式，识字教学的落脚点集中在“语言文字积累与梳理”这个基础型学习任务群中。教师在教学的过程中应充分解读这个学习任务群的要旨，明确此学习任务群安排在各个学段中的识字目标与内容，并根据教学提示，结合语文教科书的教材内容开展识字教学。教师立足“语言文字积累与梳理”学习任务群开展识字教学，要注意准确把握学习任务群的内涵和要求，搭建具体和真实的识字情境、创设具体合理的识字任务，精准落实“语言文字积累与梳理”的学习要求。例如，教师可以在第二学段创设“汉字家族我来辨”为主题的单元教学活动，设计探索和梳理“身体部位汉字家族成员谱系”“自然万物汉字家族成员谱系”等学习任务，构成语文学习任务群，以此来引导学生积累和梳理语言材料，把具有相同或相似特征的汉字进行分类，从中感受汉字和汉语的魅力。

（三）创设鲜活的学习情境，促生积极的识字实践活动

《义务教育语文课程标准（2022 年版）》的特点之一是强调情境教学，指出语文课程应该让学生在真实的语文情境中培养和发展语文核心素养。教师在开展识字教学时也应该注意创设真实的语文情境。真实的、生活化的情境为学生产生积极的识字实践活动提供了有利条件。学生在具体的情

境中产生更强烈的识字兴趣，能调动个人的学习经验、生活经验来识字，形成认识、理解、梳理、运用汉语言文字的语言运用素养。例如，教师可以在第二学段创设“爱护植物，从我做起”的情境，利用校园环境，安排学生在课余时间根据校园的植物名称卡片，梳理与探究校园里的植物名称和种类，并探索各种植物的习性，在班上一起制定植物保护指南等学习任务。真实的、具体的、生活化的语文情境也有利于学生树立独自识字的意识，锤炼持之以恒、坚持不懈的良好品质，以及形成热爱祖国文字、热爱中华优秀传统文化的具有强烈文化自信的情感态度与价值观。

（四）综合运用常用识字法，提高识字教学效率

《义务教育语文课程标准（2022 年版）》提出要综合运用“随文识字、集中识字、注音识字、字理识字等多种识字方法”①，逐步发展学生的识字能力。这四种识字法②的综合运用能有效提高识字教学的效率。

1. 随文识字法

随文识字法是将“识字”与“学文”相结合，通过字不离词，词不离句，句不离篇的方式，将识字贯穿于课文的学习中的一种识字方法。随文识字法的优势可以表现在这两个方面：一是将识字与课文学习相结合，能减少单独识字的时间；二是随文识字伴随着对字词的接触、认识和理解，更有利于学生掌握字词的用法。然而，随文识字法也有一定的局限性：一是随文识字将识字分散到课文学习中，难以集中起来，在一定程度上影响学习效率；二是随文识字对学生的学习起点要求较高，学生需具备一定的识字基础，否则难以实施；三是并非所有的生字都适合用随文识字法学习，文本中的生僻字、易错字，可能会让学生错误理解文本。

---

① 教育部. 义务教育语文课程标准（2022 年版）［S］. 北京：北京师范大学出版社，2022：22.

② 学者祝正洲和沈幼纯结合教学实际系统阐释了识字教学法在小学教学中的运用，本文在该文的基础上进一步提炼与梳理这四种识字法的优势与局限性。参见：祝正洲，沈幼纯. 识字教学法在小学教学中的运用［J］. 语文建设，2022（16）：65－68.

2. 集中识字法

集中识字法是将汉字集中起来学习的一种方法。它主要通过以形归类、以音归类和以义归类三种方式将不同的汉字集中起来进行系统学习。集中识字法的优势主要有以下两个方面：一是相较于其他识字法，它的识字量较大，能在一定时间内接触和学习大量的汉字，提高识字效率；二是具有系统性，以形、音、义进行归类有助于从理性层面识别和掌握汉字的类别特征。集中识字法也具有一定的局限性，比如离开了具体的语言环境，把汉字抽离出来进行集中学习，学生学得快，忘得也快。

3. 注音识字法

注音识字法是学生先学习汉语拼音，然后通过给汉字注音来学习汉字的读音的一种识字方法，是低学段中主要的识字方法。注音识字法可以降低学生识字的难度，因为它绕开了学生早期识字中阅读和写作的障碍，让学生利用拼音将口头语转化为书面语来识字。在运用注音识字法时教师应该要注意两点：一是在低年级的识字教学中重视拼音教学，并且要注重培养学生拼读汉字的能力，提高学生的学习主动性；二是注音识字法适用于低学段的学生，中高学段的学生因为已经具备一定的语文能力和识字基础，注音识字法不再适应该阶段的识字教学。

4. 字理识字法

字理识字法是以汉字的构字理据为依托的识字法。例如有的教师从象形、指示、形声、会意等造字方法导入课堂，让学生从图片中观察和了解“日”“月”“人”等象形字及其古今的演变，来让学生识字。字理识字法的优势表现在以下几方面：一是能丰富课堂知识，增加识字教学的学理深度；二是有助于创新课堂教学活动；三是提供学习中华优秀传统文化的契机，进而培养学生的文化自信。然而，字理识字法也存在一定的局限性，字理识字法相对于其他识字法而言，它的实施对教师和学生都有较高的要求。教师层面，教师要具备一定的字理认识基础，并且要把理论性的字理知识转化成为学生能接受的识字教学知识。学生层面，尤其是低年级的学生，字理是比较抽象的知识，学生比较难明白，如果再加上教师教得太生硬、枯燥、艰涩、呆板，那么学生的识字效率会随之降低。

（五）注重识字教学的反思

持续有效的教学反思是课堂教学能够不断优化的重要推动力量，更是教师自身发展专业素养的重要方式。识字教学要充分利用教学反思来调整优化识字教学实践。教师在识字教学的反思过程中需要注意以下三点。一是将教学反思看作是教学工作中的一项常态化工作。如要根据识字量和识字难度的梯度性经常反思教学目标和作业设计是否合理，学生识字是否过量或不足进而导致学习效率降低等，常态化反思，持续性跟进。二是要注重上课时的反思和课后的反思相结合。上课时的反思指的是在识字教学的课堂中出现的问题以及解决措施要及时地记下，例如学生在哪一类字词的学习上表现兴奋或颓然等。课后的反思是指教师在课后对整节课从教学设计和教学实施等层面进行完整的系统性的反思，涵盖整个课堂的方方面面。三是对学生识字的学习逻辑进行反思。反思学生在课堂中是怎么接受、认识、理解、学习、运用以及评价识字相关的知识的。

四、识字教学的学习评价

识字教学的学习评价是对学生的识字表现进行评价，其中有两点要厘清：一是学生怎样的识字表现符合核心素养的要求，即明确学生的识字学业质量；二是可以采用哪些策略和方法来评价学生是否符合核心素养的要求。

（一）识字的学业质量

“学生在完成课程阶段性学习后的学业成就表现，反映核心素养要求”[①]，学业质量是学生识字素养的评价依据。它就像一把“标尺”，衡量学生的识字素养水平。《义务教育语文课程标准（2022 年版）》规定，识

① 教育部. 义务教育语文课程标准（2022 年版）［S］. 北京：北京师范大学出版社，2022：37.

字的学业质量是根据学段划分的（详见表7－3）。

表7－3　义务教育阶段识字的各学段学业质量描述①

学段	学业质量
第一学段（1～2年级）	1. 留心公共场所等真实社会场景中的文字，尝试认识标牌、图示、简单的说明性文字中的常用汉字； 2. 借助汉语拼音认读汉字，借助学过的偏旁部首推测字音字义； 3. 遇到不认识的字，主动向他人请教； 4. 喜欢识字，有意识地梳理在日常生活中学习的汉字、词语，并尝试分类
第二学段（3～4年级）	1. 能借助拼音、工具书，在阅读中主动识字； 2. 能根据具体的语境辨析多音多义字，辨识、纠正常见错别字； 3. 在学习与生活中，累计认识2 500个常用汉字； 4. 注意积累和梳理语言材料，能把具有相同或相似特征的汉字进行分类； 5. 感受汉字和汉语的魅力
第三学段（5～6年级）	1. 能独立识字，能借助工具书准确理解不同语境中汉字的意思； 2. 能辨识同音字、形近字，纠正错别字； 3. 在学习与生活中，累计认识3 000个左右常用汉字； 4. 有自觉识字的意识，在社会生活中发现自己不认识的字，能根据字形推断字音字义，并借助语境和工具书验证自己的推断
第四学段（7～9年级）	1. 能根据语境、借助工具书，认清字形、读准字音、正确理解汉字的意思； 2. 在学习和生活中，累计认识3 500个左右常用汉字； 3. 有探究汉字规律的意识，在社会生活中能根据字形、字音、字义三者的关系准确认读、正确理解遇到的生词新字

① 该表根据《义务教育语文课程标准（2022年版）》整理而成。参见：教育部. 义务教育语文课程标准（2022年版）［S］. 北京：北京师范大学出版社，2022：37－42.

通过梳理可知，识字学业质量从以下维度考查学生的语文核心素养发展水平：一是在真实的、生活化的语文情境中考查学生的识字素养，如第一学段的“留心公共场所等真实社会场景中的文字，尝试认识标牌、图示、简单的说明性文字中的常用汉字”。二是注重识字方法的掌握，如第二学段的“能借助拼音、工具书，在阅读中主动识字”。三是注重学生识字的主动性和独立识字的能力，如第二学段的“能借助拼音、工具书，在阅读中主动识字”和第三学段的“能独立识字，能借助工具书准确理解不同语境中汉字的意思”。四是注重识字过程中的情感和文化体验，如第一学段的“喜欢识字”、第二学段的“感受汉字和汉语的魅力”。

（二）识字教学学习评价的策略和方法

根据《义务教育语文课程标准（2022 年版）》，识字教学在学习评价这一层面的实施应对标学生的识字学业质量，注重过程性的评价与结果性的评价相结合，联结教学目标和教学内容等，落实“教—学—评”一体化的要求。

第一，教师在识字教学中应注意学生识字量的进阶性。《义务教育语文课程标准（2022 年版）》对每个学段的识字量均做出了要求，从第一到第四学段，识字量分别为：1 600 个、2 500 个、3 000 个、3 500 个。教师应该将这些学段层级的要求落实到具体的每一课的教学中，关注每一课学生的识字量的前后联系，设计好系统性的语文作业。

第二，教师应该根据学生在课堂上的实际表现来评估学生的学业质量。教师可从学生回答教师问题的积极性、学生同侪之间的合作性，学生课堂活动如小组合作探究活动的参与度，以及学生在一周、一个月、一个学期中表现出来的识字积极性来作为过程性的考察。在这个过程中，教师也要注意明确过程性学业质量评价的指标，让学生清楚明白自己的学业成绩取决于什么，以此激发学生的学习积极性。而且，教师应注意收集和整理学生学习过程中的学业表现材料，如学生的作业、作文、识字心得、小组汇报的展示资料中的语言材料等，来进行识字的学业质量考查。

第三，教师应该合理评估学生的识字习惯和态度。教师要在平时的教学中注意观察学生是否养成热爱识字的学习态度；是否逐步养成积极主动克服识字中的困难的习惯；是否自主通过字典和词典，运用音序查字法和部首查字法等方法识字；是否使用其他语言工具书乃至通过网络搜索等渠道来主动识字；等等。

第四，教师应该在学业水平考试中注重挖掘识字学习评价维度的多元性和情境性。在命题的内容方面可以从这几方面考查：一是学生的识字量；二是学生认清字形、读准字音、掌握基本字义的情况；三是学生对汉字在文化层面的体悟；四是学生在具体语境中运用汉字的能力。在学业质量考试命题的题型上，倡导设计与《义务教育语文课程标准（2022 年版）》相契合的情境题，创设具体真实的语文情境，让学生在解决真实的问题中展现识字水平。

第二节　写字教学

一、写字教学的意义

党的十八大以来，党中央高度重视增强文化自信，习近平总书记指出："我们要坚持道路自信、理论自信、制度自信，最根本的还有一个文化自信"。汉字是中华民族的文化瑰宝，是语言的载体，是我国上下五千年文化的重要组成部分。可以说，汉字既是流淌在每一个中国人血液中鲜亮的精神符号，同时也是连接每一个中国人坚韧的文化羁绊。

然而，随着信息技术背景下人类社会现代科技的飞速发展，电脑、手机等信息设备在给人们生活带来便利的同时，对于传统书写模式也产生了直接的冲击，提笔忘字、错别字频繁等现象也日益严重，特别是对于青少年而言，其严重性更不言而喻。该现象无异于与立德树人根本任务相左。因此，为落实立德树人根本任务，全面贯彻党的教育方针，夯实文化之基，培育中国特色社会主义道路自信、理论自信、制度自信和文化自信的社会主义合格建设者和接班人，对汉字教学的重视及迫切程度亟待加强。

在此背景下，作为国家课程的基本纲领性文件，新课标对于写字教学提出了更加具体的要求。在最新修订的《义务教育语文课程标准（2022

年版)》中，义务教育阶段语文学科的核心素养内涵的第一条就明确指出要通过语文学习使得学生热爱国家通用语言文字，热爱中华文化，继承和弘扬中华优秀传统文化、革命文化、社会主义先进文化，帮助学生树立文化自信。认识和书写常用汉字作为语文学科的总目标之一，其学段具体要求贯穿整个义务教育全学段。需要注意的是，与义务教育阶段对识字与写字目标相比，高中阶段的课程目标更加强调要增进对祖国语言文字的美感体验的相关要求。即通过感受祖国语言文字独特的美，增强热爱祖国语言文字的感情。此外 2019 年 6 月，中共中央、国务院印发《关于深化教育教学改革全面提高义务教育质量的意见》（以下简称《意见》）中，更是对于写字与美育提出了更为明确的要求。《意见》指出，实施学校美育提升行动，严格落实音乐、美术、书法等课程，结合地方文化设立艺术特色课程，可视作对于写字教育重要意义的强有力的政策依据。

综上，基础教育阶段写字教育的核心意义主要分为以下三个层面。

第一层面，写字教学同识字教学，是培养和发展学生语文核心素养和学习其他知识的基础。一方面，通过引导学生掌握正确的汉字书写方法与规范，养成良好的书写习惯，可以提高学生对国家通用语言文字的运用能力。另一方面，写字教育之于语文教学起到了承上启下的作用。作为延续性目标，写字教育既能够巩固识字教学的成果，提高识字教学效率，同时作为中小学语文教学的重点之一，也是学生进行阅读、作文等语文实践、学习语文和其他课程的重要基础。

第二层面，写字教学是培养学生良好审美能力的重要途径。汉字是中华民族语言的载体，是优秀传统文化的重要组成部分。实施写字教学有利于学生认知和感受汉字之美，潜移默化地接受审美教育，丰富美学知识，培养审美能力，进而增强学生发现美、欣赏美、创造美的能力。

第三层面，写字教学是树立学生文化自信的有效渠道。写字教学体现了文化自信、语言运用、审美创造等语文核心素养。通过开展写字教学，帮助学生掌握书写技能、培育审美能力的同时润物细无声地深化了学生从文字、文化到文明的认识与理解。这有利于增强文化认同，树立文化自信，进而贯彻落实立德树人根本任务，培养学生成为能够树立四个意识，坚定四个自信，做到两个维护的合格的社会主义建设者和接班人。写字教学的三个层面的意义总体呈现你中有我、螺旋上升的关系，充分体现了语文课程工具性与人文性相统一的特点。

二、写字教学的目标与内容

（一）写字教学的目标

1. 义务教育阶段的写字教学目标

《义务教育语文课程标准（2022年版）》在总目标中提出了对汉字运用的要求：认识和书写常用汉字，学会汉语拼音，能说普通话。主动积累、梳理基本的语言材料和语言经验，逐步形成良好的语感，初步领悟语言文字运用规律。同时，还指出了写字教学的人文性目标：让学生能够“热爱国家通用语言文字，感受语言文字及作品的独特价值，认识中华文化的丰厚博大”，进而弘扬中华优秀传统文化，建立文化自信。

在总目标的基础之上，《义务教育语文课程标准（2022年版）》也对四个学段的写字目标做出了具体要求。识字与写字的目标贯穿语文课程的四大板块，且主要体现在“识字与写字”板块与“梳理与探究”板块中（详见表7-4）[①]。

表7-4 义务教育阶段各学段写字教学目标

学段	目标内容
第一学段 （1~2年级）	1. 有主动写字的愿望。 2. 在1 600个需认识的常用汉字中，会写800个左右汉字。（其中一年级第一、第二学期会认的字大致安排250个和350个，其中二分之一的字会写） 3. 掌握汉字的基本笔画和常用的偏旁部首，能按基本的笔顺规则用硬笔写字，注意间架结构，初步感受汉字的形体美。 4. 努力养成良好的写字习惯，写字姿势正确，书写规范、端正、整洁

① 该表根据《义务教育语文课程标准（2022年版）》整理而成。参见：教育部. 义务教育语文课程标准（2022年版）［S］. 北京：北京师范大学出版社，2022：7-14.

续上表

学段	目标内容
第二学段 （3～4 年级）	1．对学习汉字有浓厚的兴趣。 2．在累计认识的 2 500 个左右常用汉字中，会写其中的 1 600 个左右。 3．写字姿势正确，养成良好的书写习惯。 4．能用硬笔熟练地书写正楷字，做到规范、端正、整洁。用毛笔临摹正楷字帖，感受汉字的书写特点和形体美。 5．尝试发现所学汉字形、音、义和书写的特点，帮助自己识字、写字
第三学段 （5～6 年级）	1．在累计认识的常用汉字 3 000 个左右中，会写其中的 2 500 个左右。感受汉字的构字组词特点，体会汉字蕴含的智慧。 2．写字姿势正确，有良好的书写习惯。硬笔书写楷书，行款整齐，力求美观，有一定的速度。能用毛笔书写楷书，在书写中体会汉字的优美。 3．分类整理学过的字词，发现所学汉字书写的特点，发展独立写字能力
第四学段 （7～9 年级）	写字姿势正确，保持良好的书写习惯。在使用硬笔熟练地书写正楷字的基础上，学写规范、通行的行楷字，提高书写的速度。临摹、欣赏名家书法，体会书法的审美价值

2．高中阶段的写字教学目标

《普通高中语文课程标准（2017 年版 2020 年修订）》中虽然没有对写字教学目标做出明确的文字规定，但无论是在学科核心素养中，还是在课程目标中，都要求学生需要在丰富的语言实践中逐步掌握祖国语言文字特点及其运用规律，以及正确有效地运用祖国语言文字，体现了识字与写字目标的延续性。同样，《普通高中语文课程标准（2017 年版 2020 年修订）》在提升学生对语言文字的审美能力、增强对祖国语言文字的热爱、体会中华文明的博大精神，以写字教学培养学生良好的思想品质等方面做出了明确要求。这些目标与义务教育阶段的写字目标与内容具有一贯性，同时也体现了学习难度螺旋上升、目标循序渐进的课程目标设计特点。

（二）写字教学目标的特点

1. 强调“识写分开，多认少写”的原则

在汉字教育中，识字教学要到达的最终目标一般被认为是“四会”：即会认、会讲、会写、会用。且“四会”齐头并进的识字、写字教学要求自清末民初逐步形成以来，长期影响着我国的汉字教育。如2000年以前的小学语文教学大纲在识字的教学目标中就体现了这一要求。虽然汉字教育“会认、会讲、会写、会用”的教学目标是被普遍认可的，但“四会”齐头并进的要求使得认与写在实际的教学中互相掣肘，并造成了识字、写字教学负担过重、效率低下、学生学习兴趣低的问题，“四会”在20世纪就受到了如张田若①、陆定一、张志公②等教育学家的质疑。基于汉字教育研究的发展，1986年的《全日制小学语文教学大纲》就初步体现了“识写分开”的教学要求，在识字教育中对汉字的“认识”和“掌握”提出了不同的教学要求。2000年的《九年义务教育全日制小学语文教学大纲》中第一次提出了“四会”目标分步达成的教学思路，进一步明确了“识写分开”的目标。《义务教育语文课程标准（2011年版）》针对部分地区识字写字教学目标过重的问题，在教学建议中指出：“低年级阶段学生‘会认’与‘会写’的字量要求有所不同。在教学过程中要‘多认少写’，要求学生会认的字不一定同时要求会写”，突出强调了识字“四会”不需要同步进行的教学理念。《义务教育语文课程标准（2022年版）》延续了“识写分开，多认少写”的原则，这既印证了这一汉字教育理念的合理性，也能够避免过重的识字、写字任务占用学生有限的精力，有利于学生循序渐进地掌握写字的方法和规范，发展对汉字的审美兴趣。

2. 重视书法的学习与欣赏

书法被誉为“无言的诗，无行的舞，无图的画，无声的乐”，既是中

---

① 张田若，陈良璜，李卫民. 中国当代汉字认读与书写［M］. 成都：四川教育出版社，2000：67－68.

② 张志公. 传统语文教育教材论：暨蒙学书目和书影［M］. 上海：上海教育出版社，1992：41.

国传统文化之瑰宝，具有极高的艺术价值和审美价值，也承载着中华民族的历史和文化记忆。《义务教育语文课程标准（2022 年版）》中分学段对学生的硬笔、毛笔书法学习提出了具体要求。在第一学段（1～2 年级）要求学生以硬笔书写打好写字基础，从第二学段（3～4 年级）开始便要求学生循序渐进地学习毛笔书法，以感受汉字的书写特点与形体美。例如，第二学段的写字教学目标中有“用毛笔临摹正楷字帖”等要求，第三学段（5～6 年级）有“用毛笔书写楷书”等要求，第四学段（7～9 年级）有“临摹、欣赏书法名家作品，体会书法的审美价值”，等等要求。可见语文课程标准在学生的书法训练和书法作品的欣赏两方面都提出了具体的目标与要求。此外，2014 年教育部通过《完善中华优秀传统文化教育指导纲要》等国家政策文件明确了在中小学加强书法教育对学生的语言文字学习和中华优秀传统文化教育的重要性，彰显了国家对在中小学写字教育中融入书法教育的重视。

3. 写字基本功养成与情感态度培养并重

《义务教育语文课程标准（2022 年版）》对写字教学提出了多方面的要求：一是书写基本技能的掌握与良好书写习惯的养成，如会写的字达到一定数量、能规范整洁地书写、逐步提高写字速度等；二是对汉字美学价值的理解能力的培养，如品味汉字之美、学习与欣赏软硬笔书法等；三是汉字学习策略的构建，如使学生发现所学汉字的特点、发展学生独立写字的能力等。这些教学目标既体现了写字教学实践性的特质，也体现了写字教学综合性的特点。教师在落实写字教学目标的过程中，不能仅把写字教学当作知识灌输和机械练习的过程，而是一方面需要注重学生写字习惯的培养，让学生做到书写规范、端正、整洁的同时，保持良好的写字姿势；另一方面需要注重学生学习写字过程中的情感体验的培养。例如，在第一至第三学段课程目标的落实过程中，需要注重点拨学生对中华优秀传统文化的源远流长、丰富多彩等特性的了解，鼓励学生通过写字学习提升个人的文化修养。在第四学段课程目标的落实过程中，则需要注重提升学生对中华优秀传统文化蕴含的核心思想理念、人文精神和中华传统美德的理解，培养学生的民族自豪感和归属感。以上《义务教育语文课程标准（2022 年版）》在写字教学中的要求，也提示教师需要在写字目标的落实中积极融入思政元素，注重写字教学工具性和人文性的统一。

（三）写字教学的内容

在《义务教育语文课程标准（2022年版）》中，写字教学的目标主要可通过基础型学习任务群中的“语言文字积累与梳理”落实，其中各学段的教学内容需根据学段特征有所侧重。

第一学段（1～2年级）的写字学习内容以学习书写笔画简单的字、初步体会汉字结构的主要特点为主。要注意幼小衔接，减缓坡度，降低难度，增强学习的趣味性和吸引力。强调“多认少写”，会认的字不一定会写，合理安排识字与写字的量。认、写的字应先从《识字、写字教学基本字表》[①] 中的字中选择。

第二学段（3～4年级）强调要在真实的语言文字运用情境中独立识字与写字，初步梳理常用汉字形音义之间的联系。

第三学段（5～6年级）可以通过开展校园内外讲普通话、写规范字、正确使用表达符号的情况观察和调查，整理、分享自己的发现等学习活动，让学生在实践中学习写字。

第四学段（7～9年级）特别强调在语言文字运用情境中，发现、感受和表现语言文字的魅力。围绕汉字、书法、成语典故、对联、诗文等方面内容，策划并开展语文学习、展示和交流活动，加深对语言文字及其文化内涵的认识和理解。

此外，写字教学还可融入“实用性阅读与交流”等其他学习任务群的学习活动中。例如，以现场报道学习任务的形式，教师将识字、写字、阅读、写作、口语交际、搜集处理信息等语文知识与技能融为一体。又如在跨学科学习任务中，学生可以通过参与学校或社区举办的书法、篆刻等汉字文化活动，通过对汉字艺术的欣赏、实践体验，体会、感知、传承中华优秀传统文化。

---

① 教育部．义务教育语文课程标准（2022年版）［S］．北京：北京师范大学出版社，2022：66－69.

三、写字教学的策略与方法

（一）多元激趣，激发学生的写字兴趣与热情

“兴趣是最好的老师”，从学习心理学的角度看，儿童与青少年的学习离不开学习动机与学习兴趣的参与。在写字教学的过程中，教师需要激发学生对于写字的兴趣，使其形成积极的情绪和主动的认知倾向，才能使写字教学更有成效。尤其是在现代社会中，由于手机、电脑等电子设备使用者的低龄化愈来愈严重，人们提笔写字的机会在现代生活中似乎变得更少了。所以在写字教学中，教师首先要关注到学生的写字兴趣和态度，使学生积极主动地参与写字训练，不仅“会写”，而且“愿写”“爱写”。激发学生写字兴趣的具体方法有如下 3 种。

1. 以汉字的文化底蕴激发兴趣

教师要在写字教学中引导学生认识到汉字、书法的意义，彰显以文化人的育人导向。具体来说，在教学中一是应该引导学生理解汉字书法是中华文明的瑰宝，其作为艺术作品不仅有极高的审美价值，本身更是中华民族历史和中华优秀传统文化的沉淀，是民族气节的凝聚。宋代大家苏轼曾指出：“书必有神、气、骨、肉、血，五者阙一，不为成书也。”优秀的书法作品不仅体现了书法家的笔法、墨法等高超的书法艺术技巧，更是其人格修养、审美意识、家国情怀的外显。在写字教学中，教师可以通过对书法作品、书法家背景的介绍，让学生体悟书法背后的人文情怀。同时，教师也要注意课堂中华优秀传统文化传承的渗透，如讲解书法艺术传承的历史，以及在当今复杂的文化背景下书法文化传承对于振奋民族精神的重要性。二是应该让学生理解写好字对于其个人的意义。汉朝辞赋家、思想家扬雄在《法言》中有说：“书，心画也。”书法是内心修养的外化，一笔一画能传递出人的情绪、情感，一手好字更能展现出人良好的审美和文化修养。因此练字的过程也是学生性情、态度、审美趣味养成的过程。例如在教写“值”一字的时候，教师要引导学生注意左右结构的书写比例，教会学生美观的汉字书写应当使汉字的左右、上下处于一种相互平衡、相互

对立统一的状态，其体现的是汉字稳重、端庄的整体感。在书写“值”字的时候，带着“站得‘直’，‘人’的身价才高”的理解，“直”就不能写得歪歪斜斜，以此教导学生书法中透露的不仅是个人对于汉字的理解，更体现着个人的修养水平和文化素质。

2. 以“墨香四溢”的写字氛围激发兴趣

写字课堂氛围要宽松和谐。写字教学的过程中，尤其是练字的过程，课堂氛围容易沉闷、枯燥。教师可以使用配乐、影音导学等方法营造情境式的写字学习氛围。如在临摹书法作品时配以古琴伴奏，唤起学生对书法和古琴这两种中国传统艺术“雅韵和鸣”的情感体验，激发学生的兴趣。

课室环境要有书香之气、墨香之气。在布置教室时，教师可以用书法名家的作品挂画装点课室，在潜移默化中让学生接受汉字书法艺术的熏陶。一方面可以举行班级内外的书法竞赛，以良性的竞争氛围激发学生的写字兴趣；另一方面可以将学生的优秀书法作品展示在课室内，既能提升学生写字的自信心，又能拉近学生和书法的距离，在浓郁的“墨香”氛围中培养对汉字书法的兴趣。

3. 创设生活化情境激发兴趣

教师要积极创设真实而富有意义的写字学习情境，将写字教学与学生感兴趣的生活场景、问题相关联，激起学生主动学习的兴趣。尤其是在电子产品使用呈低龄化趋势的背景下，更需要教师引导学生积极地参与写字实践中，感受汉字的魅力。例如，开展春节的写春联、写福字；元宵节的写灯谜等结合传统节日的写字活动。在中高年级，应注重结合社会资源，通过参观书法艺术展、参加社区书法创作等活动，丰富写字教学的形式。

（二）发挥综合育人功能，提高学生审美能力

教师应充分认识到写字教学不仅要引导学生写对字、写好字，还应充分体现语文学科综合育人的功能，让学生在写字教学中体会汉字的形体美，接受民族文化的熏陶，培养学生感知美、欣赏美的能力。

1. 感受汉字的字形美

汉字来源于象形文字，每个汉字都有着独特的字形结构，其中蕴含的

是中华民族的智慧结晶。感知汉字的美可以从引导学生观察汉字简洁的线条及和谐的结构造型开始，体会笔画、结构间蕴含的独特美学。

（1）练习笔画美。笔画是构成汉字字形的最小连笔单位，汉字的形体美正是由点、横、竖、撇、捺、钩、挑、折等基本笔画构成的。写字教学中，教师要引导学生观察归纳基本笔画的运笔方法和笔顺规律，打好写字的基础。对于低年级的学生可以利用笔画、笔顺的教学儿歌，通过练习基本的笔画的书写。在中高年级的写字指导中还要引导学生关注软硬笔笔画书写的不同，如毛笔书写的短竖、长竖、悬针竖等笔形的运用。

（2）感受结构美。汉字作为唯一的非拼音文字，其结构造型是字形美的重要组成部分。在写字教学中，教师可通过讲解、示范等方式，引导学生观察字形结构，感受汉字错落有致、方整周正的结构美。初品结构美，可以引导学生通过描红、临摹的方式进行仿写，结合田字格把握字形结构。有条件的学校还可以利用多媒体教学平台展示汉字各部件的组合结构，更有利于学生直观地感受汉字的结构美。

2. 体悟书法中的人文美

书法是中国特有的一种传统艺术，有着极高的艺术欣赏价值及丰富的人文内涵，是中华民族的文化瑰宝，也在世界文化艺术宝库中大放异彩。在写字教学中，教师应指导学生欣赏书法作品的基本方法，提高学生对书法艺术的欣赏能力。同时引导学生了解书法的历史、传承及其中蕴含的文化和民族内涵，培养学生的审美能力，增强对祖国语言文字的理解和热爱。

（1）了解书法的起源与传承。汉字起源于距今 5 000 至 6 000 年的黄河“仰韶文化时期”，有着悠久而深厚的历史。在传承、演变的过程中，汉字从古文大篆到形成了隶、楷、行、草等各种书法体。因此学生通过了解中国书法的历史，可以了解汉字演变的过程，深入学习中华民族的发展史。在教学中，教师可以借助多媒体设备，通过展示书法历史视频、动画、图画等，让学生生动地感受书法的历史。

（2）培养欣赏书法作品的能力。欣赏书法作品需要掌握一定的章法，才能更好地读懂作品的形式美和内在美。如欣赏毛笔书法作品时，可指导学生按照以下步骤进行欣赏：一看整体，欣赏作品整体的章法布白，感受和谐匀称、疏密有致的平衡美；二观细节，体会每个字、每一笔的笔法和墨法中的匠心；三品内涵，体会作者的情绪、心境、内在修养等气质。同时也应结合创作环境和时代背景来理解书法作品。其他还可通过欣赏作品的神采、落款等方面多角度欣赏书法作品。

（3）通过实践体会书法的魅力。写字教学中可指导学生通过临摹、创作书法作品等实践活动，在亲身体验中感受书法的魅力。在写字教学过程中，除通过图画、实物展示书法作品外，还可使用“一课双师”的教学模式提高教学效果和教学效率，即书法教师专业指导书写，语文教师指导学生落实写字的基本要求。

（三）形成正确的写字姿势

《义务教育语文课程标准（2022 年版）》从第一学段到第四学段都提出了“写字姿势正确”的写字教学目标。正确的写字姿势包括正确的端坐姿势和规范的执笔姿势，即正确的“双姿”。良好的“双姿”不仅有利于学生写好字，更是对学生视力、身体健康发育的保障。

正确的写字姿势应该做到：头正、身直、肩平、臂开、两足安，以及“三个一”，即胸离桌子一拳，手离笔尖一寸（约 3.3 厘米），眼离本子一尺（约 33.3 厘米）。而正确的握笔姿势应注意“点”和“线”的把握。“点”即握笔点，握笔过高或过低不仅影响写字的美观和流畅性，还可能造成学生在写字过程中身体过度前倾，影响视力和脊柱的健康。尤其是小学低年级的学生手部小肌肉群仍处于发育的过程中，在使用铅笔写字的时候容易因笔杆细且光滑而采用“握拳”式等不正确的握笔方法。“线”即执笔时大拇指外侧与手腕应承自然直线，不可过度弯曲手腕，一是容易遮挡视线造成坐姿不正的问题，二是容易导致手腕酸痛而影响写字的速度。

指导低年级学生写字姿势应结合小学生的学情特点以直观法为主。教师可借助图片、影像展示正确的写字姿势，也可以将亲身示范或同学间的互相学习作为教学方法。

（四）掌握规范的书写技能

如前文中表 7 -4 所示，《义务教育语文课程标准（2022 年版）》对小学不同学段学生的书写技能提出了循序渐进的具体要求。写字教学中教师需根据不同学段的写字教学目标要求和具体学情，结合语文学理和学生兴趣点，利用多种教学方法和手段指导学生掌握汉字的各项书写技能。例如，“迈”字的写字教学中，有教师发现学生多有笔顺错误的问题，其原因为学生对横折钩与撇的笔顺组合以及含“走之”偏旁的字的书写规律把握不准。[①] 故可从汉字写字学理和学生兴趣两个角度设计教学方法。从学理上分析，学生将横折钩与撇的笔顺颠倒是因其习惯从左到右的笔顺规则。因此教师先从特殊部首的笔顺规律开始教学，通过讲解横折钩中钩的前后勾连、以上带下的作用，让学生从构字方法的角度理解“走之”的笔顺。再推及“方”“乃”等同样先写钩、再写撇的字，以及“及”等与其相反的字，使学生掌握一类字的笔顺和规律。在笔顺规律的教学基础上，教师又编写了《走之歌》，以朗朗上口的歌诀调动学生的学习兴趣，也利于学生的记忆。在书写技能的指导中，教师可灵活应用田字格、米字格等书写格式模板指导学生掌握汉字的间架结构和书写规范，并让学生以描红、书空、临摹等方式加强写字练习，逐步掌握正确的汉字书写技能。

（五）养成良好的书写习惯

引导学生养成良好的书写习惯是写字教学的重要目标之一。良好的书写习惯不仅包括正确的执笔、写字姿势，还包括积极的练字意识。写字教学中发现，部分学生课堂上能在教师的督促和指导下写好字，课堂外的书写却往往字迹潦草，马虎敷衍。究其原因，主要是学生把写字仅当成完成学习任务的过程，没有形成“提笔即是练字时，落笔必写规范字”的练字意识和写字习惯。写字习惯的养成贵在坚持，需要在学习与生活中向学生渗透写好字的重要性，在课堂内外落实写字规范的指导。写字习惯的养成不能仅依靠写字教学课，平时的作业、练习也应当注重写字规范性和整洁美观度的评价。写字习惯的培养还应融入其他学科的纸笔练习以及学生的生活中，并且在进行写字过程评价时可以参考学生在语文课外的写字表现，进行综合性的评价。

---

① 孟强．让笔顺教学更有理趣和情趣［J］．小学教学（语文版），2021（12）：22.

（六）发挥教师的示范作用

在写字教学中，教师不仅是书写技能的传授者，更在学生形成良好的书写习惯的过程中起着示范作用。因此教师一要积极投身于汉字学的研究，尤其是对写字教学法理论知识的学习和汉字及书法艺术人文、历史价值的研究。二要加深基于语文核心素养的写字教学的理解。部分教师把写字课当成机械的写字训练，究其原因，一方面是因为教师自身对汉字教学的知识储备不足，另一方面则是因为其对写字教学目标的理解不足。教师要认识到写字教学不应只停留在笔画、笔顺等书写基本技能的指导上，应结合汉字的音、义指导学生理解汉字的字形的特点，以建立系统的汉字知识体系，并领会汉字的人文魅力。三是要主动提升自身的书写技能和审美水平。在写字教学中教师常使用直观法进行写字指导，即通过教师的软硬笔书写、粉笔书写为学生示范汉字的书写，这是写字教学中较为简单、直接、有效的教学方法。尤其是小学低年级学生的思维发展仍处于由具体形象思维到抽象思维的过渡期，教师正确、整洁、美观的书写示范能让学生更直观地感受到汉字的美，并通过对教师的模仿在潜移默化中养成正确规范、良好的书写习惯。教师的“三字”水平影响着学生写字学习的质量，因此教师要时刻注重自身书写的规范性和美观性，成为学生的“活字帖”。

四、写字教学的学习评价

因识字与写字教学内容主要集中于义务教育阶段，同上一节“识字教学的学习评价”所述，写字教学的学习评价应依据《义务教育语文课程标准（2022 年版）》学业质量标准中对识字与写字中的学业质量描述，结合教学目标、教学内容等，以过程性评价与结果性评价相结合的方式进行评价。评价中，应注意“教—学—评”一体化的要求。

第一，写字教学中应注意学生写字量的进阶上升，同时关注各学段写字量与识字量要求的差异，尤其在第一学段应把握“多认少写”的原则。根据《义务教育语文课程标准（2022 年版）》“学业质量描述”中的要求，学生在第一至第四学段的累计识字量为：1 600 个、2 500 个、3 000

个、3 500 个；第一至第三学段的书写量要求则为：800 个、1 600 个、2 500个。第四学段的学生已经对识写的方法掌握得较为成熟，学业质量描述中对第四学段的学习仅明确了识字量的要求达到 3 500 个，未对能书写的常用汉字量做出具体要求，教师应根据学生的具体情况以及课程内容，在第三学段写字量的基础上，结合第四学段识字量要求，对学生的写字量制定目标并做出评价。评价中应注意灵活使用新课标的附录 4、附录 5 的《识字、写字教学基本字表》《义务教育语文课程常用字表》。

第二，教师应注意在学生写字技能、写字习惯上的进阶性评价。写字评价不仅考察学生对要求“会写”的字的掌握情况，还重视书写的正确、端正整洁，在此基础上逐步要求书写的流利性与书写速度。评价应分学段体现进阶性，第一学段着重评价学生能够“正确”书写，第二、第三学段在此基础上评价学生“使用硬笔规范、端正、整洁地”书写的能力。

第三，评价方法应注意以课堂教学评价、作业评价、阶段性评价为主的过程性评价与结果性评价的综合运用。写字学习评价中的过程性评价方法主要包括通过课堂观察学生的写字练习情况、收集和整理学生语文学习过程中的写字过程性表现，如日常写字、习作等材料记录学生的典型表现。写字阶段性评价中应注意与其他学习内容的横向联系，灵活选择评价手段，如教师可设计书写展示、交流的综合性学习任务，结合与其他学习内容的综合表现，对学生的写字目标达成情况做出评价。结果性评价方法以学业水平考试为主，注意命题应严格依据学业质量要求，保证命题框架、试题情境、任务难度等符合学业质量要求。应注意以情境为命题载体，重点考查学生在真实情境下的识字与写字能力表现。

复习与体验

1. 说说在《义务教育语文课程标准（2022 年版）》中，识字与写字教学和学习任务群的关系。

2. 结合某个具体案例，说说识字与写字教学中如何落实语文核心素养。

3. 结合某个具体案例，评价案例中识字与写字教学的策略与方法是否恰当。

第八章 阅读教学（上）

本章导学

本章主要对阅读教学的目标、基本理念以及各类主要文体的阅读教学设计与实施进行了阐述。第一节主要阐释了阅读教学的基本目标，第二节主要从阅读教学目标、视域、表现形态、品质阐述了阅读教学的基本理念，第三节重在围绕“实用文”“文学作品”以及“文言文”等各主要文体，揭示其教学设计与实施的要点。这三节内容是阅读教学的基本问题，也是学习阅读教学的重要内容，对于理解、设计、实施、评价与研究阅读教学，均具有重要的意义。

学习目标

识记：阅读教学的定义与目标。

理解：

1. 阅读教学的基本理念；

2. 不同文体阅读教学的设计与实施。

评价：能合理评价关于阅读教学的一些现象与问题，能点评不同文体的教学现象与课例。

阅读是最基本和最重要的学习手段和途径。阅读教学也往往被认为所花时间最多、所费精力最大、所获信息最广、所受教育最深，其在语文课程中的重要地位由此可见一斑。

阅读教学的基本问题，在理论上主要有阅读教学目标与基本理念等，实践方面主要涉及各种文体的教学设计与实施。为此，本章拟先依据核心素养的三个基本组成要素即知识、能力与态度这一基本框架，对阅读教学的主要目标逐一进行具体的阐述；然后，围绕阅读教学的目标、视域、表现形态、品质等各个方面阐明阅读教学的基本理念；最后，再对各“实用文”“文学作品”以及“文言文”等各主要文体的阅读教学设计与实施问题进行揭示。当然，出于认识的需要，首先还应对什么是阅读以及什么是阅读教学有一个基本的理解。

近些年来，人们对教学视域中阅读的理解逐步从以往主要从信息接受的角度，即将阅读理解为一种接受书面语言传递的信息并理解书面语言的复杂心理过程，转变为基于阐释学中“对话”的视角，将阅读理解为一种读者与文本相互作用，构建意义的动态过程，这反映出读者主体地位在现代教育背景下的必要彰显。依据这一认识，本章遵循阅读教学主要服务于阅读这一基本思路，借鉴当前语文课程改革培育学生的核心素养这一基本目标，将阅读教学理解为：在师生之间和生生之间的课堂对话中，通过文本阅读自觉培育学生阅读素养的基本活动。

第一节　阅读教学的目标

阅读教学目标，既受语文课程基本性质、语文课程目标的直接影响，又应体现阅读、阅读教学的基本特征和要求，以此区别于识字写字教学、写作教学等。总体来说，阅读教学的目标在于培育学生阅读素养，具体又可分为知识层面的阅读知识、能力层面的阅读能力，以及态度方面的阅读兴趣、习惯、道德情感人格等。为方便理解，以下拟对各个具体目标逐一阐述。

一、提高阅读兴趣，喜爱阅读

“兴趣是最好的老师。”兴趣是阅读活动的强大内驱力，它对于维系阅读注意力、增加阅读理解，激发联想与想象，唤醒阅读情感体验，都具有积极的作用。因此，阅读教学的目标首先要提高学生的阅读兴趣，让学生真正喜爱阅读。《义务教育语文课程标准（2022 年版)》在第一学段（1 ~ 2 年级）的“阅读与鉴赏”中也提出：要让学生“喜欢阅读，感受阅读的乐趣”。为此，阅读教学应提高学生阅读兴趣的广泛性、持久性、稳定性、高雅性等。

根据不同的标准，可将阅读兴趣区分为不同的类型：根据引起阅读兴趣的原因，可以分为直接阅读兴趣和间接阅读兴趣。所谓直接阅读兴趣，是由读物或阅读活动本身引起的阅读兴趣；所谓间接阅读兴趣，是由阅读活动的目的和任务引起的兴趣。根据阅读兴趣所保持的时间的久暂，又可以分为暂时阅读兴趣和持久阅读兴趣。所谓暂时阅读兴趣，是产生在阅读过程中而阅读结束即消失的阅读兴趣；所谓持久阅读兴趣，是已经成为阅读者个人的稳定心理特征的阅读兴趣。根据阅读兴趣的心理表现形式，还可以分为自觉阅读兴趣和潜在阅读兴趣，等等。①

二、掌握阅读知识，学会阅读

借鉴认知心理学中关于知识的认识，此处的阅读知识指的是广义的知识，即不仅包括旨在解释事物、事实是什么和为什么的陈述性知识，也包括具有明确操作性、技能性并告诉别人怎么做的程序性知识，还包括何时何地以及如何做以求做得更合理高效的策略性知识。由此，阅读知识主要包括以下三类：狭义的阅读知识、阅读方法以及阅读策略。

① 李德成. 阅读辞典［M］. 成都：四川辞书出版社，1988：28.

（一）狭义的阅读知识

狭义的阅读知识主要指的是关于阅读是什么的知识，其涉猎范围较广，包括对阅读目的、阅读主体、阅读对象、阅读方法、阅读类型、阅读行为、阅读过程等究竟是什么的记忆与理解等。阅读知识的学习是阅读教学的基础，但对阅读知识的学习不是漫无边际，而应服务于阅读方法、阅读策略以及阅读能力等的需要。

（二）阅读方法

阅读方法一般可包括：①阅读课文原文和提示、注解、习题的方法；②朗读和默读、精读和略读的方法；③利用工具书如字典、辞典、年鉴、目录、索引等的方法；④做摘录、写笔记、加评语的方法；⑤使用参考书，包括报纸和杂志的方法；⑥选择读物的方法。[①] 当然，这些阅读方法都是立足于一般层面而言，除此之外，还有针对具体不同语体如文言文、不同文体如小说、不同具体阅读类型如整本书阅读的具体阅读方法。如文言文阅读便有文言读注法、通假字辨读法、文言析句法、同位互释法、串读法、文言译读法、文言对译法等。

（三）阅读策略

对阅读策略的倡导一定程度上是以纠正阅读方法的静态化之不足为前提的。阅读策略是一种基于真实阅读任务且可灵活调整和自我监控的阅读方式。它是对阅读方法的实际运用，从而具有真实性、灵活性、实践性等优势。正因为如此，近些年来，阅读策略越来越受到人们的重视，如统编版小学语文教材从三年级开始便在每个年级分别编排了一个阅读策略单元，分别为“预测”“提问”“提高阅读速度”“有目的阅读”。

阅读策略是一个较为复杂的系统，依据不同的标准具有不同的分类，

---

① 朱绍禹．中学语文教学法［M］．北京：中华书局，2015：46．

根据对认知的要求，阅读策略一般可分为认知策略和元认知策略两种。认知策略指在阅读过程中运用一些特别技巧来理解和提取篇章的信息，包括分类、演绎/归纳、替换、精致化加工、总结、推论等活动。元认知策略则主要负责思考学习过程、制订相关的学习计划、监控学习任务，以及评价阅读的效果，包括制订计划、集中注意力、自我管理、自我监控、鉴别问题、自我评价等活动。根据阅读文本的范围，可分为全局性和局部性策略。全局性策略包括预估内容、识别篇章结构、综合新旧信息、对内容提出疑问、阐释篇章意义、评价阅读行为或过程、监控理解过程、修正阅读理解，以及对文章做出反应等；局部性策略则包括转述、重读、质疑句义、质疑字义、解决词汇问题等。根据阅读的进程，可以分为阅读前、阅读中、阅读后的策略。阅读前的策略包括确定阅读目标、复习与主题有关的背景知识、联系个人原有经验、浏览文中插图或预测文章内容。阅读中的策略包括运用标题学习，提出问题；遇到阅读困难时放慢速度、重读或寻求协助，甚至可以继续读下去直至找到作者风格。阅读后的策略包括运用问题来检视理解程度，评估所得的信息及摘要重点。① 与阅读方法一样，除以上所述及的一般性阅读策略之外，也还有针对不同语体、文体、阅读类型的具体阅读策略。

三、培养阅读能力，能够阅读

培养阅读能力是阅读教学目标的关键所在。正因为如此，《义务教育语文课程标准（2022 年版）》在课程“总目标”中就强调：“学会运用多种阅读方法，具有独立阅读能力。能阅读日常的书报杂志，初步鉴赏文学作品，能借助工具书阅读浅易文言文。”阅读能力指的是学生运用已有的认知结构与相关经验，顺利完成一定阅读活动的能力。一般可将阅读能力由低到高区分为四种。

第一，感知能力。感知能力是阅读能力的基础。感知是对文字符号的认读与辨识，感知能力即能正确、流利地把语句、语段读出来并初步感知

---

① 廖先．小学生阅读策略探究：学理辨析与框架建构［J］．语文建设，2019（10）：28－31．

其意义的能力。实现认读能力的目标需要学生辨别字形、读准字音，具有一定的识字量，掌握一定的词汇和句式。

第二，理解能力。理解能力是阅读能力的核心，是判断一个人阅读能力高低的主要标志。理解能力是在感知能力的基础上，深入文本的字里行间利用已有的知识和经验，通过想象与联想、分析与综合、归纳与概括、判断与推理等思维活动去把握文本本质含义的能力。理解能力既包括对字、词、句的理解，也包括对段、篇的理解；既包括通过文本言语内容，去领会作者的思想感情，也包括认识文本是如何通过言语来表达情感，进而体会文本表达的艺术，学习言语表达的精妙之处。

第三，鉴赏能力。鉴赏能力是指对文本的言语内容与言语形式进行鉴赏与评价的能力。鉴赏能力是对理解能力的进一步升华。《义务教育语文课程标准（2022 年版）》在第四学段“阅读与鉴赏”中的“体味和推敲重要词句在语言环境中的意义和作用。对课文的内容和表达有自己的心得，能提出自己的看法，并能与他人合作……”“欣赏文学作品，有自己的情感体验，初步领悟作品的内涵，从中获得对自然、社会、人生的有益启示。能对作品中感人的情境和形象说出自己的体验，品味作品中富于表现力的语言。”指的正是阅读鉴赏能力。对文本的鉴赏可涉及文本的言语内容与形式的各个方面，诸如思想主题、语言运用、表达方式、篇章结构等。

第四，创新能力。创新能力是对以上能力的再次升级。阅读创新能力指的是能够把经过感知、理解和鉴赏所获得的各种知识，根据需要灵活加以合理运用的能力。阅读创新能力主要不是吸收，而是运用。创新能力主要可表现为两种样态：第一，把阅读所获得的知识与经验迁移至新的阅读活动中去。第二，运用已有认知结构与经验去解读新读物，并进一步丰富、重建已有的认知结构和经验体系。

四、提高阅读品位，享受阅读

源于语文课程的人文性特征、文化自信之核心素养，立德树人的根本目标具体落实到阅读教学之上，便因阅读文本的文化内涵而具有独特的“文化育人”和“以文化人”优势。正是因为此，叶圣陶先生 20 世纪 40

年代时在谈到当时的阅读教学即讲读教学时就曾说道：讲读要负担“传播固有的和现代的文化”的任务。[①] 同样，《义务教育语文课程标准（2022年版）》和《普通高中语文课程标准（2017年版2020年修订）》也都提出让学生“读好书”“提升阅读品位”的要求。正是通过阅读品位的提升，让学生沉浸并涵泳于文本之中，实现阅读教学的育人目标：体悟自然界和人生百态，关心并热爱生活；体会中华文化的渊远与博大，汲取民族文化智慧，陶冶道德情操，提升人文素养；丰富精神世界，提升审美情趣，发展健康个性，形成健全人格。提高阅读品位，需要为语文课程注入源头活水，即中国特色社会主义新时代的文化，具体包括中华优秀传统文化、革命文化、社会主义先进文化。“这三个组成部分共同构成我国语文教育的源头活水与基本内容，也是新时代语文教育的特色所在，必须在中小学各学段的语文教育教学全过程贯彻落实。”[②] 在阅读内容上，则需进一步拓展和提升阅读对象的文化内涵，坚持长期以来所形成的文学名著、文化论著阅读传统，保证语文教材中经典选文的必要比重。在阅读过程上，则应突破浅阅读或通识性理解，从文化的角度进行深度解读。

五、养成阅读习惯，终身阅读

阅读习惯是由于长期的阅读实践活动而巩固下来的并变成需要的行为倾向。一旦形成阅读习惯，意识的控制便可降到最低限度，阅读活动也可自动完成。因此，良好的阅读习惯有利于学生实现高质量的阅读。正因为如此，在语文教育中人们非常重视阅读习惯的养成，甚至一度把培养良好的阅读习惯作为阅读教学的首要目的。

对于基础教育阶段的中小学生来说，阅读习惯的养成主要包括勤于读书的习惯，善于安排和利用时间的习惯，读以致用的习惯，虚心求教、质疑问难、使用工具书的习惯，边读边思边动笔的习惯，阅读过程中注意科学用眼、保持正确姿势、具有良好精神状态的习惯等。

---

① 叶圣陶．教材、教法和教学效率：《国文教学》序［C］//刘国正．叶圣陶教育文集：第三卷．北京：人民教育出版社，1994：113－116．

② 顾之川．迎接语文教育新时代［J］．课程·教材·教法，2018（6）：4－8．

第二节 阅读教学的基本理念

在汉语中，理念一般被认为是最根本的思想和观念。阅读教学的理念指的是对阅读教学的根本认识与把握。为阐释阅读教学的基本理念，以下拟围绕阅读教学的目标、视域、表现形态、品质等方面逐一阐释。

一、以素养为导向

这主要是就阅读教学的目标这一层面而言的，当然，从另一层面来讲，也是立足于阅读教学的结果。语文课程应围绕立德树人根本任务，充分发挥其独特的育人功能，以培育学生核心素养为目的。阅读教学作为语文课程最基本、最重要的组成部分，理应以素养为导向，并培育相应的阅读素养。素养导向中的素养不是一般性的素养，而是结构化的、起统摄、“聚合器”作用的“核心”素养。由此，阅读素养所涉及的知识（含事实性的陈述性知识、方法层面的程序性知识和监控性的策略性知识）、能力、态度（含兴趣、习惯、道德情感人格等）便不是越多越好，而是应基于核心素养培育的要求围绕阅读大概念进行精选。

以素养为导向的阅读教学在逻辑起点上需要从以往的学科或课程范畴中的“知识”转变为人（学生）。素养的主语是人而不是物，也不是学科或课程。因此，以素养为导向的阅读教学需要彰显学生的主体地位，将知识本位观转向为素养本位观。知识本位观主张知识的客观性与权威性、知识学习的系统性，这虽然有一定道理，却也由此导致重知识不重人、见分不见人等弊端。素养本位并不反对知识学习，相反，它还应以高质量的知识学习为前提，它只是认为知识学习是作为素养培育的手段和途径，而不是最终的目的。在以素养为导向的阅读教学中，知识的学习应在言语实践的过程之中被裹挟在素养培育中“自然”完成。

以素养为导向的阅读教学还需要基于语文课程和教材的特点和优势，以中华文化为根基，以“以文化人”为重要途径，落实立德树人根本任务。关于此，《义务教育语文课程标准（2022 年版）》提供了一个较好的实施框架：不仅在“课程目标”层面中将“文化自信”作为核心素养之首，要求学生“认同中华文化，对中华文化的生命力有坚定信心”，而且还在“课程内容”层面在“主题和载体形式”中突出中华优秀传统文化、革命文化、社会主义先进文化在语文课程中的核心地位，从具体占比上规定了这三种文化的“作品应占60%～70%”，同时，也在“内容组织和呈现方式”中予以了具体的落实。此外，在“课程实施”层面，则提出了继承和弘扬中华优秀传统文化、革命文化、社会主义先进文化的明确要求，“引导学生在学习语言文字运用的过程中，逐步树立正确的世界观、人生观、价值观，体认和传承中华优秀传统文化、革命文化、社会主义先进文化，积淀深厚的文化底蕴，增强文化自信”。

二、以大阅读为视域

这主要是从阅读教学的视域这一层面来说的。基于我国文化的整体性思维取向、语言文字的工具性、语文课程的综合性以及阅读本身作为最基本的学习途径和手段等各个方面的考虑，应从大语文教育的视域来把握阅读，这也即为大阅读。大语文教育力图改变语文教学只在课堂上、课本里进行的封闭式做法，努力“把语文教学纳入社会生活的广阔天地，使学生无论是在学校、在家庭还是在社会，都能学语文和用语文；无论是读书、看报、看电视、听广播，还是日常的听话、说话、写话，都可以学语文和用语文”[①]。作为一个有机整体，大语文教育不仅主张加强学校语文同家庭语文、社会语文的有机联系，还要加强语文课与其他学科的联系。从这一观点出发，大阅读在阅读范围上便不仅仅包括单纯的语文类阅读，也包括其他学科范畴内的阅读以及与社会生活息息相关的阅读。对此，吕叔湘先生也曾说道：“课外阅读范围很广，不限于文学作品，上至天文，下至地理，自然科学，社会科学，哪方面的知识都有，让学生多读，可以从中获得很多知识。”[②]

---

① 黄麟生，倪文锦．先进教育思想 高超教学艺术［M］．桂林：广西师范大学出版社，2014：197－198.

② 李行健，陈大庆，吕桂申．吕叔湘论语文教育［M］．郑州：河南教育出版社，1995：50.

大阅读之“大”主要体现在以下几个方面：第一，数量上的大量阅读。可说明这一现象的是在近些年的阅读教学之中，人们将阅读对象已从一文拓展至群文、从单篇拓展至整本书。除此之外，还可资佐证之一的是人们突破课内阅读之局限，日益重视课外阅读，并逐步将其纳入语文教学大纲和课程标准之中，一些研究者甚至早就提出“课外阅读教学”的说法。① 当前的《义务教育语文课程标准（2022 年版）》同样继承了以往义务教育阶段课外阅读总量不低于 400 万字的要求，在各个学段也对课外阅读量进行了明确规定：如在第一学段（1 ~ 2 年级）规定“课外阅读总量不少于 5 万字”；第二学段（3 ~ 4 年级）“课外阅读总量不少于 40 万字”；第三学段（5 ~ 6 年级）“课外阅读总量不少于 100 万字”；第四学段（7 ~ 9 年级）“课外阅读总量不少于 260 万字”。

第二，丰富的阅读方式。近些年来关于阅读的主张层出不穷，提出了种种阅读方式，据不完全统计，除课外阅读之外，还提出了诸如创造性阅读、探究性阅读、主题阅读、非连续性文本阅读、海量阅读、群文阅读、多文本阅读、超文本阅读、数字化阅读、大单元阅读等各种阅读方式。就《义务教育语文课程标准（2022 年版）》的课程内容层面的学习任务群中就涉及实用性阅读、文学阅读、思辨性阅读、整本书阅读等阅读类型与方式。在《普通高中语文课程标准（2017 年版 2020 年修订）》的相关学习任务群中则提出了整本书阅读、跨媒介阅读、文学阅读、思辨性阅读、实用性阅读等阅读类型与方式。这些都体现了阅读方式的日益丰富。

第三，多样的阅读文本形式。近些年来，我国语文教育界为适应社会发展和教育改革的需要，在阅读文本上努力克服以往偏重连续性文本的倾向，从可读、可视、可听三个维度纳入了多种文本形式，包括传统的纸质文本与现代的电子文本，连续性文本和非连续文本以及混合文本，文学类文本与信息类文本，单篇文本、多篇文本和整本书等。

三、以整合性阅读实践为表现形态

这主要是从阅读教学的表现形态这一层面来把握。加强学科实践是当

---

① 于源溟，周庆元．课外阅读指导的反思与前瞻［J］．中国教育学刊，2003（6）：38 – 41．

前深化课程改革、变革育人方式的重要方向之一。关于此，《义务教育语文课程标准（2022 年版）》在课程性质上，也认为“语文课程是一门学习国家通用语言文字运用的综合性、实践性课程”，在“课程理念”中则强调要“增强课程实施的情境性和实践性，促进学习方式变革”。值得注意的是，在阐述核心素养基本要素时，《义务教育语文课程标准（2022 年版）》提出：“在语文课程中，学生的思维能力、审美创造、文化自信都以语言运用为基础，并在学生个体语言经验发展过程中得以实现。”《普通高中语文课程标准（2017 年版 2020 年修订）》则围绕其语言的建构与运用、思维发展与提升、审美鉴赏与创造、文化传承与理解四个核心素养，阐释了它们之间的基本关系：“语言建构与运用是语文学科核心素养的基础，在语文课程中，学生的思维发展与提升、审美鉴赏与创造、文化传承与理解，都是以语言的建构与运用为基础，并在学生个体言语经验发展过程中得以实现的。”由此可见，当前阅读教学应以学生亲身阅读实践为基本表征，在对语言文字的理解、鉴赏、体验与运用过程中培育相应的阅读素养。

由于核心素养培育过程中对课程整合的要求，需要打破长期以来语文课程中各个学习领域如阅读、写作与识字写字等之间，语文课程与其他课程之间，语文课程与学生现实生活、社会实践之间的人为边界，实现它们之间的相互整合。所以说，阅读教学中的阅读实践是一种整合性的实践。主要表现为以下三个层面：

第一，语文课程内的阅读实践整合。这是基础教育阶段阅读实践整合的主要表现形态。语文课程内的阅读实践整合指的是各种言语实践如阅读、写作、识字写字等之间的整合。关于此，《义务教育语文课程标准（2022 年版）》通过学习任务群的方式将以往的各个学习领域如识字写字、阅读、写作、口语交际等整合成为相应的言语实践。如《义务教育语文课程标准（2022 年版）》设置了实用性阅读与交流、文学阅读与创意表达、思辨性阅读与表达等，其中如“实用性阅读与交流”这一学习任务群，便需要“在语文实践活动中，通过倾听、阅读、观察，获取、整合有价值的信息，根据具体交际情境和交流对象，清楚得体表达，有效传递信息……”。而《普通高中语文课程标准（2017 年版 2020 年修订）》同样设置了跨媒介阅读与交流、文学阅读与写作、思辨性阅读与表达、实用性阅读与交流等相关学习任务群，对阅读、表达等各种言语活动进行整合。当然，需要注意的是，鉴于本章阅读教学之定位，因此，本章理解这类整合，仍然需要以阅读活动为目标、主线和归宿，此类整合中其他语文实践更多的是为阅读实践服务。

第二，语文课程与其他课程间的阅读实践整合。即在语文课程与其他课程之间以跨学科实践的方式所进行的阅读实践。这类阅读实践整合一般是围绕一定主题，利用相关学科以及相应社会生活资源，从多个学科角度、运用不同学科内容和思维对文本进行多维、全面且深入的理解与体验，以此克服文本阅读的单一化、碎片化、浅层化，从而建立起系统的文本内容体系。《义务教育语文课程标准（2022 年版）》在“课程理念”中曾强调，要“注重课程内容与生活、与其他学科的联系”。在“跨学科学习”中也有类似的要求：“综合运用多学科知识发现问题、分析问题、解决问题”。《普通高中语文课程标准（2017 年版 2020 年修订）》提出“注意在生活和跨学科的学习中学语文、用语文”。在“中国革命传统作品专题研讨”学习任务群中提出：“要与政治、历史等学科的教师组成专题指导组，引导学生开展跨学科的研究，以深化学生对革命传统的理解和认识。”在“中国革命传统作品研习”学习任务群中也提出：“也可与历史课、地理课结合，组织跨学科的学习活动，在提高思想水平的同时，提高学生口头交流、现场记录、文稿整理、理论论证的能力和水平。”这些都在不同程度上触及了语文课程间的阅读实践整合这一形态。当然，与以上一样，这类阅读也应该具有“语文性”，即致力于语文课程中阅读素养的培育。

第三，语文课程外的阅读实践整合。鉴于基础教育阶段的基础性之定位，这种形态相对较少。语文课程外的阅读实践整合以完成现实生活任务为目的，是一种任务驱动型阅读。因此，它不是以简单的仅从认知层面对文本进行客观认识为本位，而是以通过阅读实践对文本意义进行建构性理解为本位，主要不是以阅读文本为主，而是以如何将文本阅读所得运用于解决一定的真实问题为主。在范畴上，它超出了学科或学校课程范畴，基于学校与生活之间的联结，且以生活为归宿，旨在“通过阅读来生活”，增进生活认知、提升生活情感和丰富生活体验。这种阅读形态也离不开教师的指导，只是此时教师的作用应由中心退至幕后，主要体现为：“学习的计划者和组织者，学习方向、指导和资源的提供者，语言和与语言相关行为的示范者，开展活动的协调者，探索知识、开发学习技能和策略的指导者和同伴，为学习者提供恰当反馈的评估者和记录者。”① 当前，我国在学习任务群之中的整本书阅读（而不是简单地读完整本书），便带有这一形态的特点。

四、以深度阅读为品质表征

这主要是从阅读教学的过程品质而言的。深度阅读有助于推进认识从现象到本质、从特殊到一般，满足人在思维广度和深度上的诉求，培养高阶的思维能力，并丰富和完善情感体验与审美体验，以及实现对语言文字的复杂和综合运用。因此，深度阅读是推进语文课程核心素养具体落地的一个有力抓手。近些年也备受人们的关注，不仅体现在对深度阅读的直接倡导，也蕴含于其他阅读方式如互文阅读、群文阅读、整本书阅读之中。同样，近些年人们所倡导的应“读好书”“读有品位的书”等主张，同样具有深度阅读之倾向。

深度阅读是具有一定深度的较深层次的阅读，它相对于以轻松、娱乐为表征的“浅阅读”而言。深度阅读主张阅读不是对文本的简单理解，而是透过文字符号的表面去把握其内在含义，具体表现为对文本的深识、深思、深悟等。具体也可从四个不同角度对深度阅读的内涵进行揭示：“一是从阅读内容来看，认为深度阅读不仅要读文字符号的表层意义，还要读出文字隐藏的深层意蕴。二是从阅读过程来看，认为深度阅读是从‘文本表面’逐渐深入‘文本底层’的建构意义的过程。三是从阅读方式来看，认为深度阅读的关键在于深刻的体验与思考。四是从阅读结果来看，认为生成与创新是深度阅读的最终追求。”②

深度阅读具有不同的表现。从学生的角度来看，处于不同学情之下深度阅读的要求是不一样的，如同样对文学作品，在第一学段（1～2 年级）

① 龚亚夫，罗少茜．任务型语言教学［M］．北京：人民教育出版社，2006：81．

② 唐明，李松林．聚焦意义建构的语文深度阅读教学［J］．中国教育学刊，2020（5）：60－65．

仅仅为："阅读浅近的童话、寓言、故事，向往美好的情境，关心自然和生活，对感兴趣的人物和事件有自己的感受和想法，并乐于与他人交流。诵读儿歌、儿童诗和浅近的古诗，展开想象，获得初步的情感体验，感受语言的优美。"第四学段（7～9 年级）则为："欣赏文学作品，有自己的情感体验，初步领悟作品的内涵，从中获得对自然、社会、人生的有益启示。能对作品中感人的情境和形象说出自己的体验，品味作品中富于表现力的语言。"

从文本的角度即文体的差异来看，文体不同，其深层解读的目的、特征、过程与方式也不一样。对于文章类文本，其深度阅读主要是努力去接近文本的原意，其阅读基本过程主要表现为通过视觉系统去接受书面语言所传递的信息，并理解书面语言中的意义、内容和思想感情。这需要对文本原意的客观复现和忠实反映，尽量避免个人感情色彩和主观联系和想象，尽量避免主观性解释、无界性拓展、随意性引申，尽可能实现对文本内容的准确、完整和深刻理解。而对于文学类文本，则应在建构主义、阅读对话理念的引领下，将阅读视为一个学生与文本在相互对话过程中不断构建、生成意义的动态过程。在这里，实现文本意义的建构是关键，这便需要教师引导学生作为审美主体对文本进行阅读观照，引起学生的联想和想象，激发其内心情感，使心灵进入并驰骋于美妙的艺术时空之中，超越现实生活中的物欲与功利，进而引导学生基于自身的审美理想、阅读体验、生活经验去实现对文学文本意义"空白""不确定的召唤结构"的填充与确定。

第三节　各类文体的阅读教学

在阅读教学中，明确每篇课文的文体分类，对于阅读教学具有重要意义。明代徐师曾在《文体明辨序说》中引宋代倪思的"文章以体制为先，精工次之"，以及明代陈洪谟"文莫先于辨体，体正而后意以经之，气以贯之，辞以饰之"[①] 的说法，鲜明地表明了古人"文以辨体为先"的观

① 徐师曾．文体明辨序说［M］//王水照．历代文话：第二册．上海：复旦大学出版社，2007：2048．

点。无论阅读还是写作，都要先辨明文体，这对于中小学生学习语文，对于语文教师教好一篇篇课文，都具有决定性意义。简言之，阅读教学须“依文（体）定教”。

《义务教育语文课程标准（2022 年版）》把发展型学习任务群分成“实用性阅读与交流”“文学阅读与创意表达”“思辨性阅读与表达”三类①，《普通高中语文课程标准（2017 年版 2020 年修订）》把语文课程所包含的语篇类型也分为“实用类”“文学类”“论述类”三类②。近年中、高考语文试卷上的现代文阅读，题干也常以“实用文阅读”“论说文阅读”“文学作品阅读”名之。可见，这些说法、称谓，已得到语文教育界的普遍认可。其实，“思辨性阅读”与“论说文阅读”名称虽异，但在阅读对象、阅读要求等方面却相差不大，甚至很多时候可以相互替代。从功能上来说，“思辨性阅读”“论说文阅读”也着眼于人们的日常生活，具有重要的实用价值，如新闻里的社论、评论，学术论著等，它们也可以划入“实用性阅读”。新版课程标准把它们单独列出，实为强调、突出它们对于学生逻辑思维的训练价值。而文学阅读，多与人们的精神生活（非日常生活）密切相关。综上，我们可以按照课文的不同功能，把语文教材里的课文大致划分为“实用文”“文学作品”两个大类。

语文教材里还有一类特殊文章，即古代文言文，它们对于中小学生传承古代优秀文化、学习语言具有重要作用。它们是从使用的语言来命名的，与之对应的概念应该是“语体文”（现代白话文）。因为它们数量众多，从功能来说，有的可以划入实用文，有的可以划入文学作品，但考虑到它们的教学都需要进行古汉语的学习，有很多相通之处，因此单独列为一个大类。

一、实用文阅读教学

实用文能够满足人们日常生活的需要，具有实际的应用功能，主要指

① 教育部．义务教育语文课程标准（2022 年版）［S］．北京：北京师范大学出版社，2022：23－31.

② 教育部．普通高中语文课程标准（2017 年版 2020 年修订）［S］．北京：人民教育出版社，2020：8.

一般性的记叙文、说明文、议论文和常用应用文。这类文章以传递信息为主，追求真实而非虚构，在语言表达上讲究简明、准确、清晰。由于它们在日常生活里应用广泛，以及长期以来语文课程的“工具性”教学理念，语文教材里这类文章占比较大。学习这类文章，要准确理解文章信息，理解文章传递信息的思路、逻辑，同时要分析文章语言和结构。

（一）记叙文阅读教学

记叙文是以记人、叙事、写景、状物为主要内容，以叙述、描写为主要表达方式的一种文体。除一般性记叙文外，还包括新闻、通讯、传记、报告文学、回忆录、特写、游记、速写、故事等。它居于三大教学文体之首（另外两种是说明文、议论文），并且是所有文体阅读教学的基础。

根据记叙文的特点，记叙文教学要掌握文章内容，厘清文章顺序，把握文章主题，并能够对细节、语言展开分析。记叙文教学的最终目标是提高阅读、写作记叙文的能力。

记叙文阅读教学的要点有以下 4 个。

1．掌握文章内容，把握记叙文的“六要素”

记叙文的“六要素”，是指时间、地点、人物，事件的起因、经过和结果，弄清楚了这“六要素”，基本上也就能够把握文章的主要内容。在这“六要素”中，人物和事件是最基本的要素，很多时候人物和事件是结合在一起的，很难分开，即人物刻画需要借助于事件，而事件往往是人物的故事或经历。在教学实践中，在熟读课文的基础上，可以以表格、思维导图、路线图等形式完成“六要素”分析，还可以借助“六要素”完成课文的复述、概括等学习任务。

2．理清文章顺序

记叙文涉及众多人、事、景、物，要把它们交代清楚，叙述的顺序就显得特别重要，高明的叙述者会精心选择叙述的顺序。从时间因素来看，叙述顺序包括顺叙、倒叙、插叙和补叙。一篇文章有时会选择一种叙述顺序，有时会以一种为主、其他叙述顺序为辅的叙述策略，前者显得线索清晰，后者则会让文章显得摇曳多姿。如陆定一的《老山界》，选自《中国工农红军第一方面军长征记》，是一篇回忆录，它采用顺叙的叙事方式来记述红军翻越老山界这一事件，它在时间推移中也有空间变化，具体呈现为“时空转移”的叙述顺序。

3．把握文章叙述技巧

记叙文常见的两个重要叙述技巧是：①详略：详略也是一般文章的写作技巧，但在记叙文中更为常见。作者写得详细的内容，自然是作者认为最值得写、最能够表现主题的，这些地方往往细致、具体、全面、生动。略写的地方，则需要分析它是怎样略写的（往往是概述，或写得不全面、粗疏）。②多种表达方式相结合：记叙文以叙述、描写为主，但也兼容议论、抒情。教学中需要找出各种不同的表达方式，重点、难点是分析这几种表达方式是怎样结合在一起的。一般来说，叙述可以用来交代背景、叙写经历，描写用来刻画细节，抒情是升华情感，议论则是揭示意义。叙述、描写是抒情、议论的基础，前者做好铺垫，后者使前者得到深化。

4．对文章细节、语言进行分析

记叙文中往往有大量生动的细节，以及一些特别的语言表达，在教学中，对于这些能够体现文章“个性”的地方，要加以关注，要带着学生朗读、品味、分析，并进行知识的迁移运用，以形成学生的阅读、写作能力，全面提高语文核心素养。

（二）说明文阅读教学

说明文是一种以说明为主要表达方式，以说明事物、阐明事理为主要内容的一种文体。它通过介绍事物的形状、构造、类别、关系、功能，解释事物的原理、含义、特点等给人们以知识，一般分为事物性说明文和事理性说明文两类。说明文追求知识性和客观性，较少渗透写作者的主观情感。在语言表达上，追求准确、客观、平易、朴实。

说明文阅读教学的要点有以下 4 个。

1．明确说明对象及其特征

说明文的说明对象，有的从标题中很容易看出，如茅以昇的《中国石拱桥》，标题即说明对象；有的从标题不容易看出，如竺可桢的《大自然的语言》，其说明对象是物候现象，标题是一种比喻的说法。另外，事物性说明文的说明对象也容易判断，事理性说明文的说明对象是事理，相对难以判断。例如，陶世龙的《时间的脚印》是一篇事理性说明文，其说明对象是岩石记录时间的“奇异功能”，不能说是“岩石”。

优秀的说明文会紧抓说明对象的特征来进行说明，教学中要引导学生明确说明对象的特征，要思考说明对象的特征是什么，进而思考课文是怎样提炼出这些特征，以及如何围绕特征展开说明的。

2. 理清说明顺序

说明文的说明顺序对于说清楚事物或事理极其重要，它一般是依据说明对象的特点及人们对事物的认知规律来决定的。常见的说明顺序有：时间顺序、空间顺序、逻辑顺序。介绍事物的发展演变往往用时间顺序，说明事物的结构、布局等多用空间顺序，而阐释事物的原理、特点、成因等则多采用逻辑顺序。例如，《大自然的语言》的作者先描述大自然的物候现象，引出物候、物候学的概念，再说明影响物候现象的几个因素，最后说明研究物候学的重要意义，这是一种从现象到本质的逻辑顺序。

由于说明对象的复杂性，说明文往往把几种说明顺序有机结合在一起，很多时候全文总体上是一种说明顺序，在局部又使用了其他的说明顺序，在教学中要注意加以识别。

3. 分析说明方法

说明文为了把说明对象的特征说清楚，往往会灵活采用多种说明方法。常见的说明方法有：举例子、打比方、列数据、分类别、下定义、做比较、绘图表、做诠释等。在教学中，要结合课文内容把各种说明方法弄清楚。在讲说明方法时，要让学生思考几个问题：①这里运用了什么说明方法？②不用这种说明方法，可以吗？③能否用其他说明方法替代？

4. 把握说明语言

一般来说，说明文的语言追求平实、简明、准确、客观，少情感参与，但有时为了特殊目的（如趣味性），像很多科普性文章、科学小品文也会追求一种“生动的说明”。教学时，要注意让学生感受、比较这两种说明风格，甚至可以让学生进行两种说明语言的“切换”，以提高对说明语言的把握能力。

（三）议论文阅读教学

议论文是以议论为主要表达方式，以论辩说理、明辨是非为主要内容的一种文体。一篇议论文要具备论点、论据、论证这三个要素。论点，是议论文所表明的观点；论据，是用来证明论点的理由或根据；论证，是用论据来证明论点的过程和方法。议论文教学，需要学生弄清楚文章的观点、论据的类型，以及论证的逻辑过程，它对于训练学生的逻辑思维极为有益。学生要通过议论文的学习，学会阅读、写作一般性的议论文，并提高自己的思想水平。

议论文教学的要点有以下4个。

1．明确议论文的论点

论点是议论文的灵魂，明确议论文的论点是理解一篇议论文的关键。有时，一篇议论文围绕中心论点还会提出几个分论点。有的议论文会明确提出论点，有的议论文则把论点藏在文字背后，需要读者归纳、总结。有的议论文开门见山提出论点，有的在文章中间的论述过程中提出论点，有的则在文章结尾处才提出论点，因此其出现的位置非常灵活。教师在引导学生阅读文章的基础上，去发现或提炼文章的论点，并思考论点是否正确，于自己可有什么教益，以此来锤炼学生的思想和逻辑思维能力。

2．区分议论文的论据

论据是议论文的重要组成部分，它充分、可靠，议论文的论点才会令人信服。在学习议论文过程中，要引导学生区分观点与材料（论据），要明确论据的类型（事实论据还是理论论据）。对于比较重要的论据，要考察其来源，在文中的呈现方式。如事实论据，要思考：这是什么事实？它可靠吗？代表性怎么样？它是概括的，还是具体的？它能够有力地支撑论点吗？如果是几个事实论据，则须进一步思考：它们之间的关系怎样？是否雷同？如果去掉其中一两个，是否会影响课文的逻辑力量？能否更换为其他的事实？……如果是理论论据，也需要思考类似问题。从全文来看，还须思考理论论据与事实论据的分工与配合问题。

3．分析议论文的论证

议论文的论证体现的是论据和论点之间的逻辑关系，它既是议论文用论据来证明论点的过程，也是议论文用论据证明论点的方法。有了论证，议论文才有令人信服的逻辑力量。议论文的论证方式一般有三种：立论、驳论、立论驳论相结合。议论文的论证方法有：正反对比论证、引用论证、事实论证、类比论证、演绎论证、归纳论证等。不同于论点、论据可以直接在文中找到，论证深藏在议论文文字背后，需要仔细、深入地分析才能够准确判断出来。这对于学生的逻辑思维有很高的要求，在议论文教学中宜进行大量的这种分析训练。

4. 体会议论文语言的逻辑性

议论文的语言具有准确、严密的特点，特别讲究逻辑性。为了不留漏洞并加强论证的逻辑力量，议论文的语句大量使用关联词、复句和各种限定语。针对这些特点，特别需要在教学中进行语句的“逻辑性”检测与分析，如去掉关联词，去掉限定语，改为生动的叙述句、描写句……然后与原句进行对比分析，其逻辑性强的特点自然能够被学生体会到。

（四）常用应用文阅读教学

常用应用文指日常生活中大量使用、极为常见、有着固定格式的实用性文章，如通知、总结、说明书、调查报告、公文、书信、日记等。这类文章以传递信息为主要目的，因此语言平实、简明、准确。在外观上，往往有固定的格式，一般不可随意改变。在阅读、写作这类应用文时，要熟悉其格式，追求格式、语体的规范性。相对于其他文体来说，这类文章学习难度较小，在这里就不做详细的讲解了。

二、文学作品阅读教学

文学是语言的艺术，而艺术的本质是求美的，从这个意义上说，文学作品阅读教学是与新课标提及的语文核心素养中的“审美”要素联系最紧密的。每个生命个体既有现实生活需求，也有精神生活需求，从语文课程的角度来说，前者主要由实用文来解决，后者主要文学作品来提供。从语言规范来说，实用文追求语言的简明、准确、规范，文学作品则追求语言的“陌生化”，总是力图打破规范，努力创造生动、形象、新颖的文学语言，追求的是语言的创造性。独创性的文学语言总是给人们以新奇的审美感受，能够使读者在形象生动的语言品味中涵养性情，提高审美能力，学习优秀文化，从而达到丰富精神生活、促进人的精神成长的目的。文学作品也许不像实用文那样具有实际的应用功能，但它能够解决人的精神世界中的深层次问题，对人产生持续的、长久的影响，是“不用之用，方为大用”的最好体现。

文学作品因其形象生动的语言，丰富复杂的人物故事，优美有趣的风物而使学生喜爱阅读，又因为独创性的语言、别具匠心的创作技巧、反映生活的广度、深度等因素而让学生觉得很难深入学习。在教学中，教师要引导学生克服畏难情绪，从文学作品的语言出发，在诵读、分析、鉴赏的基础上，进行各种形式的深入研读，并进行以文学知识、写作技巧为主要内容的迁移运用。同时，鼓励学生在课外进行大量的文学阅读与写作，培养阅读兴趣，提高文学阅读、写作能力。在文学作品阅读教学中，要注意采用“整体—局部—整体”的阅读路径，以及“内容—形式”互动的阅读策略。

文学作品按照传统的“四分法”，主要指诗歌、散文、小说、戏剧四类，在《义务教育语文课程标准（2022 年版）》中还特别提到了“儿童文学作品”，以上文类的阅读教学都各有自己的“专业性”要求。

（一）诗歌阅读教学

诗歌是语言凝练、结构跳跃、富有节奏和韵律，高度集中地反映生活、表情达意的一种文学体裁。诗歌的本质属性是抒情性、凝练性、跳跃性和音乐性。从语言的角度来说，诗歌语言是最具创造性、最优美的。在各种文学样式中，诗歌出现最早，并在漫长的诗歌发展史上形成了众多的诗歌类型。从诗歌的内容来分，有抒情诗（占绝大多数）和叙事诗；从诗歌创作年代来说，有古代诗歌和现代诗歌；从形式来分，有古风、格律诗、自由体诗、散文诗、民歌等。广义的诗歌还包括词和曲。

诗歌教学的目标，首在培养学生的“诗性”情感，培养学生对诗性语言的感受力，并提高审美能力、思维能力和文化素养。从语文学习来说，还须学会阅读、鉴赏诗歌，以及尝试写作诗歌。

诗歌阅读教学的要点有以下4个。

1. 感悟诗歌情感

诗歌一般篇幅短小，绝大多数为抒情诗，占比较少的叙事诗也带有浓郁的抒情性，因此诗歌的教学重点就是在熟读、鉴赏诗歌的基础上，感悟诗人在诗歌中传达的情感。感悟诗歌情感，需要回答如下问题：这首诗抒发的情感是什么？诗人是在什么背景下抒发这种情感的？自己有没有类似的情感经历？这首诗是怎样抒情的？还有哪些诗歌也抒发了相同或类似的情感？……

2. 解读诗歌意象

诗歌一般较少直呼式抒情，它们往往借助一些艺术技巧来使情感表达婉转、含蓄，选择合适的诗歌意象，借有意味的意象来表达情感就是一种重要的抒情方式。意象是指客观物象经过创作主体独特的情感活动而创造出来的一种艺术形象，是由主观的“意”和客观的“象”相融合而产生的具有某种特殊含义和文学意味的具体形象。在《我爱这土地》这首诗中，艾青借助一只嘶哑着喉咙歌唱的鸟来表达对土地、祖国的爱：它歌唱土地、河流、风和黎明，最后它死了，羽毛也腐烂在土地里面。显然这只鸟被诗人赋予了特别的含义，它是苦难中为国家、人民的命运而歌唱的诗人乃至所有爱国者的象征。解读这首诗，要分析这只鸟的特殊性（形象的特殊性、意义的特别性），并进而思考诗人为什么选择“鸟”而不是其他物象来抒发自己的情感。

有些诗歌，意象与背景、氛围组接在一起，就形成了“意境”。对于有意境的诗歌，要分析其意境的构成要素以及意境对于情感表达的价值和意义。

3. 把握诗歌结构

诗歌语言具有跳跃性，主要表现为诗句之间往往呈现出“似断实连”的逻辑特征。同时，因为诗句（尤其是古代格律诗、词、曲的句子）具有相对独立性，因此一般读者往往注意到句子的优美，而相对忽略整首诗各句之间的逻辑联系，导致缺少对诗歌整体结构的思考。见句不见诗，是诗歌阅读的大忌。教师应该带领学生从诗题开始读起，逐句读下去，然后对整首诗进行逻辑结构上的分析。它怎样开头，怎样展开，怎样结句，怎样由上句跳到下句，一、二句与三、四句是什么关系……我们来看下面这首诗：

赠汪伦

李　白

李白乘舟将欲行，忽闻岸上踏歌声。

桃花潭水深千尺，不及汪伦送我情。

这首诗一、二句写一件事，三、四句写由这件事引起的感慨，其枢纽则是汪伦“踏歌”的隆重送别方式，全诗结构是“叙事＋抒情”。厘清了一、二句与三、四句的关系，则能够整体把握全诗，并深刻理解李白、汪伦之间的深厚友情。古人写诗讲究“起承转合”，以这种模式来分析《赠汪伦》也是合适的。第一句是起（“欲行”），第二句是承（“忽闻”），第三句是转（“潭水”），第四句是合（“汪伦”，扣题）。通过分析诗句之间的逻辑关系来把握诗歌的整体结构，能够对诗歌“是怎么抒情的”这个问题有更深刻的理解。

4．品味诗歌语言

诗歌语言是凝练而优美的，品味诗歌语言要从两方面着手：①语言的音乐性，含节奏、重音、押韵、平仄等；②语言的创造性，主要是炼字炼句的方法与效果，涉及词语的选择、句式的调整安排等。前者要加强诵读、背记训练，后者则要多分析、多比较。如“红杏枝头春意闹”，从炼字来看，“闹”字用得特别好。近代学者王国维在《人间词话》中评论说：“著一‘闹’字而境界全出。”① 一个“闹”字不仅写出了红杏的众多和纷繁，而且把生机勃勃的大好春光全都渲染出来了。从句子构成来讲，这句诗可与它的现代汉语翻译句子对比，它是三个名词“红杏”“枝头”“春意”加上一个动词“闹”连缀在一起，表现一种复杂的逻辑关系，也可以说是一种复杂逻辑关系的“压缩”和重新组装。这样的分析、研读，能够带领学生真正切近“诗的语言”。

从整体来看，诗歌的教学策略应该是多诵读多背记，多品味多比较，掌握一些读诗的方法。在此过程中，培养学生阅读诗歌、写作诗歌的兴趣。诗歌的写作，可以从仿写起步，先仿写结构，再仿写内容，最后仿写

---

① 陈鸿祥．人间词话 人间词注评［M］．南京：江苏古籍出版社，2002：20.

语言和风格。仿写到一定程度，学生就可以进入自由创作了。由于中小学语文考试不考诗歌写作，所以中国传统的“诗教”在今天没有得到很好的传承，一般学生不仅不会阅读诗歌，更不会写诗歌。我们的语文教育要做这方面的修正工作，以赓续中国作为诗歌大国的优良传统。

（二）散文阅读教学

散文有广义和狭义之分。在中国古代，散文是与韵文相对的一个文体概念，指韵文之外所有单行散句的文学作品。在近现代西方文论中，散文既包括诗歌之外的一切文学作品，也包括一般科学著作、论文、应用文等。狭义的散文即文学意义上的散文，是指与诗歌、小说、戏剧等并列的一种文学样式。我们在这里讨论的，是中小学语文教材里带有浓厚文学色彩的散文，是狭义的散文。

狭义的文学性散文，其文体规定性是什么呢？中国散文学会会长林非先生认为，散文是“一种侧重于表达内心体验和抒发内心情感的文学样式，它对于客观的社会生活或自然图景的表现中间，主要是以从内心深处迸发出来的真情实感打动读者”①。林非先生的这一解释阐明了散文表达作者“真情实感”的本质特征。除此之外，散文还具有题材广泛、结构自由灵活（“形散”）的特点。散文具有记叙、议论、抒情三种功能，相应地，散文可以分为记叙性散文、议论性散文和抒情性散文三种。在语文教材中，《从百草园到三味书屋》《藤野先生》《背影》等是叙事性散文；《拿来主义》的说理生动形象，不同于一般性议论文重逻辑、文学性不足的特点，是议论性散文（鲁迅杂文大多数属于这一类）；《白杨礼赞》《春》《荷塘月色》等是写景抒情性散文。

散文阅读教学的要点有以下 4 个。

1. 分析散文的情感指向

散文里的人、事、景都被作者的主观情思所笼罩，客观性弱化，主观性凸显，因此散文教学的重点即在于在理解课文主要内容的基础上分析作

① 林非. 关于当前散文研究的理论建设问题［M］//林非. 散文的昨天和今天. 广州：广东人民出版社，2016：26.

者的写作意图，即作者的情感指向是什么。作者的情感指向，决定了散文向何处“聚焦”，决定了散文的选材、详略、语言表达等重要问题。例如，朱自清的《背影》，写“我”对深沉父爱的理解、感激与愧疚，把父爱放到“我”的情感变化中去写，自然较客观的描绘更为动人。

2．理清散文的行文思路

人们常说散文的特点是“形散神不散”（“形散神聚”），这主要是指散文在外观或结构上的特点，即行文自由、灵活，较少拘束。这种写法极大地拓展了散文的表现内容，但也带来了散文阅读、鉴赏上的困难：如何从整体上把握散文里各个看似松散的板块、内容？散文里的记叙、议论、抒情是如何黏合在一起的？

具体有以下两个办法。

一是“寻找线索”。有些散文的行文线索比较明显，如《背影》以“背影”为线索，全文四处“背影”串联起所有的材料；鲁迅的《从百草园到三味书屋》以“时空转移”为线索。

二是“逻辑分析”，即在把握各个板块内容的基础上，分析它们之间的逻辑关系，然后形成散文的整体框架。例如，朱自清的《春》，开头写人们盼望春天，中间是春天来到后对春天美景的描绘，结尾是热烈赞美春天，符合人们的感受和一般的认知逻辑。在描绘春天部分，刻画了“春草图”“春花图”“春风图”“春雨图”“迎春图”，它们之间有一个大致的时间线条，以及“从自然到人文”的逻辑顺序。

3．把握散文的细节刻画

散文往往是作者对生活独特发现的情感表达，这个独特很多时候表现为对生活的独特观察和独特思考，这种独特性最集中表现在散文里的一些感人的细节上。如朱自清《背影》中父亲攀爬月台去买橘子的细节，杨绛《老王》中最后一次见老王时老王“镶嵌在门框里”的细节……对于这些细节刻画，要从“读—析—赏—用”的教学步骤来展开教学。

4．学习散文的语言技巧

散文的语言是高度个性化的语言，成熟的散文作家都有自己独特的语言风格。散文教学的一个重点（有时也是难点）就是学习散文特别的语言技巧。在一篇散文作品中，语言技巧会表现在词语、句式的选择，修辞方法的使用，乃至叙述、描写、抒情、议论的有机结合等。研读散文的语言，关键是要把这篇散文语言的独特性给分析出来，让学生去感受、体悟、学习。

（三）小说阅读教学

小说是一种通过虚构人物形象和故事情节来反映社会生活的文学样式。它主要采用叙述、描写，在本质上属于叙事性作品。小说往往故事情节曲折，人物性格刻画细致、生动，还辅之以精彩的环境描写，人物、情节、环境构成小说“三要素”。与一般记叙文的真实性追求不同，小说的情节、人物都是虚构的，而且在叙事的长度、复杂性、完整性方面远超一般记叙文。与散文表现作者的真情实感不同（有较强的主观性、抒情性），小说强调对客观现实生活的“模拟”，作者往往在叙述中隐退，主观性、抒情性不强。一般来说，一般性记叙文、散文在人物、事件的刻画上不追求完整性、丰富性，小说则相反，因此小说往往具有较长的篇幅和较大的社会生活容量。

我国古典小说是从古代神话、传说、先秦诸子中的寓言故事和史传文学发展而来的。六朝志怪是我国小说的雏形，唐代传奇标志着我国古典小说的成熟，宋、元以后出现了话本小说和章回小说，明、清是我国古典小说的高峰时期。近现代以来，我国小说又汲取了外国小说的营养，形成了与古典小说截然不同的现代小说，出现了诸多新的小说类型。

小说的阅读教学要在尽量细分小说类型的基础上，引领学生研读“这一篇”小说的“个性”，培养学生鉴赏小说的能力。

小说阅读教学的要点有以下 4 个。

1. 从小说叙事的角度，分析故事情节

小说是叙事的艺术，因此从叙事学的角度来分析小说自然是小说阅读教学的应有之义。小说的叙事学分析，涉及如下几个问题：①叙事视角，也就是叙事的人称问题；②叙事的详略，即概述与细节刻画的对比、结合问题；③叙事的完整性，即小说中故事情节有无“空白”“残缺”；④叙事的线索，众多事件的内在逻辑关联问题；⑤叙事中的非叙事因素介入问题，如小说中的抒情因素。这里面有很多专业性知识，在小学阶段，宜进

行通俗化讲解与分析，到中学再逐步渗透专业性的概念和知识。

在中小学的小说阅读教学中，要注意区分中国古典小说和现代小说，前者故事性强，重视情节中的因果逻辑，后者则汲取西方小说的表达手段，出现很多削弱情节因素的“横截面式”小说、心理小说、抒情小说等小说类型，在故事情节的营造上存在很大差异。小说的阅读教学，应该从叙事的角度深入下去，对小说进行情节、结构上的整体把握。

2. 从性格命运的角度，分析人物形象

小说里的人物形象分析，除像一般性记叙文那样从外貌、语言、动作、心理、神态来分析外，还需要注意从人物性格、命运与情节发展之间的逻辑关联来展开分析。前者是静态分析，后者是动态把握。

小说里的人物，从性格上来说，一种是性格稳定、不变的，即所谓的“扁平人物”；另一种是性格随着情节发展而变化的，即所谓的“圆形人物”。扁平人物，随着情节发展其性格在基本不变中得到强化、丰富和更为细腻的展示，并影响其命运走向，如《孔乙己》中的孔乙己。圆形人物，随着情节发展其性格也发生较为明显的改变，是命运遭际影响性格的发展，如《骆驼祥子》中的祥子。

3. 从独特风格的角度，分析语言表达

小说往往篇幅较长，生活容量大，其语言表达也更为丰富多彩。小说语言分析，一是注意对局部的精彩词、句、段的赏析，二是注意对整体语言风格的把握。成熟的小说家，其语言往往形成独特的地域风格和文化特色，如鲁迅、沈从文、赵树理的乡土小说语言，鲁迅的简洁准确传神，沈从文的明丽干净生动，赵树理的口语化大众化。在学生达到一定的小说阅读量、有一定的阅读经验积累以后，宜对多篇小说进行比较分析，获取对小说语言“个性”的真实感受。

4. 从作者意图的角度，分析主题主旨

作者的写作意图，主要依靠对文本自身的解读，有时候也适当补充小说的背景资料、研究资料，以及作者的创作心理、创作体会等。例如，讲鲁迅的《祝福》，宜放在五四新文化运动的启蒙背景下来解读其文化批判指向，单讲祥林嫂的命运悲剧还稍显单薄了些。

因语文教材篇幅的限制，入选语文教材的小说要么是短篇小说，要么是中长篇小说的节选，在新课标强调整本书阅读的背景下，教材里小说的教学应该与其所收录的小说集、整部小说关联起来，在更大的阅读视野范围之下去呈现“这一篇”小说的“个性”。

总之，小说的阅读教学，应该围绕上述学习目标设计具体的学习活动和学习任务。

（四）戏剧阅读教学

戏剧，是以语言、动作、舞蹈、音乐等形式来塑造人物、叙述故事的一种综合性舞台艺术。文学上的戏剧概念是指为戏剧表演所创作的脚本，即剧本。剧本是一种侧重以人物台词为手段，集中反映矛盾冲突的文学体裁，其基本特征是浓缩地反映现实生活，集中地表现矛盾冲突，以人物台词推进戏剧动作。中国传统戏剧也称戏曲，人物在舞台上有说有唱，其剧本相应地有念白和唱词。现代话剧是自外国引进的舞台艺术，只有说的台词。无论传统戏曲还是现代话剧，都是围绕强烈的矛盾冲突来塑造人物、刻画事件的。中小学的戏剧阅读教学，实际上是阅读剧本的教学，其目的是了解戏剧剧本的特点，学习戏剧塑造人物、叙述故事的方法，提高学生阅读、鉴赏、评论戏剧剧本的能力，并提高欣赏戏剧的艺术素养。

戏剧阅读教学的要点有以下 3 个。

1. 围绕矛盾冲突，明确剧情

剧情指的是剧本的情节。剧本的情节一般分为开端、发展、高潮和结局。戏剧与小说都是叙事性文学作品，但戏剧剧情较小说的情节发展更迅速，人物矛盾冲突也更为集中和尖锐。在通读、熟读剧本的基础上，要引领学生分析剧本的冲突是什么，围绕冲突剧本叙述了一个怎样的故事，反映了怎样的思想主题。因为教材篇幅的限制，入选语文教材的戏剧都是剧本节选，在必要时要补充整个戏剧的故事情节、背景资料、研究资料，以让学生对节选剧本部分的故事情节有一个全面、深入的把握。

对于冲突和剧情，教学中可以采用书面语归纳、口头语复述概述、思维导图、场景划分、剧情猜测、剧情改写续写等方式来展开教学。

2. 以人物语言为中心，分析人物性格

戏剧语言具有个性化、动作化、富有潜台词等特征，剧本的阅读教学

要以此为教学重难点。要在揣摩人物心理的基础上反复朗读、体味，分析人物语言的用词、句式和语气语调。中国传统戏曲中还有大量唱词，像元杂剧中的宫调，是曲中的精品，更是优美的诗歌语言。剧本教学中，要以人物语言为中心，开展诵读、体悟、分析、表演等多种形式的活动，活动充分了，人物的性格、命运也就出来了。

3. 学习戏剧的多种表现手段

戏剧是一种综合性舞台艺术，剧本为了适应舞台表演，发展出了“误会”“发现”“巧合”“反转”等剧情设置技巧，以及“三一律”等规则。为配合表演，戏剧还有舞台布置、服装道具、声光电配合等技巧。在教学中，可以适当补充这方面的知识。

剧本的本质是叙事性文学作品，在教学中，除了按照一般叙事性作品分析人物、厘清情节结构之外，还要多花工夫学习剧本的语言。同时，还可以利用其配合舞台表演的优势，开展分角色朗读、精彩场景表演、剧本改写等学习活动，以全面提升学生阅读、鉴赏剧本的能力。

（五）儿童文学作品阅读教学

中小学语文教材选编了不少儿童文学作品，如儿歌、童诗、童话、寓言、故事等。对于儿童文学作品的阅读教学目标，一是要培养学生的阅读兴趣，二是培养学生的阅读习惯，三是提高学生的阅读能力，从而全面提升学生的阅读素养。在具体教学中，要充分考虑各种儿童文学作品的文体特性，要利用其文体特性来展开阅读教学活动。

例如，童话的教学，一要考虑童话的叙事性特征，让学生厘清故事发展脉络，学会归纳、概括、复述故事，也可以开展以改写、续写、缩写、扩写等形式的读写结合训练；二要考虑童话富有想象力的特点，在教学中注意对学生进行想象力思维训练，分析课文为何能够进行如此想象，我们还可以进行怎样的想象，甚至可以离开课文，进行创造性的想象思维训练，如自己编写童话故事。

再如寓言的教学，结合寓言的“叙事 + 道理”特点，学会用简洁的语言讲一个蕴含深刻道理的故事。寓言的文体奥秘是故事简洁，寓意深刻，或启示或讽刺，关键是故事的叙事指向与道理紧密结合。相同的故事，不同的讲法，可以有不同的寓意。因此寓言的教学，要引领学生关注寓言故事的“讲法”，如人称、细节、关注点、倾向性等。

对于童诗的教学，要注意保护、发展儿童的童心和想象力，多朗诵、吟唱，可以适当进行儿童诗仿写、创作训练，这有利于发展儿童的语言感受力。

三、文言文阅读教学

文言文是中国古代的书面语言，是现代汉语的源头。古代并无文言文这一说法，直到五四新文化运动，为与现代白话文相区别，人们才提出了文言文的概念。王力先生在《古代汉语》中指出：“文言是指以先秦口语为基础而形成的上古汉语书面语言以及后来历代作家仿古的作品中的语言。”文言文，也就是用文言写成的文章，即上古的文言作品以及历代模仿它的作品。文言文作为一种定型化的书面语言，沿用了两三千年，从先秦诸子、两汉辞赋、史传散文，到唐宋古文、明清八股……都属于文言文的范围。也就是说，中国古代优秀的文化典籍，几乎都是文言文写成的。学习文言文，既是一种古代书面语的语言学习，更是一种文化传承，对于学生的语文核心素养培育，对于中国文化发展、建立文化自信，都具有特殊的价值和意义。在越来越重视优秀传统文化学习的今天，中小学语文教材里的文言文占比越来越大，是语文教育教学的重点。同时，因为语言差异，以及时代背景的隔阂，文言文也是中小学语文教学的难点。

文言文阅读教学的要点有以下 3 个。

1. 语言层面的学习

文言文的学习，首先要克服语言层面的障碍，要学习文言文中的各种语言现象，形成良好的“文言语感”。具体来说，要完成如下语言学习任务：①学会给文言文断句及划分节奏；②准确、流畅、有节奏地朗读、记诵文言文；③掌握文言文中常见的实词、虚词以及文言句式，能够进行归类、梳理；④借助工具书、文下注释，用现代汉语对文言文进行准确翻译；⑤把课内文言文学习积累到的语言知识，迁移运用到课外文言文的学习中去。

文言文语言层面的学习，往往耗费师生大量精力，但它是文言文学习的基础，形成良好的“文言语感”是其根本目标。这是一个长期训练、大量积累的学习过程。

2. 文章层面的学习

文言文的学习价值，除了是古代汉语学习材料外，它们在本质上还是一篇篇文章①。因此，在完成语言学习之后，还需要像现代白话文那样进行“篇章”的学习。要分析其结构、写作技巧和语言表达艺术，要分析人物性格、故事情节和思想主题。文言文注重典故、骈骊对仗、音律工整，以及包含大量古代文化常识，我们在文言文的篇章学习中要充分发掘这些特点。

不同于现代白话文的是，文言文因其时代背景久远，以及古今思想观念的差异，还有资料残缺等因素，导致对其思想内容的理解存在一定的困难，所以在教学中需要适当补充一些背景资料和研究资料。

3. 文化层面的学习

前面说过，中国古代优秀文化典籍基本上都是文言文写成的，入选教材的大量文言文具有厚重的思想、文化营养，是中国优秀传统文化的一部分。因此，大量的文言文还须当作思想文化典籍来学习。在语言学习、篇章学习的基础上，深入发掘其思想、文化含量，析其源流以及对中国文化的影响，是文言文教学的又一重要学习任务。例如，陶渊明的《桃花源记》创造的“世外桃源”，表达了中国古人对美好生活的向往，它在漫长的历史岁月中成为中国文化传统的一部分。后世有不少诗、文均与此主题密切相关，实际上形成了中国人憎恶战乱、追求和平美好生活的“桃源情节”。在教学中，发现文言文的文化价值，并探讨它的源流及在今天的意义，是进行文化传承、建立文化自信的必经之途。

文言文的文化学习，关键在对文言文思想内容研习、讨论的基础上，给予它一个合适的文化观念（甚至是一个“概念”），如范仲淹《岳阳楼记》里的“忧乐”文化观念，欧阳修《醉翁亭记》里的“与民同乐”思想，杜牧《阿房宫赋》的“骄奢亡国”思想……在此基础上，引入同一文化主题的诗、文进行联读、对读、群文阅读，能够强化文化观念的传承。

① 这里的文章是广义的，它包含文学性较强的文学作品。

在教学方法上，文言文的阅读教学宜采用诵读法、串讲法、翻译法、归类法、比较法、引入资料法等。在形成良好“文言语感”的基础上，适当进行文言文写作训练，也是学好文言文的有效途径之一。

复习与体验

1. 谈谈你对阅读教学主要目标的认识。
2. 如何理解阅读教学的基本理念？
3. 结合具体课文，谈谈散文阅读教学的要点有哪些。
4. 结合具体课例，看看如何进行文言文阅读教学的同课异构。

第九章 阅读教学（下）

本章导学

本章主要依据《普通高中语文课程标准（2017年版2020年修订）》《义务教育语文课程标准（2022年版）》阐释语文阅读教学设计、整本书阅读教学和课外阅读指导的基本问题。第一节重点关注语文阅读教学设计的指导思想、原则和内容。第二节主要阐明整本书阅读的目标、实施和评价。第三节主要阐明课外阅读的意义、原则和教学策略。这三节的内容对于阅读教学设计、整本书阅读教学和课外阅读指导都有重要的意义。

学习目标

识记：

1. 阅读教学设计的指导思想；
2. 整本书阅读教学的目标；
3. 学生进行课外阅读的意义。

理解：

1. 阅读教学设计的原则和内容；
2. 整本书阅读的实施和评价；
3. 学生进行课外阅读的原则和策略。

评价：

1. 能够运用阅读教学的相关知识进行阅读教学设计；

2. 能够进行整本书阅读教学设计和课外阅读指导设计；

3. 能够根据教学设计独立开展阅读教学、整本书阅读教学，能够有效指导学生开展课外阅读活动。

阅读教学是语文教学的“重头戏”，理解、把握阅读教学的相关知识是正确实施阅读教学、整本书阅读教学和指导课外阅读的前提和基础。这一章的阅读教学侧重一般的阅读教学知识和原理介绍，目的是让同学们掌握基本的阅读教学知识和原理。21 世纪 20 年代的课程教学改革是以核心素养为导向的，语文课程的内容和组织在各学段都是以“学习任务群”形式来设计的，因而也建议以“任务群”形式进行教学设计和实施。这就需要大家进一步熟悉和把握中小学语文课程标准部分各“学习任务群”的宗旨、教学内容和教学提示等相关要求，以便更好地开展阅读教学工作。

第一节　阅读教学设计

阅读教学设计是为了达到一定的阅读教学目的，设计要教的内容（课程内容等）以及如何教（组织、方法、媒体的使用等），以学习理论、教学理论和传播理论为理论基础，使用系统的方法确定阅读目标、试行阅读教学方案、评价阅读结果的过程。教学设计是一个系统的过程，它使用一种系统的方法将学习理论和教学理论转变为针对教学目标、教学条件、教学方法和教学评估的具体规划，是开展阅读教学活动的前提和基础。

一、阅读教学设计的指导思想

（一）重视价值观和情感态度的正确导向

培养学生高尚的道德情操和健康的审美情趣，形成正确的价值观和积极的人生态度，是语文教学的重要内容。阅读教学应该注重熏陶感染、潜移默化，强化情感、态度与价值观教育。情感不仅指学习热情、兴趣、动机，更是内心体验和心灵世界的丰富；态度不仅指学习态度、责任，更是指乐观的生活态度、求实的科学态度、宽容的人生态度；价值观不仅强调个人价值、科学价值和人类价值，更强调个人价值与社会价值的统一、科学价值与人文价值的统一、人类价值与自然价值的统一。这样，学生既可从内心确立真、善、美的价值追求，又可树立人与自然和谐的可持续发展理念。鲁迅先生在《呐喊》自序中说，他弃工学医是在课余读了并未列入正课的《全体新论》，后来又弃医从文是因为在课间看了日俄战争期间日本人屠杀中国人的时事影片。鲁迅先生两次人生道路的抉择说明情感态度和价值观对人的影响是很重要的。

（二）注重阅读的综合性和实践性

美国教育家科勒斯涅克说："语文学习的外延同生活的外延相等。"现代信息技术打破了时空限制，人们可以随时随地根据自己的需要和条件选择学习内容和方式，小的场所可以是家庭，大的场所可以超越国界。信息传递的多种方式也随之带来了教育的开放性和差异性，教师在阅读教学中要努力开创课程资源，让学生在具有实践性和综合性的阅读活动中提高语文素养，发展完美个性。

学校阅读资源包括：学生学习用书、教师教学用书、文学社团、图书馆、文化环境等。学生可以凭借语文教材看、问、想，也可以通过词语接力比赛、成语故事比赛、诗歌背诵比赛、主题讲演比赛、读后感写作等活动，加深体验，激发想象，提高文学素养。

家庭阅读资源包括：家庭藏书、音像资料、电脑器材、家庭文化环境、学生学习习惯等。家长要在这方面和学校形成统一认识，尤其可以在亲友往来中让学生感受亲情教育。

社会阅读资源包括：社区文化艺术场馆、艺术设施、社区文化艺术环境等。教师可以鼓励学生观察周围事物，养成写观察日记的习惯，引导学生多看、多听、多想，也可以引导学生在课余时间里运用语文为社区服务，比如为老人读报、帮社区办黑板报等。

（三）充分发挥学生的主体性和创造性

学生个体的认知发展既受遗传素质和生理成熟的影响，又受环境和教育的制约，遗传素质和生理成熟只是认知发展的必要条件，它们只能提供发展的可能性，不能决定发展的现实性，对学生个体认知发展起决定作用的是个体所处的环境和教育。学生是学习和发展的主体，但我国教育中长期存在着以课程标准（或教学大纲）为本位、以教师和课堂为本位的教育思想。这和我国早期教育家们倡导的“因材施教”“寓教于乐”，要求每一个学生的最佳天赋都得到充分发展的理念有很大的偏差。语文阅读教学应尊重学生的个体差异，鼓励学生选择适合自己的学习内容和学习方式。“师不必贤于弟子，弟子不必不如师，闻道有先后，术业有专攻，如是而已。”

二、阅读教学设计的原则

（一）教学双向性原则

新课程理念强调“教学是师生交往、相互探讨的过程”。在这样的课堂中，要求师生间、学生间呈现一种信息交流的过程，倡导学生“主动参与、乐于探究、勤于动手，培养学生搜集和处理信息的能力、获取新知识的能力、分析和解决问题的能力以及交流与合作的能力”。这就要求阅读教学活动要成为师生共同参与的双边活动，教师怎样教是引导和示范，学生怎样学是教师怎样教的最基本依据，教法能促进学法的形成，学法也能促进教法的发展。

（二）内容灵活性原则

每一篇文本都有其所属的文体，不同的文体其特点也不同，文体意识影响教师的教学方式。例如，古诗词应该注意诗词产生的社会背景、语序、诗眼等，体会作者的情感，重在诗的美感和情愫；情感类的散文则要重视其中所蕴含的人文底蕴和作者流露出的真切情感，而说理性散文则应该以“理”为切入点。不同的文体，其阅读教学的侧重点应该有所不同，如此才能将阅读的深层蕴涵挖掘出来。

阅读内容的多样性决定了阅读教学方法的多样性，也决定了方法选择的灵活性原则。例如，教师可以运用小组讨论法设计阅读教学，让学生互相交流心得，在学生代表的总结发言中发现学生已经理解了的知识和没有理解的疑问，然后再让学生通过观察练习法掌握知识，形成能力。

（三）方法多样性原则

心理学研究证明，单一的刺激容易产生疲劳，如果教师在教学过程中始终使用一种教学方法，就很容易引起学生的审美疲劳，自然很难调动学生的主动性和积极性。所以采用多种教学方法，调动学生的各种感官参与教学活动就能提高学生的主动性和积极性。例如，问题探索法可以发展学生的创造性思维，培养他们独立获取知识的能力；观察法有利于学生形象思维能力和敏锐观察能力的形成；讨论法有利于分析能力和解决问题能力的培养；等等。教学内容不同，教学对象各异，教学环境多变，教学方法也势必不同。

（四）优化组合原则

在教学中把不同的阅读方法结合起来，根据实际情况进行改造、组合，同时，强化各自的积极方面，弥补各自的消极方面，使阅读达到最好的效果。例如，上海育才中学的“读读、议议、讲讲、练练”八字教学方法，就组合了讲授、谈话、自学、练习等不同的教学方法。

三、阅读教学设计的内容

（一）确立阅读教学目标

1. 更新教学理念，拓宽阅读视野

要更新教学观念，拓宽阅读视野。首先，要提高阅读认识。“师者，所以传道受业解惑也”，教师要提高对阅读教学的认识，一是要实时更新教学理念，利用好社会、学校的各项课程资源；二是要提高自身对阅读教学的认识，对比名师阅读教学案例，结合实际情况，设计阅读教学教案等。

其次，要培养阅读理念。教师的教学理念引导实际的课堂教学过程，影响着教师的教学设计。如何进行一节让教师满意、让学生真正学到深层次知识的课，首先就需要教师与时俱进，更新教学理念。一方面教师要结合自己已有的教学经验，更新教学方式，完善教学过程，把阅读教学的理论尽可能地转化为实践；另一方面要和同行同领域的专家、学者共同探讨琢磨，凝聚共识，优化阅读教学。

最后，要提升学识素养，拓宽阅读研究。教师作为阅读教学的引导者，需要具备丰富的知识储备，因此要善于广泛阅读，运用一切可利用的课程资源进行跨学科学习，积极寻找适合不同阶段学生阅读能力发展的技巧。另外，教师之间也可以在教研室进行探讨或者在城市之间，甚至跨省进行交流分享，对某一领域进行精深探讨，斟酌推敲，加深阅读的思维高度。

2. 关注学情，注重解读实践

首先，教师要了解学生的年龄心理特征和阅读习惯。不同阶段的学生其个体发展的状况不同，教师要做到心中有数，在阅读教学设计时要融合对学生的了解，有方向性、分层次进行设计；考虑学生的年龄和心理特点，结合学生的认知程度和阅读能力把握教学难度，权衡最适合学生阅读的方法。

学生的学习方式及阅读习惯受其家庭的影响而有所差异，教师要综合

了解学生的家庭情况在教学设计上有所调整，找到适合每个学生的不同学习方式，在阅读教学中培养学生的阅读习惯，积极推进学生的深度阅读进程。

其次，教师要了解学生的阅读能力和掌握程度。学生的阅读能力并不是一朝一夕可形成的，而是通过长时间的训练摸索形成的，因此教师可以在平时的课堂提问和课后作业上对学生的阅读能力做一个大致的了解，分析学生的阅读能力和对知识的掌握程度，以便在做阅读设计时考虑如何挖掘文本的深层次内容，设计出适合学生掌握相关内容的环节，优化教学设计，把握阅读教学的深度。

最后，阅读目标的设计还要符合学情。学生在阅读时受自身的情绪和文化底蕴的影响，理解程度有一定的差别，教师设计的阅读目标要让学生说出自己个性化的认识，在使学生获得知识技能的同时，还要顾及学生自我发展的方向和学习需求，促进全体学生的个性发展。概言之，阅读教学设计要注意符合每个学生的知识水平和接受能力。

（二）安排阅读教学内容

1. 将文学作品转化为课文

语文教材是由若干篇不同题材、不同内容、不同作者的文章共同组成的，这些文章原本在产生的时候都只是一种文学作品，是作者为抒发某种情感、表达某种观点、记录某种现象而写成的，其最初的创作目的或者是为了怡情养性，或者是为了传播信息，总之并不是为了成为教材而编写的。李海林先生在《论语文教学内容的生成性》中说："语文教材是由相互之间在内容上没有必然联系的若干篇文章组成的。这些文章，原本并不是作为教材而编写的，而是作为一种社会阅读客体存在的。它们原本作为社会阅读客体而存在的价值，可称之为'原生价值'。……其产生之初仅仅是一种社会阅读客体的存在，这就是文学作品的'原生价值'，然而这些文章一旦进入语文教材，它们的价值和含义就发生了增值和变化，它们保留了原本所有的传播信息的价值，同时又增加了一种新的价值，即'如何传播信息的信息'，即我们所说的'教学价值'。"①

"一千个观众眼中有一千个哈姆雷特"，就是说读者对于作品的理解往往会由于各自阅历、经验、甚至感知力的不同而"仁者见仁，智者见智"，所以说文本的原生价值在其面世之初就已经不仅包括作者的创作本意，还包括读者在阅读过程中的二度创作，这就使得文本的原生价值具有了多种解读的可能，读者的解读与作者的创作原意或者会相通相近，或者会有情感的些许共鸣，或者会毫不相关，或者会背道而驰……哪怕有些作者在原作中已经表明了自己的创作意图，也不能影响读者在阅读过程中的再建构，比如《诗经·击鼓》中的"执子之手，与子偕老"，其原意是描写冷兵器时代战场上战士之间同生共死的袍泽之情，然而随着时代的变迁，当战争不再是社会的主旋律，"执手偕老"就被现代汉语用来形容爱情的永恒，相伴一生的承诺。

因而，语文教学不能仅仅满足于对文章原生价值的阐释，更应该在原生价值的基础上充分挖掘其中隐含的教学价值，将文本原生价值转化为教学价值。

2. 诵读预习、解题引导

（1）学生预习。预习是学习的准备阶段。教师可以布置学生在课前预习，也可以指导学生在堂上预习。

（2）教师解题。这包括揭示文章标题与内容之间的关系，介绍作者生平、写作缘起、时代背景等，作为学生理解课文的基础。之后教师可以选择与教学内容有关的问题，用提问、讨论、辩论或智力竞赛的方法，让学生寻找答案，这样可以激起学生强烈的求知欲和浓厚的兴趣。

（3）导入。导入可以用多媒体播放视频导入，也可以让学生从题目入手猜测将要讲的内容，开放式探讨文本内容。例如，教《十五从军行》，可以先导入：" 在同学们的印象中，你们所理解的战争都是什么样的？你们所学过的战争诗都是反映什么的？你们会不会唱红歌？红歌表现的是什么样的思想感情？现在请大家预习一下我们今天所要学的汉乐府名篇《十五从军行》，思考一下它反映的是战争给人们所带来的什么样的生活状况和场景。"

① 李海林. 论语文教学内容的生成性［J］. 浙江师范大学学报（社会科学版），2005（6）：94－96.

3. 深入研读、活化思维

对文章的内容和形式的研读过程，是阅读教学的中心环节，可分为感知、分析、综合三个阶段。

（1）感知阶段。首先认识生字新词，训练学生自己利用工具书识字解词，以培养学生的自学能力，不断扩大识字量和词汇量；其次通读，可以视读、默读、范读、分角色读、齐读等；再次，对文章内容和形式进行整体感知，辨认文章体裁；最后解答疑难。

（2）分析阶段。每篇文本都有作者情感表达的宣泄点，教师应该引导学生对文本中的环境、语言、动作等做具体分析，某处运用这个词句的意义，可以让我们感受到作者什么样的心境？作者是在什么样的时代背景和经历背景下写的？例如，《背影》一文中朱自清对自己父亲背影的描写，“背影”在文章中出现了四次，每次的情况有所不同，而思想感情却是一脉相承的。第一次是文章的开头，开篇点题“背影”，有一种浓厚的感情气氛笼罩全文；第二次是在车站送别的场面中，作者对父亲的“背影”做了具体的描绘，这是写作的重点，父亲胖胖的身躯，穿着黑布大马褂，深青布棉袍，步履艰难，蹒跚地爬过铁道为儿子买橘子，这个镜头表现了父亲爱儿子的深厚感情，使儿子感动得热泪盈眶；第三次是父亲和儿子告别后，儿子眼望着父亲的“背影”在人中消逝，离情别绪，催人泪下；第四次是在文章的结尾，儿子读着父亲的来信，在泪光中再次浮现了父亲的“背影”，思念之情不能自已，与文章开头呼应。这篇作品把父子之间的真挚感情表现得淋漓尽致，但不同于一般作品去描写人物肖像，着力于神情、外貌的描绘，而是抓住人物形象的一个特征“背影”，不惜笔墨做具体细致的刻画。教师可引导学生感悟作者内心对父亲的深刻感情，并且引导学生模仿文本句子，这样一来，既对学生进行了亲情教育，又能够训练学生的表达能力。

如何带领学生对一篇文本进行分析，我们一般从以下几个方面入手：

①结构分析。目的是让学生准确把握作者思路，注意开头结尾、层次段落、过渡照应和详写略写。

②内容要素分析。目的是让学生掌握文章的主要内容，如小说中的人物形象、故事情节，说明文中的事理，议论文中的论点论据。

③写作技巧分析。目的是让学生认识和借鉴文章的写作方法，如文章

构思剪裁的技巧，记叙文和小说写人、写事、写景的方法，议论文论证的方法，等等。

④语言分析。就是要分析语言的语法、修辞和风格，特别是对表现作品的中心思想有重要作用的关键性语句，这些语句往往是准确鲜明、蕴藉很深的，如“春风又绿江南岸”中的“又”和“绿”，如“知否知否应是绿肥红瘦”中“绿肥红瘦”。

⑤主旨及疑难分析。杰伊·麦克泰格说：“我们真正的目标是希望学生变成更积极主动、会深入追问并坚持到底的探究者，持续不断地思考重要的问题和可能的意义。”任何一篇文本的分析，都少不了对文本重难点的分析，比如《长恨歌》的两个主题，以及我们可以从文中“在天愿作比翼鸟，在地愿为连理枝”等诗句中分析出唐人的浪漫开放气质。

（3）综合阶段。综合阶段的主要任务是概括中心思想和段落大意。

4. 吸收内化、学以致用

（1）设计环节，传授方法。阅读的深度决定了学生的思维模式，这就要求我们在阅读教学实践中要以改进阅读方式为突破口，促使学生由浅层化阅读进入到深度阅读，而阅读教学环节的合理设计是阅读教学过程顺利进行的前提，教师要对阅读的每一环节进行预设，从问题着手，琢磨如何引导学生体会文本隐含的深意。具体方法包括以下 3 个。①预习法。首先教给学生预习自读课文的方法，每篇课文都要求多读，并带着问题读，抓住文中的重点语句着重理解，让学生知道只有用词准确，才能恰当地表达自己的感情。②代入法。学生要从文本的字词句段中体会情感、建构意义，那就需要架起自己的生活经历与文本之间的联结的桥梁，既可以将自己代入情境中充当文本角色，也可以结合生活实际和自身经验，建立自己与文本之间的深层关系，联想感悟。③比较法。比较阅读法可以是词与词之间的对比，也可以是句与句之间的对比，同时也可以是同类文本之间的对比，教师可在平时的课堂教学中对学生进行类似的比较阅读，让学生感受阅读的乐趣，以便在课外阅读时能够熟练运用各种阅读方法，吸收内化，提高自身的阅读效果。

（2）师生互动，对话探讨。对话是课堂中必不可少的环节，积极的师生互动可以带动课堂的整体氛围。这就要求教师首先要有提问的技巧，问题的设置决定学生回答的积极性，教师要抓住最精华的问题提问，学生才能在教师的引导下表达观点，促进思维的发展。例如，讲授《凤凰台上忆吹箫》时，教师就可以用“多少事、欲说还休”来作为问题的出发点，让学生思考，文中女词人用了哪些词语表现了自己什么样的情怀？是什么事让作者“欲说还休”？作者又是用什么样的艺术手法表现出来的？作品的艺术风格是什么？①这首词写离愁，步步深入，上片用“慵”来点染，用“瘦”来形容；下片用“念”来深化，用“痴”来烘托，由物到人，由表及里，揭示了女词人在丈夫远仕时孤独、清冷、凄清的情感氛围，而下片的“新愁”与上片的“新瘦”遥相呼应，也十分准确地表现了“离愁别苦”的有增无已。②作者用“武陵人远”“烟锁秦楼”这两个典故表现了赵明诚此次远仕虽然没有带上李清照，但却带了其他妾室，就像“武陵人远”中的刘晨、阮肇天台遇仙忘了回家一样，词人空自羡慕弄玉和萧史的双宿双飞，然而在当时多妻制的大环境下，词人只能“欲说还休”。③在结构上，特别要注意“任宝奁尘满”中的“任”字，“念武陵人远”中的“念”字，这两个字承上启下，在词中起着关键性的转捩作用。从语言上看，除了下片用了两个典故外，基本上都是从生活语言中提炼出来的，自然中节，富有凄婉哀怨的音乐色彩。

（3）质疑问难，顺势利导。陆九渊曰：“为学患无疑，疑则有进，小疑小进，大疑大进。”疑惑是点燃学生思维的火种，学生在认知活动中遇到一些难以解决或疑惑不解的问题时，会焦急、困惑，但勇于探索的精神会驱使学生去提出问题，解决问题。教师在处理课文中教学重难点的时候，可以大胆地让学生说出心中的疑惑，教师参与学生的思考和讨论，在关键时刻顺势利导进行疑难突破。

在《陌上桑》教学中，教师就可以这样处理环节：让学生围绕诗歌内容，自己提一个值得思考、具有发现价值的问题。这个时候有些学生可能就会问：“老师，罗敷这个名字在《孔雀东南飞》里也出现过，她们是一个人吗？”“罗敷在城南采桑，不是应该是一个村姑吗？那为什么后面她说她的丈夫官位那么高呀？”“罗敷被使君调戏了，不是应该有冲突吗？为什么文中读不出对罗敷的同情感呀？”学生提出的这些问题已经涉及诗歌的创作背景、诗人的艺术手法、诗歌的人物形象、古代美女的称谓等，这些问题其实就是《陌上桑》教学的重点和难点，教师再一一解答，学生自然就会印象深刻。

（4）举办阅读活动，加强综合实践。在实际的教学中，教师可以在日常的阅读教学课上进行每日一读或者主题阅读活动会，在课后让学生总结，以板画、手抄报等形式进行分享公示，让学生反思自己所读过的书籍，以小结的方式让学生回顾书籍内容，使学生能够对文本的内容有更深层次的表达；教师也可以让学生之间进行阅读比拼，课外共同阅读一本书，这样更能激起学生的阅读欲；还可和图书室一起联合举办读书活动、阅览活动等，使学生兴趣与习惯并存。

5. 以写促读，训练思维延伸

（1）于文本留白处仿写。留白是指文本中留有空白的、可供发挥的空间。合理地利用留白可以启发学生的思维，教师可以在教学设计时于文本留白处巧妙设计仿写环节，一是要注意文本语言，有些作者会在人物语言、动作、心理的描写上留白，让学生有发挥想象的空间；二是注意标点符号的使用，例如省略号，勾起学生对上述内容的注意力，思考还有哪些是作者没有想到的内容。这样，一方面可以让学生结合自己的已有经验和生活实际，联系上下文仿写，另一方面也可以让学生举一反三，提高写作能力，锻炼思维。

（2）于文本结尾处续写。文学作品在创作的过程中，有些作者会在结尾处采用开放式结局，不直接给故事结局，引起读者无限联想，此时通过书面形式对其进行续写，能够更清晰地表达自己的所思所想。如果是以人物为主的叙事性文本，可以对人物命运、结局进行畅想，注意贴合前文，理顺前后逻辑，对学生的逻辑思维培养具有一定的帮助。

6. 加强阅读文化建设

丰富的图书资源可以拓展学生的阅读面，增加学生阅读的概率，使学生的阅读量得到一定的拓展。信息时代，网络高效便捷且搜索功能强大，教师可以让学生学会通过网络资源查阅相关资料，补充自己在课堂时间上的空缺或不明白之处，搜寻与文本相对应的资料联结补充学习，进一步巩固自己的课堂所学，让学生在课后也能得到收获。学校也可以采取措施，增加图书室资源，让学生自己选择较感兴趣的书籍进行阅读，或于教室阅读，或于图书室阅读，从而营造良好的阅读气氛。

7. 优化阅读评价

（1）评价的内容应该是具体的、有层次的，需要将学生学到的知识技能和延伸出来的文化素养结合起来。知识技能是指学生在阅读课堂上对于知识技能的理解和运用能力，包括对阅读内容的理解、对阅读知识体系的建构以及后期迁移借用能力等。延伸的文化素养包括学生语文核心素养的培养和学科外的素养培养。例如，学生能够积极参与课堂，深入体验阅读的能力；具备合作意识，能够积极和同伴进行讨论，善于倾听他人意见的能力；等等。

（2）评价的方式需要多样化。教师在对学生的阅读效果进行评价的时候要尊重学生的阅读独特性，让学生感受到教师的重视，这就需要教师改变以往以考试和成绩为主的单一化阅读评价方式，设立多样阅读评价方式，如激励性评价、多元性评价等，激发学生的阅读动力。

法国教育家第斯多惠曾说过："教学艺术的本质不在于传授本领，而在于激励、唤醒和鼓舞。"教师可以对阅读效果好的学生进行一些物质奖励或者口头表扬，从而激发学生的阅读兴趣。具体操作过程中教师可以采取教师评价、学生自评、家长评价等多主体的评价方式；还可以从学生的学习习惯、阅读能力、语言表达以及思考的过程等多方面给予适时的评价，提高学生的阅读能力和阅读质量。

第二节　整本书阅读教学

整本书阅读，即整本书阅读教学。这在古代经学教育中就已经存在了，《三字经》《百家姓》《千字文》"四书""五经"《昭明文选》等就是"整本书阅读"的雏形，孔子编制《诗》《书》《礼》《易》《春秋》作为教材，是整本书用于教学的最好说明。《普通高中语文课程标准（2017 年版 2020 年修订）》颁布后，整本书阅读成为研究和教学的热点。整本书阅读是在教师指导下学生开展整本书阅读的教学活动。这里主要涉及整本书阅读的目标、实施和评价三方面内容。

一、整本书阅读的教学目标

整本书阅读的目标和内容在新课标中都有明确规定。《普通高中语文课程标准（2017 年版 2020 年修订）》把目标和内容整合在一起，具体划分为五个方面，强调整本书阅读实践活动。《义务教育语文课程标准（2022 年版）》把整本书阅读的内容按阶段划分为 1～2 年级、3～4 年级、5～6 年级、7～9 年级四个阶段，强调整本书阅读学习实践活动。义务教育阶段，整本书阅读主要是阅读兴趣的培养和方法、程序的熟悉阶段；普通高中教育阶段则主要是整本书阅读的实践阶段，这两个阶段呈现明显的逻辑发展过渡特征。整体来看，中小学阶段整本书阅读的目标主要包括以下几点。

（一）学习阅读整本书

从新课标关于整本书阅读的目标和内容看，学习阅读整本书是十分必要的。学生只有知道了怎样阅读整本书，用什么方法阅读整本书，以及阅读整本书的相关活动等基本技能要求，才可能开展整本书阅读实践活动。这主要表现在义务教育阶段。其原因是义务教育阶段中小学生的语言学习目标任务大多都是基础的、简单的。无论是基础型学习任务群“语言文字积累与梳理”，还是发展型学习任务群“实用性阅读与交流”“文学阅读与创意表达”“思辨性阅读与表达”，主要涉及语言规范的学习与运用；而“整本书阅读”和“跨学科学习”都只还处于语文学习的拓展延伸起步阶段。

《义务教育语文课程标准（2022 年版）》提出该阶段学习整本书阅读的要求，要“根据阅读目的和兴趣选择合适的图书，制订阅读计划，综合运用多种方法阅读整本书；借助多种方式分享阅读心得，交流研讨阅读中的问题，积累整本书阅读经验，养成良好阅读习惯，提高整体认知能力，丰富精神世界”①，主要涉及整本书的选择、阅读方法、阅读习惯、交流与分享等方面。整本书的选择强调阅读目的和兴趣，这样，既为理性阅读整本书奠定了基础，也为发展阅读兴趣，培养健全个性提供了条件。阅读方法是阅读实践的工具，除掌握多种方法并综合运用外，还要注意整本书阅读的计划安排、情境选择等。

（二）形成和积累阅读整本书的经验

经验有直接经验和间接经验之分。直接经验是主体通过阅读获得的关于阅读文本的经验、解读文本的经验，以及如何完成文本阅读的经验等。间接经验是前人的生活、工作和学习经验，人生观、世界观和价值观，以及语言表达与运用的经验等。《普通高中语文课程标准（2017 年版 2022 年修订）》关于积累和形成的经验主要强调两个方面。一是重视学习前人的经验。主要是整本书阅读的态度问题。阅读态度是整本书阅读的前提和基础，强调学生要重视阅读，注重从前人的书籍阅读中获得人生经验。二是注重积累和形成自己的阅读经验。“……根据不同的阅读目的，综合运用精读、略读与浏览的方法阅读整本书，读懂文本，把握文本丰富的内涵和精髓。”② 强调根据不同目的、运用阅读方法完成阅读，读懂整本书内容、把握文本深刻的内涵。由此来看，积累和形成自己的阅读经验，主要是阅读的经历过程、阅读态度、根据目标运用方法解读文本的经验等。但是，不能以整本书阅读形成和积累的经验为借口，就必然得出促进学生课外阅读的结论。因为课外阅读除非是教学的规定或要求，否则，课外阅读是学生自主的阅读行为，与教学没有必然的关系。正如程翔所说，“如果试图通过考试这个指挥棒（整本书阅读）强行推进学生的课外阅读，实在不太高明。”③ 只有课堂教学开展整本书阅读让学生产生美好的阅读体验，

---

① 教育部．义务教育语文课程标准（2022 年版）［S］．北京：北京师范大学出版社，2022：31－32.

② 教育部．普通高中语文课程标准（2017 年版 2020 年修订）［S］．北京：人民教育出版社，2020：11.

③ 程翔．从“整本书阅读”的学科定位谈起［J］．中学语文教学，2017（1）：8－11.

他们才能够主动积极地开展课外阅读。同时，把阅读能力的发展不足归咎于学生课外阅读量不大，而不反思语文课程、教学和评价等问题，显然也不能自圆其说。

（三）把握整本书的内容和特点

完成整本书阅读，获得阅读经验需要以所阅读的整本书内容和特点的把握程度为凭借来考校，但是，绝不可以把整本书阅读的上述目标简单地等同把握整本书的内容和特点这一目标。因为整本书的内容和特点的把握仅仅是一个凭借，需要通过这一把握理解来考察学生是否获得并形成了阅读整本书的经验、态度和技能等。教师要有这种意识，否则，就会被整本书的内容和特点牵着走。《普通高中语文课程标准（2017 年版 2020 年修订)》提供了长篇小说和学术著作两种类型的整本书，它们都要求通过阅读把握整本书的内容和中心思想。具体而言，长篇小说要“从最使自己感动的故事、人物、场景、语言等方面入手，反复阅读品味，深入探究，欣赏语言表达的精彩之处，梳理小说的感人场景乃至整体的艺术架构，厘清人物关系，感受、欣赏人物形象，探究人物的精神世界，体会小说的主旨，研究小说的艺术价值”，涉及小说的语言、场景、结构、人物形象、主旨和艺术价值等基本内容。学术著作则要“通读全书，勾画圈点，争取读懂；梳理全局大纲小目及其关联，全书内容提要；把握书中的重要观点和作品的价值取向。阅读与本书相关的资料，了解本书的学术思想及学术价值。通过反复阅读和思考，探究本书的语言特点和论述逻辑”，涉及学术著作的结构、观点、价值取向、学术思想、学术价值、语言特点及论述逻辑等基本内容，同时，阅读者也需要由个篇文本上升到类篇文本的内容和特点的把握和理解。

（四）充分利用相关信息研究整本书的相关问题

作品一旦完成就成为独立的信息载体，能够与读者对话，告知读者关于作品的诸多信息。但是，仅仅依靠作品本身还不足以完整理解把握文本，还需要通过作者、作品和读者相互对话共同理解把握作品内涵。因此，无论是文学作品还是学术专著的阅读活动都需要借助作者信息、作品背景、相关评价等资料，深入研究作家作品或学术著作，特别是学术著作具有专业性强、内容抽象、逻辑严密等特点，更需要通过阅读与其相关的资料才可能充分了解学术著作的思想和价值，进而深刻把握其语言特点和论证逻辑。

此外，整本书本身无论是从出版发行还是便于读者阅读理解的角度看，都在一定程度上提供了便利读者理解把握整本书相关信息的索引，如封面、目录、序跋、注释，甚至整本书的分类标志、整本书呈现的多媒介技术等。这需要读者熟悉把握整本书阅读的相关信息，以辅助阅读。

（五）汲取营养，丰富精神世界

书是人类进步的阶梯。从书中汲取精神营养，获得力量，远胜过从书中获得一些简单的知识技能和信息。因为任何作品首先是从主题出发阐释人类对于客观世界、主观世界及人的思维问题的见解主张的，体现了人的人生观、世界观和价值观。也正是人的人生观、世界观和价值观之精神世界促进作者建构表达自己的认知、思考和心灵成长，为人类留下了重新认知世界的宝贵经验。因此，阅读整本书的目的和归宿更在于汲取营养，丰富自己的精神世界，进而创新精神世界和物质世界。

深入理解作品是汲取营养，丰富精神世界的重要途径。这需要读者能够沉静下来，“淡泊以明志，宁静以致远”，充分享受阅读的快乐，不断提高学习的境界。学习不仅仅是为了应对升学选拔，更重要的是提升自身的文化素养，认知世界的洞察力、思维力和创新力。同时，也需要读者通过整本书阅读和思考的成果借助各种方式呈现出来，并通过与人分享、交流实现对整本书阅读内容、阅读过程、思考和观察的进一步理解和把握。

二、整本书阅读教学的实施

整本书阅读教学应该遵循语文教学的一般要求，并体现整本书阅读的专项特点。新课标对此都提出了相应的要求，主要表现在以下几个方面。

（一）整体规划整本书阅读教学

1. 整体安排整本书阅读的学段、学期、学时计划

根据新课标关于整本书阅读的目标、内容和要求，语文教材关于整本书阅读的单元提示和相关建议，整体安排整本书阅读教学时间。《普通高中语文课程标准（2017 年版 2020 年修订）》要求“必修课程安排 1 学分，18 课时”；“课时可安排在两个学期，宜集中使用”。《义务教育语文课程标准（2022 年版）》分四个学段安排整本书阅读，但没有提供具体的学时安排。整本书阅读不同于短篇或章节文选阅读，都面临着课时不足的问题，对此，《义务教育语文课程标准（2022 年版）》又明确提出“保证学生在课堂上有时间阅读整本书”① 的要求，《普通高中语文课程标准（2017 年版 2020 年修订）》提出“每读一遍，重点解决一两个问题”② 的教学建议。因此，教师需要合理规划阅读时间，“统筹安排课内与课外、个人与集体的阅读活动”，假期阅读与在校阅读、整本书阅读与整本书阅读教学、书面作业与整本书阅读作业等关系和时间安排。这主要体现在整本书阅读教学的学段计划、学期计划、单元计划和课时计划中，强调教师精心制订整本书阅读计划。

2. 整本书阅读选择及其教学的内容统筹

关于整本书的选择问题，新课标提供了参考书目，有具体要求。例如，《普通高中语文课程标准（2017 年版 2020 年修订）》教学提示，要求“指定阅读的作品，应语言典范，内涵丰富，具有较高的思想水平和文化价值。根据学生的生活实际和发展需要，注意选择反映中华优秀传统文化、革命文化和社会主义先进文化的作品”③。这可以作为整本书阅读选择的标准。此外，整本书阅读选择还涉及文学、文化、学术、艺术、哲学、科学等不同类型的作品选择问题，必修课程整本书与选修、选择性必

① 教育部. 义务教育语文课程标准（2022 年版）［S］. 北京：北京师范大学出版社，2022：33.

②③ 教育部. 普通高中语文课程标准（2017 年版 2020 年修订）［S］. 北京：人民教育出版社，2020：12.

修课程整本书的连贯性问题，以及与学生个性发展需要和社会发展需要结合的问题等，这可以作为整本书阅读选择的类型和教学安排要求。因此，建议整本书的选择以新课标为依据或在语文教材推荐书目基础上，根据地域文化和学情灵活处理。

整本书阅读的关键是“整体性”，即强调整体上感知、理解、把握整本书。短篇选文教学中的“整体感知”是为后续的局部或重点内容的教学奠定基础的，也是弥补传统教学忽视整体感知不足的问题的。而整本书阅读的内容既可以以“整体感知”为目标，即整体把握整本书的内容、主题和结构；也可以是在“整体感知”基础上深入理解把握局部或其他的重点内容。根据传统教学观念，无论是短篇选文教学还是整本书阅读教学，都注重强调文本的“典范性”“案例性”，常常以范文为例“全息”解读文本（包括短文和长篇）以为自读或课外阅读提供各种示范。并且，注重对文本熟读精思，反复咀嚼。这种面面俱到的“典范性”文本解读，理念化地预设了“文质兼美”这一文本的“完美性”和“举一反三”的学习性质。实际上，从内容到形式完全完美的文本是罕见的，整本书阅读教学也没有必要以某一“经典”全面训练学生的语文素养；同时，也会有大量学生习惯于通过大量“略读”，甚至“浅读”发展语文素养。因此，教师应该突出运用整本书的内容或形式的某一亮点，来促进学生语言文字运用素养的生成和发展，尽可能地接触大量不同类型的整本书以培养学生的阅读能力，促进积累和阅读经验的生成。正如罗曼·罗兰所说，“与其花许多时间和精力凿许多浅井，不如花同样的时间和精力去凿一口深井”。突出重点，重在深度阅读。同时，解决阅读时间、阅读量不足以及阅读教学碎片化等一系列问题。

3. 正确处理整本书阅读及其运用关系

整本书阅读强调整体上了解把握整本书，整本书阅读教学是运用整本书的独特价值发挥培养学生语文素养的功能，弥补短篇或章节文选内容不足的问题。但是，有学者建议整本书阅读未必阅读整本书，可以借鉴整本书的目录、序言、评价等有选择地阅读整本书的部分内容章节。其实，这种做法已经不是“整本书阅读”了，而是把“整本书”的内容章节片段化或作为支撑论证某一预设的证据或信息的课程资源罢了。整本书阅读有“不求甚解”地通过目录把握整体、通过篇章内容主干把握整体等不同方法，但其目的都是建构学生整本书阅读的经验，不同于仅仅阅读整本书的某些局部内容生成的学习经验。前者是大量地阅读，后者则是回归到有选择地短篇或章节文选阅读，二者的阅读活动对于阅读经验的建构不可同日而语。

《普通高中语文课程标准（2017 年版 2020 年修订）》整本书阅读教学目标和内容部分，特别提出了“利用书中的目录、序跋、注释等，学习检索作者信息、作品背景、相关评价等资料，深入研读作家作品”①，这是辅助整本书阅读活动的索引信息。在整本书阅读交流与分享要求上，强调学生“用自己的语言撰写全书梗概或提要、读书笔记与作品评介”，也明确暗示了整本书阅读的“整体性”。因此，如何整体统筹整本书阅读还需要教师们深入研究。

（二）以任务为抓手，驱动整本书阅读

整本书无论是长篇小说、学术著作，还是短篇文选汇编，其阅读内容都是丰富的、信息量较大的，对学生的影响是深远的，因此需要从学生发展的角度根据新课标给学生提出阅读的任务建议，以促进整本书阅读经验的建构和核心素养的培养，避免随意阅读和阅读负能量的出现。

整本书阅读的任务有不同类型。从任务的性质来看，有整理型、解释型、研究型、比较型、感悟启发型等；从文章学的角度看，有主题、选材、结构、布局、语言、艺术等方面的任务；从体裁的角度看，又可分为小说阅读任务、散文阅读任务、戏剧阅读任务、诗歌阅读任务，以及实用文阅读任务等。总之，整本书阅读重在引导学生建构整本书的阅读经验和方法。② 因此，整本书阅读任务既要有阅读经验的梳理任务，又要有阅读经验的反思任务。这样，任务设计就形成了由浅入深、由易到难、循序渐进的系列，能不断地促进学生阅读经验的建构。

从阅读操作的具体情况来看，整本书阅读分为经典式整本书阅读、经验式整本书阅读和辅助式整本书阅读。经典式整本书阅读即通过整本书阅读获得关于整本书各方面内容的理解和把握，正如短篇或章节文选教学一

①② 教育部. 普通高中语文课程标准（2017 年版 2020 年修订）［S］. 北京：人民教育出版社，2020：12.

样，试图通过解剖一部长篇文本的教学使学生获得整本书的知识、技能和经验。任务群教学就是这种思想的集中反映。经验式整本书阅读，即以阅读整本书获取经验为主的阅读教学，包括师生共同研读同一本书，课外阅读，课内交流；学生自选阅读整本书，课外阅读，课内交流；围绕某一问题或专题进行整本书阅读，寻找信息和证据，解决问题等。辅助式整本书阅读，即整本书阅读是为短篇教学服务的，是短篇教学目标、内容的拓展或深化。例如，学习了鲁迅短篇小说"为社会、为人生"的创作观后，选读或通读鲁迅其他的小说或者同时代其他作者的小说，以拓展鲁迅"为社会、为人生"的创作主题，或时代主题等，整本书阅读就是获取信息或事实支撑鲁迅作品创作的某一观念。经典式整本书阅读注重短期的阅读成就，着眼于升学和选拔；经验式整本书阅读则注重长期的阅读成就，着眼于阅读素养的形成和发展；辅助式整本书阅读注重的是事实或信息，着眼于拓展或深化短篇文本学习的观点和认识。

（三）整本书阅读还需要掌握一些方法

整本书阅读需要掌握一些基本方法。第一，关于整本书信息的获得方法。例如，通过序言、目录索引、相关评价等获得整本书的重要信息。第二，整本书阅读的方法，如浏览、略读、精读，以及其他多种方法的综合运用等。第三，整本书阅读的一般程序。由序言、目录到整体，再到重点章节；由通读到局部片段、词句赏析，由鉴赏到研究，再到创新创造等。第四，整本书阅读要与多种活动结合。例如，与写作、观摩、表演、制作等活动结合，与师生、同伴、学习共同体的阅读结合，与社会实践活动结合等，使个体阅读与社会和生活衔接，打通整本书阅读与生活和实践的联系，更好地建构阅读经验。第五，整本书阅读还要注意借鉴当今先进的信息技术支持、辅助和呈现表达阅读成果，改变整本书阅读生态。第六，整本书阅读要根据学情、图书特点和需要进行分类分级指导。不同学习阶段，不同作品，不同学习能力和需要等都要具体情况具体分析。第七，整本书阅读易简不易繁。整本书阅读教学要重在读，教学问题要简化，甚至也不强烈要求"反复阅读"，贵在引领，贵在经历经验建构。

三、整本书阅读的评价

整本书阅读是阅读教学的组成部分。《义务教育语文课程标准（2022年版）》关于整本书阅读提出了一些评价要求，《普通高中语文课程标准（2017年版2020年修订）》关于整本书阅读的评价则融合在语文教学评价建议中。在学业质量描述部分，两个标准都很少有针对性的整本书阅读评价。因此，整本书的阅读评价可以参照阅读教学的一般评价，同时注意其整本书阅读的特点。

（一）建构整本书阅读评价框架体系

借鉴国际阅读PISA项目经验，尝试建构整本书阅读评价框架，以规范和指导整本书阅读。根据新课标，整本书阅读教学的目的是建构阅读整本书的经验。它是学生根据需要，运用相关阅读知识、技能和方法，调动情意和其他社会资源阅读、鉴赏、研讨、分享、反思评价整本书的过程。具体内容可以整合为理解把握、解释论证和反思评价整本书的内容和特点三个方面。这里强调：一是整本书阅读的“整体性”，是与短篇或章节选文以及碎片化阅读教学相对而言的，也就是说，整本书的内容和特点要紧扣“整本”角度。目前，整本书阅读教学存在选择某个章节教学而不着眼章节前后贯穿的问题，实际上还是短篇课文教学，与整本书阅读教学理念背道而驰。二是整本书的阅读教学活动要紧扣“整本书”，而不能脱离整本书随意蔓延。

理解把握整本书的内容和特点，就是重组语言，梳理、概括和总结整本书的内容和特点。其目的是强调学生对整本书的“整体通读”，而不是局部或细节的“碎读”，如在《三国演义》整本书阅读中，提问“张飞三吼退千军”是什么写作手法?《西游记》阅读让学生回答“孙悟空的故乡”等，都不是理解把握整本书的评价。这些知识缺乏整本书的核心意义。整本书评价有多种方式，包括审“题目”、换“题目”、梳理内容、情节、人物、特点、概括中心、猜写作意图等，都可以整体上把握理解整本书。例如，《老人与海》换为《老人与鱼》，可不可以？概述老人与鱼搏斗的过程等。

解释论证整本书的内容和特点，是对理解和把握的进一步深化。它强调通过整本书相关的内容和信息进一步整合，加深关于整本书的内容和特点的理解和把握，包括情节、结构、逻辑、语言、人物、手法等多个方面。传统的阅读教学和短篇课文教学也注重这些方面，但是，却忽视让学生解释和论证的环节，也没有紧扣文本，使学生的理解往往处于预设状态，只有经过充分解释论证的预设，才可能是正确的阅读结论或答案。同时，整本书的篇幅较长，对某一预设的解释论证支撑信息比较复杂，数量多、类型多，挖掘这些信息有助于发展学生的信息整合能力，培养阅读能力、思维能力和情感态度和价值观。整本书阅读教学中的文学作品，常常注重学生的情感体验，如果加入理性的思考研讨，使感性的体验进一步升华，则有助于人生观、世界观和价值观的形成和发展。小说《老人与海》改为《老人与鱼》，好不好，为什么？老人与鱼搏斗的经历表现了人物怎样的精神面貌？等等，都需要学生借助文本多个细节进行理性的解释说明。

反思评价整本书的内容和特点。让学生跳出整本书，不受整本书的影响，客观的评价整本书的内容、特点、价值等，是发展学生高阶认知的重要环节。反思评价是把整本书的内容和特点与读者自身联系、与社会联系、与艺术联系等，正确认知整本书的价值和意义，并学以致用。如怎样看待《老人与海》这部小说所表现的人物精神面貌，及其运用的艺术手法？等等。

整本书阅读的三个层面体现了阅读的字面性理解、整合推理性理解和批判性理解，形成了由浅入深的逻辑递进关系。而且，每个层面的阅读又可以细化为不同的能级。根据使用的信息来源是书本表面的还是深层的可以把整本书阅读能力划分为两个层级；根据使用的信息量的多少可以把解释论证部分划分两个层级；根据反思评价的内容是整本书的内容和形式可以划分整本书内容反思评价和整本书形式反思评价两个层级。各能级又可以细化。建构整本书的阅读评价框架体系，能够帮助教师和学生开展整本书阅读活动，有效落实整本书阅读目标。

（二）根据阅读要求确定评价重点和能级

根据整本书阅读要求确定评价内容维度和能级。从课程标准看，不同学段整本书阅读评价的内容和能级不同。小学阶段，整本书阅读评价的主要维度是理解把握整本书的内容，其能级是运用显性信息的情况。初中阶段，整本书阅读评价的主要维度是理解把握和解释论证整本书的内容和特点，其能级是运用显性和隐性信息的情况。高中阶段，整本书阅读评价的主要维度是解释论证和反思评价整本书的内容和特点，解释论证整本书的阅读评价能级是复杂信息的整合和运用，反思评价方面，主要是整本书的内容和形式方面的阅读评价。当然，整本书阅读评价的维度和能级可以根据情况具体分析，适当降低或提高要求。同时，由于单篇课文教学在先，整本书阅读教学在后，而整本书阅读的评价基本上是在单篇课文阅读评价基础上有选择、有侧重地适当深度延伸的，因此，知识、技能方法、习惯，及情感态度和价值观评价一定程度上是蕴含在整本书三个层面的阅读评价之中的。

随着新课标的教材化，整本书阅读的具体内容和任务要求在教材单元中都会有相对明确的提示，教材对于规定的整本书的阅读目标、内容、方法和要求就成为该整本书阅读评价的要求了，只是评价能级还需要教师具体确定而已。

（三）采取多元综合评价

由于整本书阅读旨在阅读经验的建构，因此，过程评价是整本书阅读评价的关键。过程评价主要是过程表现，涉及多种评价方式和多元主体评价。评价方式从不同角度看多种多样，有文字和非文字的、书面和口头的、静态和动态的、视频和录音等评价形式。多元主体有教师、家长、同伴、社区实践人员等。到底确定哪些评价方式和类型，还需要教师具体情况具体分析。

第三节 课外阅读指导

广义的课外阅读通常是指学生在课堂外开展自主阅读活动，不仅包括课堂内外的非语文教科书阅读，同时也包括课堂外的语文教科书阅读，是指学生在课后通过阅读报纸、影视、网络等进行学习的一种方式。狭义的课外阅读则仅仅包括课堂外的自主阅读活动，学生可以根据自身兴趣爱好自主选择阅读材料。《义务教育语文课程标准（2022 年版）》明确要求教师在语文教学过程中必须重视培养学生的阅读兴趣，扩大阅读面，增加阅读量，提高阅读品味。这就要求教师在教学过程中，应根据学生心理特点和认知规律，认真研读统编版语文教材，合理利用课堂拓展环节，为学生科学推荐课外阅读书籍，以便学生开展更高质量的课外阅读，提升语言积累与运用能力、思维能力、审美鉴赏能力，形成正确的人生观和价值观，扩宽文化视野。

一、课外阅读的意义

课外阅读应作为语文教学中的一个重要内容，它能有效地把课堂阅读扩展到课外，拓宽学生的视野，扩大教育的深度，也可以很好地测试和强化学生在课堂阅读中获得的知识技能。

（一）有利于加强文化传承

“文化传承与理解”作为语文核心素养的一个重要组成部分，它对弘扬中华优秀传统文化、增强民族自信心、理解多元文化有着十分重要的作用。

1．推荐经典作品，加强文化传承

中国文学有数千年的悠久历史，以特殊的内容、形式和风格构成了自己的特色，有自己的审美理想，有自己的起支配作用的思想文化传统和理论批判体系。《诗经》里的初民情怀，《楚辞》的南方激情，汉乐府的田陌市井，《古诗十九首》的文人忧思，魏晋文学的自在奔放，韩柳文章的质朴自然，《游园惊梦》的梦幻纯真，《红楼梦》的青春与孤独……经典文学凝结了古代文人的思想和智慧，体现了中国文化的博大精深，是我国优秀传统文化的文字载体，对学生人格的塑造以及情感的熏陶起着非常重要的作用，学生通过阅读诗词歌赋，寻找生命的情怀，读懂生命的丰富和柔美性，便会对美更加敏感。

统编版小学语文教材为了凸显“读书意识”，旗帜鲜明地将“课外阅读”纳入教学计划，设置了“日积月累”“快乐读书吧”和“和大人一起读”等特色栏目，将课外阅读全面课程化，引导学生养成“多读书，好读书，读好书，读整本书”的良好习惯。在课外阅读中，教师可以将中国文化史上不同时期、不同类型的代表性作品介绍给学生，让他们领会其中的文化价值与文化内涵。除了以上的古诗词，教师也可以向学生推荐现当代像鲁迅、朱自清、沈从文、巴金等大家的作品，让学生通过阅读领略到各地、各民族的风土人情以及大师们的语言风格，也可以推荐学生阅读塞万提斯的《堂吉诃德》、雨果的《悲惨世界》等来拓宽学生的阅读视野，了解并接受异域不同文化的差异，汲取人类的优秀文化。

2. 借助多种形式，感受文化魅力

学生在阅读优秀经典文本的过程中难免会遇到晦涩难懂的内容，单一的纸质阅读并不能使学生深刻领会其中的文化价值，教师可以有效借助影视作品、音像制品等多种形式，帮助学生领会作品背后所蕴含的人文底蕴。

第一，教师可以借助文学作品的解说视频，引导学生加深对作品文化内涵的理解。学生在阅读《红楼梦》《三国演义》《史记》等文学名著的过程中，仅仅靠自己的知识储备，可能还无法理解书中的某些情节以及作品背后所蕴含的文化内涵，因此，教师可以根据学生在阅读过程中所遇到的疑难点选择针对性的解说视频，让学生利用课余时间观看这些作品的解说视频，跟随学者的脚步一起探寻文学作品背后的文化魅力。

第二，教师可以利用文化类综艺节目，引导学生感知传统文化的魅力。文化类综艺节目作为推动传统文化创新性发展的重要形式之一，以语言文化及文学艺术为主要创作原始素材，以文化的传播与解读为主要目的，对弘扬中华优秀传统文化具有积极作用。近些年，像《国家宝藏》《诗书中华》《朗读者》等这类传统文化节目，就以观众喜闻乐见的形式，把中国优秀传统文化包装在视听艺术之下，以此展示出独特的文化意蕴，呈现出绚丽多彩的文化魅力。透过这些节目，学生们可以领略到中国古老的文化和艺术，也可以了解到“传统”对当今社会的影响，在教学中教师选用这类节目作为教学材料，能使学生置身于情境之中，在轻松愉快的情境中体会到传统文化的魅力。

3. 组织实践活动，促进文化传承

在语文教学中，实现文化的传承不能单单只依靠课本和课堂上的知识，还需借助多样的实践活动，来促进文化的传承。

第一，教师可以让学生了解我国的物质文化遗产，从中感受传统文化的精髓。文化遗产是我国劳动人民智慧的结晶，承载着中华民族特有的精神价值，是民族创新与活力的集中体现。一方面，教师可以组织学生参观当地的历史遗迹博物馆、名胜古迹等；另一方面，教师可以通过多媒体将全国各地的物质文化遗产以图画的形式呈现给学生，让学生直观地感受我国传统文化的精粹，不断增强文化自信，拓宽文化视野。

第二，教师可以充分利用好我国的传统文化节日，对学生进行文化熏陶。例如，在端午节假日中，教师可以减少机械作业的布置，让学生在假期中查阅、整理与端午节有关的古诗词、故事，让学生在假期学习包粽子的方法，了解粽子的形状、种类及口味，以便让学生在实践中更加深入地了解端午节这一传统文化节日，增强对传统文化的热爱。

（二）有利于提高学生的道德水平

基础教育阶段是学生养成正确的"三观"和认知的重要时期，这一时期的家风和家教固然重要，但这一时期学生的大部分时间都在学校，教师的引导和教化显然更为重要。教师科学地引导学生筛选课外读物，选择具有教育性、实用性、时代性的课外读物，学生就可以透过文字了解蕴藏在文本中的文化内涵和思想情感，同时开阔视野、陶冶情操、提升道德水平，进而树立良好的人生观、世界观和价值观。

（三）有利于激发学生的语文学习兴趣，促进学生语文核心素养的形成

1. 提升学生的语言积累与运用能力

"语言建构与运用"是语文核心素养的基础组成部分，在语文教学活动中，课本可以让学生在课堂上阅读优秀的经典范文，课外阅读则可以让学生在课后阅读更为丰富的阅读文本，进而逐步形成自己的阅读风格与阅读喜好，获得更好的情感体验和语言熏陶，强化自己的知识迁移能力和文字运用能力。

2. 提高学生的思维能力

课外书籍比之课本上精选的文本，往往更具有现实性和生活性，大量地阅读课外书籍是丰富学生知识结构、增强学生人文素养的重要途径之一，可以丰富学生的生活阅历，进而不断增强学生的想象、表达和思维能力。学生在阅读经典文本的时候，教师可以引导学生不同程度地体悟文本作者的思想感情，引导学生以多元化的方式对文本进行解读，形成个性化的阅读体验，这对于提高学生的思维品质与思维能力都具有重要意义。

3. 提高学生的审美鉴赏能力

学生通过阅读优秀的文学作品，往往能够获得情感上的满足与精神上的愉悦，教师在课外阅读指导中要注重学生审美态度与审美能力的培养，引导学生追求优质阅读，感受作品中所蕴含的人物情感，品味作品中生动形象的语言文字，不断促进学生审美能力的提升。

二、课外阅读的原则

（一）延伸课堂的原则

现代语文教材每单元后面都附有课外阅读书目，课外阅读的目的是以课本为出发点，深化、强化、活化、扩展课堂上所学到的知识，提高学生的阅读能力，学生可以通过阅读这些课外书目学到先贤大家们独具魅力的语言艺术和精心的谋篇布局。例如，教师在讲解《林黛玉进贾府》时，就可以在授课开始之前给学生们普及一下“四大家族”的知识，林黛玉的家世、王熙凤的成长环境以及在贾府的地位等，这样能够让教材中的人物形象变得更加立体丰满，有效地吸引学生的注意力，在授课结束后，可以进一步引导学生阅读《红楼梦》，自主感知其中展现出的中华建筑文化、饮食文化、服饰文化以及礼仪文化等，增进学生对传统文化的了解，如此不但能够激起学生进行课外阅读的兴致，还可以使学生主动参与课外阅读。

（二）略读与精读相结合的原则

叶圣陶先生在论述精读和略读二者关系时说："就教学而言，精读是主体，略读只是补充；但就效果而言，精读是准备，略读才是应用。"因为学生的课外时间有限，课外阅读的书目又很多，每本书都要精读显然时间不够，这样就需要我们对书目进行初步的筛选，之后对于泛读的书可以通过翻阅目录、内容简介以及重要章节等，粗略地了解一下；而对于精读书目，我们就必须对文章构思、语言特色、写作手法、表达手法等都认真研究，进一步深化理解文章的内容。

1．精读

精读是为了达到对读物的充分理解而进行的阅读。在理解方面，要求对文章的字、词、句、段、篇进行深入分析和思考。对于词，要做到在理解它的直接意义的基础上理解它的象征意义和比喻意义；对于段落，要在概括段意的基础上懂得它自身的结构和它在全篇中的地位；对于全篇，要在领悟主旨的基础上明了它的结构方式和作者的思路。另外，在欣赏方面，要求反复涵泳，广泛联想，品味文章语言运用的精妙，深化理解课文的内容、思想和情感；在评价方面，要求能够对文章所表达的思想内容和表达方式做出客观的判断。

2．略读

泛读是对读物求其大要的阅读方法。和精读相比，略读有如下一些特点：从对读物信息的感知来看，它不如精读那样细致入微，而是重在搜寻有用信息；从对读物内容的理解上看，它不像精读那样"字求其训，句索其旨"，而是略"次"抓"要"，略"小"抓"大"；从阅读的要求来看，精读追求的是读物整体的把握，略读追求的是读物的重点。

略读训练应注意以下两个问题：首先是把握大意，抓住重点。重在让学生把握材料大意，准确捕捉关键信息，如善于捕捉标题中的语言信息，捕捉反复出现的语言信息，充分重视在"综上所述"，"总而言之"之后所做的简短概括，注意展示信息的小标题，突出重点的着重号、黑体字等。其次是提高阅读速度。略读训练要以准确理解为前提，同时也对阅读速度提出较高的要求，要减少信息传递的环节，缩短反映过程，加快阅读速度，视野所及可以在主要注意某一点某一行的同时，涉及前后左右的一定区域，也就是“一目十行”。

（三）授人以渔的原则

古人云：“授之以鱼，不如授之以渔。”教师可以根据文本的类型展开灵活指导。最为常见的阅读有：浏览性泛读、探究性阅读、品味性阅读。第一种，浏览性泛读。在阅读简单易懂的课外阅读材料时，教师可以让学生运用这种浏览性泛读的方法，通过快速粗略地阅读，掌握阅读材料的主要内容。第二种，探究性阅读。这种阅读方法比较适用于一些试卷上的课外阅读文章，教师可以引导学生从题目入手，有针对性地对相应的段落进行重点探究，便于他们在短时间内寻找到有价值的信息。第三种，品味性阅读。这种阅读方法主要适用于世界名著、优秀作品的鉴赏阅读，教师可以从字词、描写手法等入手，引导学生认真揣摩文本的精华元素，在鉴赏过程中，还可以让学生摘抄、整理有价值的内容，如名言警句、描写优美的词句等，以便为后期的写作储备各种素材。

三、课外阅读指导策略

（一）创设情境，培养课外阅读的兴趣

美国教育家布鲁纳说：“学习的最好动机，乃是对所学材料本身发生兴趣。”这就是说，兴趣是学习积极性中最现实、最活跃的成分。为了全面提升学生的阅读水平，优化阅读教学质量，拓展学生的阅读视野，教师应该尽可能地为学生创建良好的阅读氛围，让每位学生都能够从阅读中获得乐趣。

要提高学生的课外阅读数量和质量，就要提高学生的课外阅读兴趣，只有创设良好的课外阅读氛围，学生的兴趣才能得以提升。教师在对学生进行语文课外阅读授课过程中，需要提前细致研究文本内容，确立授课目标，同时要根据学生不同的年龄、不同的接受能力，利用信息化手段结合

课本知识，创造出适合学生阅读的课堂氛围，提升学生课外阅读的兴趣。

在课外阅读教学中，教师可以组织学生进行情境表演，以演促读，让学生在赋予人物形象生命和情感的过程中潜移默化地理解名著情节和人物性格。例如，在进行《西游记》的课外阅读教学中，教师可以组织学生参与“我演《西游记》”的情境表演活动，用语言、动作、神态表现唐僧的坚韧和迂腐、孙悟空的机智和急躁、猪八戒的懒惰和纯真、沙僧的实诚和木讷，通过这一过程把名著文字变得直观可感，从而调动学生阅读整本书的兴趣，这有利于学生课外阅读活动的开展。

（二）筛选阅读篇目，形成课内外阅读联动

目前我国出版事业发展迅猛，出版物类型丰富多样，但出版内容良莠不齐，品质不一，网络书籍为了赚取流量更是将一些“问题读物”放在搜索首页，因而没有教师和家长的指导，学生可能无法分辨阅读书籍的质量，很容易沉迷于网络“快餐文化”，因此，教师应经常向学生推荐一些经典的、有益的文学作品，引导他们根据自己的阅读取向自由展开课外阅读。

语文阅读教学要保持连续性，就需衔接好课内外，让课外阅读教学成为课内阅读教学的延伸和深化，因此，教师要立足课内阅读内容，选择课外阅读篇目，让学生通过课外阅读来了解与课文有关的背景知识。第一，教师可以指导学生阅读课文的原文。例如，在学完《范进中举》之后，教师可以指导学生课下阅读《儒林外史》，通过阅读原著来深化学生对课文的理解，同时增加学生对经典文学名著的了解。第二，了解不同阶段学生的阅读兴趣，基于此来推荐一些经典的书籍，比如给小学生推荐经典的童话故事《格林童话》《十万个为什么》等，给初中生推荐《朱自清文选》《西游记》等，给高中生推荐《儒林外史》《红楼梦》《活着》等，丰富学生的阅读体验，开阔学生的视野，还能够增加知识，便于学生从一篇到多篇地体会作者的写作风格，构建文本解读的立体空间。

（三）培养阅读习惯，提高课外阅读有效性

当学生具备基本的阅读能力后，教师应教授一些具体的课外阅读方法，使学生在课余时间能够更有效地独立阅读。

1. 选择文本和阅读方式

信息时代，市场上的书籍和刊物良莠不齐，网络上更是有许多少儿不宜的通俗读物，这就需要教师带领学生通过快速阅读文章的内容、简介，分析文章思想内容，筛选文本，让学生逐渐形成良好的识别能力，学会在课外阅读实践过程中自主选择读物，在阅读过程中积累阅读方法。不同的书所要表达的含义、写作手法也各不相同，单一的阅读方式可能无法掌握文章核心内容，此时就需要引导学生快速分辨文章类型，进而选择有效的阅读方式，充分调动学生的感官思维，提升阅读水平。

2. 充分发挥学校图书馆的功能和作用

学校图书馆作为学校的重要教学资源，是学生丰富知识、开阔视野、陶冶情操的重要场所，学校要在图书馆的建设和管理上能够更加科学化、专业化、人性化，做好新书推介，让新书、好书及时地进入学生的视线。

3. 举办读书讲座

学校要与作家，特别是本土作家、书城、图书馆、文化中心等建立友好关系，扩大阅读大环境，不定期举行读书讲座，开阔学生的阅读视野。

4. 结合视频阅读教学

教师可以让学生观看《朗读者》《中华诗词比赛大会》等节目，感悟中华文化的博大精深，激发学生阅读的热情。

5. 读写结合，提升审美创造力

阅读与写作作为语文教学不可缺少的两大部分，阅读是写作的基础，写作是阅读的升华。写作的过程，其实也是一个持续创造的过程，这个过程不仅考验学生的语言组织能力，同时，也考验学生的审美再创造能力。

因此，在课外阅读指导中，教师要注重运用读写结合，让学生在写作中实现对美的创造，在语言实践活动中不断提升创造美的能力。

阅读与写作在语文教学中的结合形式是多种多样的，根据教学目标的不同，既可以侧重于“读”也可以侧重于“写”。侧重于“读”的读写结合可以让学生写阅读感悟，或者对文章进行续写、改写；对于以“写”为主的读写结合，教师在课外阅读指导中可以引导学生写读后感，以便促进学生审美创造能力的发展。

6. 开展阅读小组学习，强化课外阅读氛围

小组合作学习主要通过学生之间的交流、互动、合作来达到共同的学习目标，恰好和新课程教育理念不谋而合，教师可以根据学生的心理特点让他们进行阅读小组学习，营造课外阅读氛围，在小组交流中加深理解，更好地提升课外阅读质量。

（四）家校共育，提高学生的阅读素养

学生阅读能力的提升不仅仅来源于教师在课堂上的教授课文，更多的还应该来源于课下和课外阅读，因此，很多家长持有学生课外阅读就是简单地阅读一些学习辅导类的书籍的观点显然是片面的。这需要家长和教师形成指导学生课外阅读的统一认识，同心协力提升学生的阅读能力和语文核心素养。

具体而言，教师可以利用现今的网络技术构建师生、家长沟通交流平台，逐渐让家长了解课外阅读的重要性，宣传课外阅读知识，鼓励家长为学生购买有益的课外读物。教师还可以利用互联网中丰富的课外读物、期刊等，以自身多年的教育经验和语文知识底蕴筛选出对学生成长最为有利的教学资料，让学生不断增强自身的语文知识储量。

（五）完善课外阅读评价体系

学生的阅读多以学校的教材为主，课外阅读主要是根据家长、教师推荐的内容进行阅读，其课外阅读效果并不容易得到落实，这就需要建立科学有效的评价机制来确保课外阅读的有效实施。为了有效地评价课外阅

读，教师要以结合新课标的阅读要求和精神，根据不同年龄段学生的特点，将课外阅读评价内容具体化，制定可操作性的评价标准，调动学生课外阅读的主观能动性。

1．阅读习惯的评价

教师可以在每学期的开始，根据学生的实际情况制定每学期的课外阅读计划表，并要求学生在阅读过程中要做好笔记，教师可以定期检查，也可以突击检查。

2．阅读数量的评价

学生语文素养和阅读能力的提高是需要靠大量的阅读来实现的，教师要依据新课标要求，有计划地给学生制定每学期的课外阅读任务量，建立学生个人课外阅读档案，随时了解学生的阅读情况，从而进行有针对性的评价。

3．阅读能力的评价

阅读能力的评价主要是要看学生对阅读材料要点的概括、内容的理解，以及对作者思想感情的把握是否到位等。

复习与体验

1．简要概括阅读教学设计的内容。

2．简要概括整本书阅读教学的实施。

3．谈谈你对语文阅读教学设计原则的理解。

4．谈谈整本书阅读教学设计与一般阅读教学设计的异同。

5．结合实例谈谈怎样培养学生的课外阅读习惯。

第十章 写作教学

本章导学

本章主要依据《普通高中语文课程标准（2017 年版 2020 年修订）》《义务教育语文课程标准（2022 年版）》相关内容，梳理、明确语文作文教学的相关问题。第一节重点关注作文的总目标和各个阶段的目标。第二节围绕新课标，阐明作文教学的理念。第三节内容为作文训练体系。第四节为作文教学设计。本章主要目标是认识和了解作文教学目标，理解作文教学理念和训练体系，学会有效实施作文教学。

学习目标

识记：作文教学的目标。

理解：作文教学理念和训练体系。

运用：能运用相关理论进行教学设计，实施作文教学。

写作是运用书面语言进行表达和交流的方式，是认识世界、认识自我，进行创造性表述的过程。写作不仅仅是向特定对象进行有目的的交际活动，它还是一种重要的智力活动，既可以锻炼想象力，又可以锻炼批判性思维；写作也是一种重要的学习与工作方法，信息的梳理与探究、同伴的对话与协商、任务的计划与管理，几乎都离不开写作。写作是语文素养的综合体现，写作能力是衡量学生语文学习质量的重要尺度，也是学好其他学科的基本能力，与学生全面发展有着重要关系。写作教学是语文教学的重要组成部分，写作教学是培养学生写作兴趣，养成良好写作习惯，学会写作，丰富自己的情感体验和精神世界，形成健康的审美情趣和价值观的教学实践活动。

第一节　写作教学的目标

一、义务教育阶段作文教学目标

《义务教育语文课程标准（2022 年版）》在写作教学方面，将写作教学纳入了“表达与交流”教学板块之中，分别从总目标和四个学段对写作提出了具体目标，相对于《义务教育语文课程标准（2011 年版）》呈现出新的要求和特点。

（一）总目标和各学段目标

1. 总目标

根据需要，用书面语言具体明确、文从字顺地表达自己的见闻、体验和想法；积极观察、感知生活，发展联想和想象，激发创造潜能，丰富语言经验，培养语言直觉，提高语言表现力和创造力，提高形象思维能力；乐于探索，勤于思考，初步掌握比较、分析、概括、推理等思维方法，辩证地思考问题，有理有据、负责任地表达自己的观点，养成实事求是、崇尚真知的态度；感受语言文字的美，感悟作品的思想内涵和艺术价值，能结合自己的经验，理解、欣赏和初步评价语言文字作品，丰富自己的情感体验和精神世界。能借助不同媒介表达自己的见闻和感受，学习发现美、表现美和创造美，形成健康的审美情趣。

2. 各学段目标

（1）第一学段（1 ~ 2 年级）：

①对写话有兴趣，留心周围事物，写自己想说的话，写想象中的事物。

②在写话中乐于运用阅读和生活中学到的词语。

③根据表达的需要，学习使用逗号、句号、问号、感叹号。

（2）第二学段（3～4 年级）：

①观察周围世界，能不拘形式地写下自己的见闻、感受和想象，注意把自己觉得新奇有趣或印象最深、最受感动的内容写清楚。

②能用便条、简短的书信等进行交流；尝试在习作中运用自己平时积累的语言材料，特别是有新鲜感的词句；学习修改习作中有明显错误的词句。

③根据表达的需要，正确使用冒号、引号等标点符号。课内习作每学年 16 次左右。

（3）第三学段（5～6 年级）：

①懂得写作是为了自我表达和与人交流。养成留心观察周围事物的习惯，有意识地丰富自己的见闻，珍视个人的独特感受，积累习作素材。

②能写简单的纪实作文和想象作文，内容具体，感情真实。能根据内容表达的需要，分段表述。

③学写读书笔记，学写常见应用文。

④修改自己的习作，并主动与他人交换修改，做到语句通顺，行款正确，书写规范、整洁。根据表达需要，正确使用常用的标点符号。

⑤习作要有一定速度，课内习作每学年 16 次左右。

（4）第四学段（7～9 年级）：

①多角度观察生活，发现生活的丰富多彩，能抓住事物的特征，为写作奠定基础。

②写作要有真情实感，表达自己对自然、社会、人生的感受、体验和思考，力求有创意。

③写作时考虑不同的目的和对象。根据表达的需要，围绕表达中心，选择恰当的表达方式。

④合理安排内容的先后和详略，条理清楚地表达自己的意思。

⑤运用联想和想象，丰富表达的内容。

⑥正确使用常用的标点符号。

⑦做到明白清楚；写简单的议论性文章，做到观点明确，有理有据；能根据生活需要，写常见应用文。

⑧能从文章中提取主要信息，进行缩写；能根据文章的基本内容和自己的合理想象，进行扩写；能变换文章的文体或表达方式等，进行改写。尝试诗歌、小小说的写作。

⑨注重写作过程中搜集素材、构思立意、列纲起草、修改加工等环节，提高独立写作的能力。根据表达的需要，借助语感和语文常识修改自己的作文，做到文从字顺。

⑩能与他人交流写作心得，互相评改作文，以分享感受，沟通见解。

⑪作文每学年一般不少于 14 次，其他练笔不少于 1 万字，45 分钟能完成不少于 500 字的习作。

（二）写作教学目标特点

1. 写作教学目标内容构成

从总目标和分阶段目标来看，写作学习目标以核心素养为目标，渗透到总目标和各个学段目标中。例如，总目标提出语言积累和运用方面，要根据需要，用书面语言具体明确、文从字顺地表达自己的见闻、体验和想法；丰富语言经验，培养语言直觉，提高语言表现力和创造力。在思维发展方面，提出要积极观察、感知生活，发展联想和想象，激发创造潜能，提高形象思维能力；乐于探索，勤于思考，初步掌握比较、分析、概括、推理等思维方法，辩证地思考问题，有理有据、负责任地表达自己的观点；在审美方面要能借助不同媒介表达自己的见闻和感受，学习发现美、表现美和创造美，形成健康的审美情趣。

从各学段具体目标来看，写作目标包括写作能力目标和写作情感目标以及写作习惯目标三个方面。写作能力目标包括：观察和感受事物的能力；搜集和整理题材的能力；选择和确定主题的能力；构思和组织结构的能力；区别和选用表达方式的能力；选择和运用文体的能力；遣词造句的能力；按规范文字书写的能力；使用标点符号的能力；推敲修改的能力；在限定的时间内作文的能力。写作情感目标包括：对文字表达的热爱；对客观事物的关心和好奇；对现实生活的体验和兴趣；愿意交流分享作文。写作习惯目标包括：认真搜集信息；认真构思；认真书写；认真修改。

2. 写作目标渗透于各任务群

《义务教育语文课程标准（2022年版）》对语文课程内容进行了重大革新，新增了六个贯穿四个学段的语文学习任务群。其按照内容整合程度不断提升，分三个层面设置学习任务群，其中第一层设“语言文字积累与梳理”1个基础型学习任务群，第二层设“实用性阅读与交流”“文学阅读与创意表达”“思辨性阅读与表达”3个发展型学习任务群，第三层设“整本书阅读”“跨学科学习”2个拓展型学习任务群。无论是基础型、发展型还是拓展型学习任务群都将写作作为其必不可少的学习内容。

文学阅读与创意表达任务群目标：第二学段（3~4年级）阅读描绘大自然、表现人类美好情感的诗歌、散文等文学作品，结合自己的生活体验，尝试用文学语言表达自己热爱自然、珍爱生命的情感。学习用口头或者图文结合的方式创编儿童诗和有趣的故事，发展想象力。第三学段（5~6年级）阅读表现人与自然的诗歌、散文等优秀文学作品，感受大自然的奇妙，体会人与自然和谐相处的意义；用口头或者书面的方式表达对自然的观察与体验，抒发自己的情感；学习联想与想象，尝试富有创意地表达；阅读反映少年成长的故事、小说、传记等，交流自己获得的启示；学习运用细节描写等文学表现手法，描述自己成长中的故事。第四学段（7~9年级）阅读表现人与社会、人与他人的古今优秀诗歌、散文、小说、戏剧等文学作品，学习欣赏、品味作品的语言、形象等，交流审美感受，体会作品的情感和思想内涵；尝试写诗歌、小小说等。

实用性阅读与交流任务群目标：第二学段（3~4年级）要学习用口头和书面的方式，客观地表述生活中的见闻片段。学习写留言条、请假条、短信息、简单书信等日常应用文，注意称谓和基本格式，文明礼貌地进行交流。第三学段（5~6年级）学习记笔记、列大纲、写脚本、画思维导图等整理和呈现信息的方法；学习通过口头表述和多种形式的书面表达，分享观察自然、探索科学世界的所见所闻、所思所感。第四学段（7~9年级）能有条理地列出提纲，用策划书、调查报告、小论文等形式发表研究成果，力求格式规范、内容完整、条理清晰。

思辨性阅读与表达任务群目标：第四学段（7~9年级）学习关于科

学探究方面的文本，联系自己的科学学习经历，围绕问题提出、探究过程、解决方法等进行专题式的研讨、演讲和写作。

整本书阅读任务群目标：第四学段（7~9 年级）借助多种媒介讲述、推荐自己喜欢的名著，说明推荐理由；尝试改编名著中的精彩片段；结合自己的阅读体会，尝试撰写文学鉴赏文章。

跨学科学习任务群目标：第二学段（3~4 年级）选择自己发现和关心的日常语言、行为、校园卫生、交通安全、家庭教育等方面的问题进行调查研讨，尝试写出简单的研究报告，与同学交流。第四学段（7~9 年级）结合数学、物理、化学、生物学等学科学习，或者自己参与的科技活动，学习撰写并分享观察、实验研究报告。组建文学艺术社团，开展相关文化活动，参与社区文化活动与文化建设；在参与过程中写出策划方案，制作海报，记录活动过程，运用多种媒介发布学习成果。

3. 提出了写作学业质量的评价目标

学业质量是《义务教育语文课程标准（2022 年版）》的新增内容，依据义务教育的四个学段，整合“识字与写字”“阅读与鉴赏”“表达与交流”“梳理与探究”四类语文实践活动，描述学生语文学业成就的关键表现，其中包含对学生写作水平和写作能力发展的具体要求，为评价学生的写作水平和能力提供了基本依据。

例如，第三学段（5~6 年级）的学业质量描述中就明确提出作文的评价目标：能主动梳理、记录可供借鉴的语言运用实例，比较其异同，积极运用于不同类型的写作实践中；在活动中积累素材，写简单的纪实作文，内容具体、感情真实；写想象作文，想象丰富、生动有趣；能写读书笔记。参加文学体验活动，能记录活动过程，表达自己的感受；能按照童话、寓言等文体样式，运用联想、想象续讲或续写故事；能用日记等方式记录个人的见闻、感受和想法；能用便条、简短的书信等与他人交流。“写简单的研究报告”，“撰写活动计划、实施方案或活动总结”。[①] 第四学段（7~9 年级）对于写作评价的要求是：能运用实证材料对他人观点做出价值判断。能多角度观察生活，抓住事物特征，选择恰当的表达方式，

---

① 教育部. 义务教育语文课程标准（2022 年版）[S]. 北京：北京师范大学出版社，2022：41.

合理安排详略，条理清楚地表达自己的感受和认识；能用多种媒介形式交流沟通；能使用常用的标点符号，准确地表情达意；能用流程图、文字等形式呈现活动设计方案；能围绕学习活动开展调查，用文字、图表、图画、照片等形式呈现学习成果；能利用图书馆等多种渠道获取资料，整理相关学习内容，完善自己的认识，撰写活动总结。能有条理地列出提纲，用策划书、调查报告、小论文等形式发表研究成果，力求格式规范、内容完整、条理清晰。

二、高中作文教学目标

《普通高中语文课程标准（2017 年版 2020 年修订）》将写作学习目标以核心素养为目标，渗透到各个任务群中学习中。例如，在语言表达与交流的目标中，要求学生能凭借语感和对语言运用规律的把握，根据具体的语言情境和不同的对象，运用口头和书面语言文明得体地进行表达与交流。在美的表达与创造的目标中，要求学生能运用祖国语言文字表达自己的审美体验，表达自己的情感、态度和观念，表现和创造自己心中的美好形象；讲究语言文字表达的效果及美感，具有创新意识。①

在实用性阅读与交流学习任务群中提出：①学习多角度观察社会生活，掌握当代社会常用的实用文本，善于学习并运用新的表达方式。②学习运用简明生动的语言，介绍比较复杂的事物，说明比较复杂的事理。③具体学习内容，可选择社会交往类的，如会谈、谈判、讨论及其纪要，活动策划书、计划、制度等常见的文书，应聘面试的应对，面对大众的演讲、陈述和致辞；也可选择新闻传媒类的，如新闻、通讯、调查、访谈、述评，主持、电视演讲与讨论，网络新文体（包括比较复杂的非连续性文本）口语交际等活动为一体。

高中作文教学总体强调教学要以社会情境中的学生探究性学习活动为主，合理把整合阅读、调查、讨论、写作、重视读写活动融合。但是为了防止写作教学流于形式，统编版高中教材虽然将写作任务融入“单元学习

① 教育部. 普通高中语文课程标准（2017 年版 2020 年修订）[S]. 北京：人民教育出版社，2020：6.

任务”中，但仍有一个相对独立的写作序列，并在任务后边以补充材料的形式附有简要的写作指导，供学生自主阅读。重视多类文本的写作，以复杂记叙文、事理说明文、议论性文章的写作为主，穿插诗歌、散文等文学作品创作和综述、演讲词、文学点评等实用性文本的写作。

第二节 中小学写作教学理念

写作教学要在继承传统的写作教学经验的基础上，广泛吸收当代的写作教学思想，遵循当前新课标中所提出的写作教学基本理念。

一、注重激发写作兴趣，培养自信心

中小学生普遍存在写作恐惧心理，作文教学首先要消除学生对写作的恐惧心理。《义务教育语文课程标准（2022 年版）》把 1 ~2 年级作文称为写话、3 ~4 年级作文称为习作，5 ~6 年级才正式提出写作，是为了降低难度，培养对写作的兴趣。在低年级，要鼓励学生把心中所想、口中要说的话用文字写下来，不必强调种种规矩，应让学生大胆去写，以此培养写作的兴趣和自信。

培养学生的写作兴趣，在写作的任务和内容上，要根据适合学生各学段年龄特征的题目和内容，选择学生感兴趣的，有生活经验的作文内容和形式。学生的生活体验来自家庭、学校、社会、自然和自我的过程。只有适合学生的，才能激发学生兴趣。重视写作过程中学生之间的合作交流。《义务教育语文课程标准（2022 年版）》在不同的学段分别提出“愿意将自己的习作读给人听，与他人分享习作的快乐”“能与他人交流写作心得，互相评改作文，以分享感受，沟通见解”的目标。学生在写作前后的兴趣和情感非常重要，因为“情绪和情感像一种侦察机构，监视着思维活动，他能促进组织工作，记忆、推理操作和问题解决。在心情良好的状态下思路开阔，思维敏捷，解决问题迅速。而心情低沉或郁闷时，则思路阻塞，

缺乏创造性”[①]。因此，在写作教学过程中，加强师生交流，促进情感融合。具体而言，我们可以从以下两个方面着手。

第一，语文教师要善于建立融洽的师生关系，根据学生的年龄特点，有针对性地运用不同的写作教学方法，增强学生对写作的情感体验。要让学生觉得写作是丰富多彩的活动，使学生体验到写作带来的愉悦。

第二，进行鼓励性评价，提升学生对写作的自信心。消除学生的畏难情绪，是要让学生体会到写作并不是高出自己能力的艰难任务，而是自己跳一跳就可以摘取胜利果实。所以要加强写作过程的有效指导，了解学生每一次写作的具体困难，有针对性地进行适当指导。例如，丰富学生写作知识，打开学生写作思路，帮助学生积累或者获得写作素材等，让学生能不断进步。同时，注重鼓励性评价，要看到学生每次作文的优点和进步，使学生在写作的过程中体验到自己的收获。

二、注重真情实感，联系生活

《义务教育语文课程标准（2022 年版）》非常强调写作的真情实感，提出“珍视自己的独特感受”，“写作要感情真挚，力求表达自己对自然、社会、人生的独特感受和真切体验”；写纪实作文，一定要说真话，吐真情，不能说假话、空话、套话。“注意表现自己觉得新奇有趣的或印象最深、最感动的内容”。写作从根本上说是一种个体化的活动，每个个体面对外部世界和内部世界都会有自己的体验、经历、思考和感悟，写作正是这种心灵历险的写照。

《普通高中语文课程标准（2017 年版 2020 年修订）》强调“留心观察社会生活，丰富人生体验，有意识地积累写作素材，广泛搜集资料，根据表达需要和体裁要求，尝试多种文本的写作，相互交流”。写作来源于生活又高于生活，只有在日常生活中有着真切的感情体验才能更好地表达自己的看法。生活的体验，是写作源源不断的动力和源泉。学生的生活越丰富，体验越深刻，写作的基础也就越扎实。写作空有文体知识和作法知

① 朱智贤，林崇德. 思维发展心理学［M］. 北京：北京师范大学出版社，1986：97.

识，但是缺乏素材积累和语言积累、人文素养的培养的话，也容易引发学生写作时闭门造车，生编硬造，这种狭窄僵化的结合不利于培养学生综合的读写素养。要不断丰富学生的生活，以此强化学生的直接情感体验。要引导学生将目光投向身边的人和事，通过细致观察，深入思考。此外，要拓宽学生的阅读视野。直接的生活阅历毕竟是有限的，要让学生在阅读中汲取养料、丰富写作素材。鼓励学生开展课外阅读，有意识地引导学生扩大阅读的面，指导学生课外阅读的方法，经常性地组织学生开展各种阅读交流活动，深化学生对阅读的理解，使学生在阅读中感悟生活，体验人生。另外，建立在现实生活世界基础上的想象世界也是写作素材的重要构成，所以要鼓励学生展开想象、联想甚至幻想，培养学生的创造性思维。

教师要鼓励学生去探索生活中的各种元素，引导学生将生活中的元素纳入写作素材，从而加强学生对生活写作的熟悉感和敏锐感。让学生深入平常的生活中去接触不同的人、观察他们的一举一动，寻找发生在这里的一些趣事，观察之后再用文字的形式记录下来，这样学生的文章就会显得饱满、扎实。强化生活体感，引导多层思考，可以从随笔入手，逐步深入，引导学生对日常身边发生的事进行思考，并将整个发现、思考的过程以文字的形式展现出来。

三、区分不同的写作类型，学习多样化的写作

在《义务教育语文课程标准（2011 年版）》中，写作形式主要是按文体分类，分为记叙类、说明类和议论类，记叙类又分成写实和想象两类。在学段目标中明确要求学生通过四个学段的学习，掌握“三大文类”即记叙文、说明文、议论文的写作，同时也重视培养学生撰写日常应用文即实用文的能力。除了对具体的写作文体类型有规定以外，课程标准还要求学生“能够从文章中提取主要信息，进行缩写；能根据文章的基本内容和自己的合理想象，进行扩写；能变换文章的文体或表达方式等，进行改写”。《义务教育语文课程标准（2022 年版）》保留并延续了这些要求，两者在这方面存在高度的一致性。

《义务教育语文课程标准（2022 年版）》对写作类型的分类有了新的变化，首次实现了以学习任务群的形式组织并呈现语文课程内容，写作教

学作为语文课程的重要内容，也在各类任务群中体现出了新的写作类型。大致划分为学习性写作、实用性写作、思辨性写作以及创意性写作四种不同类型。这就要求教师在进行写作教学时能够区分不同的写作类型，开展更加规范的写作教学。

学习性写作即“认知性写作”或“学术性写作”，是指以知识的学习探索和技能训练为目的，为了完成具体的学习任务而进行的写作。这一类型的写作涵盖众多常见的写作形态。例如，在“整本书阅读”任务群中，学生要在不同学段学会用书面的方式分享自己阅读整本书的经历、启示和阅读方法，并且能够根据自己的阅读进度完成读书笔记，可以用一张思维导图展示整本书阅读中故事情节的梳理，或者用300字左右的微信推文宣传校园读书节活动。进行研究后写写研究报告、制作PPT、撰写学术小论文、综述和评述等，这些都是学习性写作的重要组成部分。

实用性写作是指为了满足生活和工作需要而进行的写作，如写通知，新闻，通讯，报告，请示，计划，总结，企划书，演讲稿，文案，教案，病历，诉状，会谈、谈判、讨论及其纪要，说明书，建议书，倡议书，等等。以《义务教育语文课程标准（2022年版）》中“实用性阅读与交流”任务群为例，该任务群旨在引导学生在语文实践活动中，根据具体交际情境和对象，清楚得体表达，传递有效信息，满足现实生活中实际的交流与沟通需要。《义务教育语文课程标准（2022年版）》要求学生在第二学段（3~4年级）“学习写留言条、请假条、短信息、简单书信等日常应用文”“学会用日记、观察手记等”。[①] 在教学提示中，该任务群提出要引导学生注意实用性阅读与表达的目的、对象、情境，以及交流效果，注意内容明确、条理清晰、语言简洁明了，注意应用文的基本格式和行文规范。[②]

思辨性写作是需要运用概念、判断、实证、推理、批判、分析、评价等能力，具有较强逻辑思维的写作类型。它既类似于以往的议论文写作但又与其存在本质上的不同。在“思辨性阅读与表达”任务群中要求第三学

---

① 教育部. 义务教育语文课程标准（2022年版）［S］. 北京：北京师范大学出版社，2022：24.

② 教育部. 义务教育语文课程标准（2022年版）［S］. 北京：北京师范大学出版社，2022：26.

段（5～6年级）学生“有理有据地口头或书面表达自己的观点”“用画思维导图等方式辅助，简洁清楚地表述科学家发现、发明的过程，学习科学家的创造精神，体会猜想、验证、推理等思维方法”；第四学段（7～9年级）学生“围绕问题的提出、探究过程、解决方法等进行专题式的研讨、演讲和写作”。[①] 在教学提示中，该任务群强调鼓励学生自由、充分表达；立足证据，有条理地表达自己的观点和看法；围绕问题提出、探究过程、解决方法等进行专题式的研讨、演讲和写作，包括活动过程中产生的文字、表格、统计图、思维导图等学习成果。[②]

创意性写作是指运用语言文字或其他技术手段进行的创造性写作，强调创意，目的是培养学生的创造力和文学写作能力。《义务教育语文课程标准（2022年版）》在“文学阅读与创意表达”任务群中提出要引导学生观察、感受自然与社会，表达自己独特的体验与思考，尝试创作文学作品。[③] 在学习内容中，该任务群要求第二学段（3～4年级）学生用文学语言表达自己热爱自然、珍爱生命的情感；第三学段（5～6年级）学生学习联想与想象，尝试富有创意地表达，以及学习运用细节描写等文学表现手法，描述自己成长中的故事；第四学段（7～9年级）学生尝试写诗歌、小小说等。[④] 在教学提示中，该任务群鼓励学生在书面创作中，运用多样的形式呈现作品，发挥自己的创造性；引导学生成长为主动的阅读者、积极的分享者和有创意的表达者。[⑤]

依据四种写作类型的不同定义，教师要迅速且准确地完成对具体写作任务的类型划分。例如，写留言条、请假条、短信息、简单书信、日记等日常应用文就属于实用性写作；写诗歌、小小说等就属于创意性写作；写

---

① 教育部. 义务教育语文课程标准（2022年版）［S］. 北京：北京师范大学出版社，2022：30.

② 教育部. 义务教育语文课程标准（2022年版）［S］. 北京：北京师范大学出版社，2022：31.

③ 教育部. 义务教育语文课程标准（2022年版）［S］. 北京：北京师范大学出版社，2022：26.

④ 教育部. 义务教育语文课程标准（2022年版）［S］. 北京：北京师范大学出版社，2022：26－28.

⑤ 教育部. 义务教育语文课程标准（2022年版）［S］. 北京：北京师范大学出版社，2022：28.

小论文、做笔记、做摘要、写读书笔记、写研究报告等就属于学习性写作。在完成写作类型划分之后，教师需要能够区分不同的写作类型并开展规范教学。按照这一类型写作所固有的写作格式和要求展开具有规范性的教学，使学生在头脑中形成对不同写作类型的系统性认知，并掌握每一种类型下的写作适用何种目标和适用的任务情境，以及具体的写作格式和规范。需要注意的是，在有些教学内容的学习过程中，需要多种类型的写作进行融合，以培养学生的作文实践能力。例如，在整本书《乡土中国》的阅读中有以下写作活动：①以 PPT 演示或投影展示的方式展示学生在自主阅读《乡土中国》后填写的学习任务单、读书笔记、思维导图等学习成果。②展示所在家乡文化的调查活动，完成调查报告，以演讲的形式分享阅读《乡土中国》之后的读后感。③分享对书中某一章节或观点的看法，或是对整本书中观点的看法。这三个写作活动就融合了学习性写作、实用性写作、思辨性写作活动。

四、注重创设写作情境

《义务教育语文课程标准（2022 年版）》在课程理念部分提出要“增强课程实施的情境性和实践性，促进学习方式变革”①。在教学建议部分提出要“创设真实而富有意义的学习情境，凸显语文学习的实践性”，《普通高中语文课程标准（2017 年版 2020 年修订）》提出要“通过富有挑战的情境与任务的创设，引导学生自主开展语文实践活动”②，这意味着在作文教学中要注重情境化学习。“情境化学习是指学习者经历情境中围绕学习主题充分与情境互动而引发经验生长的过程，其强调最大化地利用情境中的信息和因素。情境化学习能够为学生素养养成搭建复杂情境，利于学生自主参与，促进高阶复杂心智的发展，滋养着素养养成。”③ 写作

① 教育部. 义务教育语文课程标准（2022 年版）[S]. 北京：北京师范大学出版社，2022：3.

② 教育部. 普通高中语文课程标准（2017 年版 2020 年修订）[S]. 北京：人民教育出版社，2020：50－51.

③ 于泽元，那明明. 情境化学习：内涵、价值及实施 [J]. 华东师范大学学报（教育科学版），2023（1）：89－97.

是面向生活、工作、学习中的各种任务情境，凭借书面或多媒介手段进行信息传达和语篇建构的过程和结果。写作实质上是以特定的角色，面对特定对象，为达成特定目的的交流活动。学生对写作训练缺乏热情的重要原因是缺乏交流对象，因而缺乏写作的欲望。创设交际语境和交际任务，让学生置身于特定的交际情境，可以使他们明白为何而写，明白读者对象，以及写作的规范。因为“在学习的具体情境中，蕴涵着学习者本来没有掌握的具有实践性、认知性或价值性的信息或概念资源，只有通过学习者与情境中的人、物质之间的广泛交互，这些信息或资源才与学习者原有的体验、知识和价值体系发生链接，有意义的学习才能够发生，学生的经验才能够得以重组，能力才能得以增长。越是蕴涵丰富的情境，越有可能给学习者带来认知的跃迁或价值的转型。[①] 一个合宜的写作情境，不仅能提供具体明确的写作任务，更能唤起或触发学生的写作动机。

“合宜的情境任务首先就是要基于生活。对于学生而言，‘生活’由两部分构成，一是学习生活，二是社会生活。写作情境任务的设置更多地指向学生未来需要面对的社会生活，因此对当前的学生而言，写作的情境任务大多具有一定的虚拟性”。[②] 符合学生生活实际的情境能够最大限度地帮助学生因境生情，让学生有素材可写。教师首先要引导学生，到具体的真实情境中去感受，到实际生活中去观察体验，将写作教学与实际生活紧密联系在一起。当学生处于真实的情境中时，他们可以调动自身的各种感官，去视、听、闻、触，亲身获得最为具体丰富、生动形象的信息和知识；教学《济南的冬天》《春》之后，学习紧抓景物特征突出描写。教师可以组织学生观察某个景物，从多个角度，如质地、颜色、形态等不同角度，或者视觉、听觉、嗅觉等不同感官对景物观察，再指导学生运用到景物描写中。

同时，“还有许多并不完全等同于现实生活情境。学校课堂教学中涉

① 于泽元，那明明．情境化学习：内涵、价值及实施［J］．华东师范大学学报（教育科学版），2023（1）：89－97．

② 郭家海．表现性评价：情境写作背景下的评价转向［J］．语文建设，2021（1）：9－13．

及现实生活的情境常常是为了教学的需要而‘构建’出来的”[1]。因此对当前的学生而言，写作的情境任务大多具有一定的虚拟性，更多地指向学生未来需要面对的社会生活。中小学写作教学要从学生的语文生活实际出发，建立语文学习、社会生活与学生个体经验之间的关联。设计真实或模拟写作任务情境，让学生在具体情境中写作，引导学生在“真实的语言运用情境下”或“真实且富有意义的语文实践活动情境下”进行服务于解决现实生活真实问题的写作。

情境要素包括写作任务包括的写作话题、写作对象、写作目的、写作身份和读者，这些要素以潜在的形式存在于学生的写作过程和成果。因此给出假想的读者，例如，可以设计这样一些有假想读者的写作任务，如给老师一封信、给全班同学的公开信、倡议书、建议书、意见书等，这种练习设置让学生具有“为谁而写”的写作意识。作文命题多采用材料作文，引导学生把抽象的情境转化为具体可感的情境。例如，初中应用文写作，以学写游记为例，可以设计丰富有趣的情境，让学生在情境中学会解决问题，积累素材，体验表达方式和效果。设计通过阅读和视频等方式搜集资料，策划选取旅游景点，制作游玩攻略，写游记，“我为某景点代言”“我是导游”等情境活动，让学生置于各种真实的情境和任务，以不同身份和读者身份，学习完成各种写作任务。

创设写作情境任务时需要：把握学情，围绕学生的写作水平、心理特点和关注领域，挖掘兴趣爱好、学习经历、人际交往、家庭生活等方面的话题；呼应热点，从校园事件、社会聚焦、媒体热搜等方面寻找灵感，为学生搭创设作任务情境。例如，有位教师针对以下社会热点事件和学生追逐网红的心理特征，设计下列作文情境和写作任务：“随着经济发展，以互联网为载体的全民网红热现象也迅速扩散并衍生。批量生产的整容脸、博人眼球的网络红人、毫无下限的土味视频……各种光怪陆离的网红现象频繁冲击着公众的审美认知，很多人似乎不懂审美，甚至美丑不分、以丑为美。某杂志社针对上述现象开辟了专栏，你作为该杂志的一名高中生读者，请你给栏目编辑写一封信，谈谈你对这种现象的判断与思考，传达中

---

① 罗日叶．为了整合学业获得：情境的设计和开发［M］．汪凌，译．上海：华东师范大学出版社，2010：10.

学生的心声。”这个写作任务以“审美”为基本话题，意在引导学生关注生活或自身存在的一些审美误区，并运用批判性思维做出判断与思考应树立怎样的审美观、创建怎样的精神文明，同时引导学生写作要考虑贴合中学生身份，注意读者对象等，这样的情境创设，比起干巴巴地让学生写一篇议论文，写作的情境更为具体丰富，容易引发学生联想，打开思路，同时又学会要根据读者、作者身份，要根据写作的目的进行写作。

五、关注写作过程的指导

很长时间以来，教师对学生作文的指导停留在只关注学生写出来的作文是怎样的，好的文章是什么样的，只关注学生作文的结果，不关注学生作文的过程，即学生的文章是如何写出来的。学生在写作过程中的各个环节中的心理活动和习惯方法等却常常被忽略。这种做法影响了作文教学的质量，教师虽然进行了作文教学，但实际上缺乏对学生写作的有效指导。教师应该关注学生的写作过程，写作前应关注题目的设计，学生面对写作任务的心理状态，如是否感兴趣、是否能够准备写作材料、可能会有哪些困难，预测学生写这类作文会出现哪些问题，然后进行针对性的写前指导。例如，“写一个动物”这类的作文题目，教师预测学生容易出现写的动物比较雷同，写不出动物特点，不能写具体等问题，教师向学生提出了以下提示和要求：①选择自己喜欢的动物，②注意写出外形、脾气等特点，③可通过捕捉食物、玩耍等过程，④写作时按一定顺序，⑤写出对动物的喜欢之情。通过这些针对性的提示，引导学生掌握写这类作文的有效方法。在写作时除了抓住审题、取材、构思、起草、加工等环节进行指导外，要关注学生在写的过程中的思维过程、习惯和方法、写作速度等。在写作后要引导学生在自我修改和相互分享修改的过程中提高写作能力，要注意考察学生修改作文的态度。

写作过程是写作主体进行的一项由多种要素组成复杂的实践活动过程。如何对学生的写作过程进行有效指导？这就要求教师在课堂上给学生提供相应的学习支架和典型的学习样例。这里的学习支架是借用支架理论，支架理论来源于苏联心理学家维果茨基的学习理论，维果茨基将认知的发展分为实际发展层次以及潜在的发展层次两个层面，而两者之间的距离被称为是最近发展区。支架理论认为学生可以通过模仿、教师指导等方式，让学生跨越最近发展区，从现有的实际发展层级到达潜在的发展层次，从而发生质的突破。①

写作作为一种复杂的信息加工过程，就好比房屋的建造，教师应该做的不仅仅是提醒学生要挑准砖瓦把房子搭建得整齐美观，更应该提供给学生如何用砖瓦一步步搭建房屋的支架的方法。“在课堂观察中我们发现，教师的习作指导与学生的实际需要是‘断裂’的，从学生着手准备习作到完成习作，常常出现教师指导乏力的问题。”② 将支架理论运用到写作教学中，是指学生现有的写作水平和潜在的发展水平之间存在一定的距离，教师将写作知识以易操作的小步子方式呈现，以使学生在跟着教师“过桥搭支架”时消化知识，达到有效指导。写作过程指导一般可以包含四步支架：一是借助口头交流分享引导学生链接生活、调动积累，开阔写作思路，丰富写作内容；二是写作方法提示，为学生提供完成习作必备的、可操作的、有实效的几种方法，供学生选用；三是借助读写结合，阅读和点评范文，揣摩写作方法；四是借助原稿、修改提示和修改稿的呈现，引导学生在原稿与修改稿的对比中进一步明确习作方法。

教师在提供写作支架的时候，要依据学情，了解学生完成此次写作任务的困难和需求，一定要了解学生原有的知识体系，重视学生“学”的困境。依据写作任务和学情，开发写作知识。同时要选择合适的例子，范例的选择既要高于学生的现有水平，具备值得学习的个性价值，还要具备举一反三的类推价值，注重引导学生实现从“这一次”写作到“这一类”写作的迁移。“教师必须要认识到：对写作范例的语言形式作补充、精细的分析，是提高学生语言表达能力的重要途径。因此，开发嵌入写作知识的范例支架，是写作教师必备的技能之一。”③ 授课教师如果支架搭建得不够科学合理，所选范例脱离学生原有的知识体系，那么对学生写作的指导便如同空中楼阁，无法落到实处。例如关于“学会想象和联想”这一写作任务的指导，如果教师只是让学生看一段关于环境保护的视频后，就让

① 维果茨基．维果茨基教育论著选［M］．余震球，选译．北京：人民教育出版社，2005：385－386.

② 王荣生．写作教学教什么［M］．上海：华东师范大学出版社，2014：5.

③ 叶黎明．支架：走向专业的写作知识教学［J］．语文学习，2018（4）：56－61.

学生写一篇关于“50 年后的家园”的作文，那么学生依然不会想象，不能学会如何联想和想象，这个课堂的写作支架就比较笼统，需要搭更丰富具体的支架。例如，七年级上册第六单元“发挥联想与想象”具体运用支架理论搭建支架可以如下操作：①根据课前扩写《天净沙・秋思》的练习，将《天净沙・秋思》扩写成一篇小短文，初步尝试和体会联想和想象。②写作知识的学习，由课本中的例子引入对“联想”和“想象”概念的理解。一是类似联想：因事物的外部特征或性质类似而由一事物想到另一事物，进而产生某种新的联想。二是接近联想：在空间或时间上接近的事物，在经验中容易形成联系，因而容易由一事物想到另一事物。三是对比联想：对于性质或特点相反的事物的联想。③提供典型范例支架，让学生明白“联想”的具体用法。④练习写作。教师给出几个词语，让学生进行联想和想象，写一段短文。

要根据学生的认知水平，分层搭建写作支架，找准每次作文的不同写作水平起点，可分成侧重写作基本技能训练的支架、侧重写作思路和整体框架的支架或侧重选材和突出中心的支架等，实施分层教学；写作支架要尽可能照顾到每位学生的能力差异性，提高写作支架实施的精准性。以七年级上册第五单元“如何突出中心”的作文实践一为例，本单元设计了一个作文题目：以“书包”为话题，写一篇作文。学生面对这个题目，最大的困难是认为没有素材可写，无法确立作文的中心和立意。但是教师结合教材给出了一些针对性的提示，想一想：可以有哪些确立中心的角度？可以写书包的功能、外观、内部构造，可以回忆买每个书包时的故事和场景；回忆书包与“我”发生的事情；抒发对书包的某种感情，从书包的视角来吐槽“我”的生活；等等。这些提示就帮助学生搭建了支架，打开了学生思路，让学生头脑中涌现出丰富的素材，确立和突出了中心。

第三节 常见写作训练体系

传统写作教学，重模仿。如清代桐城派姚鼐论诗文写作，“学诗文不模拟，何由得入”，强调模仿众家，方能“熔铸古人，自成一体”①。

民国初年，写作教学开始区分文体，如梁启超将写作区分应用文写作、文学写作二类，强调写作教学应重视记叙文、议论文写作。夏丏尊《文章作法》一书，提出记事文、记叙文、说明文、议论文四类实用文体写作教学。

20 世纪 30 年代，叶圣陶主编《开明国语课本》，编排写作训练系统，既有语法、结构、文体、取材、修辞等训练，也有造句、仿写、续写、扩写等训练；针对不同学段，安排不同篇幅写作练习，如小学低年级学段以看图写话为主，小学高年级学段出现命题、材料作文训练。从文体角度而言，《开明国语课本》文体写作训练以记叙文、实用文为主，兼及诗歌、剧本、童话、说明文等。

一、语文教材中的写作训练体系

中华人民共和国成立后至 20 世纪 80 年代以来，语文教材写作训练体系基本延续《开明国语课本》模式。以统编版语文教材②为例，写作训练安排如下：

> 第一学段（1 ~ 2 年级）的写作训练出现在课后练习、语文园地“字词句运用”“写话”板块。一年级上册，仅一次写作训练，在语文园地“写话”板块，要求学生写新年祝福语。一年级下册，有三次写作训练，分别是：以“我多想”开头写愿望、以“苹果”为对象仿写“荷叶圆圆的，绿绿的”、选择“高兴”等表示心情的词语造句。二年级上册，有六次写作训练，三次出现

① 姚永朴. 文学研究法［M］. 长春：时代文艺出版社，2019：100.

② 不同版本的统编版语文教材，在写作内容上会略有差异。

在语文园地“写话”板块，三次出现在课后练习，要求照样子写一写。二年级下册，语文园地既有“写话”板块，也有“字词句运用”板块，以图画激发学生想象力，让学生看图照句子仿写。

第二学段（3~4年级）的写作训练除出现在课后练习、语文园地之外，每一单元有一“习作”板块。三年级上册，课后练习出现“小练笔”，要求学生仿照课文句子，写几句话；语文园地“字词句运用”，变为“词句段运用”；“习作”板块，要求学生写一个完整段落，如“猜猜他是谁”，用几句话或一段话，描述身边的人。三年级下册，“习作”板块要求学生写一篇完整的小文章，如“这样想象真有趣”，编一个完整的童话故事。四年级“习作”练习，对学生提出更高要求，强调按一定顺序写清楚。

第三学段（5~6年级）的教材写作训练依然主要以语文园地“词句段运用”、单元习作形式出现，也有课后小练笔。“词句段运用”为片段写作练习，单元习作为文章写作练习。习作练习从命题形式看，既有命题作文，也有半命题作文，如命题作文“那一刻，我长大了”，半命题作文“________即景”；从文体类型看，既有记叙文，也有说明文。五年级习作训练，强调选取典型事例、抓住主要特点等；六年级习作训练，强调写出重点、点面结合、写出细节、真情流露等。

第四学段（7~9年级）的教材写作训练体现在课后“积累拓展”片段写作练习和每单元“写作”板块。如七年级上册第一单元《济南的冬天》课后“积累拓展”，要求学生借鉴课文写法，描写家乡冬天的风景，写一个不少于200字的片段。七年级单元写作板块分别为：热爱生活，热爱写作；学会记事；写人要抓住特点；思路要清晰；如何突出中心；发挥联想和想象；写出人物的精神；学习抒情；抓住细节；怎样选材；文从字顺；语言简明。总体而言，七年级单元写作板块，引导学生注意写作与生活的关系，学会记事、写人；从谋篇角度，训练学生写作思路；从内容角度，要求学生写出重点，突出中心，学会选材；从文字角度，要求学生做到文从字顺，语言简明。八年级单元写作板块，有学写传记、游记、故事、景物描写、抓住特征说明等专项练习，写作训练文体由记叙文扩展到说明文等实用性文体。九年级教材开始出现议论文写作练习，提出“不少于600字”的篇幅要求。

高中语文必修教材的写作训练出现在单元学习任务中。必修上册，单元学习任务写作训练分别如下：发挥想象写一首诗；写一个熟悉的劳动者；写一则诗词短评；以《“劝学”新说》为题，写一篇议论文；借鉴课文写法，写一篇散文。必修下册，单元学习任务写作训练除记叙文之外，出现议论文、说明文、演讲稿、话题作文等文体；字数要求为不少于800字。选择性必修上、中、下三册写作训练，出现在单元研习任务中，以议论文训练为主，出现驳论文、申论训练。

综观统编版中小学语文教材作文训练体系，有如下特点：①第一学段写作训练多为仿写、看图写话形式，从补充半句话到写一句完整的话，再到围绕一个情境写几句话。②第二学段教材写作训练出现课后小练笔及“习作”板块，以记叙文训练为主。③第三学段习作除记叙文训练，还出现说明文训练，习作题目后，安排相应写作要点介绍，如“选取典型事例”“列提纲”“把事情写具体”“让真情自然流露”等。④第四学段，课文“积累拓展”安排小练笔，每单元课后有“写作”板块，介绍写作要点，安排写作实践，七年级以记叙文训练为主，八年级出现说明文、议论文片段练习，九年级以议论文训练为主，字数要求不少于600字。⑤高中写作训练主要以议论文为主，兼及记叙文、说明文、演讲稿、申论，字数要求不少于800字；出现话题作文、材料作文。⑥安排相应写作知识体系与之配套，如“议论要有针对性”“审题与立意”等。

除此以外，小学、初中、高中语文教材，课后练习皆注重向课文学写作。例如，三年级《美丽的小兴安岭》课后小练笔，要求模仿课文，描写家乡某个季节的景物；四年级《走月亮》课后小练笔，仿写课文第六自然段写月下景物；五年级《落花生》课后小练笔，写由某一事物想到哪些人；六年级《匆匆》课后小练笔，仿照课文第三自然段，用一段话描写时间的流逝；七年级《济南的冬天》课后“积累与拓展”，借鉴课文写法，描写家乡冬天的风景，八年级《白杨礼赞》课后“积累与拓展”，选取熟悉的事物，赋予它象征意义，进行片段写作；九年级《敬业与乐业》课后“积累与拓展”，写一段议论性文字，表明自己的观点；高中必修下册小说单元课后学习任务，要求记叙一段真实经历，或发挥合理想象，创作一个故事。

二、其他几种写作训练体系

除语文教材中的写作训练体系，还存在以下几种类型的写作训练体系。

（一）文体训练体系

民国以来，写作开始分文体进行教学，以记叙文—说明文—议论文顺序，穿插一定数量的应用性文体写作训练。

统编版语文教材延续文体训练体系。第一学段、第二学段以记叙性写作训练为主。第三学段出现说明文写作训练，如五年级习作“我的心爱之物”“介绍一种事物”“介绍一处中国的世界文化遗产”。六年级下册出现一次议论性写作训练《真理诞生于一百个问号之后》课后小练笔，要求仿照课文写法，用具体事例说明一个观点，如“有志者事竟成”“玩也能玩出名堂”。七年级以记叙文写作训练为主，对记事、写人提出具体要求，如“学会记事”“写人要抓住特点”“抓住细节”等。八年级对说明文写作提出具体要求，如“说明事物要抓住特点”“说明顺序”等；《马说》课后思考探究出现议论文写作训练，要求结合课文，谈谈对人才问题的看法，字数不少于300字。九年级写作板块对议论文写作提出更高要求，从篇幅而言，要求写作不少于600字的议论文；在审题立意、布局谋篇方面，开展具体指导。高中语文写作训练，从文体而言，记叙文、说明文、议论文训练并重，从写作篇幅而言，字数要求不少于800字；要求写作复杂议论文，出现驳论文训练，如选择性必修上册第四单元“逻辑的力量”，要求围绕社会热点问题，搜集、阅读评论文章，选择一篇不认同的文章，写一篇驳论文。

统编版语文教材写作训练，在记叙文、说明文、议论文训练外，间隔穿插书信、演讲稿等实用性文体训练；高中兼及诗歌写作训练，穿插学术综述、申论等实用性文体训练。

记叙文—说明文—议论文文体写作体系，符合学生观察能力、思维能力发展的一般规律。

（二）字词句段篇训练体系

从民国《开明国语课本》到最新统编版语文教材，从写作篇幅角度而言，亦体现了字词句段篇写作训练体系。例如，统编版一年级上册，仅安排一次写话训练，语文园地写话训练，要求学生写一句新年祝福语；一年级下册，仅安排三次写话训练，要求仿写课文，写一句话。二年级语文园地延续“字词句运用”板块。三年级“字词句运用”板块变为“词句段运用”，要求学生进行几句话片段写作训练。在初中语文教材写作训练中，片段写作、完整文篇写作并重，片段写作以课后积累拓展题形式出现，一般要求不少于200字；完整文篇写作，在每单元写作实践板块出现，要求不少于600字。高中语文教材写作训练，多以完整文篇训练为主，要求字数不少于800字。

从字词句到词句段，再到完整文篇的作文训练体系，符合学生语言习得循序渐进的规律。

（三）分格训练体系

写作教学训练体系除文体训练体系、字词句段篇训练体系，还有作文表现手法、表达技巧等分项训练体系。在统编版语文教材写作体系中，亦有分项训练。如小学教材课后小练笔，仿写比喻、拟人句；初中教材课后小练笔，仿照课文托物言志手法，进行片段写作等。不过，受篇幅、编排方式制约，中小学教材写作分项训练显得较为零散，不够全面。

20世纪80年代初，牡丹江农垦师范学校中文教师常青老师创立了“写作基本训练分格教学法”，写作分格训练体系由此完备。格，即作文单项表现手法、表达技巧；写作分格训练，能针对单项表现手法、表达技巧进行系统训练，打好写作遣词造句的基础。

（四）观察、分析、表达三阶段训练体系

写作运思过程，大致可分观察、分析、表达三个阶段。北京市月坛中学刘朏朏老师、首都师范大学中文系高原老师共同提出观察、分析、表达三阶段训练体系。第一阶段，通过写观察日记等方式，培养学生观察能力，引导学生学会深入、细致观察。第二阶段，对观察所得进行分析，练习写分析笔记。第三阶段，对学生进行表达能力训练，注重语感培养、章法训练。

观察、分析、表达三阶段训练体系的过程，与写作运思过程一致；亦充分体现了语文课程理念的情境性，强调让学生在真实生活中，观察、思考世界，用文字表达自己观察、思考所得。

（五）语言、思维训练体系

语言学认为，语言是思维的外壳，思维是语言的内核，语言、思维具有同一性。

北京大学附属中学章熊老师《语言和思维的训练》一书，从语言、思维关系出发，探究写作教学。[①] 此书指出，学生语言学习过程与认知心理发展、思维能力发展过程一致；语文教学的基本任务，在于使学生思维清楚，语言准确；写作训练应包括语言练习、形式逻辑训练、想象与联想、综合与概括训练等方面。语言、思维写作训练体系，以语言训练为外壳，以思维训练为核心。概言之，语言、思维训练体系，强调以语言训练促进思维发展，从而提高写作能力。

（六）读写结合训练体系

读写结合训练体系，首先体现在语文教材写作训练编排中。不论小学语文课文与课后小练笔、习作，初中语文课文与课后积累探究、写作板块，或高中课文与单元写作任务之间，皆清晰可见读写结合编排意图。例

---

① 章熊．语言和思维的训练［M］．上海：上海教育出版社，1983：1.

如，高一必修上册第二单元主题为“劳动改造世界”，课文分别歌颂袁隆平院士、全国劳动模范张秉贵、植物学家钟扬的当代工匠精神，《芣苢》《插秧歌》亦对劳动者的歌颂；单元写作任务由此设定为：写一个熟悉的劳动者。可见，语文教材一贯遵循读写结合原则。

湖南省长沙市雅礼中学的邓志刚老师，是中学语文特级教师。他致力于向课文学写作课题研究，三十余年来，取得显著成效，形成广泛影响。他与他的团队自 2016 年来，与中学语文教材配套，着力挖掘中学语文课文作为写作范文的价值，编写了《向课文学作文》等作文教程。邓志刚老师在《向课文学作文》前言中指出，语文教材存在阅读教学、写作教学割裂现象，虽有读写结合的编排意识，二者关联仍较为随意、零散，缺乏系统性与可操作性；因此，有必要从课文中精心选择读写结合训练点，以读引读，勾连内外，拓展整合，揭示读写结合训练思维规律，构建科学、操作性强的写作训练系统，深度开发课程资源。①

读写结合训练体系，有利于以读促写，以写促读。书到用时方恨少，从阅读、写作关系而言，由写作促进主动、积极阅读，继而以阅读提升写作能力。

以上六种写作训练体系，文体训练体系从文体角度着手，字词句段篇训练体系从语言组成单位着手，分格训练体系从语言表达方面着手，观察、分析、表达三阶段训练体系从写作过程切入，语言、思维训练体系从语言、思维关系切入，读写结合训练体系从读写关系切入。每种写作训练体系，各有优长，亦各有不尽完善之处，宜各取其长，各补其短。

第四节　写作教学设计

一、新课标中的写作教学要求

《义务教育语文课程标准（2022 年版）》在“课程目标”中的“学段

① 邓志刚，黄晓莲，张新彦，等. 向课文学作文［M］. 北京：东方出版社，2018：1.

要求”设置了“表达与交流”板块，罗列了写作教学的各学段目标。[①] 第一学段写作教学，重在激发写话兴趣，教会学生留心生活，乐于运用习得词语。第二学段写作教学，培养观察习惯，积累新鲜词句，强调将新奇有趣、印象深刻的内容写清楚。第三学段写作教学，使学生懂得写作为了自我表达、与人交流，有意识丰富见闻，珍视独特感受，积累习作素材。第四学段写作教学，要求抓住事物特征，写出真情实感，力求有创意；学会围绕中心，选择恰当的表达方式，合理安排内容先后及详略；注重搜集素材、构思立意、修改加工等写作环节。从文体来看，第二学段写记叙文以及书信等应用文；第三学段写简单纪实作文和想象作文，写读书笔记等应用文；第四学段写记叙性、说明性、议论性文章，尝试诗歌、小小说写作。从写作训练次数、字数要求来看，第二、第三学段课内习作每学年16次左右；第四学段作文每学年不少于14次，其他练笔不少于1万字，45分钟能完成不少于500字的作文。

《普通高中语文课程标准（2017年版2020年修订）》课程内容学习任务群，对写作教学提出以下要求：①“文学阅读与写作”学习任务群，用喜爱的文体、表达方式写作，尝试续写、改写文学作品，写作次数不少于8次；②“思辨性阅读与表达”学习任务群，学习表达和阐发自己的观点，力求立论正确，语言准确，论据恰当，讲究逻辑，写作3篇以上。[②] 与《义务教育语文课程标准（2022年版）》相较，在写作训练方面，《普通高中语文课程标准（2017年版2020年修订）》要求学生自如选择合适文体、表达方式写作；在议论文写作方面，提出了更高要求。

总体而言，新课标的课程理念、课程目标及内容，是统编版教材写作训练编排及写作教学设计的基本依据。以下从写作教学设计原则、过程，展开论述，并附一篇写作教学设计方案。

二、写作教学设计的原则

新课标强调语文教学的情境性、实践性。对写作教学而言，还应加上开

---

① 教育部. 义务教育语文课程标准（2022年版）［S］. 北京：北京师范大学出版社，2022：7－17.

② 教育部. 普通高中语文课程标准（2017年版2020年修订）［S］. 北京：人民教育出版社，2020：17－19.

放性，应立足于情境性、实践性、开放性这三个原则，开展写作教学设计。

（一）情境性

为激发学生写作热情，让学生觉得有话可写，愿意表达真实情感、体会及思想，教师进行写作指导教学时，应充分引领学生进入写作情境。例如，五年级习作“那一刻，我长大了”，在教材习作指导基础上，可进一步设计以下习作导语：

> 假设有一种魔法，可以让人瞬间成年，变为 18 岁或更年长的你，你希望在一瞬间成为多大年纪的你？还是你并不渴望瞬间长大，只希望顺应现实世界时光流转、慢慢长大呢？
>
> 长大意味着什么？意味着成为一个独立个体，拥有独自生活的本领、力量和勇气。当我们长大，就变得更有力量和勇气。可是，长大也是生命时间的逝去。时间一去不复返，当我们长大，比我们年长的亲人们，就变得更老了。
>
> 回忆过去，你是否能想起自己成长过程的重要时刻？当学会走路、学会说话那一刻，从婴儿变成了小孩；当踏进幼儿园那一刻，被爸爸妈妈呵护的小宝贝，第一次走进同龄人的世界；当成为小学生的那一刻，从孩子变成了小小少年。
>
> 在不知不觉中，我们长大了。可是，时间也有痕迹；长大的瞬间，也可以被捕捉和记录。让我们静下心来想一想，捕捉、记录成长的脚步。
>
> 哪一刻，你长大了呢？期待你的分享，期待倾听你的成长故事。

以上习作导语，可作为教材写作指导的补充，将学生带入写作情境，设身处地思考“成长”这一习作关键词的深层意义。

（二）实践性

写作教学应充分体现实践性，少让学生作无用之文，多让学生写有实际表达、交流作用的文章。一些作文题的命题方式，本身具有明显的实践性，如六年级习作“学写倡议书”。还有一些作文题，学生一时难以体会其内隐的实践性，需要教师进一步引导、揭示。如七年级单元写作任务《我的烦恼》一题，要求抒发真情实感，写自己的烦恼。这个作文课，有的学生可能不敢说真话，以致不知从何写起。教师可从实践性角度，对学生加以引导：

> 每个人都有烦恼。只不过，有的烦恼我们愿意告诉别人，有的烦恼羞于告诉别人，有的烦恼不知向谁说起。让我们找一个倾诉对象，诉说自己的一个烦恼。面对自己最亲密的朋友，你想诉说怎样的烦恼；面对学校心理老师，你想诉说怎样的烦恼；面对日记本，你又想对自己诉说怎样的烦恼呢？

以上引导语，彰显了作文题的实践性，提醒了学生，写作是作有用之文，用书面语言形式，与亲密朋友或心理老师表达、交流情绪、感受，或在日记本里与自己交谈，进行自我剖析。

（三）开放性

写作教学设计原则，除与《义务教育语文课程标准（2022 年版）》课程理念相一致的情境性、实践性，还可用开放性加以描述。开放性，指写作教学设计应给学生留下充分思考余地，激发学生充分想象空间。例如，九年级《故乡》课后积累拓展片段写作练习，续写宏儿、水生长大后见面情景。教师在进行写前指导时，不应过多框定宏儿、水生长大后见面时间、地点以及二人身份、地位，为学生保留更多思考余地、想象空间。教师可在写作手法方面，给予更多指导，如提醒学生从外貌、语言、心理、动作等角度，进行细节描写，刻画人物形象。

三、写作教学设计的过程

对不同写作题目而言，具体教学过程各不相同。就共性而言，可提炼为以下教学过程：第一，命题；第二，题目解析（写前指导）；第三，批改反馈（写后指导）。

命题环节，应充分注意写作教学设计的情境性、实践性，设计让学生有话可说的作文题。题目解析（写前指导），要进一步引导学生进入具体写作情境，有意识写有用之文，同时注意写作教学设计的开放性，为学生思考、想象留下空间。批改反馈（写后指导）环节，应充分调动学生互评、互改积极性，在相互批阅作文过程中，相互学习、借鉴；与此同时，充分发挥教师细批、细改作风，一方面为学生互批、互改做榜样，另一方面，从更高思维层次，引领学生反思习作过程及成果。以下是具体教学设计的例子（见案例 10－1）。

小案例

案例 10－1　高中必修上册第六单元写作任务
——《“劝学”新说》写作教学设计

一、写作任务分析

高中必修上册第六单元学习任务三：《劝学》是两千多年前荀子对学习问题的朴素认识，《师说》是一千多年前韩愈对“耻学于师”的批评。随着社会的发展变化，我们今天在学习中又遇到了新的难题。针对当下学习中的某些问题，以《“劝学”新说》为题，写一篇不少于 800 字的文章。

第六单元主题为“学习之道”。据单元导语提示，本单元文章，从不同角度论述学习问题，如《劝学》强调“学不可以已”，《师说》提出“无贵无贱，无长无少，道之所存，师之所存”，分别论述为何学习、向谁学习的问题。从本单元文章写法来看，多用比喻论证、排比论证、对比论证方法。

从写作任务题干来看，要求学生以《“劝学”新说》为题，写一篇议论文。《“劝学”新说》一题，关键词一为“劝学”，一为“新”。

"劝学"一词，沿用荀子《劝学》一文，论述学习的意义；"新"字，意在阐述当今时代背景下学习的意义。

二、学情分析

在初中阶段，学生已学会阅读简单的议论文，能把握观点、材料，发现观点、材料间的联系，辨析基本论证方法，具备了进行议论文写作的相关知识准备。《"劝学"新说》一题，对高一学生来说，难度在于以下两方面：其一，观点的确立。在荀子《劝学》一文观点基础上，如何结合时代背景，推进或提出新观点。其二，读者意识的明确。随着社会的发展变化，我们今天在学习中又遇到了新的难题。针对当下学习中的某些问题，以《"劝学"新说》为题，写一篇不少于800字的文章。此一题干，未明确揭示潜在读者，学生难以结合读者意识进行写作，易陷入自说自话的伪写作状态，或将批改作文的老师当作唯一读者，带着讨好意识进行假写作。

三、教学目标

以当今时代背景为依据，揭示学习这一行为面临的新挑战、新问题，分析新挑战、新问题产生的原因，提出解决、应对的措施、办法，论证措施、方法的合理性。

四、教学过程

1. 写前导语

两千多年前，年过五十的荀子，游齐国，担任稷下学宫最高长官。稷下学宫在今天的淄博，是两千多年前齐国最高求学讲学机构，学生来自四面八方。荀子作为稷下学宫最高长官，写下《劝学》一文，鼓励学子们学习。

一千二百多年前，三十五岁的韩愈，任国子监博士，为从七品学官，职位不高。国子监是唐代国家教育机构，在国都长安。当时士大夫阶层普遍存在从师"位卑足羞""官盛近谀"心态；学有所成的人，也耻为人师。因此，韩愈写下《师说》，对"耻学于师"风气提出批评。

三十多年前，我国开始实施九年制义务教育，每个适龄儿童拥有上学读书、学习的权利和义务。随着社会经济发展，进入大学读书的机会，也不再如三十多年前千军万马挤独木桥般难得。科技、网络迅猛发展，使知识变得越来越唾手可得。在当今形势下，学习门槛降低了，学习机会增多了。一方面，自主、终身学习的人似乎越来越多了；另一方面，人们似乎开始面临前所未有、崭新的学习困境。比如，出现了以下一些怪现状：因知识遍布网络，有些学生不再稀罕老师上课传授知识；各类知识付费平台争奇斗艳，有些人产生知识焦虑；各类娱乐短视频让人目不暇接，人们作为被推送者，专心学习的时间被挤占了。诸如此类，各种与学习有关的新问题、新困境，层出不穷，使人困惑。

2. 写作情境设置

面对以上所述学习困境，假设你是以下角色，请站在某一角色立场，假设某一情境，以《“劝学”新说》为题，写一篇不少于800字的议论文，鼓励大家学习：

（1）假设你是一名品学兼优的学生，在期中考试中，你成绩优异，在年级期末考试总结大会上，你作为优秀学生代表，鼓励同学们学习；

（2）假设你是一名成绩退步的学生，在期中考试中，你成绩明显退步，在个人微博里，你现身说法，鼓励大家逆水行舟、努力学习；

（3）假设你是一名校长，在全校学习动员大会上，你鼓励同学们学习。

除此以外，你也可以设想任意一种其他角色、场景。总之，发挥想象力，将自己代入一个真实写作情境，充分设想情境细节，揣摩角色真实心理状态，进行有针对性的写作。

3. 情境、角色设置分享、交流

学生组内分享、交流，假设自己是什么角色，在什么场合“劝学”；每组派代表，上讲台分享、汇报。

4. 写作初稿

5. 作文批改

第一，自批，为自己作文画思维导图；第二，互批，一名同学负责批改两篇作文，检查自批所画思维导图，检查文字是否正确、语言是否通顺，圈出错误并改正；第三，教师批改，注重文字、语言、立意、思路、逻辑、写法、技巧各方面内容。

6. 初稿修改

7. 第二轮作文批改

8. 写后总结

从完整写作训练过程，反思此次写作训练经验、教训及收获。

9. 组织《"劝学"新说》作文展示活动

复习与体验

1. 谈谈你对当下作文教学目标的理解与认识。

2. 说说《普通高中语文课程标准（2017 年版 2020 年修订）》和《义务教育语文课程标准（2022 年版）》在"作文教学理念"方面的异同。

3. 你认为怎样才能完成一个规范的作文教学设计?

4. 在文体训练体系、字词句段篇训练体系、分格训练体系、观察分析表达三阶段训练体系、语言思维训练体系、读写结合训练体系这六种写作训练体系里，任选一种，结合某一具体写作教学任务，说说这种写作训练系统的优点和局限性。

5. 尝试进行一个写作片段教学设计，体现写作教学的情境性。

第十一章　语文教学实施

本章导学

语文教学的实施包括教与学两个方面，教师既要采用合适的教学方法，也需要充分尊重学生的学习主体性。大单元教学和跨学科学习都倡导自主、合作、探究的学习方式。大单元教学设计是以学为主、任务驱动式的多维结构，以任务统领整个单元的教学，以任务、活动、情境为学习支点。跨学科学习旨在引导学生在语文实践活动中，联结课堂内外、学校内外，拓宽语文学习和运用领域，学习形式多样，学习内容丰富。

学习目标

识记：

1. 语文教学基本方法的类型；
2. 大单元学习的概念；
3. 跨学科学习的内涵与特点。

理解：

1. 语文教学方法使用的依据和原则；
2. 大单元学习的要素；
3. 跨学科学习的目标与原则。

评价：

1. 能在具体的教学实施中选用合适的教学方法；
2. 掌握大单元教学和跨学科学习设计的路径。

学有定律，教有优法。所谓“优法”，既是指优秀的教学方法，也指教学方法的优化，语文教学的实施需要根据学习的目标、内容以及学生特点选用最优化的教学方法。语文课堂既有单篇课文的学习，也有一组课文的学习、整本书的学习以及跨学科的学习。语文教师需要根据学习类型选择不同的教学方法，实现教学效率的提高。

第一节　语文教学方法

一、语文教学方法的内涵与分类

（一）语文教学方法的内涵

教学方法是教学过程中教师和学生为实现教学目的、完成教学任务而采取的教与学相互作用的活动方式的总称。它是教学过程整体结构中的重要组成部分，直接关系着教学工作的成败。语文课程的教学方法是语文教师和学生为实现语文课程目标、完成语文课程内容与教学内容，所采取的教与学相互作用的活动方式的总称，是语文教师传授语文知识、培养学生语文能力、提高学生语文素养的重要手段。语文教学目标的实现、教学任务的完成，都与教学方法的选择与使用密切相关。

（二）常用的语文教学方法

根据教学方法的外部形态和这种形态下学生的认识活动的特点，教学方法可以分为：以语言信息传递为主的方法，如讲授法、谈话法、讨论法、读书指导法；以直接感知为主的方法，如演示法、参观法；以实际训练为主的方法，如练习法、实验法、实习作业法；以欣赏活动为主的方法，主要为欣赏法；以引导探究为主的方法，如发现法、探究法。语文教学除了具有一般教学的共性外，还具有自身的独特性，其常用的方法有讲授法、谈话法、讨论法、读书指导法、练习法、导读法、情境教学法、发现法等。

1. 讲授法

讲授法是教师通过口头语言向学生系统地传授语文知识、发展学生智力的方法。讲授法主要用于新知识与疑难问题的讲解，是最具有悠久历史的教学方法，也是其他教学方法的基础。讲授法包括讲述、讲解、讲读和讲演等。讲述是教师对某个事物或事件做系统的叙述和描绘。讲解是教师向学生说明、解释和论证科学概念、原理。讲读是讲和读两种方式交叉进行，有时还加入练习活动，是讲、读、练相结合的活动。讲演是教师不仅向学生系统、全面地描述事实，而且要进行分析和论证，并在此基础上做出科学结论。这几种方式在教学中常常结合使用。讲述法作为最基本的教学方法，在语文教学中发挥着重要的作用，然而也容易因为使用不当而造成满堂灌的局面，以至影响教学效果。讲授法注重教师的作用，而容易忽视学生在学习中的主体地位。在新课标提倡自主、合作、探究的新型学习方式的背景下，很多人把讲授法当作一种接受式的、落后的教学方法，认为是导致灌输式教学的原因。其实，讲授法作为一种教学方法，并无好坏之分，只有使用是否恰当之别。教师在学生缺乏认知基础的情况下，比如新知获取、难点解惑、总结提高等，都可以通过讲述让学生迅速获取新知、提高认知能力，从而提高学习效率。

2. 谈话法

谈话法是教师和学生以口头语言问答的方式进行教学的一种方法。谈话法历史悠久。中国古代教育家孔子就曾经以谈话的方式启发学生和传授知识。他认为教学应该“不愤不启，不悱不发，举一隅不以三隅反，则不复也”①。古希腊哲学家苏格拉底的“产婆术”教学方式，也是谈话式教学。

① 杨伯峻. 论语译注［M］. 北京：中华书局，1958：78.

谈话法围绕着问题展开对话，使学生在一种愉快、活泼的氛围中开展学习活动，有利于激发学生的思维，培养学生独立思考和语言表达的能力。谈话法以问题为关键，围绕问题展开对话，实施的关键点在于提问的方式和技巧。两千多年前的教育著作《礼记·学记》即指出提问的重要性："善问者如攻坚木，先其易者，后其节目，及其久也，相说以解；不善问者反此。善待问者如撞钟，叩之以小者则小鸣，叩之以大者则大鸣，待其从容，然后尽其声。"① 提问需由浅入深，循序渐进。教师也需要针对学生的问题进行点拨，恰到好处，不能直接点明，即"不愤不启，不悱不发"，也不能超出学生的理解程度。提问要避免直问、呆问、死问，或问得过于笼统，大而不当。凡有启发性的问题，大多提问的角度较新，难易适中，能吸引学生情不自禁地进入问题情境。

3. 讨论法

讨论法是在教师的指导下，由全班或小组围绕某个中心议题各抒己见，集思广益，互相启发、互相学习的教学方法。讨论法主要通过辩论、议论的方式展开，学生可以面对面交流，可以自由发言、提问，也可以立即做出回答，教师也可以参与讨论。讨论法突出学生的主体性，有利于培养学生的合作精神，也有利于激发学生的学习兴趣，培养学生钻研问题的习惯，提高学生自主学习的能力。

讨论法多用于解决教学中的重点与难点问题，实施过程中既要注意调动学生的积极性，也要注意发挥教师的引导作用。讨论的问题可以由教师提出，也可以从学生中产生。教师先要对讨论提出具体要求，指导学生阅读课文或参考资料，拟好发言提纲；鼓励学生普遍发言，大胆发表意见，为讨论创造自由、宽松的气氛；在讨论遇到阻碍时适当点拨，引导学生联系实际，对预定问题深入讨论，同时不会偏离方向；讨论结束时引导学生适当总结，对不同意见进行辩证分析，做出科学结论。

4. 读书指导法

读书指导法是教师指导学生阅读教科书和课外读物获得知识、养成良好读书习惯的教学方法。读书指导法包括学生的读书和教师的指导。教师

---

① 顾树森. 学记今译［M］. 北京：人民教育出版社，1957：34－35.

的指导包括课堂教学中的指导，也包括课外阅读的指导。教师要指导学生制订阅读计划，选好读物，教给阅读方法，做好读书笔记，并且提供交流的机会。交流的方式既可以是课堂交流，也可以是课外交流。指导阅读的书籍包括教科书也包括课外书籍。教科书是学生在学校获取知识的主要来源，课外读物则不仅能加深理解和巩固课内知识的学习，而且能开拓学生的知识领域，满足多方面兴趣，丰富精神生活，以及发展智力。

读书可以获得丰富的语言积累，是语言运用核心素养形成的主要途径。新课标提出了三种任务群的学习，语言文字积累与梳理、实用性阅读与交流、文学阅读与创意表达、思辨性阅读与表达、整本书阅读以及跨学科学习等，其教学实施都离不开读书指导法。

5. 练习法

练习法是在教师的指导下巩固知识、运用知识，形成技能的方法。练习法的特点是以一定的知识为基础，通过反复练习形成技能技巧。语文课程是一门学习国家通用语言文字的综合性、实践性课程。实践性是语文课程的重要特点，语文作为一门工具性学科，需要培养学生掌握语言文字这个工具，需要学生不断地进行语言文字运用的练习。练习法可以使学生巩固所学知识，也可使学生获得自我效能感，进一步激发学习兴趣；也可为教师提供教学反馈，是教师获得学生学习情况的重要渠道。

练习法的使用必须恰当，不能把它变成机械训练。语文教师在使用练习法的时候需要注意练习的形式、练习的难度以及练习的量度，力求激发和保持学生的兴趣，还要注意学生的整体情况和个体差异，使每个学生都有切实的练习。从训练目的看，语文教学中的练习法包括读书练习、书写练习、口语交际练习、书面表达练习等；从训练方式看，主要有朗读、默读、背诵、写字、说话、写作、答题、竞赛等。

6. 导读法

导读法是以学生自读为课堂教学的主要形式，以教师的指导和点拨为条件，培养学生的自主阅读能力的一种教学方法。“导”指教师的指导、引导、辅导、因势利导；“读”指学生在教师指导下的阅读实践。导读的实现主要凭借质疑的手段进行。教师引导学生认真阅读，深入思考，发现问题。教师通过质疑，引导学生积极思考，主动领悟，从而提高阅读能力。

语文导读法的创立者是钱梦龙，代表人物还有黎见明、蔡澄清等。钱梦龙在《语文导读法探索》中系统阐述了其导读理论与艺术，认为导读法主要包括“三主”“四式”。“三主”即学生为主体、教师为主导、训练为主线；“四式”即循序开展的四种课式：自读式、教读式、练习式、复读式①。

7. 情境教学法

情境教学法指在教学过程中通过有目的地引入或创设生动具体的教学情境场景，使学生在具体直观的情境中观察、体验、思考、练习，引发学生的情感体验，从而帮助学生理解教材，并使学生的心理机能得到发展的教学方法。情境教学法突出了语文教学的审美特性，以情动人，以美感人，注重培养学生的审美情趣和审美能力，从而丰富学生的精神世界，促进学生主动和谐、生动活泼地发展，优化语文教学效果。语文学习的内容与生活密切相关，所以学生只有具备相应的生活体验，才能准确和深入地体会文学作品的思想情感，理解语言文字的意义与内涵。生动的情境创设主要在于激发学生的学习兴趣，引发学生的生命体验，使语文课堂充满人文情怀。

情境教学法的开展首先要创设情境，即根据教学目标通过生活展现、实物演示、图画再现、音乐渲染、表演体会、语言描述等手段创设一个生动形象的场景。生活展现，即是把学生带到社会、大自然，让学生亲眼观察语言与文字运用的现实场景。实物演示，即以实物为中心，外加必要背景，向学生展示某一特定场景。图画再现，即是多媒体手段，通过影像、图片等再现教材中的场景。音乐渲染，可通过播放乐曲、歌曲，或者通过现场演奏、演唱等方式塑造音乐形象，将学生带入到特有的意境中，或者调动起学生特有的情绪，加深对课文的理解。表演体会，即让学生扮演课文中的某个角色，包括分角色朗读、模拟表演等。语言描述，即通过生动形象的语言描述，激发学生的思维，让学生产生联想，体会课文的语言情境。

---

① 教育部师范教育司．钱梦龙与导读艺术［M］．北京：北京师范大学出版社，2006：62.

8. 发现法

发现法也称探究法，是指学生学习概念和原理时，教师只给他们一些事例和问题，让学生自己通过阅读、实验、观察、思考、讨论、听讲等途径去独立探究，自行发现并掌握相应的原理和结论的一种方法。其创始人是美国当代认知心理学派结构主义教育思想的代表人物杰罗姆·布鲁纳。发现法的做法是：教师创设一定的情境，使学生在这个情境中产生矛盾；教师或学生提出要研究的课题，教师提供一定的材料，引导学生自己分析和综合，做出假设；学生从理论或实践上检验假设；根据实验获得一定的材料或结果，在仔细评价的基础上得出结论。发现法有利于激发学生学习兴趣，培养解决问题的能力，发展学生的创造性思维品质和积极进取的精神。

二、语文教学方法选用的依据和原则

（一）语文教学方法选用的依据

语文教学方法是实现语文教学目标的手段，受到语文教学目标、教学内容、学生特点、教师自身素养、外部条件等多方面因素的影响。合理使用教学方法有助于教学目标的达成和教学效率的提高。

1. 语文教学目标

语文教学目标包括语文课程目标与语文课堂教学目标。不同的目标需要采用不同的教学方法去实现和完成。《义务教育语文课程标准（2022 年版）》提出“语文课程围绕核心素养，体现课程性质，反映课程理念，确立课程目标”“立足核心素养，彰显教学目标以文化人的育人导向”①，突出核心素养的课程目标导向，所以语文教学方法的选用要紧紧扣住语文素养培养的目标导向，培养学生的文化自信、语言运用能力，促进学生的思维发展，提高学生的审美创造能力。在语文课程中，学生的思维能力、审

① 教育部. 义务教育语文课程标准（2022 年版）［S］. 北京：北京师范大学出版社，2022：4.

美创造、文化自信都以语言运用为基础，并在学生个体语言经验发展中得以实现。所以语文教学方法的选用都应该以语言运用为基础，或以朗读、诵读、默读等各种阅读形式促进学生的言语体验，或以讨论、交流促进学生的语言认知与思维，进而促进核心素养的整体发展。

在具体的课堂教学中，教学方法的选用直接决定于课堂教学目标。传授新知识，可以使用以言语信息传递为主的讲授法；培养某项技能，可以选用练习法；重在培养思维，就可以选用发现法；培养审美创造能力，可以采用读书指导法、讨论法；促进情感态度价值观的提升，可以多采用情境教学法。

2. 语文课堂教学内容

语文课程教学内容是语文课堂教学目标实现的载体，不同的语文教学内容需要选用不同的语文教学方法。《义务教育语文课程标准（2022 年版）》建构了六大类学习任务群。语言文字积累与梳理任务群学习要联系学生的生活实际，结合识字内容选择适宜的主题，创设学习情境，综合运用随文识字、集中识字、注音识字、字理识字等多种识字方法，通过演示法、朗读法、练习法加强学生的文字积累；实用性阅读与交流任务群学习要结合日常生活的真实情境实施，可以采用朗读、复述、游戏、表演、讲故事、情境对话、现场报道等形式，需要多采用情境教学法；文学阅读与创意表达任务群学习需要围绕多样的学习主题创设阅读情境，要注意引导学生综合运用朗读、默读、诵读、复述、评述等方法学习作品；思辨性阅读与表达任务群学习要根据学生思维发展的特点，在不同学段创设适宜的学习主题和学习情境，应设计阅读、讨论、探究、演讲、写作等多种学习活动，引导学生学习发现、思考、探究问题的思路和方法；整本书阅读任务群学习应以学生自读为主，加强读书方法的指导，可以运用读书指导法；跨学科学习任务群学习要精心选择学习主题和内容，组织、策划多样的学习活动，可以使用发现法或探究法。

3. 学生的实际特点

语文课程目标是基于学生的发展需求而提出的，指向学生语文素养的提高。所以教学方法的使用必须考虑到学生的实际情况，包括知识基础、发展需求、思维感知、个性爱好、学习兴趣、学习习惯、家庭情况、班级学风。学生处于不断发展的阶段，随着年龄的增长，其心理、接受能力都会发生变化。随着所受教育增多，认知水平也在发生变化。同一年级学生的发展水平也各不一样，不同个体的发展水平、学习兴趣都各不相同。教师在选择方法时必须考虑到这种变化。对知识有限、注意力保持时间短但兴趣点多的低年级学生可以多用讲述法、问答法，多开展多样化的活动。对知识面广、独立思考能力强的高年级学生可以多使用讨论法、练习法。

4. 教师素养与特长

教学方法的选用必须适应教师的素养条件，能为教师掌握和灵活运用。如果教师缺乏必要的素质条件，好的方法也不能在实践中产生预期的效果。如果教师的语言表达能力强，可以使用讲授法，借助生动形象的语言引导学生进入语文学习的情境，体味语文情感。如果善于使用多媒体，可以借助多媒体手段使自己的教学更为生动有效。如果善于书写和绘画，可以借助板书技能使教学过程形象生动。所以教师在执教之前要充分了解自己，发现自己的个性与特长，根据自身的实际情况选择能发挥自己优势的教学方法。

（二）语文教学方法使用的原则

1. 综合性原则

思维能力的发展、审美情趣的培养、文化底蕴的积淀，都可以通过真实语言情境中的语言实践实现。语文课程是综合性的学习活动，教学方法的选择也应该是综合的。一节课的学习，包含识字与写字、阅读与鉴赏、表达与交流、梳理与探究四大内容，结合听、说、读、写能力的提升。语文学科还需要与其他学科综合，与生活结合，也需要课内学习与课外学习相结合。因此，教师需要综合采用多种教学方法。

2. 灵活性原则

教学方法的使用并不是一成不变的，而是应该根据不同情境下的语文教学，结合学生课堂的表现灵活运用。即使是同样的教学内容，也可以使用不同的教学方法。比如知识教学可以采用讲授法，也可以采用练习法，或者讨论法，而不能一味地固定在某种单一的方法上。因为教学方法的选择与使用并不是由某一种因素决定的，包括教学目标、教学内容、学生与教师自身情况等多种因素。再加上课堂上学生的学习状态也会发生各种变化，先前确定的教学方法可能跟不上形势的变化，而需要根据实际来调整。

3. 差异性原则

语文教师应该尊重学生的人格，关注学生的个体差异，尽量使每一位学生得到发展，针对不同的学生采取不同的教学方法，即因材施教。教师可以将主要的教学方法应用于多数学生，而利用辅助教学方法针对个别学生。对于思维能力强的学生，可以采用探究法使其能探讨重难点问题，促进发展的层级提升；对于基础弱的学生可以采用讲授法、练习法，使其更易于接受新的知识。对于性格外向的学生可以使用提问法，在提升思维能力的基础上提升语文素养；对于性格内向的学生可以使用讨论法，在发展其语言能力的基础上提升语文学习的信心、兴趣与主动性。

4. 实践性原则

语文课程是一门学习语言文字运用的综合性、实践性课程。所以教学方法的选择应该符合语文课程实践性的特点。语文课程应引导学生在真实的语言运用情境中，通过积极的语言实践，积累语言经验，体会语言文字的特点和运用规律。语言运用能力应该多通过具体的实践活动，比如朗读、诵读、默读、表演、演讲、写作等，在多种形式的听说读写练习中得到发展。思维能力的发展、审美情趣的培养、文化底蕴的积淀，也都应该通过真实语言情境中的语言实践训练实现。

第二节 大单元教学

20 世纪初，我国语文学科开始了单元教材的编写，同时也开启了单元教学的漫长探索之路，经历了从学科本位到学生本位、从知识本位到素养本位的嬗变。当下，课程改革聚焦学生语文核心素养的发展，语文课堂教学亟须从知识和技能的逐“点”解析、逐“项”训练，走向情境性、体验性、综合性的语言实践活动，大单元教学成为“撬动课堂转型的一个支点”。

一、单元教学的历史与现状

我国的语文单元教学探索始于单元教材编写。1908 年，林纾编写的《中学国文读本》、吴曾祺编写的《中学堂国文教科书》初具单元意识。1913 年，许国英编写的《共和国教科书国文读本》初具单元教材雏形。1914 年，谢无量主编的《新制国文教本评注》开创了以文体为单元编排文章的先例。至 20 世纪 30 年代，单元体例成为国文教材编写的普遍模式，孙俍工的《国文教科书》尝试以语文知识为单元体例编写教材。夏丏尊、叶绍钧主编的《国文百八课》，单元的意识更为清晰，形成了目标、知识、范文和作业结构一体化的语文单元体例，影响深远。

随着中华人民共和国成立前单元教材编写的起步，早期的单元教学法也逐步形成：把联系紧密或有共同点的文章组成一个单元整体，精读与略读、讲读教学与写作教学结合，教学生阅读同类文章，进而完成相应写作任务，达到提高效率的目的。

中华人民共和国成立后，语文教材基本沿用了单元教材的编写思路，只是单元“组元”的方式在不同时期稍有变化，以文体组元的主线持续了较长一段时间。进入 21 世纪，组元方式逐渐多样化，各版本教材开始以“主题”设置单元，主题单元逐渐流行，直至“一纲多本”时代结束。取而代之的是统编版小学初中教材以人文主题和语文要素“双线组元”，及现行统编版高中教材以人文主题和学习任务群“双线组元”。

中华人民共和国成立后，单元教学法的探讨经历了一段沉寂时期，直到 20 世纪 80 年代以后才又掀起一个高潮，出现了较有影响的四步骤多课型教学法（程翔）、六课型单元教学法（黎世法）、五步三课型反刍式教学法（钟德赣）等，对教学方法和模式进行了较为深入的探索，但整体而言还固守于范文教学模式，停留于教教材阶段，没有充分实现单元整体教学的意义和深度。21 世纪始，单元教学呈现多样态共生特点，主题教学、专题教学、群文教学、项目式教学等应运而生，试图打通教材内外、课堂内外，对学生语文知识迁移及语文技能掌握有积极影响。

随着《普通高中语文课程标准（2017 年版）》和《义务教育语文课程标准（2022 年版）》的相继问世，语文单元教学进入“大单元教学”理论和实践探索的新阶段。大单元教学在“单元”的内涵上有所发展，在教学理念上也有所革新。大单元教学之“单元”指学习单元。所谓“学习单元”是相对于“知识单元”而言，“知识单元是以语文学科知识的系统性、整体性为目标构建单元的学习内容，或是进行单元整合，或是进行课内外知识的延伸拓展，关注学生系统性、结构性语文知识的形成，更多是从内容的角度进行构建。学习单元以学生生活为主题，以培养语文素养，解决问题为学习目标，以学生的学习活动组织单元。在学习单元的构成上，关注以学生的学习逻辑构建学习单元活动”①。相应地，《普通高中语文课程标准（2017 年版）》的配套教材形成大单元结构，通过人文主题和学习任务群“双线组元”，凸显语文课程人文性与工具性的统一，在单元整体建构的基础上，以任务设计统领整个单元的教学，把任务、活动、情境作为教材设计的三个支点，“不再设置‘知识中心’时代的记忆性、知识类题目，也不再设置‘能力中心’时代机械的、烦琐的、简单的问答式练习，而是在任务的统领下，强化阅读与鉴赏、表达与交流、梳理与探究等活动实践，加强活动性，促进语文素养的自主建构”②。2024 年 7 月，教育部发布了《2024 年义务教育国家课程教学用书目录（根据 2022 年版课程标准修订）》。根据《义务教育语文课程标准（2022 年版）》修订的教材将于 2024 年秋季学期陆续投入使用。当然，教材单元只是学习单元的素材，大单元教学可以立足教材单元进行内容重构、资源整合，也可以打破教材单元的原有结构，对教材中和教材外的具有某种内在关联性的内容进行分析、重组、整合，以真正实现单元整体教学的意义和深度。

二、大单元教学的基本要素

我国的大单元教学是伴随着基于核心素养的课程发展而产生的。国内最早引进国外大单元教学和深度学习理论的学者之一的崔允漷教授解释：“大单元是指由学习主题或主题大概念统摄的包括学习内容、学习目标、

---

① 桑志军．语文教学价值的嬗变：从单元教学到大单元教学［J］．中学语文教学，2022（11）：28－31．

② 王本华．任务·活动·情境：统编高中语文教材设计的三个支点［J］．语文建设，2019（21）：4－10．

学习任务、学习活动、学习评价等要素在内的较为完整的学习单位。”① 结合新课标的理念及统编版高中语文教材特点，可以明确，大单元教学有这样几个基本构成要素：大概念、学习主题、学习目标、学习任务、学习活动、学习情境、学习评价、学习资源等。

首先是大概念。《普通高中语文课程标准（2017 年版 2020 年修订）》在前言中明确：“重视以学科大概念为核心，使课程内容结构化，以主题为引领，使课程内容情境化，促进学科核心素养的落实。”② 可见，大概念具有统摄作用。简而言之，“大概念就是抽象概括出来的具有联系整合作用并能广泛迁移的概念”③。从学习内容的角度，大概念是跨学科或学科“核心的概括性知识”④。大概念是大单元教学的学理支撑，是单元学习主题的内涵，统摄单元学习任务，理解、内化并运用“核心的概括性知识”是单元学习目标的指向。

与大概念密切相连的是单元学习主题。大概念是学科或跨学科的核心概括性知识，而学习主题则主要是课程和教学层面的概念；学科知识通过课程和教学得以组织和传授；学习主题承接并呈现大概念，大概念帮助明确学习主题的内涵。明确、清晰的学习主题可指引学习目标统整、有序地表达，帮助确定合宜的学习内容，统摄其他基本要素，让深度学习的发生更具可能性。

大单元学习目标上接学习主题，下连学习任务和实践活动，是保证教、学、评一致的必要条件和基础。它不仅关注知识的学习与整合、拓展与凝练，也要关注对知识的有意义运用；不仅关注学习的态度和感受，更关注隐在的深层次思维习惯。学习目标的科学、有序表述，是基于课程标准、教材、学情、文本（资源）等多方会谈的结果。大单元的学习目标的

---

① 崔允漷. 素养本位的单元设计，助力各国进入“素养时代”[J]. 上海教育，2021（32）：22－25.

② 教育部. 普通高中语文课程标准（2017 年版 2020 年修订）[S]. 北京：人民教育出版社，2020：4.

③ 李松林. 以大概念为核心的整合性教学 [J]. 课程·教材·教法，2020（10）：56－61.

④ 王荣生：事实性知识、概括性知识与“大概念”：以语文学科为背景 [J]. 课程·教材·教法，2020（4）：75－82.

设置和表述应注意以下几点：①应紧紧围绕本单元学习主题来设置，将学习主题对应的大概念及其大概念下属的子概念作为确定和表述学习目标的内容参照；②学习目标的行为主体和隐含主语是作为学习者的学生，而非教师；③应采用可操作、可测评的行为动词来描述，如分析、品味、感受、运用、结合、评说、绘制等，使其意义明确，便于观察和检验；④应指明行为的条件，如“从诗歌意象的特征入手”“结合作者经历和创作时代背景”“利用网络资源”等；⑤应明确描述学生对学习主题包含的关键概念的学习程度，如“感受不同主体对青春感受抒发和对青春价值认识的独特性”，又如“形成自己鉴赏诗歌的路径”等。

学习任务是落实语文学习任务群，实施大单元教学的关键，它与学习活动、学习情境、学习评价、学习资源等要素相互交融交织，在大单元设计和教学实施过程中呈现为一个整体。

学习任务呼应学习主题和目标，结构化呈现学生在特定学习主题下的学习经历，即发现问题、分析问题、解决问题的完整的学习和学会的过程，也即运用语言文字的过程。若干有内在逻辑关联的学习任务可构建起大单元教学设计的主体框架。学习任务是完成一件较为复杂的事，是要学生“做事”，而非“答题”，比如现行统编版高中语文教材中的单元学习任务，“与以往教材中的练习有很大不同，它不再是知识性的积累或问题式的训练，而是通过较多的描述引出相关学习任务，这些描述设置的就是具体的情境”①。可见，学习任务与情境同在，任务的具体内容要在真实的情境中明确。

新课标强调“真实的学习情境”。知识本身就具有情境性，没有具体情境，知识就沦为无用的标签，知识学习的过程就是情境化的实践过程。所谓“情境”，指的是课堂教学内容涉及的语境；所谓“真实”，指的是这种语境对学生而言是真实的，是他们在继续学习和今后生活中能够遇到的，也就是能引起他们联想，启发他们往下思考，从而在这个思考过程中获得需要的方法，积累必要的资源，丰富语言文字运用的经验……真实情

① 王本华. 任务·活动·情境：统编高中语文教材设计的三个支点［J］. 语文建设，2019（21）：4－10.

境贯穿每一个学习环节。[①]《普通高中语文课程标准（2017年版2020年修订）》指出“语文实践活动情境主要包括个人体验情境、社会生活情境和学科认知情境”。[②]《义务教育语文课程标准（2022年版）》则提出“按照日常生活、文学体验、跨学科学习三类语言文字运用情境”[③]整合语文实践活动。综合两版课程标准的阐述，主要的学习情境大致可分为三类：个人体验情境（强调体验性，与文本中的情境密切相连）、社会生活情境（强调生活场景中的语言实践）和（跨）学科认知情境（强调运用语文学科或跨学科知识解决问题）。三类情境只是对情境类型所做的相对划分。以现行统编版高中语文教材为例，一般来说，每个单元的第一个任务都是从文本内容出发探讨人文价值，更多的是指向个人体验情境，有时也涉及社会生活情境；第二个任务从文本结构、表达技巧、语言风格出发进行设计，更多的是学科认知情境；最后一个书面表达任务，涉及的往往是社会生活情境及学科认知情境；还有一些活动单元，可能就会涉及跨学科认知情境。

大单元教学中的学习任务可以分解为系列学习活动，任务的完成需要活动作为支架。学习活动以知识学习为基础，在具体的学习情境中展开、进行，伴随高阶思维的参与，指向知识的理解、运用与转化。语文学习活动即新课标中所强调的“阅读与鉴赏、表达与交流、梳理与探究等语文实践活动”，这种建构和运用语言的实践不是孤立的听、说、读、写的训练，而是整合各个不同方面并延展到社会生活的综合的言语实践活动。

学习评价是检测学习效果的手段，应关注过程和结果两个方面。大单元学习评价应将大概念和学习目标置于学业质量标准中加以考查。《普通高中语文课程标准（2017年版2020年修订）》指出：“评价的过程即学生学习的过程，应围绕阅读与鉴赏、表达与交流、梳理与探究等学习活动，

---

① 《语文建设》编辑部．语文学习任务群的“是”与“非”：北京师范大学王宁教授访谈［J］．语文建设，2019（1）：4－7.

② 教育部．普通高中语文课程标准（2017年版2020年修订）［S］．北京：人民教育出版社，2020：48.

③ 教育部．义务教育语文课程标准（2022年版）［S］．北京：北京师范大学出版社，2022：37.

在具体的语文学习情境和活动任务中，全面考查学生核心素养的发展情况。”① 从这个角度理解，大单元需要完成的学习任务就是需要评价的任务，评价任务就是检测学习目标是否达成的学习任务。评价任务应与学习目标匹配，与教学过程融合。

学习资源是完成大单元任务的必要条件和必备素材。2001 年《全日制义务教育语文课程标准（实验稿）》中正式提出“学习资源”这个概念，并把它作为语文课程资源的下位概念，之后 2003 年《普通高中语文课程标准（实验）》，《义务教育语文课程标准（2011 年版）》，以及最新的《普通高中语文课程标准（2017 年版 2020 年修订）》和《义务教育语文课程标准（2022 年版）》，则延续了之前的解释并做了进一步的提炼、概括。《义务教育语文课程标准（2022 年版）》指出：“语文课程资源既包括纸质资源，也包括数字资源；既包括日常生活资源，也包括地域特色文化资源；既包括语文学习过程中生成的重要问题、学业成果等显性资源，也包括师生在语文学习方面的兴趣、爱好和特长等隐性资源。”② 可见，学习资源无处不在、无时不有。基于核心素养的新课标特别强调学习资源与学习活动的密切关联，强调：“课程资源建设和学生的学习活动关联密切，既是师生动态运用资源的过程，也是不断生成资源的过程。应通过学习活动的设计，营造语言文字运用的情境，引导学生结合资源进行自主、合作、探究式学习。”③ 可见，学习资源因学习活动而产生，为学生的学习服务。在大单元教学设计及实施过程中，教师应善于发现、发掘、选择和调用学习资源，认真甄别学习资源的关联度、适用性，并能根据学习任务的结构和学习活动的性质，整合学习资源。

最后，基于以上基本要素可见，大单元教学应以学生自主、合作、探究的学习方式为主，而非以教师的讲授、问答为主。没有自主、合作、探究的学习方式，便是伪大单元教学。

---

① 教育部. 普通高中语文课程标准（2017 年版 2020 年修订）[S]. 北京：人民教育出版社，2020：44.

② 教育部. 义务教育语文课程标准（2022 年版）[S]. 北京：北京师范大学出版社，2022：54.

③ 教育部. 普通高中语文课程标准（2017 年版 2020 年修订）[S]. 北京：人民教育出版社，2020：51.

三、大单元教学设计的路径

大单元教学设计是“基于学生立场，对学生围绕某一单元开展的完整学习过程所做的专业设计。从期望学生‘学会什么’出发，逆向设计‘学生何以学会’的过程”。[①] 因此，设计方案绝非传统教案以教为主、一问一答式的“二元结构”，而是以学为主、任务驱动式的“多维结构”。下面以统编版高中语文教材必修上册第七单元为例，简要论述大单元设计路径。

首先，确定单元学习主题与课时。确定学习主题，先要根据单元的学习资源判断本单元主要属于语文课程的哪个学习任务群；再借助大概念来明确学习主题。比如，第七单元为写景抒情散文学习单元，主要属于“文学阅读与写作”学习任务群，单元导语指出：通过文学作品对自然的描写反观自然，可以提升对自然美的感悟力。它又强调：学习本单元的写景抒情散文，体会民族审美心理……要关注作品中的自然景物描写和人生思考，体会作者观察、欣赏和表现自然景物的角度，分析情景交融、情理结合的手法……此单元导语反复提到人与自然，尤其是文学作品里的景物与情、理关系等知识，主要指向的显然是文学中的一个核心概括性知识：审美主体与客体之间的关系问题。那么，审美主客关系即本单元的上位大概念。基于这一大概念，结合任务群要求、教材内容及文体特点等，可将本单元的学习主题确定为：写景抒情散文中审美主体与客体的“观照—反应”关系。进而，根据对应任务群的课程标准规定课时总数及本单元教学难度、学情特点等，确定相应的单元课时数，第七单元需要 9 ~ 10 个课时。

第二步，确定单元学习目标，即本单元要解决什么问题，期望学生学会什么。基于本单元大概念所统摄的子概念，结合教材单元导语、学习提示与单元学习任务的具体描述，本单元学习主题又可分解为以下几个关键概念：景物描写、融情于景、情景交融、情景关系、情理结合、艺术手

① 崔允漷. 如何开展指向学科核心素养的大单元设计［J］. 北京教育（普教版），2019（2）：11 – 15.

法、语言风格、审美情趣和人生态度、民族审美心理等。基于学习主题，借助关键概念，可确定以下 4 个单元学习目标①：

1. 把握行文的线索、思路和情感脉络，探究写景抒情作品选材组材与表情达意之间的关系。

2. 分析作者欣赏和表现自然景物的角度，比较不同作品写景、抒情、说理的方法和特点，欣赏作品的意境，鉴赏作品的语言，领会、比较作者不同的人生态度和审美情趣。

3. 梳理、辨析文中景物所蕴含的文化意义，探究作者寄情自然景物背后的民族审美心理。

4. 反思、深化对“人与自然”关系的认识，以审美的眼光观察、欣赏自然，运用情景交融、情理结合的手法，表现自己对自然的感受和思考。

四个目标的整体性、进阶性一目了然，从“读”开始，逐渐内化，指向语言运用。须注意，内化是循序渐进的过程，绝非传统单元教学中从精读课文到略读课文的知识点的简单迁移。从内化到运用，须有高阶思维的参与。

第三步，设计评价任务，融入情境。评价任务在大单元设计中起到承上启下的作用。基于学习目标，根据对学习结果的预测，大体可确定以下几个评价任务②。

表 11－1

课题或任务	课时评价内容	单元评价内容
第 1～第 5 课时 寄情自然，独抒性灵——现当代作家眼中的景与人	对景和情梳理的完整性和准确性；情景关系理解、文章思路探究、全文主旨把握的深刻性和准确度；旁批、总评等艺术鉴赏文字写作中体现的审美鉴赏能力等	1. 完成学习任务情况（书面及口头表达）

① 范飚，郑桂华. 统编版高中语文单元教学指南（必修　上册）［M］. 上海：复旦大学出版社，2020：164.

② 范飚，郑桂华. 统编版高中语文单元教学指南（必修　上册）［M］. 上海：复旦大学出版社，2020：175.

续上表

课题或任务	课时评价内容	单元评价内容
第6～第8课时 登山临水，安放心灵——古代文人笔下的山水与人生	对景和情梳理的完整性和准确性；情景关系理解、文章思路探究、全文主旨把握的深刻性和准确度；阅读札记写作的质量，提问质疑的问题价值；主题简报的内容充实度和排版美观性	2. 学习态度（课堂讨论交流参与度等） 3. 学习能力（获取信息、查阅资料、同伴合作、发现问题、解决问题等） 4. 学习成果
第9课时 关联比照，单元梳理——写景抒情文章的异同探究	梳理比较角度选择的适切和巧妙程度；文本组合与角度选择之间的匹配度；写作“阅读指津”时，对于文本分析的准确度，异同探究的合理性	
第10课时 借鉴参照，尝试写作——我的“行走山水间”	对于景物的观察和描写是否立体、形象、多角度；能否抓住山水景物的特征引发联想，写出动人的情怀或深刻的思考；是否成功借鉴单元课文景、情、理交融的手法；全文在选材组材、艺术手法运用和语言驾驭等方面的水平	

基于以上评价任务，本单元的学习任务具体描述如下①：

1. 梳理写景抒情作品中作者所描绘的景物以及蕴含的感情或哲思，通过关注景、情、理的变化过程，厘清行文思路和情感脉络，体会文章情景交融、情理结合的特点。

2. 分析作者观察自然景物的角度和表现自然景物的艺术手法，通过反复诵读，从修辞、用词和句式等方面入手，品味散文独特的语言美，撰写旁批和总评等鉴赏文字。

3. 把握情、景、理交融的特点，选取自己最喜欢的景物，借鉴本单元课文的写法，以“行走山水间”为话题写一篇800字左右的文章。

① 范飚，郑桂华．统编版高中语文单元教学指南（必修　上册）［M］．上海：复旦大学出版社，2020：165．

4. 理解和比较不同时期、不同风格的作者笔下所呈现的不同人生态度和审美情趣，反思和深化自己对“人与自然”关系的认识；查找相关资料，进一步探究自然景物背后的深层文化意义和民族审美心理。

学习任务主要融合了个人体验情境和学科认知情境，学生须完全融入情境之中方能完成任务。另外，教师还需依据大的评价任务进一步编制用以具体评价学生表现的标准框架，可采用学生自评、组内互评以及教师评价相结合的方式设计评价量表，以保证评价落到实处、科学有效。

第四步，依据任务设计学习活动。任务虽包含情境和问题，但还不够具体，学生需经历一个由系列活动组成的完整的学习过程才有可能完成任务。系列活动应依据学生如何达成目标的进阶来设计。例如，第七单元的第一个学习任务，可以分解为两个活动，活动一：设计表格或思维导图，分别梳理五位作家所描绘的景物及蕴含的感情或哲思。活动二：基于活动一的初步梳理，进一步从景物选取的用意、情景关系入手，深入理解文章主旨，把握作者的人生态度、情怀。这两个学习活动对学生而言比较有挑战性，因为本单元的五个文本是古今散文名篇，意蕴深厚且各具艺术特色。教师须为学习活动提供完整、清晰的步骤以及不同类型的学习支架、学习资源等，如活动一和活动二可能都需要根据文章特点（现当代散文与古代散文）做进一步分解，鉴于本单元五个文本的独特性，甚至还需要分单篇文章逐一做梳理，以便为后面的“关联比照”的任务打好基础。

除以上四个步骤之外，大单元教学设计还应根据任务、活动设计来统筹考虑预习作业设计。与以往的单篇预习不同，大单元预习内容更加注重整合，预习任务也更难更重。因此，教师应对预习任务进行整体设计，提供必要的支架，如知识支架、问题支架、学习策略支架等。预习可从三个方面进行：①自主梳理单元基础知识，如字词句篇、文章知识、文言知识等；②自读中形成初步感受和整体感知，例如，可设计这样的预习题“在五篇散文中最触动你的地方进行旁批”；③围绕大概念和学习主题统摄下的关键概念梳理单元建构性知识（包括阅读知识、写作知识、言语交际知识）。第七单元预习作业可围绕关键概念设计表格或问题，如：预习《故都的秋》可让学生自主阅读，完成以下表格：

表 11－2

段落	景物画面	选取景物的共同特点
3	示例：小院秋晨	
4		
5		
6～10		
11		

对应表格内容，提出思考问题：

> 对于故都的“秋味”，作者没有选择红叶似火的香山、游人如织的颐和园、明澈如镜的昆明湖等北平著名景点，而是着重描绘牵牛花、槐蕊、秋蝉、秋雨、秋枣这类平凡细小的事物，为什么？

大单元教学的难度远远高于单篇精读精讲的难度，因此一定要保证学生充分做好预习工作。教师布置学生从以上四个步骤来预习，可以为大单元教学的顺利开展做好学情的铺垫。当然，这种高度整合的预习活动本身也是对学生自主学习能力的锻炼。

另外，大单元教学还应综合考虑本单元的作业与检测，以及引导学生根据评价做好学后反思。这样才能真正发挥大单元“教—学—评”一致性、一体化的促学作用，最终使学生学会管理自己的学习。

第三节　跨学科学习

《义务教育课程方案（2022 年版）》“基本原则”提出：“开展跨学科主题教学，强化课程协同育人功能。”① 跨学科教学内容重要性凸显。《义务教育语文课程标准（2022 年版）》的“课程理念”中提到“突出课程

① 教育部．义务教育课程方案（2022 年版）［M］．北京：北京师范大学出版社，2022：5．

内容的时代性和典范性，加强课程内容整合”①。“跨学科学习”作为独立的任务群进入了语文课程内容，倡导学科内容融合，能更好地促进学生对知识的理解、融会贯通和迁移运用，提升学生的综合素养。

一、跨学科学习的内涵

跨学科融合指的是通过融合两个及以上学科的知识、方法及理论，促进理解或解决某一学科内难以解决的问题，建构新的学科认知体验，生成新的跨学科逻辑。过去的语文教学中，跨学科学习主要体现在综合性学习板块，是开展综合性学习的一种学习方式，不是独立的一项学习内容，也没有改变学习的思维方式。《义务教育语文课程标准（2022 年版）》以学习任务群组织并呈现语文课程内容，明确提出“跨学科学习”任务群，其定义为：“本学习任务群旨在引导学生在语文实践活动中，联结课堂内外、学校内外，拓宽语文学习和运用领域；围绕学科学习、社会生活中有意义的话题，开展阅读、梳理、探究、交流等活动，在综合运用多学科知识发现问题、分析问题、解决问题的过程中，提高语言文字运用能力。”② 这段话明确指出了跨学科学习的运用范围、开展形式、学习内容和学习目的。跨学科学习是六个学习任务群中内容整合度最高、综合性最强的任务群。依据跨学科学习任务群各学段内容，可提取以下信息：跨学科运用范围广、学习形式多样、学习内容丰富，学习目的指向拓宽语文学习和运用领域、提高语言文字运用能力。

二、跨学科学习的特点

从《义务教育语文课程标准（2022 年版）》“跨学科学习”的学习内容和教学提示，结合跨学科学习的内涵，跨学科学习的特点体现为：情境性、实践性、实用性、综合性、创新性、差异性。

---

① 教育部. 义务教育语文课程标准（2022 年版）［S］. 北京：北京师范大学出版社，2022：2.

② 教育部. 义务教育语文课程标准（2022 年版）［S］. 北京：北京师范大学出版社，2022：34.

（一）情境性

《义务教育语文课程标准（2022 年版）》“课程理念”中提到，“义务教育语文课程实施从学生语文生活实际出发，创设丰富多样的学习情境，设计富有挑战性的学习任务，激发学生的好奇心、想象力、求知欲，促进学生自主、合作、探究学习”①。在跨学科学习的范围和内容中，可看到跨学科学习不是对抽象理论的思考和理解的学习，而是在各种真实的学习和生活中、在具体问题的解决过程中的学习。学生在丰富多样的情境中学习，更能体会到语文与生活的关系、语文与其他学科的关系，建构新的学科认知体验。

（二）实践性

跨学科学习是六个学习任务群中综合实践性最强的任务群，通过加强学科间的相互关联，带动了综合课程的实施，强化了课程的实践性。《义务教育语文课程标准（2022 年版）》“跨学科学习”的“教学提示”指出，“第一至第三学段以观察、记录、参观、体验为主，第四学段以设计、参与、调研、展示为主”②，“教学提示”表现出两个鲜明的特点：一是强调学生的主动参与，更加凸显学生是学习的主体；二是学习形式是以实践为学习手段。学生需要通过融合两个或两个以上学科的知识，将理论知识运用在实践中，在主动参与的实践中，获得新的体验、认知和能力。实践是跨学科学习的重要途径，也是核心素养逐步达成的过程。

（三）实用性

“义务教育语文课程实施从学生语文生活实际出发，创设丰富多样的

---

① 教育部. 义务教育语文课程标准（2022 年版）［S］. 北京：北京师范大学出版社，2022：3.

② 教育部. 义务教育语文课程标准（2022 年版）［S］. 北京：北京师范大学出版社，2022：36.

学习情境"[1]，语文课程的学习是要在真实的语言运用情境中完成，"语文的学习情境源于生活中语言文字运用的真实需求，服务于解决显示生活的真实问题"[2]。而"早期跨学科研究的发展主要出于知识生产专门化和知识需求综合化的矛盾"[3]，"现实社会具体问题的综合性和复杂性也是促使跨学科研究产生的重要原因"[4]，所以跨学科研究不同于一般的单学科研究，它是突破单学科的壁垒，研究目标不是一门学科，而是直接指向解决问题，从跨学科的产生到推动其发展的背景来看，都是源于现实生活和时代发展的需要，实用性非常鲜明。语文跨学科学习是运用多学科知识，解决在真实情境中的语言文字学习和运用遇到的真实问题，具有非常突出的实用性特征。

（四）综合性

语文课程的综合性和实践性，决定了语文学习不是孤立的、单一学科的知识，作为其他学科的语言基础，语文与其他学科之间有着千丝万缕的关系，凡是可以用汉语言文字来描述的日常生活的方方面面，都可以是语文学科的内容，其他学科的学习内容大多也有汉语言文字的辅助，所以语文学习内容中有描述、反映其他学科的内容，其他学科中也有学习或运用语言文字。从《义务教育语文课程标准（2022 年版）》中"跨学科学习"任务群的内容来看，跨学科学习的综合性体现在既有对学习方式、途径的综合，又有对学习内容的综合，通过校园内外的各种学习、活动，围绕特定的学习主题，将语文与其他学科知识和技能融合在一起，具有内在的逻辑，随着学段的上升，学习的探究越深入，学习的范围也更宽广，综合思

---

① 教育部. 义务教育语文课程标准（2022 年版）[S]. 北京：北京师范大学出版社，2022：3.

② 教育部. 义务教育语文课程标准（2022 年版）[S]. 北京：北京师范大学出版社，2022：45.

③ 唐磊，刘霓，高媛，等. 跨学科研究的理论与实践：基于研究文献的考察[M]. 北京：中国社会科学出版社，2016：9.

④ 唐磊，刘霓，高媛，等. 跨学科研究的理论与实践：基于研究文献的考察[M]. 北京：中国社会科学出版社，2016：9.

维的培养也越显著。这是指向发展学生核心素养、培养学生综合性思维的一种学习方式，适应时代对于综合型人才的要求。

（五）创新性

从教学设置看，跨学科学习是首次在语文课程标准中被明确单独作为一项学习内容，属于拓展型任务群，相比于前五个任务群，学习的内容整合程度最高，学习范围最广，综合实践性最强，为学生提供的创造性发展空间最为广阔。从实际教学内容来看，跨学科学习与原来的综合性学习有相似之处，但综合性学习是作为单独的学习内容设置，每册书只安排一到两次综合性学习，而跨学科学习则贯穿在整个语文学习内容中，这是一种创新的安排。从教学方法看，跨学科学习要打破学科壁垒，但不是各学科的简单组合和叠加，应是通过语文与其他学科教材内容的相互借鉴、整合，产生新的教学方法，是教学理念上的一次变革。因此，跨学科学习具有创新性，是语文课程改革新的突破、语文课程教学新的探索，是实现语文教学提质增效的主要途径。

（六）差异性

运用单一的学科知识进行学习与练习实践，很大程度上是指向应对考试，容易忽略学生个性化的思维情感和差异化的认知经验，而跨学科学习直接指向在发现问题、分析问题、解决问题中提高语言文字运用能力。在这过程中，面对同一学习主题，不同的学生根据自己的学情，综合运用多学科的不同知识与技能，就产生了差异。虽然有差异，但在同一学习主题中，不同的跨学科学习，都是为了解决同一问题，或达成同一目标，差异性的存在恰是跨学科学习的一个优势，学生在学习中可以取长补短、求同存异，有利于学生的核心素养的培养和提升。

三、跨学科学习的目标

跨学科学习既是新的学习内容，也是一种新的学习方式，能培养学生的综合思维，提升学生的核心素养。结合跨学科学习的特征，在跨学科教学中，应努力达成以下四个教学目标。

第一，主动参与语文实践活动，综合运用多学科知识技能，通过不同的实践形式提高语言文字运用能力，提升综合素养。在跨学科学习内容中，学习主题丰富，不同主题活动分别涵盖了中小学不同的学科，学习形式多样，实践中都充分运用了语言文字。从内容、形式可以看到，跨学科学习是基于学生真实经历的情境，语文源于生活，学习的形式是各种语言文字的实践形式，融合的是学生日常学习的学科知识。苏霍姆林斯基说过："一个有经验的教师，并不让学生花专门的功夫去记诵规则和结论：对事实的思考，同时也就是对概括的逐步的识记。思考和熟记的统一表现得越鲜明，学生的知识就越自觉，他把知识运用于实践的能力就越强。"①因此，在跨学科学习中，学生在真实情境中运用语言文字和多学科知识越自觉，对于语言文字的运用和多学科知识的掌握就越强，综合素养提升就越快。

第二，在跨学科实践中养成良好的行为习惯，提升文化自信，形成正确的价值观。跨学科学习和运用领域广阔，学生在实践中不仅掌握了学科的工具性，也获得了人文的滋养。语文学习是工具性和人文性统一的过程，如在《义务教育语文课程标准（2022 年版）》"跨学科学习"中有："围绕爱图书、爱文具、爱学习等主题"，"养成爱书、爱文具的好习惯"；通过"参与学校和社区举办的戏曲、书法、篆刻、绘画、刺绣、泥塑、民乐等相关文化活动，体验、感知、传承中华优秀传统文化"，从而提升文化自信；在"围绕仁爱诚信、天下为公、和谐包容、精忠报国、英勇奋斗、自强不息、明礼守法，以及科学理性、艺术精神等"的学习与研究过程中，学生能感受高尚道德的熏染，形成正确的价值观。②

第三，培养积极主动综合运用多学科知识思考问题和创造性解决问题的意识、态度、习惯。在跨学科学习中，教师最重要的任务不是教导学生综合运用哪些学科进行实践，而是引导启发学生，根据自身学情，养成积

① 苏霍姆林斯基. 给教师的建议：上册［M］. 北京：教育科学出版社，1980：27.

② 教育部. 义务教育语文课程标准（2022 年版）［S］. 北京：北京师范大学出版社，2022：34－36.

极主动运用多学科知识思考问题、全面分析问题的意识和习惯，并帮助学生树立创造性解决问题的信心。例如，《义务教育语文课程标准（2022年版）》“跨学科学习”第四学段（7～9年级）提出“在环境、安全、人口、资源、公共卫生等方面，选择感兴趣的社会热点问题，查找和阅读相关资料，记录重要内容，列出发言提纲，参加班级讨论”①。这是鼓励和引导学生在实践中根据自身学情，主动综合运用地理、化学、历史、生物、物理等多个学科的知识对问题进行全面的思考，打破单一学科思考问题和解决问题的局限性，根据查找阅读的资料，形成自己的观点并用文字进行梳理，用口头语言进行表达。学生养成跨学科综合思维的习惯后，能在分析问题和解决问题中发展思维，在沟通表达中提高语言运用能力，在文化的鉴赏中培养审美创造力。

第四，能认识跨学科学习的差异性，在评价中既肯定自我的发现与创造，又能主动反思和提升自我。跨学科学习尊重学生学习的主体性，给学生提供了一个展示自我的舞台。一方面，学生走进生活中进行实践，产生个体体验，联系自己喜欢、熟悉、擅长的学科，用以分析、解决问题，存在个体差异性。另一方面，合作探究、交流沟通是跨学科常用的学习方式，学生既要学会梳理、提炼、表达、呈现学习成果和展示自我，还需要与团队成员进行交流、探讨。这些都是语言文字运用和思维发展的过程，从自我和他人的展示中，学生既能展现自我，获得成就感，又能得到启发，自我反思，取长补短，提升自我。

四、跨学科学习教学的基本原则

跨学科学习教学的基本原则，是根据《义务教育语文课程标准（2022年版）》的要求、受制于语文跨学科学习的教学目标、反映跨学科学习的特点，是保证跨学科学习顺利进行和取得成效的保证。

---

① 教育部．义务教育语文课程标准（2022年版）［S］．北京：北京师范大学出版社，2022：35－36.

（一）提高语言文字运用能力目的性原则

目的，通常是指行为主体根据自身的需要，借助意识、观念的中介作用，预先设想的行为目标和结果。人的实践活动以目的为依据，目的贯穿实践过程的始终。语文跨学科学习虽然跨出了单一学科的界限，与多个学科相互交叉、渗透，但这是归属于语文学科的跨学科学习，《义务教育语文课程标准（2022 年版）》中“跨学科学习”明确指出学习目的是“提高语言文字运用能力”。语文跨学科学习是语文学习中的一部分，要明确以提高语言文字运用能力为目的是跨学科学习的基本原则。简言之，语文跨学科学习是“语文 + X”的学习，以语文知识技能的理解、学习和运用为核心和目标，在此基础上融合其他学科知识技能进行学习，最终提高语言文字运用能力。

（二）拓宽语文学习和运用领域、丰富学习形式的创新性原则

《义务教育语文课程标准（2022 年版）》指出语文跨学科学习要“联结课堂内外、学校内外，拓宽语文学习和运用领域”，“教学提示”中直接提到“要引导学生在广阔的学习和生活情境中学语文、用语文，提高交流沟通、团队写作和实践创新能力”①。在教学过程中，教师需打破就语文课文而学语文、仅在语文课上学语文和用语文的传统教学模式，立足语文课堂，放眼社会、文化生活，联系其他学科学习。“跨学科学习”任务群学习内容非常丰富，涵盖了学习生活、校园生活、社会生活、文化生活、未来生活、身心健康问题、社会热点等，学习形式根据学情进行多样化的安排，有观察、记录、参观、体验、调研、展示等，非常有利于开拓学生思维和开阔学生视野。在教学中，教师不但要精心选择学习主题和内容，创新性地进行组织和策划，还要鼓励学生在学习的过程中充分发挥创

① 教育部. 义务教育语文课程标准（2022 年版）［S］. 北京：北京师范大学出版社，2022：36.

造性思维，培养学生形成“生活即语文”的意识，发现和认识语文学习的意义和价值，提升学生的语言运用能力，在生活中创造性地运用语文。

（三）多学科有机融合的科学性原则

首先，跨学科学习整体上要秉持实事求是的科学态度。虽然跨学科学习提倡多学科知识融合创新，鼓励突破单一学科本位的学习和实践模式，但不意味着跨学科学习是简单、生硬、机械的叠加，不是为了“创新”而盲目地跨学科、胡乱拼凑、标新立异，也不是采取主观的态度去臆断、猜测，应该是基于新课标的指导下，根据教学的需求，选择适合跨学科学习的主题和内容，依据学情和实际可用的资源，选择适合跨学科学习的路径，坚持科学的实事求是的态度，将多学科有机融合在一起，相辅相成，最终达成教学目的的同时，提升多个学科的素养。

其次，跨学科学习大多以主题任务或者项目的形式开展，其科学性还体现在主题任务或项目的设定和进行过程中：①主题任务或项目的设定需符合学段要求和学生年龄特征。跨学科学习运用了多个学科，需要注意所运用的学科知识技能都应符合该学段的要求和学生年龄特征，避免出现某一学科的运用超出学生年龄段应有水平的情况。②主题任务或项目的设定要与学生真实生活的境遇契合。《义务教育语文课程标准（2022 年版）》明确提示了跨学科学习要结合学生所处的场域和情境，在设定主题任务时，充分开发利用这些场域、情境的资源，让学生在真实生活中学习知识和运用知识。③主题任务或项目在进行过程中，学生需要全面、真实、系统地运用各学科的知识和占有材料，以事实为依据，观察和搜集的材料越全面、越真实、越系统，感受越深刻、体验越丰富、成果越有代表性。

（四）以发现、分析、解决问题为导向的价值性原则

跨学科教育，是培养学生形成完整、系统的知识结构，提高学生综合运用多个学科知识技能解决问题的能力的一种教育，其重要意义是培养能适应当代社会的复合型人才、创造型人才。学生面对的真实生活世界不是以学科来划分，而是多学科融合的、一体的世界，语文跨学科学习是一种以

解决真实问题为导向的深度学习方式，其价值在于学生在遇到实际问题时，能综合运用各学科知识，融会贯通地解决，在此过程中提高语言文字运用的能力。语文跨学科学习除了最终目的要指向语言运用之外，在发现问题、分析问题的过程中，不乏对学生思维的锻炼和提升，在分析问题和解决问题的同时能提升学生的审美品质，增强学生的文化自信，也能有效提升学生的核心素养，有助于培养学生成为全面发展的社会主义建设者和接班人。

五、跨学科学习的教学路径

由于不同学科的课程标准、核心素养和学习方法不同，跨学科的教学在融合不同学科时会根据实际教学所需和学情，采取不同的教学策略和教学路径，但基于语文跨学科学习的特点和教学原则，下面分析最主要的一种跨学科学习的教学路径。

（一）确定教学目标，定准跨学科科目

比起单学科的单纯以教材和学情为依据的教学，跨学科学习鼓励拓宽语文学习和运用的领域，以教材和学情为中心进行拓宽，学习内容范围广、涉及学科多、学习形式更多样。在确立教学目标时，应以提高语言文字运用能力为方向，以新课标为纲，依据教材和学情，设定体现跨学科核心素养的教学目标。跨学科教学目标的确定，是定准跨学科科目的前提。由于语文与众多学科有关联，许多语文教学内容中涉及的学科可能不止一门，并不是所有涉及的学科都需要放入当次语文跨学科学习范围，应依据教学目标，从学生实际学习所需出发，以帮助学生理解知识、运用技能为目的，利用不同学科的特性，充分发挥学科融合后的整体育人优势，选择最合适的学科作为切入点。

（二）厘清课程要求，找准跨学科融合点

确定了跨学科教学的切入点，接着就要厘清所跨学科的课程要求，找准跨学科教学的融合点。核心素养是课程育人价值的集中体现，是学生通

过课程学习逐步形成的正确价值观、必备品格和关键能力。每门学科有各自的核心素养，但学科之间的核心素养有共同之处或相近之处，在跨学科学习中，学科之间的素养可以互补、可以相辅相成。以义务教育的语文和艺术学科为例，《义务教育语文课程标准（2022 年版）》的语文课程核心素养有：文化自信、语言运用、思维能力、审美创造，《义务教育艺术课程标准（2022 年版）》中艺术课程核心素养包括：审美感知、艺术表现、创意实践、文化理解，可以看到两门学科的核心素养在审美和文化方面有相近之处。仔细对比两门学科课程标准中关于审美和文化素养方面的内涵和总目标，还可以明显看到不少共同之处。在文化方面，通过对语文和艺术的学习，学生要形成对祖国、民族、历史的热爱与认同，肩负起传承和弘扬中华优秀传统文化、革命文化、社会主义先进文化的重担，增强文化自信。在审美方面，两门学科都强调通过学习，发现美、感受美，形成健康的审美意识和正确的审美观念，提升审美情趣。另外，从两门课程的文化和审美的内涵和总目标中，也能找到出现在跨学科学习任务群内容中的一些情境和方式，比如社会文化生活、校园和社区的文化活动、自然世界、艺术生活、不同媒介的表达等。由此，语文与艺术的跨学科学习从核心素养出发，可以找到两者的融合点，以此为基础，指引后续的教学工作的开展。

除了相近之处外，在语文教学中，艺术学科的艺术表现、创意实践，有时也有助于语文核心素养的达成，例如在课堂学习中或者课后作业里让学生根据课文内容创作一幅画，画的过程就是对课文内容梳理的过程，在语言文字思维训练中，加入了艺术的创意，以艺术的形式表现出来，画完后，还可以用课文的语言或自己的语言向他人介绍这幅画。这样的教学活动，就是将语文的语言运用、思维发展、审美创造与美术的艺术表现、创意实践相结合，并达到了拓宽语言运用和提高语言文字运用能力的效果。

语文是众学科的基础，其他学科或多或少都需要借助语言文字进行内容组织和表达，语文和其他学科的核心素养也同样存在或交叉、或互补的情况。跨学科学习可以培养学生综合素养，因此，针对某一特定的跨学科学习内容，找准学科之间的课程标准融合点，是跨学科教学路径中的重要一环。

（三）确定主题内容，选准实施形式

跨学科学习内容丰富，形式多样，在阅读、梳理、探究、交流等活动中开展。在教学过程中，要依据跨学科学习的主题内容，选择合适的教学实施形式。参考特级教师陆志平依据学习主题内容及培养的能力把跨学科教学分成以下三类主题①。

第一类是引导学生通过观察，认识完整的真实世界，主要涵盖日常生活类主题和学科学习类主题。在日常类生活主题中，引导学生从认识身边的世界开始，从不同学科视角去观察和认识同一事物、认识世界。在学科类学习主题中，选题尽量从学科学习的实际内容和实际进程出发，增加新科技手段的应用，增加科技方面知识与技能的学习，加强跨媒介阅读与表达，能够让语文学习与其他学科学习自然结合、互相促进、共同提高，但不必增加学科学习的难度。这种跨学科教学形式主要培养学生观察、认识、表达世界的能力，培养学生复杂性思维能力，帮助他们逐渐形成正确的世界观和方法论。

第二类是指导学生参与真实的社会生活，主要涵盖文化参与类主题、社会考察类主题、社会热点问题研究主题。文化参与类主题活动与书本上的文化学习不同，主要突出参与实实在在的文化活动，主题活动本身的跨学科特征非常明显。这些跨学科教学形式能让学生在真实的体验和实践中，学到鲜活的语文，提高在现实生活中语言文字运用能力、协同学习能力、问题解决能力、组织活动能力、实践创新能力，能增进学生对社会的认识和理解，增进文化认同和文化自信，增进热爱家乡和祖国的情感，增强社会责任感。

第三类是让学生经历解决复杂问题的过程。这种形式重视过程和设计，让学生在解决复杂问题的过程中，学习全面、客观、多角度、辩证地看待问题和思考分析问题，学习尝试运用多种方法、通过多种路径富有创意地解决问题，这对于学生综合素养的发展是非常有意义的。

---

① 陆志平．语文跨学科学习要体现其特有价值［J］．人民教育，2022（23）：61－64．

（四）选取和创设情境，提供学习资源

《义务教育语文课程标准（2022 年版）》的“课程理念”提出“增强课程实施的情境性和实践性，促进学习方式变革”①，以课程理念为指引，“跨学科学习”任务群概念的阐述中提到“围绕学科学习、社会生活中有意义的话题，开展阅读、梳理、探究、交流等活动”，“跨学科学习”的“教学提示”中指出“要引导学生在广阔的学习和生活情境中学语文、用语文”，“要拓展学习资源，增强学科学习的综合性和开放性。充分利用图书馆、互联网、社区生活场景、文化场馆等，为学生开展跨学科学习提供必要的支持；也可以结合学校和社区开展的文化活动进行语文跨学科学习”。这些都充分体现了跨学科学习实施过程中，实践是必要的学习方式，而情境给实践提供机会和保证实践顺利、有效开展。依据教学目标和实践所需，一方面，可以根据学生的年龄特征、兴趣爱好、生活阅历、其他学科的特性，创设情境；另一方面，也可以充分发掘和利用学生日常生活环境中、学校内外的硬件设施、自然风物、文化资源、社会热点问题等资源。通过选取和创设情境，从情境中获取学习资源，用以分析问题和解决问题。

（五）依据过程性评价原则，制定教学评价标准

课程学业评价具有检验、导向、反馈等多种功能，能有效检验学生学习质量，为教师提供教学反思，促进教师的教学和学生的发展。语文课程评价包括过程性评价和终结性评价，这里针对具体某一节课的评价，适用过程性评价。以《义务教育语文课程标准（2022 年版）》中“过程性评价”的原则为指导，结合跨学科学习的特性，制定的适合跨学科学习的评价标准应包含以下方面。

第一，评价应体现导向功能。导向功能是指教学评价对师生教学活动遵循教育方针、完成教学目标的定向引导作用。跨学科学习的评价，要鲜明地体现学科融合的要求和以提高语言文字运用能力的目标，教师能利用

① 教育部. 义务教育语文课程标准（2022 年版）[S]. 北京：北京师范大学出版社，2022：3.

评价过程和结果发现学生在语文学习和其他学科学习的特点与问题，提出有针对性的指导意见，鼓励和引导学生在解决问题的过程中，发挥学科优势，探索适合自身的学科融合方式，提升学习质量。

第二，评价要能真实、完整体现学生学习过程中的表现情况。《义务教育语文课程标准（2022 年版）》指出，“过程性评价重点考察学生在语文学习过程中表现出来的学习态度、参与程度和核心素养的发展水平”①。跨学科学习是一项综合运用多学科知识发现问题、分析问题、解决问题的学习活动，实践性、创新性是其重要特征。评价中应特别关注学生在学习过程中的参与程度、自主探究能力、合作沟通能力、多学科知识运用的情况、创新精神等。

第三，评价要依据所运用的学科的核心素养，重点关注多学科知识运用情况。跨学科学习任务群的评价，不仅要围绕语文学科核心素养为中心，还要兼顾其他学科的核心素养。评价要对多学科知识的融合、运用的形式、整体育人效果给予重点关注和检验。

第四，评价要发挥多元评价主体的积极作用。跨学科学习的评价中，应充分调动学生参与自评和互评，发挥评价的激励功能，促使学生在参与评价的过程中，开拓思维、开阔视野，学会自我反思，取长补短，提升跨学科学习效果。评价的主体还可以是学校管理人员、其他学科教师、家长、社区参与活动的人员等，通过多主体、多角度的评价反馈，帮助学生启发思维、发掘自身潜能、优化学习方法，进一步提升跨学科整体育人效果。

复习与体验

1. 语文课堂中选用教学方法的依据和原则是什么？
2. 大单元教学的基本要素有哪些？你怎么理解？
3. 大单元教学可以采取怎样的设计路径？
4. 什么是跨学科学习？它具有哪些特点？
5. 跨学科学习可以采取怎样的路径？

① 教育部．义务教育语文课程标准（2022 年版）［S］．北京：北京师范大学出版社，2022：46．

第十二章 语文课程评价

本章导学

语文课程评价是语文课程的重要组成部分，是对语文课程的诊断和分析，其目的是提高语文教师的教学水平和学生的语文学习效果。新课标基于“教—学—评”一致性的教学理念，倡导课程评价的过程性和整体性，重视评价的导向作用。语文课程学业质量标准以核心素养为主要维度，结合课程内容，对学生语文学业成就具体表现特征进行整体刻画，为语文课程评价提供基本依据。语文教学评价，是对语文教学过程中教师的教学行为、教学呈现和教学效果做出价值判断的过程。在对学生学习效果的检测和评价中，作业评价是过程性评价的重点和核心，语文考试评价是终结性评价的重点和核心。

学习目标

识记：理解“语文学业质量”“语文教学评价”“过程性评价”“终结性评价”“情境化作业”“情境化试题”等概念。

理解：

1. 语文学业质量的功能作用和意义；
2. 语文教学评价的目的和原则；
3. 语文作业设计的原则；

4. 新课标关于语文考试的要求。

评价：

1. 能够依据语文学业质量评价、分析学生的语文素养水平；
2. 能够全面评价语文教师的教学过程和教学效果；
3. 能够进行情境化的作业设计和语文试题命制。

在现代教育体系中，课程评价越来越受到人们的重视。语文课程评价“是一种基于系统收集有关语文课程教与学的事实信息，根据教学目的和教学原则，利用所有可行的评价方法及技术对教学系统的整体或局部进行价值判断的活动”①。语文课程评价的范围不仅包括对语文课程本身进行诊断、分析、修订、完善，也包括对学生的语文学习质量、教师的教学效果进行评价。《义务教育语文课程标准（2022年版）》的语文课程评价理念是：

> 义务教育语文课程评价要有利于促进学生学习，改进教师教学，全面落实语文课程目标。课程评价应准确反映学生的语文学习水平和学习状况，注重考察学生的语言文字运用能力、思维过程、审美情趣和价值立场，关注学生学习过程和学习进步。根据不同年龄学生的学习特点和不同学段的学习目标，选用恰当的评价方式，抓住关键，突出重点，加强语文课程评价的整体性和综合性。注重评价主体的多元与互动，以及多种评价方式的综合运用，充分利用现代信息技术促进评价方式的变革。②

《普通高中语文课程标准（2017年版2020年修订）》在“评价建议”部分，提出了“着眼于核心素养的整体发展”“全面把握学习任务群的特点”“倡导评价主体的多元化”“选用恰当的评价方式”“明确必修和选修

① 黄淑琴，桑志军. 语文课程与教学论［M］. 广州：广东高等教育出版社，2013：299.

② 教育部. 义务教育语文课程标准（2022年版）［S］. 北京：北京师范大学出版社，2022：3.

课程评价的重点和联系”等五个评价原则。[①] 为了更科学地进行课程评价，新课标还专门增加了“学业质量”部分[②]，从语文核心素养角度对学生的语文学习成就进行具体刻画。以语文学业质量为基础，可以进行语文教学评价，以及对学生语文学习的过程和效果进行评价。语文作业评价、语文考试评价，分别是学生语文学习过程性评价、终结性评价的重点和核心。

本章以语文学业质量、语文教学评价、语文作业评价和语文考试评价为重点学习语文课程评价的相关问题。

第一节　语文学业质量

一、语文学业质量概述

（一）语文学业质量的内涵特征

1. 学业质量：以学科核心素养为衡量指标

要正确把握语文学业质量的内涵与特征，首先需要明确学业质量的基本内涵。尽管不同学者对学业质量内涵的界定各有说法，但多数人认为学业质量的核心是素养。“素养说”学业质量观主张学业质量是学生应该具备的素养能力，只有具备了相应程度的素养能力，学生才被准以接受更高层次的教育。辛涛认为：“学业质量是个体完成某学段的学习时，应具备的进入更高层次教育、适应时代挑战的基本能力与关键素

① 教育部. 普通高中语文课程标准（2017 年版 2020 年修订）[S]. 北京：人民教育出版社，2020：44 – 47.

② 教育部. 普通高中语文课程标准（2017 年版 2020 年修订）[S]. 北京：人民教育出版社，2020：35 – 40.

养。"① 杨向东也指出学业质量是"个体在结束各教育阶段的学习时，在基本素养、学科核心能力以及跨学科能力上的综合表现"②。此外，《义务教育语文课程标准（2022 年版）》和《普通高中语文课程标准（2017 年版 2020 年修订）》将学业质量定义为学生完成课程学习后的学业成就表现，反映核心素养的要求。由此可见，学业质量是学生课程学习后的结果，以学科核心素养为衡量指标，关注全体学生在课程学习后的全面发展，包括知识、能力、情感、态度等。

2. 语文学业质量：蕴含语文学科核心素养

随着学业质量的提出，以及《普通高中语文课程标准（2017 年版 2020 年修订）》和《义务教育语文课程标准（2022 年版）》明确了普通高中语文学业质量和义务教育语文学业质量的要求，语文学业质量逐渐进入学者们的视野。对于语文学业质量的内涵，不同学者有着自己独到的见解。赵宁宁等指出语文学业质量是"基于显性的语文实践活动来描述的，同时指向潜在的语文核心素养及各学科均需考虑的'跨学科学习素养'"③。向爱平认为语文学业质量是"基于对学生语文学习活动和学习结果的观察，以核心素养为立足点，按照核心素养的要求，分阶段对学生语文学业成就完成情况进行刻画和描述，是学生语文学业成就的具体表现，反映学生核心素养实际达到的水平"④。李倩和郑国民提到"语文学业质量以核心素养为主要维度，是结合课程内容对'真实学习者'应具备的语文学业成就的整体刻画"⑤。综合以上观点，我们不难看出，这些学者是从核心素养的角度来界定语文学业质量，并且将语文学科核心素养视作学生学业质量的重要衡量指标，强调语文学业质量的内核是学生语文核心素

---

① 辛涛，姜宇. 在国际视域下定义教育质量标准［J］. 人民教育，2012（12）：2－6.

② 杨向东. 基础教育学业质量标准的研制［J］. 全球教育展望，2012（5）：32－41.

③ 赵宁宁，王瑶，曹之欣. 义务教育阶段语文学科学业质量解析［J］. 语文建设，2022（13）：4－9.

④ 向爱平. 语文课程学业质量标准：内涵、框架及内容［J］. 语文建设，2022（24）：23－26.

⑤ 李倩，郑国民. 义务教育语文核心素养评价模型的建构与实践应用［J］. 中国考试，2023（1）：51－60.

养的表现水平。

以《义务教育语文课程标准（2022 年版）》和《普通高中语文课程标准（2017 年版 2020 年修订）》为依据，综合相关研究，我们可以这样理解，语文学业质量是学生完成语文课程学习后所表现出来的学科素养变化程度和发展状态。此外，我们可以发现语文学业质量与课程标准中的语文课程理念、课程目标、课程内容以及课程实施都保持统一，并根据学生的身心发展状况来划分不同阶段的学习成果要求，具有层级性。

（二）语文学业质量的发展脉络

1. 学业质量发展背景：质量风潮与标准运动

随着全球化竞争的日益激烈，质量无疑成为所有国家教育改革的焦点。由此，国际上掀起了一股质量风潮和标准运动。英国、美国和加拿大分别采用了跨年级的连续性尺度模式、能力水平的案例例证模式以及分年级的成就图模式的学业质量标准。受国际上的影响，2001 年以来，我国基础教育课程改革不断向纵深方向推进，基础教育发展重点正在从数量扩张、硬件优化向关注教育质量内涵、提高教育质量转变。① 2003 年，在教育部基础教育司的指导下，教育部基础教育课程教材发展中心成立了“建立中小学生学业质量分析、反馈与指导系统”项目组。② 2010 年，《国家中长期教育改革和发展规划纲要（2010—2020 年）》明确指出教育的发展不能与质量相脱离，并将提高学业质量作为课程改革的重要目标。2011 年 11 月，教育部基础教育课程教材发展中心与上海市教育委员会联合发布了上海市中小学生学业质量综合评价绿色指标，并开展了首次全市抽样的测试评价。③

总的来说，自第八次课程改革以来，我国越来越注重“以人为本”的

---

① 项目组. “建立中小学生学业质量分析、反馈与指导系统”项目介绍［J］. 基础教育课程，2009（7）：49－52.

② 付宜红. 探索提高基础教育质量的科学途径：访“建立中小学生学业质量分析、反馈与指导系统”项目组［J］. 基础教育课程，2008（2）：4－6.

③ 徐淀芳. 详解“绿色指标”评价结果［J］. 上海教育，2012（21）：14－17.

素质教育，学界也逐渐将目光由教师的教学质量放到提升学生的学业质量上。

2. 语文学业质量发展历程：从学什么到学会什么

过去我国课程标准并没有涉及“学业质量标准”，直到2014年教育部印发《关于全面深化课程改革落实立德树人根本任务的意见》，强调要“修订课程方案和课程标准，依据学生发展核心素养体系，进一步明确各学段、各学科具体的育人目标和任务，完善高校和中小学课程教学有关标准。增强课程标准的思想性、时代性、适宜性、可操作性和整体性”，我国课程标准逐渐强调学业内容标准和学业质量标准相结合。在此之前，一直扮演“学业质量标准”角色的是“考试大纲”。“考试大纲”基本划定了考试的范围和对学生能力的要求，但是没有能力层级的水平划分，且内容要求比较粗略。随着考试改革的推进，“考试大纲”显然不能再代替“学业质量标准”的角色继续指导考试命题。于是，《普通高中语文课程标准（2017年版）》和《义务教育语文课程标准（2022年版）》先后新增了高中和义务教育阶段学业质量的要求，由刚开始关注学生“学什么”到现在基于质量标准规范学生“学会什么”，这符合素养时代的育人要求，有利于促进学生的全面发展，提升教育质量水平。

（三）语文学业质量的功能作用

1. 有助于落实中小学语文课程标准精神

语文学业质量刻画了学生在本阶段语文学习后的发展状态和变化程度，注重学生的可持续性发展，有助于落实“以人为本”的课程标准精神。例如，2011年上海市提出了绿色指标，该绿色指标主要分为“学生学业水平、学生学习动力”等十大指标，这十大指标又进一步细化为许多具体的评价指标。这无疑增加了学业质量评价的角度，从只注重学生的学业成绩转化为关注学生的全面发展，符合素质教育的要求。教师在具体的教学实践中，可以根据学生的个体差异性，将学生的实际学业水平同理想的学业质量水平做对比，适时调整教学内容，紧扣课程目标，落实课程标准精神。

2. 有助于丰富中小学语文育人目标

学业质量重视学生的学习结果，指向学生的全面发展，不仅关注学生的学业成绩，也注重学生在学习后的学科素养以及能力。2014 年，北京市发布了区域教育质量健康指数，包括学业成绩标准达成指数、高层次认知能力发展指数、学业均衡指数等十二个健康指数。这些指数细化了学业质量评价的要求，改变了只注重学生学业成绩的局面，更为关注学生学科素养与学科能力的发展。由此可见，学业质量有助于拓展学生评价的角度，并进一步丰富中小学语文育人目标。教师可以将学业质量作为纸笔测验评价的标准，也可以把学业质量当作日常教学过程中学生的表现性评价指标。

3. 有助于提升中小学语文教育质量

在《普通高中语文课程标准（2017 年版）》发布以前，学科课程标准只有内容标准，没有质量标准，使教学、考试、评价只能立足于内容标准之上，进而导致教学碎片化和考试评价单一。学业质量规定了不同阶段学生应该达到的素养水平，明确了不同类型文本具体的教学目标，有助于教师准确把握教学重难点，进而提升教学质量。此外，学业质量为考试命题以及评分标准研制提供了重要依据。如 2014 年长沙市结合当地教学现状，开启了中小学教育质量评价改革，立足于《中国学生发展核心素养》，建构了各学科基于核心素养导向的初中学业质量评价标准，要求纸笔考试科目的评价内容必须体现学科核心素养，推动了考试评价改革，有助于提升中小学语文教育质量。

二、《义务教育语文课程标准（2022 年版）》“学业质量”解析

（一）义务教育语文学业质量的内容

1. 横向：语文核心素养细化为不同的教学目标

学生的学科核心素养是语文课程教育总目标的外化，是确定和设计语文学业质量的主要依据。经济合作与发展组织将“素养”界定为“在特定情境中通过利用和调动心理社会资源（包括技能和态度）以满足复杂需

要的能力”①。义务教育语文学业质量规定了学生在完成相应学段语文课程时应该具备的语文学科核心素养及这些素养应该达到的程度，并且进一步将学生需要达到的语文核心素养要求划分为五种具体的教学目标，并以语文实践活动为载体，创造真实的语文情境，以此来培养学生适应时代发展的能力。以第四学段为例，义务教育语文学业质量要求学生在语言运用方面发现并积累不同语境下具有个性化特征的词句和段落，能根据自己的表达需要和习惯选择使用；在思维能力方面能记录探究过程，归纳概括自己的发现，条理清晰地呈现问题解决的过程；在审美创造方面能有条理地列出提纲，用策划书、调查报告、小论文等形式发表研究成果；在文化自信方面能够通过口头或书面方式，向他人推荐中华优秀传统文化经典、革命文化和社会主义先进文化作品；在跨学科学习方面能够针对学习和生活中的问题，开展跨学科学习，根据需要策划创意活动，从相关学科材料中搜集材料，整合信息，发现解决问题的线索。可以说，义务教育语文学业质量明确了培养什么样的学生以及如何培养学生，是义务教育育人目标体系的重要保障。

2. 纵向：规定同一实践活动不同学段的表现要求

《义务教育语文课程标准（2022 年版）》的学业质量部分在纵向上规定了同一语文实践活动在不同学段的表现要求，以此来落实语文核心素养目标。以“识字写字”活动为例，每个学段的表现要求是不同的。第一学段的学生要在学习与生活中，累计认识 1 600 个左右常用汉字，能正确书写 800 个左右常用汉字；第二学段的学生要在学习与生活中，累计认识 2 500个左右常用汉字，能使用硬笔规范、端正、整洁地书写 1 600 个左右常用汉字；第三学段的学生要在学习与生活中，累计认识 3 000 个左右常用汉字，能用硬笔规范、端正、整洁地书写 2 500 个左右常用汉字；第四学段的学生要在学习与生活中，累计认识 3 500 个左右常用汉字，在日常记录中使用规范、通行的行楷书字，提高书写的速度。我们可以发现《义务教育语文课程标准（2022 年版）》对“识字写字”活动的学段要求不是一成不变的，而是环环相扣，层层递进的。前三个阶段分别对应小学低

① Organization for Economic Co-operation and Development. The definition and selection of Key competencies，executive summary［R］. Paris：OECD，2005.

段、中段和高段，初中学段单独为一个阶段。从第一学段到第四学段的语文学业质量水平是螺旋上升的，相应地，语文实践活动的要求和难度也是逐渐提高的，这样的设计具有科学性和合理性。

（二）义务教育语文学业质量的特征

1．统一性：课程标准的补充和完善

学业质量与语文课程性质、课程理念、课程目标、课程内容、课程实施的要求在总体上保持一致。语文课程性质之一是致力于全体学生核心素养的形成和发展，语文课程理念也强调要立足学生核心素养的发展，充分发挥语文课程育人功能，而且语文课程的总目标也重视培养学生文化自信、语言运用、思维能力、审美创造四个维度的核心素养。义务教育语文课程内容主要以学习任务群组织与呈现，指向学生的核心素养发展。学业质量则是刻画学生完成语文学习后的核心素养表现。课程实施建议教师要立足核心素养，彰显教学目标以文化人的育人导向。由此可知，从课程性质、课程理念、课程目标、课程内容再到学业质量以及课程实施，每个环节都紧密相连，循序渐进，共同指向学生的语文学科核心素养培养。此外，课程内容、学业质量、课程实施都是课程目标的细化表现。课程内容是规定学生要“学什么”，学业质量是要求学生要“学会什么”，课程实施是告诉我们要“怎么做”。第四学段的课程目标中要求学生能对作品中感人的情境和形象说出自己的体验，品味作品中富于表现力的语言，课程内容则专门设置了学习任务群来指向学生的阅读能力素养发展。第四学段的学业质量详细阐释了独立阅读能力的表现要求。课程实施部分则建议教师教学结合学习任务群的特点，规划学生的学习内容。可以说，学业质量是对义务教育阶段语文课程标准的补充和完善，增强了语文课程标准的完整性。

2．层级性：立足于学生身心水平发展

学生的学业水平是不断发展的，随着学生的身心发展和知识点的拓展，学生的学业质量水平不断提升，要求也随之改变。以“表达与交流”活动为例，在书面表达方面，第二学段要求正确使用部分标点符号（句号、感叹号、问号、冒号、引号），第四学段要求掌握流程图。在书面表达的语言技巧方面，第二学段要求学生“关注有新鲜感的词句，并有意识地在口头和书面表达中运用”，第四学段要求能根据需要选择有个性化特征的词句。随着学生认知水平的提高，学业质量要求也逐层递进。义务教育阶段四个学段的语文学业质量是相互衔接、层层递进的，第一学段和第二学段的学业质量要求侧重基础积累，第三学段和第四学段的学业质量侧重综合探究，考虑到了学生发展的上升性。

（三）义务教育语文学业质量的意义

1. 有利于教师进行教学操作

义务教育语文学业质量对每一个学段所要达到的素养水平进行了规定，有利于教师理解学业质量标准并进行教学的操作。以“阅读与鉴赏”活动为例，第二学段要求学生阅读童话、寓言、神话等，在阅读过程中能提取主要信息，借助阅读经验和生活经验预测情节发展；第四学段要求学生广泛阅读古今中外的诗歌、小说、散文、戏剧等文学作品，在阅读过程中能把握主要内容，并通过朗读、概括、讲述等方式，表达对作品的理解。教师在具体的教学实践中要立足学业质量标准并对照实际情况评估学生的素养发展状态。

2. 有利于评估学生素质

《义务教育语文课程标准（2022 年版）》将学生每个学段所要达到的素质划分为了语言运用、思维能力、审美创造、文化自信以及跨学科学习五个方面。以第三学段为例，学业质量标准要求 5～6 年级的学生在语言运用方面能够独立识字，借助工具书准确理解不同语境中汉字的意思；在思维能力方面，能够根据积累的知识和经验初步判断信息真伪，感知情感倾向，形成自己对社会热点问题的初步认识；在审美创造方面能品味作品中重要的语句和富有表现力的语言；在文化自信方面能主动阅读体现社会主义先进文化、革命文化、中华优秀传统文化的作品；在跨学科学习方面能积极参加跨学科学习活动，利用多种信息渠道获取资料，在简单的调查、访谈等活动中记录真实生活。由此可见，学业质量的划分有利于评估学生在本学段课程学习之后所具备的素质。

三、《普通高中语文课程标准（2017 年版 2020 年修订）》“学业质量”解析

（一）高中语文学业质量的内容

1. 显性：以语文核心素养为显性表达框架

《普通高中语文课程标准（2017 年版 2020 年修订）》将我国高中语文学业质量标准划分为五种水平，以语文核心素养为显性表达框架，分别从“语言建构与运用”“思维发展与提升”“审美鉴赏与创造”“文化传承与理解”四个方面来评价学生的学业成就表现。以“审美鉴赏与创造”为例，学业质量部分将其具体划分为三个小维度，即审美鉴赏、审美表达、审美创造。达到水平 5 的学生在审美鉴赏方面能从不同角度、不同层面鉴赏文学作品，在审美表达方面能对同一作品的不同阐释发表自己的观点，且内容具体，依据充分，在审美创造方面能有文学创作的兴趣和愿望，愿意用文学的形式表达自己的情感。可以说，《普通高中语文课程标准（2017 年版 2020 年修订）》以高中生的语文核心素养为主轴，构建了与高中生的身心发展水平紧密结合的学业质量体系。高中语文学业质量以语文课程总体育人目标为参照，凝聚语文课程性质，将学生的学业成就标准细分为语言运用、思维能力、审美创造和文化自信四种语文素养。这四种素养层层递进，在具体的语文实践活动中相互融合并得到落实，保障了课程标准育人总目标在语文学科的贯彻实现，也彰显了语文学科独特的育人价值。

2. 隐性：以语文实践活动为隐性表达框架

语文学科核心素养指向的不是单一、碎片化的语文知识，而是学生能够应对和解决现实问题的态度和技能。郭元祥主张“学科知识既是学科能力形成的基础和条件，也内隐着学科能力表现的要求”①。杨向东也认为

① 郭元祥. 学科能力表现：意义、要素与类型［J］. 教育发展研究，2012（Z2）：29－34.

“单纯拥有或习得了具体领域的知识本身不直接导致学生能力的获得和形成”。[①] 由此可知，高中生语文核心素养的培养需要具体的实践活动来支撑实现。表达与交流等语文实践活动有利于创建复杂真实的问题情境，引导学生运用所学语文知识、技能以及态度，提出有效的解决办法，进而促成学生的语文知识向语文能力等素养转化。高中语文学业质量以隐性的语文实践活动为载体，立足高中生的思维发展能力，设置不同程度的疑难情境任务，有助于整合学生所学知识，培养学生的理解能力和实践能力。以“语言建构与运用”为例，达到水平 5 的学生在梳理与探究活动中能有探索语言运用规律的兴趣，能主动收集、整理、探究生活中常见的语言现象；在阅读与鉴赏活动中能发现所学的语言文学作品中的各类联系，对学过的重要作品和具有典型性的语言材料进行分类整理，加深自己对各类作品的理解和领悟；在表达与交流活动中能根据具体的语境组织表达内容，选择合适的表达方式，有效地运用口头和书面语言实现沟通交流。教师在进行教学设计时，要明确培养学生学科核心素养的教学任务，合理设计教学思路，设置多样的情境活动和任务，以便学生在学习和探究的过程中提升语文学科核心素养水平，更充分地展示自身能力和品格。

（二）高中语文学业质量的特征

1. 差异性：关注学生发展的差异

《普通高中语文课程标准（2017 年版 2020 年修订）》将学生的学业成就表现划分为五个级别的水平，每级水平针对的对象具有差异性。以“思维发展与提升”为例，达到水平 1 的学生能在理解语言时，能提取和概括主要信息，区分事实和观点，分析各部分内容之间的关系，发现观点和材料之间的联系，在逻辑思维方面得到提升；达到水平 3 的学生能立足于逻辑思维，就文本的内容和形式进行质疑，并能主动查找相关资料支持自己的观点，以此发展批判思维；达到水平 5 的学生基于逻辑思维和批判思维能追求独创性，力求用不同的词语准确表达概念，用多种语句形式表达自己的判断和推理，使得创造思维得到提升。以《拿来主义》这篇课文为

① 杨向东. 基础教育学业质量标准的研制［J］. 全球教育展望，2012（5）：32－41.

例，达到水平1和水平2的学生能够把握本文破立结合的论证逻辑和章法结构，达到水平3和水平4的学生能够质疑文章中的“大宅子”是否犯了“不相关”的逻辑错误，并结合原文材料解释相关原因，达到水平5的学生能够掌握本文的论证逻辑并将其应用于其他文本的阅读和议论文写作。从逻辑思维到批判思维最终到创造思维，高中语文学业质量的等级划分考虑到了学生发展的差异性。

2. 连贯性：把学生视作一个完整的人

我国高中语文学业质量标准是跨年级连续性尺度模式。这种模式设计的出发点在于对个人和成长的整体性、持续性的认识。总的来说，高中语文学业质量把学生视作完整的人，具有连贯性，主要表现在以下两个方面：首先，高中语文学业质量是对义务教育语文学业质量的继承和发展，二者之间具有衔接性。义务教育语文学业质量标准规定了四个学段对应的识字写字等要求。高中语文学业质量则在此基础上对学生提出了更高标准的语言建构与运用、思维发展与提升、审美鉴赏与创造以及文化传承与理解要求，并没有在识字写字方面对学生提出规定。可以看出，高中语文学业质量考虑了学生发展的螺旋上升性。其次，高中语文学业质量的五种水平是循序渐进的。水平1和水平2是对必修阶段学生学习的素养要求，水平3和水平4是选择性必修阶段学生学习需要达到的标准，而水平5则是在前面的基础上针对语文课程更有兴趣的学生所设的较高要求。因此，高中语文学业质量具有连贯性和系统性，将学生看作发展的人，为学生的身心健康成长提供了重要保障。

（三）高中语文学业质量的意义

1. 有利于针对性地评估学生发展状况

我国高中语文学业质量标准这种跨年级连续性尺度模式最大的优点就在于可以针对学生在不同阶段的语文核心素养发展状况进行评估。以“审美鉴赏与创造”为例，必修阶段课程学习结束后，教师可以对学生鉴赏诗歌等文学作品形象以及情感表达这方面进行检测，以此评估学生审美鉴赏的素养水平。选择性必修阶段课程学习结束后，教师可以从文本阅读与写作两大板块评价学生的审美表达与创造成就水平。因此，我国高中语文学业质量水平有利于针对性地评估学生在不同阶段的发展状况。

2. 有利于评估不同学生的进步情况

我国高中语文学业质量水平具有持续性和差异性，因此有利于评估一个共同尺度上的某个或某些学生在不同年级、学段间的进步情况。以"语言建构与运用"为例，水平 1 和水平 2 要求学生在高一学段具有主动积累的习惯，能进一步扩展语言积累，运用多种方法整理自己积累的语言材料，发现其中的联系；水平 3 和水平 4 要求学生在高二学段能借助已有的语言知识和语感，结合具体语境分辨词语语义和情感上的细微差别等。教师可以结合不同等级的学业质量水平，评估学生在不同学段中语言建构与运用、思维发展与提升、审美鉴赏与创造以及文化传承与理解四种素养发展状态以及表现水平。

总的来说，义务教育语文学业质量与普通高中语文学业质量之间具有衔接性，二者环环相扣，紧密联系。义务教育语文学业质量是普通高中语文学业质量的前提和基础，而普通高中语文学业质量则是义务教育语文学业质量的继承和发展。二者最终的目的都是落实语文学科核心素养目标。另外，义务教育语文学业质量与普通高中语文学业质量具有共性。首先，二者增强了语文课程标准的完整度，并且与语文课程性质、课程理念、课程目标、课程内容以及课程实施在重视学生的语文学科核心素养方面是保持一致的。进一步来说，二者都是中小学语文课程性质、课程理念和课程目标的外化。其次，二者都具有层级性、进阶性，关注到了学生发展的连贯性、上升性，但都把学生的学习看作一个线性过程，将复杂的问题简单化，忽略了学生的发展的复杂性。此外，义务教育语文学业质量与普通高中语文学业质量也具有差异。义务教育语文学业质量水平缺乏明确等级划分，相比而言，普通高中语文学业质量标准更加具体，实操性更强。

综上所述，《普通高中语文课程标准（2017 年版 2020 年修订）》和《义务教育语文课程标准（2022 年版）》新增的学业质量部分是我国语文学科课程标准的重大突破，实现了由内容驱动的"学什么"到质量驱动的"学会什么"的转变，符合新时代的育人要求，具有重大意义，但还需要进一步细化来增强语文学业质量标准的可操作性，同时需要建立系统的语文学业质量评价体系，并进一步加强实施监督，以此保障语文学业质量的落实。

第二节　语文教学评价

一、语文教学评价相关概念界定与解释

(一) 相关概念界定

从范畴来看，语文教学评价是教学评价的一种，而教学评价又是整个教育评价体系内诸多评价内容中的一个子项目。因此，在谈论语文教学评价前，我们必须厘清这些概念的含义及其关系。

1. 教育评价

关于教育评价的定义，不同的学派持不同的观点。概括起来，有两种观点值得注意：一是视教育评价为实际的表现与理想的目标相比较的过程，二是认为教育评价是系统地寻找并搜集资料以便给教育决策者提供参考，或通过比照教育目标与结果获得信息给参与教育过程的师生提供反馈的过程。与把教育评价等同于教育测验不同，这两派观点把教育评价视为一个过程。被誉为“当代教育评价之父”的泰勒是这样认为的：“评价过程在本质上是确定课程和教学大纲在实现教育目标的程度的过程”“是一种确定行为发生实际变化的程度的过程”。[①] 美国教育学家克隆巴赫(Cronbach)认为教育评价“是作为一个搜集和报告对课程研制有指导意义的信息过程”[②]。

从现代教育的本质需求和理念出发，教育评价是通过科学的程序，参照教育目的，对参与到教育过程中的各项因素之效能进行质性和量化的价值判断的过程，在此过程中得到的所有反馈信息将对教师、学生、教育管理者及教育决策者等下一步的行为产生一定影响。

---

① 瞿葆奎. 教育学文集·教育评价卷［M］. 北京：人民教育出版社，1989：263.
② 瞿葆奎. 教育学文集·教育评价卷［M］. 北京：人民教育出版社，1989：82.

2．教学评价

教学评价是教育评价中的一个分项，是专指运用科学的评价方法和手段对教师教学工作（如教学设计、组织、实施）等的质量所做的测量、分析和价值判断。

3．语文教学评价

语文教学评价，是指对语文教学的过程中教师的教学行为、教学呈现和教学效果做出价值判断的过程。

语文教学，因其具有的不同于其他学科的独特性，其实质上是一个有形和无形交叠的过程。但是，对学校教育来说，最核心的环节仍然发生在语文课堂，因此，本节中论及的语文教学评价，主要针对语文课堂上教师的教学情况。

（二）相关概念解释

1．语文教学评价主体

语文教学评价主体，是指基于一定的目的对语文教学过程做出价值判断的主体，主要有教育行政管理人员、教学研究专家学者、语文教师、学生等。

有的学者认为评价应当是参与评价过程的所有人，特别是评价者与其评价对象双方交互作用、共同构建统一观点的过程。基于这一观点，教学评价的主体应该多元化，而且各主体在评价时可以进行不同意见的交互和碰撞。

在众多的评价主体中，越来越多的学者主张重视学生这一主体的评价。例如，广东省教育研究院王土荣就指出："没有学生参与评价，这是一个非常严重的缺陷。学生是学习的主体，一切的教学归根到底是为了学生语文能力的发展，而有没有发展，学生自己最清楚。"[①] 不过，他也强调学生的评价，可能粗糙主观，因此，要加以分层递进式的引导。英国教育家威廉姆斯也非常赞同采用学生对教师评价的方式，他认为应定期进行

① 王土荣．语文课堂教学评价四原则［J］．语文建设，2015（28）：19－21.

学生对教师教学状况的评价。

《教育部关于积极推进中小学评价与考试制度改革的通知》强调要重视学生、教师和学校在评价过程中的作用，使评价成为教育行政部门、学校、教师、学生和家长共同参与的交互活动。

2．语文教学评价方式

语文教学评价方式，是指按照既定的教学评价目的及教学评价指标体系，对语文教学过程中的诸因素进行价值判断，以判断其达到程度的方法和手段。语文教学评价方式是多种多样的，在施评过程中，可根据不同的评价主体、评价对象等的针对性不同，采用量表法、观察诊断法、问卷法、访谈法、档案袋法等多种评价方式。

3．语文教学评价标准

语文教学评价标准是衡量语文教学质量的重要尺度，对语文教学评价的实施起着先决条件的作用。作为语文教学评价改革的核心，评价标准的研制是一个重要的环节。

通过对课程标准历时梳理可见，语文教学评价标准经历了无统一的标准的“初步探索期”（20 世纪初到 20 世纪二三十年代）、“徘徊发展期”（中华人民共和国成立后至 20 世纪 80 年代）、“深入研究期”（20 世纪 80 年代后至今）等三个阶段。值得注意的是，进入“深入研究期”后，语文教学评价标准的指标呈现出一个凸显语文学科特点的趋势，如“课堂教学评价量表逐渐体现学科特点，如言语积累与表达、文本的深入理解、语感培养等内容开始体现”①。

二、语文教学评价的目的与原则

（一）语文教学评价的目的

1．语文教学评价的根本目的

语文教学评价的根本目的是改进语文教学，提高语文教学的质量。在

① 栾贻爱．语文教学评价标准的历史嬗变与现实启示［J］．教育测量与评价（理论版），2014（6）：29－35．

实施过程中，语文教学评价是一根指挥棒，对语文教学质量的改进与提高起着至关重要的作用。

《教育部关于积极推进中小学评价与考试制度改革的通知》中提到："中小学评价与考试制订改革的根本目的是为了更好地提高学生的综合素质和教师的教学水平……使评价的过程成为促进教学发展与提高的过程"。

要实现这一根本目的，在思想认识上，首要避免进入把教学评价视作教学活动最后一个环节的误区，让教学评价贯穿整个语文教学过程；在具体操作上，要不遗余力地构建适合新课程改革的语文教学质量评价量表，并因时因地做出调整；在反馈渠道上，要彻底打通各个实施环节中教学评价的施评者与评价对象的沟通渠道。只有真正认清语文教学评价这一根本目的，切切实实发挥其引领与导向作用，才能让语文教学评价在新一轮教育改革中发挥牵一发而动全身的功能。

2. 语文教学评价的潜在目的

在语文课堂教学过程中，教师的"教"与学生的"学"是相辅相成的。从教学评价的指向性来看，语文教学评价这一指挥棒，一头指着教师的教学输入，一头指着学生的学习输出，在考量教师教学输入的同时，亦伴随着考察与评估学生的学习成效。因此，语文教学评价的潜在目的就是引导教师关注学生在语文课堂学习中全方位的表现，即在教学中不仅重视学生的语文基础知识的建构和语文能力的形成，也要重视学生审美情趣和道德修养的提升。在一堂语文课中，教学评价的焦点集聚于学生的兴趣激发、知识建构、思维提升的辐射面与程度，教师开展教学活动的方案设计、实施过程等才能真正落实到"以学生为中心"这一理念上。

（二）语文教学评价的原则

1. 导向性原则

导向性原则要求在语文教学评价中有一个明确的导向和定位，具体而言，贯彻导向性原则时应坚持以下两个方面。

一是坚持"以人为本"的育人导向。与其他学科相比，语文在培育和发展人的精神品格方面有着天然的优势。在具体的教学评价中，要将语文教学评价“以人为本”的育人导向具体化为可以衡量的各项指标或可以描述的各个观测点，把语文教学导向引领学生精神成长的正确方向。

二是坚持人文性与工具性并重的学科导向。《义务教育语文课程标准（2022 年版）》再次明确了工具性与人文性的统一是语文课程的基本特点。鉴于此，在构拟语文教学评价的整个体系及实施语文教学评价的整个过程中，都要一以贯之地坚持这一学科性质导向。

2．发展性原则

语文教学评价在理念上要坚持发展性原则，即语文教学评价要有利于促进教师的发展。

以语文教学评价引领教师专业发展，要用不同的评价标准和方法去评价处于不同发展水平的教师。在这方面，许多学者做了大量的探索，建构了相关的评价模型，设计了科学的课堂观察量表。国外有美国肯塔基大学古斯基教授撰写的《教师专业发展评价》，巴斯卡研究小组研制的“课堂观察量表”，沃格特制定的“语言艺术课堂教学综合观察方案”，美国学者亨特创设的“阅读课堂观察框架”，劳伦斯等人建构的“课堂观察评价量表”。国内有崔允漷带领研究团队研制的“课堂观察 LICC 模式”，周兴文等人在崔允漷研究的基础上编制的“课堂观察量表”，李金钊研究设计的“课堂教学公平观察量表”。

3．全面性原则

在评价内容上，传统的语文教学评价存在片面性，不利于语文教学改革朝正确的方向发展。要坚持语文教学评价的全面性原则，要做到以下两点。

一是评价内容的全面性。义务教育语文课程按照内容整合程度不断提升，分三个层面设置学习任务群，其中第一层设“语言文字积累与梳理”1 个基础型学习任务群，第二层设“实用性阅读与交流”“文学阅读与创意表达”“思辨性阅读与表达”3 个发展型学习任务群，第三层设“整本书阅读”“跨学科学习”2 个拓展型学习任务群。这些任务群的教学实施情况都应纳入评价范围。

二是评价维度的全面性。《义务教育语文课程标准（2022 年版）》提出语文课程要围绕核心素养确立课程目标。这个核心素养，是文化自信和语言运用、思维能力、审美创造等四个维度的综合体现，因此，在进行语文教学评价时，对教师组织教学活动时在这四个维度的展开情况也应纳入评价范围。

4. 科学性原则

要真正发挥教学评价对教学的促进作用，必须建立一个科学的语文教学评价指标体系。一个科学的语文教学评价指标体系的建立，涉及方方面面，需要群策群力，需要耗时耗力，应经多次实践检验反复修订。在进行语文教学评价指标体系的顶层设计时，既不能“大而全”，也不能“小而碎”。在确定相关评价标准等级时，既不能把标准定得过高，让教师觉得无法企及；又不能定得过低，使教师失去教学动力。

教学评价的科学性还体现在评价方法上要坚持定量评价与定性评价相结合，也要坚持形成性评价、诊断性评价和终结性评价相结合。

三、语文教学评价的依据与功能

（一）语文教学评价的依据

1. 教育方针政策

教育方针政策集中反映了一定时期社会对教育的要求，学校教育的各项工作，都应符合国家的教育方针，教学评价起着风向标的作用，更应紧贴国家的教育方针。具体到语文教学中，因其对学生的思想道德培养和精神陶冶具有独特的优势，在教学评价实施过程中，相关的评价主体，要及时了解国家最新的教育方针政策，在此基础上开展教学评价，如此一来，才能做到有的放矢、因势利导。

2. 教学大纲或课程标准

教学大纲或课程标准是一个学科教学内容和教学实施的指导性文件，在任何时期，它都是评价课程与教学的重要依据。

通过查阅各版本的教学大纲或课程标准，发现语文教学评价在课程标准中的历时嬗变的情况：1986 年以前的教学大纲或课程标准中，大多以“教学要求”“教学中的注意事项”的形式对教师的教学做出一定的规范和要求，其表述实质暗含着教学评价的因子。不过，限于历史和认识的局限，教学要求、教学建议与评价建议杂糅在一起，并没有清晰地提取出来进行区分。从1986年开始，教学大纲或课程标准中出现对教学质量进行的考查与评估方面的内容，而且表述越来越具体、越来越全面。

1956年的《小学语文教学大纲（草案）》中，有下述提法：“在课文的阅读和分析中，教师要善于提问题，所提问题必须是能启发儿童的思维、帮助儿童理解课文掌握其知识内容和基本思想的。”

1963年的《全日制小学语文教学大纲（草案）》中，并没有出现教学评价一词，但在第六部分的“教学中应该注意的几点”中，有下述提法：“教师在严格要求学生的同时，必须严格要求自己，说话，朗读，写字，作文，都要以身作则”。

1986年的《全日制小学语文教学大纲》中开始出现对教学质量的评估方面的内容：“要改进考查学生成绩的方法。考查的目的在于检查语文教学的效果，促进学生学习语文的积极性，改进教学，提高质量。”但并未出现对教师教学评价的描述。

1992年的《九年义务教育全日制小学语文教学大纲（试用）》再次强调了成绩考查的方法，并首次出现了通过成绩考查来检验教师教学效果这一类提法，原文如下：“要改进成绩考查的方法。成绩考查是检验教学效果、提高教学质量的手段，是实现语文教学总目的的一个重要环节。”

2001年的《全日制义务教育语文课程标准（实验稿）》在“实施建议”部分，对教材编写、课程资源的开发与利用、教学、评价等，提出了实施的原则、方法和策略。这是“评价”这一术语在课程标准中的首现，并且专门列出一个“评价建议”的部分，对教学评价的目的、维度、领域、方式方法等都做出了具体的说明。这对于教学评价进入语文课程标准的进程而言，是一个里程碑式的突破。

《义务教育语文课程标准（2011年版）》进一步区分了教学建议和评价建议，分项细述，并概括了语文教学评价的几个主要建议，即“充分发挥语文课程评价的多种功能”“恰当运用多种评价方式”“注重评价主体的多元与互动”及“突出语文课程评价的整体性和综合性”，而且还对“识字与写字”“阅读”“口语交际”“写作”和“综合性学习”这五个领域的评价做出了具体的建议。从行文表述可见，其对语文教学评价的认识更加系统、更加全面、更加明晰。

《义务教育语文课程标准（2022 年版）》细化了评价改革重点，并增强了指导性：注重实现“教—学—评”一致性，增加了教学、评价案例，不仅明确了“为什么教”“教什么”“教到什么程度”，而且强化了“怎么教”的具体指导。在这一版本的课程标准中，首次明确提出“课堂教学评价是形成性评价的主渠道”，并从评价意识的树立、评价方式的选择、评价工具的使用、评价语言的运用方面对课堂教学评价中教师的行为做出建议。

梳理语文教学大纲和课程标准可见，从历时的角度回顾，语文教学评价经历了从模糊到清晰，从粗浅到深入，从空泛到具体的过程。

（二）语文教学评价的功能

从实践层面看，语文教学评价具有多种功能，如诊断与反馈功能、激励与促进功能、甄别与选拔功能、管理功能、导向功能、调控功能等。

传统的语文课堂教学评价比较注重甄别、选拔的功能，这与新课标倡导的课堂教学评价是为了“提高教师教学水平，促进学生发展”的理念相违背。

《义务教育语文课程标准（2022 年版）》在“评价建议”中指出要让过程性评价贯穿语文学习全过程，过程性评价应有助于教与学的及时改进，教师要有意识地利用评价过程和结果发现学生语文学习的特点与问题，提出有针对性的指导意见，要依据评价结果反思日常教学的问题和不足，优化教学内容，改进教学设计，调整教学策略，完善教学过程。

四、语文教学评价的内容

《教育部关于积极推进中小学评价与考试制度改革的通知》在论及教师教学评价这一点时，明确指出：要建立有利于促进教师职业道德和专业水平提高的评价体系，要建立有利于实施素质教育，发挥教师创造性的多元的、新型的中小学教师评价体系。具体而言，从职业道德、师生关系、教学方案的设计和实施、交流与反思能力等四个方面对教学评价的内容做出了规定和要求。这是一个比较宏观的角度，是针对所有的学科教师而言的。

从微观的、更具操作性的角度，语文教学评价的内容可从以下几个方面展开：教学目标、教学内容、教学过程、教学方法、教学效果、教师素养。

（一）教学目标

评价教学目标，可从四个方面来进行：确定教学目标、陈述教学目标、呈现教学目标和实现教学目标。具体见表 12－1。

表 12－1　教学目标评价项目及标准

评价项目	评价标准	评价细则
确定教学目标	是否正确、是否有依有据	1. 是否理解课程标准中关于目标的规定 2. 能否全面把握教材的目标体系 3. 是否分析学生的学习需求
陈述教学目标	是否科学	1. 目标指向是否针对学生 2. 阐述可观察到的行为与表现是否清晰 3. 阐述学生行为产生的条件是否清晰
呈现教学目标	是否适时适当	1. 能否准确把握呈现教学目标的时机 2. 呈现教学目标的方式是否巧妙
实现教学目标	是否有效	1. 是否围绕主要教学目标展开教学 2. 与教学目标有关的教学行为产生效果的程度如何

（二）教学内容

教学内容评价方面，既要注意其科学性和有效性，也要注意教学内容前后之间的逻辑关系，注意条理性，具体可从三个方面展开：教学内容的选择、教学内容的条理性、教学内容的深度。具体见表 12－2。

表 12－2　教学内容评价项目及标准

评价项目	评价标准	评价细则
教学内容的选择	是否恰当	1. 是否依据课程内容来确定教学要点 2. 是否依据课文特点来选择教学内容

续上表

评价项目	评价标准	评价细则
教学内容的条理性	是否有层次	1. 各项教学内容之间是否有内在联系 2. 教学内容安排是否有层次性 3. 是否让学生认识教学内容之间的联系
教学内容的深度	是否科学	1. 教学内容的分量是否适合学生的认知基础 2. 教学内容是否略高于学生的水平，使教学处于学生的最近发展区

(三) 教学过程

对教学过程的评价，可把教学中的一些关键教学行为作为观测点，如导入、讲授、示范和练习、组织活动、反馈与引导等。一是课堂导入是否巧妙、是否有启发性；二是讲授内容是否紧扣主旨重点突出、表达是否有条理；三是示范目标是否明确，示范和练习是否紧扣课文内容；四是组织活动时布置任务是否具体，活动的开展是否促进学生对学习内容的掌握，活动开展是否有序；五是反馈与引导是否及时和足够、是否以鼓励为主。

(四) 教学方法

评价教学方法，关键是看所采用的教学方法是否跟教学目标、教学内容、教师特长相匹配。具体可从以下几个方面展开：是否能调动学生的学习热情、是否全面引导学生参与教学过程、是否促进学生的合作与探究等。

(五) 教学效果

课堂教学效果是评价课堂教学的重要依据，可重点从学生的课堂表现与学习成效这一视角切入，具体可从以下几个方面展开评价：是否体现学科性质，使学生获得知识构建；是否渗透人文精神，使学生在审美鉴赏等能力上有提升；课堂管理是否民主、开放、互动，课堂气氛是否活跃，师生关系是否融洽；是否完成既定的教学任务，做到效率与效果的统一。

（六）教师素养

教师素养包括教师的专业性知识、专业能力和专业精神，具体可从以下几个方面展开评价：一是教学语言是否标准流利，富有感染力；二是教师的教姿教态，教师是否有教学热情，给学生以美的感受和陶冶；三是教师是否具有课堂智慧，能否灵活处理课堂突发事件，课堂的生成性如何；四是教师能否熟练运用多媒体，教学课件和板书是否能巧妙结合等。

进入新时期，我国的基础教育面临着一个重大挑战，即从升学取向的教育向促进学生全面发展的素质教育转变。如何实现这个转变？涉及的因素甚多，而教学评价的改革是其中非常重要的一环。

传统的语文教学评价存在着只重视教师个人的表现，忽略课堂活动中的其他因素，过分看重专家评价，过分依赖纸笔测验来评价教师的教学能力、来考核教师的教学成果等问题。现代的语文教学评价观，倡导不仅要评价教师教了什么，更要评价教师是怎么教的，不但要评价教师引导学生解决问题的结果，而且要评价教师是引导学生解决问题推导结论的过程。在教育教学实践中，我们要正确认识语文教学评价的作用，合理把握评价的内容，运用科学的评价方法，让教学评价成为改进教师教学和提高学生学习能力的手段，发挥其双向促进的功能。

第三节　语文作业评价与语文考试评价

语文课程评价包括过程性评价和终结性评价。过程性评价重点考察学生在语文学习过程中表现出来的学习态度、参与程度和核心素养的发展水平，应依据各学段的学习内容和学业质量要求，广泛收集课堂关键表现、典型作业和阶段性测试等数据，体现多元主体、多种方式的特点。终结性评价包括学业水平考试和过程性评价的综合结果。在过程性评价中，语文作业评价是重点和核心；在终结性评价中，语文考试评价是重点和核心。

一、语文作业评价

（一）课程标准关于作业评价的说明

《义务教育语文课程标准（2022年版）》关于作业评价的建议是：

> 作业评价是过程性评价的重要组成部分，作业设计是作业评价的关键。教师要以促进学生核心素养发展为出发点和落脚点，精心设计作业，做到用词准确、表述规范、要求明确、难度适宜。要合理安排不同类型作业的比例，增强作业的可选择性，除写字、阅读、日记、习作等作业外，还应紧密结合课堂所学，关注学生校内外个人生活和社会发展中的热点问题，设计主题考察、跨媒介创意表达等多种类型的作业，培养学生自主学习和综合学习的能力。随着学段升高，作业设计要在识记、理解和应用的基础上加强综合性、探究性和开放性，为学生发挥创造力提供空间。①

上述建议包含了语文作业设计和语文作业批改、反馈两个重要问题，其中以语文作业设计最为重要。

（二）语文作业设计的理论分析

语文作业设计，是整个语文教学设计的一部分，应该在整体语文教学设计的视域下，去思考它的价值和意义。在教学实践中，语文作业也应该是整个教学的一个有机组成部分。简言之，语文作业的设计，应该是整体语文设计、实践的有机组成部分，它要充分考虑整体教学的需要，并为整体教学服务。在新课标的教学理念下，这个“整体教学”，不仅是考虑一

① 教育部．义务教育语文课程标准（2022年版）[S]．北京：北京师范大学出版社，2022：48．

篇课文，更要考虑单元整体，甚至在宏观上还需要考虑整个语文课程。在这个前提下，语文作业设计的讨论才有价值和意义。

语文作业，有课前预习用的，有课中辅助教学用的，有课后巩固、检验、拓展教学用的，其中以课后作业为主。

当前的统编版语文教材，小学语文是每篇课文后面有几道作业题；初中语文教材每篇课文课后有“思考探究”“积累拓展”两大板块的作业（每个板块后面各有几道题）；高中语文教材则以单元为单位，在每个单元后面有“单元学习任务”（涵盖查资料、阅读、写作等的内容）。这些作业，是教材编者依据教学内容精心设计的，具有设计规范、质量过硬、形式多样的特点，语文教学可以结合实际情况加以选用。

有时，还需要语文教师结合具体学情和教学实际情况，自主开发、设计一些作业。自主设计语文作业，是语文教师必备的关键能力。

语文教师自主设计语文作业，必须遵循以下 4 个原则。

（1）目的性原则。作业设计之前，需要明确作业设计的目的。一般来说，语文作业的目的不外乎巩固课堂所学、检验学生学习效果、拓展学生视野、迁移课内知识等，这是大的目标；具体到每道题，也应该有明确的具体目的。作业设计的目的，应该紧扣课文、单元教学目标（“学什么就练什么”），并注重学生思维发展、整体素养提升。

（2）多样化原则。作业题型要多样化，要能够覆盖“听说读写”多种形式训练。例如，“说”有复述、讲述，“读”有朗读、背诵，“写”有抄写、问答、小练笔、写作、研究方案设计等。在新课标精神下，还可以设计“做”“演”等方面的作业，“做”含手工制作、PPT 制作、视频制作、电子书籍制作等，“演”主要指表演性质的学习活动，如课本剧、情景剧等。

（3）系统性原则。各道作业题之间，要形成既有分工又有合作的关系，要相互衔接、配合，不能交叉、重复。语文教师可以依据语文核心素养的四个侧面，分别设计语言运用类、思维能力类、审美创造类、文化自信类作业，也可以在单项训练基础上设计综合类作业。新课标理念鼓励设计综合性、整合性语文作业，但不排除单项训练作业。

（4）情境化原则。与新课标理念提倡“情境化教学”相适应，语文作业设计也应该走向“情境化”，把学生置于具体情境中去解决具体问题，以此进行综合性的语文素养训练。新课标提出了学科知识、社会生活、个人体验三类语言学习情境，它们“源于生活中语言文字运用的真实需求，服务于解决现实生活的真实问题”，因此，“创设情境，应建立语文学习、社会生活和学生经验之间的关联，符合学生认知水平；应整合关键的语文知识和语文能力，体现运用语文解决典型问题的过程和方法”①。

另外，在各道作业题的先后顺序上，还应该遵循课内到课外、听说到读写、简单到复杂、单项到综合的排序原则。

（三）语文作业设计案例分析（见案例 12－1）

小案例

案例 12－1　和小鲁迅做朋友——《从百草园到三味书屋》课外作业情境化设计②

【学习情境】

童年的孩子总是天真可爱，对世界充满好奇，即使鲁迅也不例外，相信童年的你一定也是。如果你们相遇，一定会成为好朋友的！

这一天，不妨就去和小鲁迅做一回朋友，跟着他一起去百草园，一起见书塾先生，一起分享下童年趣事吧！

【任务框架】

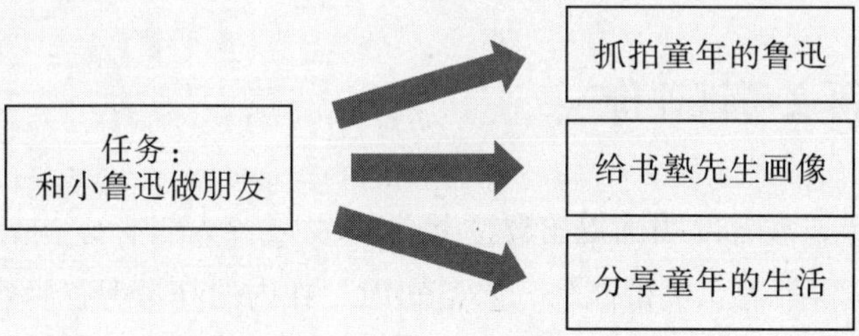

① 教育部．义务教育语文课程标准（2022 年版）［S］．北京：北京师范大学出版社，2022：45．

② 尹梦楠．初中语文课外作业情境化设计研究［D］．武汉：华中师范大学，2020：44－45．

活动一：抓拍童年的鲁迅

童年的时光美好却又短暂，来到百草园，你为童年的鲁迅抓拍了一张照片留作纪念，他在哪？又正在干什么？请你将照片上的画面简单描述一下。

要求：结合文章内容，有景有人。

活动二：给书塾先生画像

和小鲁迅一起来到了书塾，你见到了给鲁迅留下深刻印象的先生，他究竟有哪些特别之处？请你为他作一幅画像，并为画像做简单注解。

活动三：分享童年的生活

小鲁迅对世界充满着好奇和热情，你的童年生活或许会让小鲁迅感到不可思议，或许会深深吸引着他，不妨和他分享一下你童年时的学习娱乐生活吧！

这份作业设计，紧紧围绕课文描写有趣的童年生活，从拍照、画像等趣味性活动出发，要求学生展开“描述”“注解”等说、写活动，并由课内延伸至课外，让同学们向小鲁迅“分享”自己的童年生活。三道作业题都置于“和小鲁迅做朋友”的主题背景之下，任务驱动，活动式展开，且暗含认真读课文、认真钻研课文，学会概括、分析的学习要求。从训练内容上看，这份作业设计着眼于整合性的语文能力训练。

二、语文考试评价

2019 年，教育部明确提出要立足全面发展育人目标，构建包括“核心价值、学科素养、关键能力、必备知识”在内的高考考查内容体系。教育部考试中心以此为指导，提出了高考“评价体系”：

高考评价体系主要由“一核”“四层”“四翼”三部分内容组成。其中，“一核”为核心功能，即“立德树人、服务选材、引导教学”，是对素质教育中高考核心功能的概括，回答“为什

> 么考”的问题；“四层”为考查内容，即“核心价值、学科素养、关键能力、必备知识”，是素质教育目标在高考中的提炼，回答“考什么”的问题；“四翼”为考查要求，即“基础性、综合性、应用性、创新性”，是素质教育的评价维度在高考中的体现，回答“怎么考”的问题。同时，高考评价体系还规定了高考的考查载体——情境，以此承载考查内容，实现考查要求。①

因为高考在中国基础教育中的“指挥棒”地位，这个评价体系对于语文考试来说，仍然具有重要的参考价值，语文考试命题也须按照这个体系来命题、考试。

语文考试，是对学生的语文学习、教师的语文教学的一种检验和评价，在语文教学改革中发挥引领和导向作用，在中小学语文课程中占有重要地位。《义务教育语文课程标准（2022 年版）》《普通高中语文课程标准（2017 年版 2020 年修订）》在“评价建议”部分，都专门对语文“学业水平考试”做了明确说明。语文教师应该认真阅读课程标准关于语文考试的说明，研究语文试题，提高自己分析、命制语文试题的能力。

（一）新课标对语文考试的要求

1. 关于“命题原则”

《义务教育语文课程标准（2022 年版）》在“学业水平考试”部分，对“命题原则”的说明②如下：

> 坚持素养立意。以核心素养为考查目标，通过识字与写字、阅读与鉴赏、表达与交流、梳理与探究等语文实践活动，全面考查学生核心素养的发展水平。

---

① 教育部考试中心．中国高考评价体系［M］．北京：人民教育出版社，2019：6－7．

② 教育部．义务教育语言课程标准（2022 年版）［S］．北京：北京师范大学出版社，2022：49－50．

坚持依标命题。体现课程理念，严格依据学业质量要求命题，保证命题框架、试题情境、任务难度等符合学业质量要求。

坚持科学规范。题目表述简明、规范，材料选取具有典范性和多样性，评分标准有效反映学生核心素养发展水平，确保测试目的、测试内容、测试形式和评分标准的一致性。①

《普通高中语文课程标准（2017年版2020年修订）》对“命题和阅卷原则”，也有“以语文学科核心素养为考查目标”“以情境任务作为试题主要载体”“以综合考查作为命题导向”等要求。②

两个课程标准，对语文考试命题原则的说明基本相同，都强调“素养立意”、“情境”化测试、语言材料要有时代性和典型性，并突出综合考查、形式创新等要求。

2. 关于“命题要求”

《义务教育语文课程标准（2022年版）》对语文考试的“命题要求”，除强调“以情境为载体”、命题材料“要具有时代性、典型性和多样性”外，还把语文考试中的问题或任务，依据语文实践活动的不同类型分成四类，即阅读与鉴赏类、表达与交流类、梳理与探究类、综合性题目或任务。对每类问题，《义务教育语文课程标准（2022年版）》都提出考查的路径、要求，如阅读与鉴赏类“要立足文本信息的提取、归纳、概括，考查学生对作品思想内容、篇章结构、表现手法、语言风格的理解和把握，引导学生对作品的创作动机、表达效果作出合理评价”③。这就为语文考试的测试路径提供基本思路。

在“命题要求”的最后，《义务教育语文课程标准（2022年版）》还对语文试题命制技术做了说明：

---

① 教育部. 义务教育语文课程标准（2022年版）[S]. 北京：北京师范大学出版社，2022：49－50.

② 教育部. 普通高中语文课程标准（2017年版2020年修订）[S]. 北京：人民教育出版社，2020：49.

③ 教育部. 义务教育语文课程标准（2022年版）[S]. 北京：北京师范大学出版社，2022：51.

> 题干设计应规范。主观题题干要简洁、明确，便于学生捕捉问题的核心信息；客观题题干要注意事实性信息的科学性和准确性。试题形式力求创新，鼓励增加开放性试题比例，以避免导向新的应试模式。要健全主观性、开放性试题的评分标准，根据学生的认知发展水平，对简单结构作答和复杂结构作答实行分级赋分。①

新课标提倡试题创新，鼓励增加开放性试题比例，是语文考试“素养立意”的具体体现。另外，无论主观题还是客观题，都要重视题干的表述，要做到准确、简洁、无歧义，答题指向明显。

（二）语文试题案例分析

就语文试题命制来说，全国高考卷、各地中考卷已经为基础教育语文考试试卷的结构、题型做了示范，语文教师可以参照命题。高考语文全国卷，一般由阅读（现代文阅读、古诗文阅读）、语言文字运用、写作三大板块组成，在150分的卷面分中，三者分值分别是70分、20分、60分。从题型来看，有选择题、填空题、问答题和写作题。下面分别就阅读题、语言文字运用题、写作题的典型考题做案例分析。

1．阅读题案例分析

自2020年以来，随着新课标、新教材、新高考的推行，高考语文试卷较以前的高考试卷有较大的变化，如情境化试题成为趋势，群文阅读、整本书阅读的教学理念在试卷中得到体现。在现代文阅读板块，除继续沿用“论述类文本阅读”“实用类文本阅读”“文学类文本阅读”的表述外，2022年新高考Ⅰ卷出现“现代文阅读Ⅰ”“现代文阅读Ⅱ”等不明确表述文体类型的阅读题。无论哪种类型，现代文阅读命题的前提是吃透文本，“在尊重阅读基本规律的基础上，应体现出特定类型文本的特征”，在此基

① 教育部．义务教育语文课程标准（2022年版）［S］．北京：北京师范大学出版社，2022：51.

础上“还要突出特定篇目文本的特征”。[①] 命题者要研究文本的文体类型，还要分析文本在思想内容、结构脉络、语言风格方面的“个性特征”，发掘文本合适的命题点、测试点。要了解各种题型的特点和适用条件，以此确定题型。要准确表述题干，各小题合理分工、互相配合，形成系统性考查的“题组”。

我们来看 2022 年新高考Ⅰ卷“现代文阅读Ⅱ”的考试题目。一共 4 道题，第 6 题、第 7 题是两道选择题，后面的第 8 题、第 9 题是两道主观题。我们来看看主观题：

> 8. 舟行江上，子胥的思绪随着他在江上的所见所感而逐步生发展开。请结合文中相关部分简要分析。(6 分)
>
> 9. 渔夫拒剑是一段广为流传的历史故事，渔夫是一位义士，明知伍子胥身份而冒死救他渡江，拒剑之后，更为了消除伍子胥的疑虑而自尽。本文将渔夫改写为一个普通渔人，这一改写带来了怎样的文学效果？谈谈你的理解。(6 分)

阅读材料《江上》是冯至的历史小说《伍子胥》的节选，材料后有“注”（［注］历史小说《伍子胥》写于 1942—1943 年，取材于春秋时期伍子胥的复仇故事，叙述他由楚至吴的辗转逃亡。小说共九节，《江上》为第六节，伍子胥过了昭关，继续跋涉，前往吴国）。这个“注”非常重要，它提供了阅读材料的文化背景，指明了材料的文体，还交代了阅读材料所写事件的大致脉络。另外，阅读材料的作者是现代诗人、学者冯至，中学生应该有所了解。

从材料本身来说，是一篇带有浓郁抒情特征的诗化小说，以伍子胥的所见所闻所思来展开情节，精华部分是他渡江前后的所思所感，这一部分既有历史故事的依据，还有冯至的艺术加工。小说中的“渔夫拒剑”情节，不仅改写渔夫的身份，还巧妙融进“季札挂剑”的历史故事，使小说整体上带有浓厚的文化色彩。材料后面的 4 道题都围绕《江上》的这些

---

① 叶丽新. 读写测评：理论与工具［M］. 上海：上海教育出版社，2020：152.

“个性”特点来命制。第6题涉及文中几个“点”，是对几个句子的理解与分析；第7题围绕一个事件（人们对“季札挂剑”的议论）；第8题是对阅读材料的整体考查，要求梳理节选部分伍子胥的“思绪”；第9题是结合材料之外的文化背景，做对比式鉴赏分析。各题之间分工明确，考查能力各有侧重，基本上是从分析走向综合。显然，命题者对阅读材料的深入研究和分析是命题的前提和基础，发现文本“个性”以形成命题点则是命题的关键。

2. 语言文字运用题分析

传统的语言文字运用题都是选择题，一道小题考一个小的测试点，如词语、标点符号、病句修改等，其优点是覆盖面广、考查全面，但缺点是缺少语境，考查琐碎。新课标提倡情境化测试、综合性考查，所以近年的语言文字运用分析题给出相对完整的语言材料，在一个“语境”里考查学生的文字运用能力。这样既避免了碎片化考查，也对学生精准的语言运用提出了更高的“语感”要求。

2021年新高考全国Ⅰ卷有两道语言文字运用题。第一道题围绕一个语言材料（由三个自然段组成），设计了2道选择题、1道主观问答题，分别考查词语填空、病句修改和对偶修辞手法分析。第二道题目如下：

> 阅读下面的文字，完成第21～22题。
>
> 近日一组拍自南极科考站附近的照片引发关注，照片里的雪竟然不是白色的，而变成红色和绿色混杂的“西瓜雪”。有研究人员分析，（　　）。雪衣藻十分耐寒，广泛分布在北极、南极及其岛屿等极端冰雪环境中。____①____，它们处于冬眠静止状态，但是一旦阳光足够温暖，藻类就开始了春季复苏。雪衣藻____②____，成熟后会产生类胡萝卜素而变为红色，这使它们呈现出从绿色到红色的“西瓜色”。
>
> 研究人员表示，近年南极温度升高为藻类的生长提供了便利条件，虽然雪衣藻本身没有危害，但是会降低雪反射的阳光量，从而____③____，而融雪速度的加快可能使得极地冰雪消融失控，应引起足够的重视。

21. 下列填入文中括号内的语句，衔接最恰当的一项是（3 分）

A. 雪变色是微型藻类雪衣藻大量繁殖的结果

B. 雪变色是因为雪衣藻这种微型藻类的大量繁殖

C. 微型藻类雪衣藻大量繁殖引起了雪变色

D. 雪衣藻这种微型藻类大量繁殖引起了雪变色

22. 请在文中横线处补写恰当的语句，使整段文字语意完整连贯，内容贴切，逻辑严密，每处不超过 8 个字。（6 分）

这类题目，对语言材料的要求非常高，不仅要求表达简洁、准确，而且要求句子之间有极强的逻辑关联。从考查目的来说，既是“语感”的考查，也是对思维能力，乃至对语文之外的各种知识的综合考查，其根本指向，是学生的语文核心素养。上述第 21 题，首先考对语段内容的理解，其次考串联上下文的句式的选择和使用。第 22 题，不仅考查内容理解，也考查语句的过渡、衔接，以及语言表达的准确、简洁，是一种综合性极强的素养考查。命制此类题目时，不仅要精心选择语言材料，更要在语段中找到合适的命题点，空出来的地方既不能影响阅读，也要落实考查目标。

3. 写作题分析

近年来，高考语文写作题都是给材料作文，全国各地中考语文写作题则既有材料写作题，也有非材料写作题（如直接给题目的命题式作文、填空式半命题作文等）。中、高考难度有差异，字数规定不相同（高考作文是 800 字以上，中考作文有的地方是 500 字以上，有的则要求 600 字以上），但基本命题指向、考查目标是一致的，都强调主题积极、内容充实、表达通顺。高考语文更突出发展学生的思辨能力，以及语言表达要有特色的写作要求。

下面以 2021 年全国新高考 I 卷的写作题为例来说明写作题的命制要求：

23. 阅读下面的材料，根据要求写作。（60 分）

1917 年 4 月，毛泽东在《新青年》发表《体育之研究》一文，其中论及“体育之效”时指出：人的身体会天天变化。目不明可以明，耳不聪可以聪。生而强者如果滥用其强，即使是至强者，最终也许会转为至弱；而弱者如果勤自锻炼，增益其所不能，久之也会变而为强。因此，“生而强者不必自喜也，生而弱者不必自悲也。吾生而弱乎，或者天之诱我以至于强，未可知也”。

以上论述具有启示意义。请结合材料写一篇文章，体现你的感悟与思考。

要求：选准角度，确定立意，明确文体，自拟标题：不要套作，不得抄袭；不得泄露个人信息；不少于800字。

这个写作材料，主要内容是介绍毛泽东的一篇文章，主题积极向上，充满正能量。其意蕴丰厚，可以多角度解读：第一个角度，是“体育之效”，可以使身体变得强壮；第二个角度，是强与弱的相互转化；第三个角度，是强弱中的心态问题；还可以由毛泽东的特殊身份，联系到中国共产党、中国革命事业的由弱至强的伟大历程……在文字表述上，语言简洁、流畅，但也是点到即止，留下思考余地。除此之外，1917年、《新青年》、毛泽东等关键词，也提供了一个意义非凡的背景。整个语言材料，呈现一定的开放性，给予学生一定的写作自由度。潘新和指出，“就写作命题来说，开放性、‘可选择性’是首要的”①，“如果题目只有单一内容、角度、意向，就属于封闭性题目，一般不是好题目”②。但一个好的写作题并不是完全的开放，它在语言表达中需对学生的思维发展进行一定的调控，调控学生思考的角度与方式，否则写作题就失去了统一的评价基础。像上述写作材料中，多次出现的“变化”“转”等核心词汇就是一种思维方向的调控。

总之，一个好的写作材料，应该由“背景+事实或言论+隐含的思想倾向”组成，具有多向发散的思维牵引，不仅能够让学生有话可说，而且能够引导学生说深、说透。

---

① 潘新和．试论高考写作命题的理念［J］．课程·教材·教法，2008（11）：30．

② 潘新和．再论高考写作命题的理念［J］．厦门广播电视大学学报，2014（2）：71．

写作题的命制，还需要有一份严谨、细致的评分标准。普通高考写作题的评分标准，可以成为我们基础教育阶段语文写作题评分标准的一个规范样式。

复习与体验

1．说说语文学业质量的内涵和功能分别是什么。

2．义务教育语文学业质量与高中语文学业质量有什么共性和差异？

3．语文教学评价的目的、原则分别是什么？

4．结合具体课例，说说语文教学评价的依据是什么。

5．设计题：

（1）结合统编版语文教材中的某篇课文，设计几道情境化作业题。

（2）模仿中考、高考语文真题，以5人小组为单位，选择现代文阅读题、文言文阅读题、诗歌阅读题、语言文字运用题、写作题其中之一进行设计。

参考文献

专著

[1] 叶圣陶. 叶圣陶语文教育论集 [M]. 北京：教育科学出版社，1980.

[2] 朱智贤，林崇德. 思维发展心理学 [M]. 北京：北京师范大学出版社，1986.

[3] 李德成. 阅读辞典 [M]. 成都：四川辞书出版社，1988.

[4] 施良方. 课程理论：课程的基础原理与问题 [M]. 北京：教育科学出版社，1996.

[5] 张田若，陈良璜，李卫民. 中国当代汉字认读与书写 [M]. 成都：四川教育出版社，2000.

[6] 教育部基础教育司，教育部师范教育司. 课程资源的开发与利用 [M]. 北京：高等教育出版社，2004.

[7] 教育部师范教育司. 钱梦龙与导读艺术 [M]. 北京：北京师范大学出版社，2006.

[8] 黄淑琴，桑志军. 语文课程与教学论 [M]. 广州：广东高等教育出版社，2013.

[9] 王荣生. 写作教学教什么 [M]. 上海：华东师范大学出版社，2014.

[10] 朱绍禹. 中学语文教学法 [M]. 北京：中华书局，2015.

[11] 崔绍怀，等. 教师身上无小事：语文特级教师陈凌云教育教学论集及其研究 [M]. 广州：广东人民出版社，2022.

期刊论文

[1] 朱安义. 语文教师听说读写能力浅说 [J]. 师资培训研究，2004 (3)：51－53.

[2] 陈隆升. 语文学习内容的多元创生 [J]. 中学语文教学，2007 (8)：32－33.

[3] 李丽华. 语文教师学科教学知识结构及建构 [J]. 宁夏大学学报（人文社科版），2010 (4)：189－192.

[4] 辛涛，姜宇. 在国际视域下定义教育质量标准 [J]. 人民教育，2012 (12)：2-6.

[5] 杨向东. 基础教育学业质量标准的研制 [J]. 全球教育展望，2012 (5)：32-41.

[6] 冯善亮. 为了应用而阅读：PISA 阅读素养测评框架介绍 [J]. 广东教育（综合版），2014 (10)：34-36.

[7] 王土荣. 语文课堂教学评价四原则 [J]. 语文建设，2015 (10)：19-21.

[8] 廖先. 小学生阅读策略探究：学理辨析与框架建构 [J]. 语文建设，2019 (10)：28-31.

[9] 吴泓. 一种被长期忽视的重要的语文学习活动：对“梳理与探究”的回顾、思考与实践 [J]. 语文教学通讯，2019 (10)：24-28.

[10] 李松林. 以大概念为核心的整合性教学 [J]. 课程·教材·教法，2020 (10)：56-61.

[11] 郭书明. 小学低年级多种识字教学情境的构建策略 [J]. 中国教育学刊，2020 (S2)：57-59.

[12] 薛永娟. 名师专业基本功之特征与强化 [J]. 教学与管理，2020 (34)：21-23.

[13] 郭家海. 表现性评价：情境写作背景下的评价转向 [J]. 语文建设，2021 (1)：9-13.

[14] 祝正洲，沈幼纯. 识字教学法在小学教学中的运用 [J]. 语文建设，2022 (16)：65-68.

[15] 徐鹏. 义务教育语文课程内容：修订理路与核心要义 [J]. 中学语文教学，2022 (5)：13-17.

后 记

2017年，教育部制定的《普通高中语文课程标准（2017年版）》正式颁布、实施，“语文核心素养”“学习任务群”“学业质量”等新概念、新理念的提出，使21世纪的语文教育改革进入了快车道。2022年，教育部推出了《义务教育语文课程标准（2022年版）》，“整本书阅读”“跨学科学习”也开始进入义务教育语文课程。由此，新课标覆盖了从小学到高中的整个基础教育阶段，并与统编版新教材、整个考试体系改革核心的新高考一起，推动新时代语文教育进入一个新的发展阶段。

基础教育领域的改革“轰轰烈烈”，步子很快，但师范院校的语文教育教材存在“滞后性”，尤其是《义务教育语文课程标准（2022年版）》颁布、实施以后，当时国内还没有及时出版一本与之匹配的专业教材。这不利于师范院校中文师范类专业学生的学习，也不利于他们未来的专业发展。同时，中小学语文教师在面对新课标时，也需要一本高质量的专业教材参考、学习。鉴于此，我们一批在高校工作的语文课程与教学论教师，便萌生了撰写一本与新课标、新教材、新高考相适应的专业教材的想法。恰好，广东第二师范学院的“新师范”建设鼓励专业教材编写，于是，这本教材也就“应运而生”了。

这本教材的编写工作，由广东第二师范学院文学院院长桑志军教授牵头、文学院语文教育学教研室主任余新明副教授具体负责，广东省内外21位高校教师协作完成。具体撰写分工如下：

章（统稿者）	节	撰稿人	工作单位
第一章　绪论（桑志军）	第一节	桑志军	广东第二师范学院
	第二节		
第二章　语文课程的性质与目标（李曙光）	第一节	李曙光	惠州学院
	第二节		
第三章　语文课程内容与组织形式（阮秀娟）	第一节	阮秀娟	广东第二师范学院
	第二节		
第四章　语文课程资源与语文教材（曾毅）	第一节	曾毅	肇庆学院
	第二节		
第五章　语文教师（李斌辉）	第一节	李斌辉	岭南师范学院
	第二节	曾洁	广东技术师范大学
	第三节	李斌辉	岭南师范学院
第六章　语文学习（崔绍怀）	第一节	崔绍怀	惠州学院
	第二节		
	第三节		
第七章　识字写字教学（冯梓艺）	第一节	冯梓艺	广东第二师范学院
	第二节	计美辰	广东第二师范学院
第八章　阅读教学（上）（温小军）	第一节	温小军	广州大学
	第二节		
	第三节	余新明	广东第二师范学院
第九章　阅读教学（下）（刘义民）	第一节	闫孟莲	信阳师范大学
	第二节	刘义民	嘉应学院
	第三节	闫孟莲	信阳师范大学

续上表

章（统稿者）	节	撰稿人	单位
第十章　写作教学（李丽华）	第一节	李丽华	广州大学
	第二节		
	第三节	唐瑶曦	韩山师范学院
	第四节		
第十一章　语文教学实施（李志云）	第一节	李志云	湖北工程学院
	第二节	孙琪	佛山大学
	第三节	林晓兰	广东第二师范学院
第十二章　语文课程评价（余新明）	第一节	柯华桥、袁恋	湖北大学
	第二节	朱淑仪	惠州学院
	第三节	余新明	广东第二师范学院

在撰稿过程中，各位教师都融入“立德树人”的课程思政理念，以及最新的语文教育研究成果和新课标的精神，在语文课程内容组织、语文学习活动、整本书阅读、跨学科学习、语文教育评价等方面，都力求能够呈现新时代语文教育改革的特点和发展趋势。在编写体例上，在正文之外，每章还有“本章导学”“学习目标”“复习与体验”等板块，便于学生学习。

遗憾的是，原计划在教材相关章节后面，附上一些完整的名家课例及课例分析，因教材容量有限，只好忍痛割爱了。我们后续拟编写与本教材配套的、专门的教学课例集，便于高校中文师范类专业学生及广大语文教育工作者学习。

书稿自 2022 年 4 月开始酝酿，到 2023 年 6 月完成初稿，再到 2024 年下半年正式出版，历时两年有余。书稿的主要撰写者均是高校教师，除广东第二师范学院文学院语文教育学教研室各位同仁外，还有广东省内外各兄弟师范院校诸位同仁。他们当中的部分教师，甚至素未谋面，然而一听说是撰写书稿、助力师范生培养，便克服种种困难参与到这项工作中来。还有部分中小学语文名师，及时为我们提供了优秀的教学案例。对于他们的努力付出，我们深表谢意！广东高等教育出版社冯沪萍女士，以及其他编校人员，也为这本书的出版，付出了大量心血。在此，我们一并致谢！

因《语文课程与教学论》教材涉及的问题很多，加上我们水平有限，本书难免有错漏之处，恳请各位方家和广大师生给予批评指正。

编　者

2024 年 4 月 28 日